보건교사 길라잡이

❷ 학교보건·응급

신희원 편저

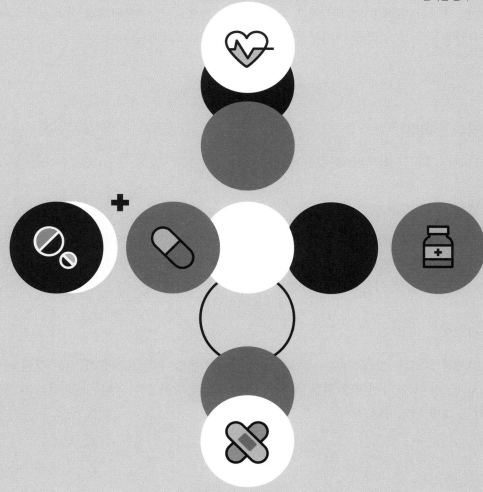

동영상강의 www.pmg.co.kr

QMG 박문각

합격기준 박문각 임용

머리말

반갑습니다. 신희원입니다.

25년 전 임용고시를 치르고 보건교사로 임용되었던 순간이 떠오르면 저는 지금도 감명 받습니다. 간호사의 생활도 좋지만, 삶의 방향을 용기 있게 턴해서 완전히 다른 방향으로 과감히 도전해 본다는 것은 자신의 삶에 참으로 진지한 태도라 여겨집니다. 그래서 임용 준비를 시작한 여러분들에게 큰 박수를 보내고 싶습니다.

시작이 반이다!

맞습니다. 그리고 어쩌면 그것이 모두일 수 있습니다.

간절함이 답이다!

보건교사 임용고시에 합격을 하려면 엄청나게 많은 노하우가 저변에 깔려 있을 것이란 의구심이 들 것입니다. 간절함을 키우십시오. 그 간절함이 떨림을 가져오고 신중해지고 되기 위해 할 일들을 하나씩 하나씩 채워나갈 것입니다.

노하우?

있습니다. 그러나 그 노하우는 공개되어진 전략일 뿐입니다. 노하우를 캐는 것에 시간을 보내기보다는 자신의 약점을 채우고 임용고시의 방향을 파악하는 데 시간을 채워나가는 것이 답입니다.

지피지기면 백전백승이다!

자기 자신을 알아야 합니다. 자신이 어떤 부분에 약체인지를 파악해 나가야 합니다. 예를 들면 암기는 잘하지만, 서술을 충분히 하지 않는 경향이 보이는 분들이 많습니다. "IN PUT"을 위한 수많은 노력을 하는 이유는 "OUT PUT"을 잘 하기 위함입니다. 애석하게도 많은 분들이 "IN PUT"에 더 무게중심을 두고 아쉬운 결과를 향해 가는 경우를 많이 보아왔습니다. 문제가 요구하는 답안의 방향을 정확히 파악하고, 키워드를 쓰고, 그 근거를 채워나가기 위해서는 내용의 숙달된 이해도가 있어야만 가능합니다.

그래서 신희원 본인이 여러분의 보건교사 임용을 도와줄 수 있는 부분은 다음과 같습니다.

- 핵심키워드, 우선순위 내용 파악을 위한 구조화 학습을 통해 여러분의 이해도를 제대로 증진시켜줄 수 있다!
- 문제를 읽어내는(파악하는) 능력을 키워줄 수 있다!
- 가장 중요한 "OUT PUT"을 잘하게 해줄 수 있다!

여러분과 이 한 해를 함께 발맞추어 나아가 꼭 합격의 라인에 같이 도달합시다.
꿈은 이루어진다! 여러분을 응원합니다.

신희원

차례

출제경향 및 유형

학년도	내용
'92학년도	양호교사의 직무, 가슴둘레 측정법, PPD검사, 신체검사의 신뢰도 높이는 방법, BCG 후 코흐(Koch)현상, 시력검사, 청력검사의 Weber test, 정화구역관리, 학교환경관리 기준
'93학년도	T-test 양성반응, 양호교사 활동, 시력검사, 신체검사 규칙, 질문, 학교보건사업 평가 절차, 정화구역, 환기 횟수
'94학년도	「학교보건법」 제정 연도, 학교체계, 질문, 양호교사 배치기준, 집단검진, 학교환경기준, 인공조명 구비조건
'95학년도	신체검사, 체격검사 측정방법, 양호교사의 직무, 약독화 생백신 종류, 양호실 설비기준, 초등학교 입학학생의 예방접종 완료시기, 뇌염 예방접종
'96학년도	중·고등학교 병리검사, 건강기록부 관리, 양호교사의 역할, 신장측정 방법, 정화구역
'97학년도	학교보건교육의 필요성, 금연교육 후 평가 범주별 지표, 집단지도안 작성, 학교간호과정의 진단요소 및 우선순위 기준, 신체검사 전 준비사항, 비만도
'98학년도	예방접종 목적 및 예진사항, 학교보건사업의 4범위, 척추측만증의 진단방법, 집단검진 조건, 소아비만의 문제점과 관리(지방)
'99학년도	상담, 비만의 문제점과 관리방법
후 '99학년도	정화구역 거리 기준, 정화구역 안에서의 금지행위 및 시설, 학교환경위생관리 항목 6가지, 양호교사의 직무 중 허용되는 의료행위 5가지
2000학년도	학교보건교육의 궁극적 목표 2가지, 학교보건교육의 중요성 3가지, 학교보건교육 실시 후 이행을 증진시키기 위한 전략 5가지, 시력 저하 원인 및 예방방법, 신체검사(소변검사) 이상자 관리, 학교 내 환경관리
2001학년도	집단검진의 목적, 체격검사 측정방법
2002학년도	학교보건 활동에서의 기록의 목적, 학교보건의 중요성, 학교보건의 목적
2003학년도	보건교사의 직무, 척추측만증 검사방법, 시력 건강 유지 행위, 교실 내 조도관리
2004학년도	학교간호과정에서의 우선순위, 난청 검사, 비만 평가 시 신체 측정자료, 비만 식이요법 및 비만 판정 방법
2005학년도	학생건강기록부 관리, 안전관리(전기취급기구 주의), 평가계획에 포함되어야 할 4가지 평가요소, 집단검진의 민감도와 특이도
2006학년도	학교간호 문제 파악 시 자료수집 방법, 먹는물의 수질 기준(일반세균, 총대장균군, pH), 보건교사의 직무(의료행위 5가지)
2007학년도	교실 환경관리 항목으로 공기의 질 이외에 8가지, 학교보건사업 시 평가 5단계 절차, 양성예측도
2008학년도	별도검사의 종류와 대상, 비만 정도 판정
2009학년도	집단검진 시 정확도, 비만 정도 판정
2010학년도	학교환경위생정화구역 설정 및 관리, 학교건강검사
2011학년도	건강검진 항목, 특이도, 양성예측도
2012학년도	건강검사 실시기관과 실시내용·방법, 학교보건사업의 평가범주와 평가내용
2013학년도	학교간호과정의 우선순위별 건강문제 해결
2014학년도	교사 내 공기의 질과 교실 내 환경, 비만도
2015학년도	건강검사규칙(건강검사분류)
2016학년도	건강검사규칙(검진기관)
2017학년도	
2018학년도	
2019학년도	건강검사규칙(응급처치), 척추측만증 검사방법
2020학년도	학교보건교육과정, 건강검사규칙(응급처치)
2021학년도	안전공제급여(요양, 장해)
2022학년도	
2023학년도	

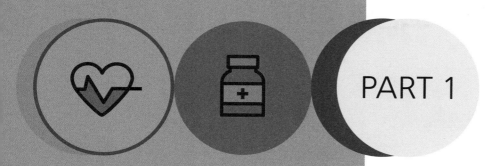

PART 1

학교보건

학교보건의 이해

01 학교보건의 개요

1 학교보건의 정의

학교보건의 정의(목적)	학교보건이란 학생 및 교직원과 그 가족 더 나아가서는 지역사회를 대상으로 이들과 보건의료 전문가가 참여하여 보건봉사와 환경관리 및 보건교육과 상담을 제공함으로써 지역사회와 연계하여 이들의 건강문제를 해결할 수 있는 신체적, 정신적, 사회적 기능 수준을 향상시켜 안녕상태(삶의 질)에 이르도록 하는 포괄적인 건강사업
학교인구	학생과 교직원(전체 인구의 약 25~30%), 학교보건의 중요한 구성원
포괄적 사업	학교보건은 포괄적인 건강사업. 즉, 교육, 서비스, 환경관리 포함
대상	학교인구(학생, 교직원)를 포함한 학부모, 가족, 그 학교가 속해 있는 지역사회 주민
참여인력	학생의 가족, 교직원, 보건의료전문가
전문인력	학교에 상근하는 보건교사, 학교장이 위촉하는 학교의사(의사, 한의사, 치과의사)와 학교약사
보건인력	학교보건 전문 인력 외 상담교사, 사회사업가, 체육교사, 영양교사, 담임교사, 학부모 등
목표	• 대상자가 신체적, 정신적, 사회적으로 가장 높은 기능을 발휘하는 것 • 학교보건의 목표달성에 있어 예방활동은 중요

2 학교보건의 목적 [2002 기출]

「학교보건법」 제1조	이 법은 학교의 보건관리에 필요한 사항을 규정하여 학생과 교직원의 건강을 보호·증진함을 목적으로 한다. <개정 2016. 2. 3> → 학교보건의 목적은 학교간호의 상위목적으로서 학생과 교직원이 스스로 그들의 질병을 관리하고, 질병을 예방 및 건강보호, 유지, 증진할 수 있는 능력을 갖추어 학교교육의 능률을 높이는 데 있다.

3 학교보건의 중요성 [1997 · 2000 · 2002 기출]

다수	학생인구는 전체 인구의 25% 정도로 수적인 면에서도 중요한 비중을 차지한다.
효율성(대상)	• 건강행위를 위한 습관을 형성하는 시기인 학생들은 가장 효율적인 보건교육의 대상자이다. → 일생 건강습관 유지 등의 이유가 있다. • 성장발달 시기에 있으므로 질병을 조기 발견함으로써 불구를 예방할 수 있고, 적은 경비로 큰 성과를 얻을 수 있다.
효율성(집단)	• 집단화되어 있어 감염병 발생 가능성이 높고 감염병 관리 측면에서도 효율적이다. • 교육의 기회가 자연스럽다. • 지역 방문을 고려할 때 학교는 사업의 효율성을 높여준다.
파급효과	모든 가정에는 대부분 학생인구가 있어 가족과 지역사회로 확대(파급효과)될 수 있다.
지역모범, 중심 (지도자)	• 교직원은 그 지역사회에서 지도적 입장에 있고 항상 보호자와 접촉하고 있으므로 교직원이 먼저 보건에 관한 지식을 습득하고 이것을 생활화함으로써 지역사회의 시범이 될 수 있다. • 학교는 그 지역사회의 중심기관이다. • 교직원은 지역사회의 지도자적 입장이다.
의료비 감소 (만성질환감소)	학교보건교육을 통하여 자유방임형 보건의료전달체계에서 적정 보건의료서비스를 이용할 수 있는 보건의료소비자로 육성하여 만성질환 감소에 기여할 수 있다.

02 학교보건사업

1 학교보건사업의 정의

정의	학교보건사업은 학생, 교직원, 가족 및 지역사회를 대상으로 학생, 가족, 교직원 및 보건의료 전문가가 참여하여 학교보건봉사(school health service), 학교보건교육(school health education), 학교환경관리를 제공함으로써 각자의 건강문제를 스스로 해결할 수 있는 신체 · 정신 · 사회적 기능 수준을 향상시켜 안녕상태에 이르도록 하는 포괄적인 건강사업

2 학교보건사업의 주요내용(범위, 범주) [1998 기출]

보건봉사	건강평가		신체발달상황검사, 신체능력검사, 건강조사 및 상담, 건강검진 → 학생의 성장발달을 감독하고 건강이상자를 조기 발견
	예방사업		감염관리, 안전관리, 응급처치, 위생지도, 구강불소 도포
	치료사업		지속관리, 결함의 교정, 재활, 일차보건의료
	건강증진		• 학생과 교직원의 자기관리능력 향상을 위한 활동 • 운동, 스트레스관리, 금연·금주, 성폭력 예방, 구강보건 등
보건교육과 상담	정규적인 또는 계획적 보건교육, 보건수업, 인접교과목(체육, 사회, 생물, 가정), 통합학습 (개인의 경험, 교사-학생의 관계, 교실에서의 경험, 학교생활의 경험), 기타 학생활동과 지역사회활동을 통해 학생들은 보건교육의 기회를 가짐		
환경관리	교내	물리	교실 내 채광과 조명, 소음, 환기와 난방의 적정 기준, 먹는물 관리 및 화장실, 쓰레기 처리 등의 위생상태, 안전관리를 포함
		사회심리	–
	교외	사회심리	학교 내의 폭력이나 약물, 흡연, 음주 등의 오남용과 비행 등
		교육환경보호구역	–
지역사회연계	• 지역사회시설(지역사회 주변 병원, 보건소 등 지역사회지도자, 지역사회인력, 대중매체) • 지역사회자원(학부모와 지역사회 및 지역사회 지도자, 지역사회인력, 대중매체 등의 인적 자원과 각종 물적·사회적·환경적 자원) • 학교보건사업이 활성화되기 위해서는 지역사회와의 긴밀한 관계를 형성하여 사업이 제공될 필요가 있음		

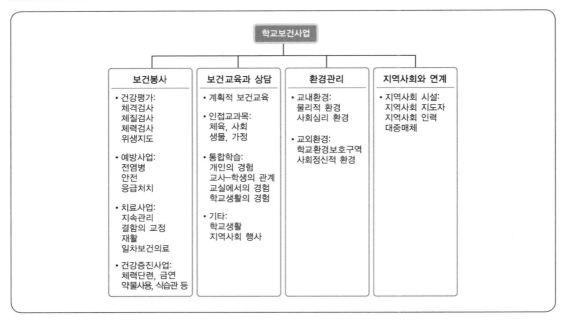

| 학교보건사업의 범주 |

03   학교보건의 변천과정

변천과정	건강개념	주요 보건사업
전염병 관리기	• 생의학적 이론에 근거하여, 해부구조와 생리기능에 이상이 없는 상태 • 학교보건에서 건강은 전염병이 없는 상태를 의미	• 전염병 관리 실시 : 학생의 해부구조와 생리기능이 인간의 본태에서 벗어나지 않도록 함 • 의사에 의한 치료 위주의 전염병 예방사업 : 본태에서 벗어난 전염병 환자는 인간의 본태로 회복시키는 치료

신체검사기	• 건강이란 전염병균 및 학교환경에 학생이 잘 적응하여야 한다는 관점으로 정의되고, 이는 적응이론에 의한 건강개념
	• 이 당시의 학교보건에서는 학생의 건강을 신체적, 정신적, 사회적으로 평가
		• 예방접종약 및 항생제 개발 : 예방접종 위주의 사업을 전개
		• 환경위생관리 : 전염병균을 제거하거나 증식을 억제함, 학교환경에 잘 적응
		• 건강을 신체적, 정신적, 사회적으로 평가 (신체검사)
		  − 해부구조나 생리기능의 이상을 조기에 발견하고 이를 조치함
		  − 신체검사와 각종 검사 위주

포괄적 건강 관리기	• 학교보건은 체계이론에 근거하여 학교 전체를 하나의 체계로 보며, 이 체계를 학교보건의 대상으로 봄 • 건강은 신체적, 정신적, 정서적, 사회적, 영적으로 안녕한 상태를 상위개념으로 하고, 학교의 건강에 대한 자기건강 관리 능력을 하위개념으로 함	포괄적 건강관리를 위한 학교보건 내용은 학생 및 교직원의 건강관리, 환경위생관리, 보건교육 등으로 다양해짐
학교보건 교육과정기	건강은 신체적, 정신적, 정서적, 사회적, 영적 안녕상태	• 기존의 학교보건 내용이었던 학생 및 교직원의 건강관리, 보건교육, 학교환경위생을 학생의 건강관리 능력 본위 교과과정으로 개발하여 학생 및 교직원의 건강관리, 보건수업, 건강한 생활을 교과로 개념화한 것 • 이는 교육의 논리로 학교보건의 이론을 정립한 것으로 학교보건이 보건의료제도 및 보건산업의 일환이 아니라 교육제도 및 교육 사업의 한 분야임을 의미

04 학교보건 인력의 직무

| 학교에 두는 의료인 · 약사 및 보건교사 |

학교보건법 시행령 제23조	• 학교에 두는 의료인 · 약사는 학교장이 위촉하거나 채용한다. • "대통령령으로 정하는 일정 규모 이상의 학교"란 36학급 이상의 학교를 말한다.
학교에 두는 의사(치과의사 및 한의사)의 직무	가. 학교보건계획의 수립에 관한 자문 나. 학교 환경위생의 유지 · 관리 및 개선에 관한 자문 다. 학생과 교직원의 건강진단과 건강평가 라. 각종 질병의 예방처치 및 보건지도 마. 학생과 교직원의 건강상담 바. 그 밖에 학교보건관리에 관한 지도
학교약사의 직무	가. 학교보건계획의 수립에 관한 자문 나. 학교환경위생의 유지관리 및 개선에 관한 자문 다. 학교에서 사용하는 의약품과 독극물의 관리에 관한 자문 라. 학교에서 사용하는 의약품 및 독극물의 실험 · 검사 마. 그 밖에 학교보건관리에 관한 지도
보건교사의 직무 [1995 · 1996 · 1999 · 2003 · 2006 기출]	가. 학교보건계획의 수립 나. 학교 환경위생의 유지 · 관리 및 개선에 관한 사항 다. 학생과 교직원에 대한 건강진단의 준비와 실시에 관한 협조 라. 각종 질병의 예방처치 및 보건지도 마. 학생과 교직원의 건강관찰과 학교의사의 건강상담, 건강평가 등의 실시에 관한 협조 바. 신체가 허약한 학생에 대한 보건지도 사. 보건지도를 위한 학생가정 방문 아. 교사의 보건교육 협조와 필요시의 보건교육 자. 보건실의 시설 · 설비 및 약품 등의 관리 차. 보건교육자료의 수집 · 관리 카. 학생건강기록부의 관리 타. 다음의 의료행위(간호사 면허를 가진 사람만 해당한다) 　1) 외상 등 흔히 볼 수 있는 환자의 치료 　2) 응급을 요하는 자에 대한 응급처치 　3) 부상과 질병의 악화를 방지하기 위한 처치 　4) 건강진단결과 발견된 질병자의 요양지도 및 관리 　5) 1)부터 4)까지의 의료행위에 따르는 의약품 투여 파. 그 밖에 학교의 보건관리

02 학교간호과정

01 학교간호과정 개요

1 사정단계

(1) 학교건강진단 : 자료수집

방법		기존의 자료 활용, 관찰 설문, 면담	
항목	인구	학생, 교직원의 건강상태	• 인구통계 • 보건통계 : 사망과 상병, 체격 및 체질측정, 건강행위 파악
	환경	학교환경 보건상태	• 교내환경 : 물리적, 사회심리적 환경 • 교실환경 • 교외환경
	자원	학교보건자원	• 인적자원 • 물적자원
	건강수준	학교보건사업	• 성장발달 • 질병상태 • 통증증상 • 건강행위 파악 • 사회심리적 상태 파악 • 보건교육 • 보건실관리 • 환경관리 • 의뢰 및 보고
	그 외 목표, 경계		-

(2) 학교보건의 기준 및 지침 확인 → 간호문제 선정 → 학교보건문제 선정

(3) 학교간호문제의 우선순위

문제의 크기(영향을 받는 인구집단의 범위) > 심각성 > 자원동원 가능성 > 시급성
그 외 효율성, 학생의 관심도, 보건교사의 준비도, 국가정책과의 연관성 고려

2 계획단계

(1) 목표설정

기술 시 포함내용	• 무엇, 범위, 누가, 어디서, 언제를 포함 • 항상 '무엇'과 '범위'는 생략 불가
기술 시 고려사항 = 설정 시 기준(원칙)	관련성, 실현 가능성, 관찰 가능성, 측정 가능성
일반목표, 구체적 목표	학교보건목표 > 학교간호목표 > 당면목표 > 구체적 목표

(2) 학교간호방법 및 수단선택

간호방법	간호제공, 보건교육, 관리
간호수단	방문활동, 보건실활동, 의뢰활동, 상담 및 면접, 집단지도, 매체활용, 학교보건조 직 및 각종 조직 활동
방법·수단 선택절차	–
방법·수단 선택 고려점	법적, 기술적, 경제적, 사회적 타당성

(3) 집행계획 : 포함 항목

(4) 평가계획 : 포함 항목

3 수행단계

보건교사의 역할	• 직접 수행 • 조정, 감시, 지도감독

4 평가단계

(1) 평가절차 5단계

(2) 평가의 범주

(3) 평가의 원칙

02 학교간호과정

① 사정단계 : 건강진단 → 기준 및 지침 확인 → 우선순위 설정
② 계획단계 : 목적설정 → 방법 및 수단 선택 → 집행계획 → 평가계획
③ 수행단계 : 수행
④ 평가단계 : 평가 및 재계획

1 사정단계

1) 학교건강진단

(1) 자료수집 방법 [2006 기출]

기존 자료의 활용	출석부, 보건일지, 공문, 건강기록부, 물품관리대장, 통계자료, 건강기록자료, 연구논문 자료	
직접 정보수집	설문지 (survey)	• 가정, 시설 및 기관 등을 방문하여 대상자를 직접 면담하여 자료를 얻는 매우 구체적인 방법 • 구조화 또는 비구조화된 질문지를 사용 • 시간과 비용이 많이 들지만 학교보건의 특정한 문제를 규명하기 위해서는 필요한 방법
	참여관찰	학교인구에게 영향을 미치는 행사 등에 직접 참석하여 관찰하면서 그들의 가치, 규범, 신념 등의 정보를 수집하는 방법
	정보원 면담	학교보건의 문제해결 과정 등에 대한 정보를 교사, 학부모, 지역행정장 등을 통해 수집하는 방법
	차창밖 조사 (지역시찰)	• 직접 보고, 듣고, 만지고, 느끼면서 자료를 수집하는 방법 • 학교 및 지역사회를 두루 다니며 신속하게 학교 내외 환경상태, 생활리듬 등을 관찰하는 방법 • 자동차 유리 너머로 관찰하거나 걸어서 다닐 수도 있음
	공청회	공청회(학교 내 위원회, 학생회, 학부모회를 통하여 학교보건 상황 파악) 및 언론매체(학교신문, 방송, 컴퓨터 등을 이용하여 자료사정)를 통한 자료수집 방법
	델파이 기법	다단계 설문조사기법. 알려지지 않았거나 일정한 합의점에 달하지 못한 내용에 여러 차례 전문가들의 의견조사를 통해 합의된 내용을 얻는 방법으로 10~15명의 전문가가 참여. 거리와 시간상 한 장소에 모이기 힘든 경우 활용되며 이메일 또는 우편방법이 이용됨

사례	보건교사는 학교 주변을 걷거나 자동차를 이용하여 둘러보면서 주택, 쓰레기 처리상태, 위생상태, 지역주민의 특징, 지리적 경계, 교통상태, 지역사회의 생활리듬, 분위기 등을 신속히 관찰하였다. 또한 보건지도가 필요한 학생의 가정을 방문하여 직접 면담하거나 질문지를 활용하여 자료를 수집하였으며, 지역주민들에게 영향을 미치는 의식 행사에 참여하여 관찰하기도 하였다. 학교보건의 현황을 분석하고 파악하기 위하여 지역지도자나 지역유지를 통하여 지역사회의 건강문제를 수집하거나 군수와 부녀회장, 종교계 지도자 등을 만나 자료를 수집하기도 하였다. 더 필요한 부분들은 정부의 각종 관련기관에서 발행된 보고서, 통계자료, 회의록, 건강기록, 연구논문 등의 자료를 이용하여 보충하였다.

(2) 자료수집 항목과 지표 [1997 · 2001 기출]

구성물	학교인구 통계	수, 연령, 성별, 결석, 결근, 전출입 : 성비, 평균연령, 결근율, 출석률
	보건통계	• 성장발달 : 신장, 체중, 비만도(신장과 체중의 평균, 표준편차, 비만율) • 통상질환(만성질환, 전염성 질환) 및 증상 : 유병률, 발생률 • 건강행위 : 운동, 식습관, 흡연, 약물, 음주수준, 사고 위험 행위(각 건강행위 실천율, 불구 아동 발생률) • 사회심리적 건강상태 : 비행 학생 수(비행 발생률), 학교폭력 발생 수(학교폭력 발생률)
자원	학교환경	• 물리적 환경 : 교실의 환기, 채광, 조명, 난방, 음료시설, 화장실, 안전관리 등의 상태 확인 • 사회적 환경 : 학교 내 교직원의 조직, 학생조직을 파악해 보건 활동 여부를 알아봄
	학교 주변 환경	보호구역 파악 : 금지 행위 시설 유무
	학교의 보건 자원	• 인적자원 : 보건교사, 교의, 치과의, 학교 약사, 교직원, 학부모 등 • 시설물 : 보건실, 학교 지정 또는 인근 병원, 의원, 약국 등의 수 • 기구 및 도구 : 건강검사기구, 응급처치기구, 약품, 간호기구 • 자료 : 참고서적, 보건교육자료, 건강기록부, 학교건강관리 지침서 등 • 재정 : 학교 보건 예산 및 출처 • 시간 : 학교보건사업을 위하여 이용 가능한 시간 • 지원체계 : 학교보건위원회, 응급관리체계
상호작용		• 학교보건사업 실태 파악 : 보건봉사, 보건교육, 환경관리, 지역사회 연계사업 상태를 파악 • 보건봉사 : 각종 검사 참여율, 예방접종률, 응급처치 횟수, 보건실 이용률, 물품과 약품 이용률, 비품 미충족률, 건강증진 프로그램실시 횟수, 체력단련실 이용 빈도, 건강증진사업 참여율, 탈락률, 응급처치율 • 보건교육 : 보건교육 시간 및 빈도, 차시 • 환경관리 : 관리 횟수 • 지역사회 연계사업 : 의뢰율 • 기타 : 학생 · 교직원의 지원, 예산지원, 학생들의 학교보건에 대한 만족도

목표	적정기능수준에의 도달
경계	경계의 명확성

(3) 자료분석 : 범주화 → 요약 → 기존자료와의 비교 → 문제추론

범주화(분류) 단계	수집된 모든 정보를 특성별로 범주화하여 서로 연관성이 있는 것끼리 분류하는 과정
요약단계	분류된 자료를 근거로 학교의 전반적인 분위기 등 현황분석에 대해 요약하여 기술하고, 자료의 특성에 따라 비율, 표, 그림, 그래프 등을 활용하여 자료를 요약하는 단계
확인 · 비교 단계	규명된 자료 간의 불일치, 누락된 자료, 자료 간의 차이 등을 고려하여 부족하거나 추가로 필요한 자료에 대해 재확인하고 다른 학교, 지역, 전국 자료 등과 비교하여 총괄적인 검토를 하는 단계
결론단계	자료가 분석되고 합성되는 과정을 통하여 수집된 자료의 의미를 찾는 단계로 보건교사의 전문적 견해를 포함하여 학교의 건강요구 및 구체적인 건강문제를 도출하는 단계

(4) 학교간호의 기준 및 지침 확인

기준 지침	• 보건교사가 그 직무인 학교간호업무를 수행함에 있어서 지켜야 할 실무상의 준칙 • 업무지침이나 지시 및 그 학교의 내규 등
기준	국가보건사업의 기본전략, 학교보건사업의 방향, 각종 법령
지침	학교보건관리기준 및 실무, 보건간호 실무지침, 초 · 중 · 고 보건교과 지침, 학교 업무지침, 교육부 또는 교육청의 시달 사항
학교문제 분류	① 보건교사가 직접 해결해야 할 문제 예 응급처치 등 ② 보건교사가 다른 학교보건의 인력(보건의료 전문가, 교직원, 학부모, 관련기관 등)에서 의뢰하여 해결할 문제, 즉 보건교사의 의뢰조치가 필요한 문제 예 감염병 관리 ③ 보건교사가 학교의 행정담당자(교장, 교감, 부장교사, 행정실장 등)에게 건의하여 해결해야 할 문제, 즉 보건교사의 건의조치가 필요한 문제 예 소음 측정 및 소음 관리 등 ④ 보건교사가 처리(해결, 의뢰, 건의)하지 않을 보건문제 예 상하수도 시설 → 학교보건 문제로 삼을 것은 ①②③이며, ④는 학교보건 문제에서 제외한다.

(5) 학교간호사업의 우선순위 설정 기준 [1997 · 2004 · 2017 · 2018 기출]

학자	내용
Stanhope & Lancaster (2004)	• 지역사회 주민들의 지역사회 건강문제에 대한 인식 정도 • 지역사회가 건강문제를 해결하려는 동기 수준 • 지역사회간호사의 건강문제 해결에 미치는 영향력 • 전문가들의 건강문제 해결에 관련된 준비도 • 건강문제 해결이 안 될 때의 심각성 • 건강문제 해결에 소요되는 시간
Clemen-Stone, Mcguire & Gerber (1983)	• 문제의 심각성 • 문제 해결 가능성 • 문제 해결의 비용 편익
Pickett & Hanlon (1990) Hanlon's community priority setting model	• 문제의 크기 • 질병의 심각성 • 문제 해결을 위한 과학적인 충분한 지식 및 기술 • 자원의 동원 가능성 • 제안된 프로그램에 대한 지역사회의 수용
Swanson & Nies (2001)	• 대상자가 원하는 것 • 건강문제에 의해 영향을 받거나 받을 수 있는 대상자의 수 • 건강문제의 심각성 • 문제 해결 가능성 • 기술, 시간제한, 이용 가능한 자원 등에 대한 실질적 고려
김모임 외 (1999)	• 영향을 받는 인구집단의 범위 • 대상자의 취약성 • 문제의 심각성 • 자원동원 가능성 • 주민의 관심도 • 간호사의 준비도 • 국가정책과의 연관성
한국보건의료관리연구원 (보건복지부, 1998)	• 보건문제의 유병도 • 보건문제의 심각도 • 지역사회 관심도 • 문제 해결 난이도
김화중 (1991)	다음의 4가지로 구분하여 선정 ① 보건교사가 직접 해결할 문제 예 응급처치 ② 보건교사의 의뢰조치가 필요한 문제 예 감염성질환 발생 ③ 보건교사의 건의조치가 필요한 문제 예 안전사고의 위험성 ④ 보건교사가 처리하지 않을 학교보건 문제 예 상하수도 시설

PATCH (Planned Approach To Community Health)	• 건강문제의 중요성 • 건강문제의 변화 가능성
Bryant	• 문제의 크기 • 문제의 심각도 • 사업의 기술적 해결 가능성 • 주민의 관심도
BPRS (Basic Priority Rating System)	BPRS = (A + 2B) × C A: 문제의 크기 B: 문제의 심각도 C: 사업의 추정효과
PEARL (Propriety, Economics, Acceptability, Resource, Legality)	적절성, 경제성, 수용성, 자원 이용 가능성, 적법성
NIBP (Needs/Impact-Based Palnning)	건강문제의 크기와 해결방법의 효과에 따라 • 반드시 수행해야 할 문제 • 수행해야 할 문제 • 연구를 촉진해야 할 문제 • 프로그램 수행을 금지해야 할 문제
CLEAR	• 지역사회의 역량(community capacity) • 합법성(legality) • 효율성(efficiency) • 수용성(acceptability) • 자원의 활용성(resource availability)

2 학교간호사업의 계획단계

① 목적과 목표 설정 → ② 간호방법과 수단 선택 → ③ 수행계획 → ④ 평가계획

1) 학교간호사업의 목표 설정

(1) 개요

목적확인	학교보건의 상위목표, 학교보건의 목적을 달성하려면 학교간호의 목적을 달성해야 한다. 목표는 하위목표일수록 ① 관련성, ② 실현 가능성, ③ 관찰 가능성, ④ 측정 가능성이 있어야 한다.	
목표확인	투입산출모형에 따라	투입목표 - 산출목표 - 결과목표
	인과관계에 따라	과정목표, 영향목표, 결과목표
	시간에 따라	단기목표, 중기목표, 장기목표
당면 목표 설정 3단계	① 학교간호사업의 우선순위에 따라 중점사업 또는 당면사업을 선정한다. ② 선정된 중점사업의 추진목표를 설정한다. ③ 설정된 사업목표를 달성하기 위한 구체적인 목표를 설정한다.	

사례	• 학교보건사업의 궁극목표 : 학생 및 교직원의 건강을 유지·증진한다.
	• 학교간호사업의 궁극목표 : 학생 및 교직원의 건강을 스스로 관리할 수 있는 기능이 향상될 것이다.
	• 학교간호사업의 당면목표 : 2023년 3월에서 2024년 2월까지 수두 발생률은 20%에서 10%로 감소할 것이다.
	• 수두예방사업을 위한 구체적 목표
	  - 이 기간 동안 전 학생의 30%가 수두예방접종을 받을 것이다.
	  - 이 기간 동안 전 학생의 90%가 수두에 대한 보건교육을 1회 이상 받을 것이다.	

SMART	구체성, 측정 가능성, 성취 가능성, 연관성, 기한	
사업목표 구성요소	누가(대상자), 언제, 어디서, 무엇을, 얼마나(범위)를 포함한다.	

(2) 목표기술 시 포함내용(목표설정방법)

| 목표기술 포함내용 [2007 기출] | • 무엇(what), 범위(extent), 누가(who), 어디서(where), 언제(when)라는 내용구성
• 일부 항목이 생략될 수도 있으나 항상 '무엇'과 '범위'는 생략할 수 없다.

"○○초등학교 학생의 수두예방접종률은 2023년 3월 말의 40%에서 2024년 2월 말에는
  어디서   누가   무엇   언제   범위   언제
80%로 증가할 것이다."
  범위 |

무엇(what)	바람직하게 달라져야 하거나 변화되어야 할 상태나 조건
범위(extent)	성취하고자 하는 상태나 조건의 양
누가(who)	학교간호사업에서 바람직하게 변화되어야 할 대상, 환경
어디서(where)	학교간호사업이 이루어지는 장소
언제(when)	학교간호에서 의도한 바람직한 상태 혹은 조건(학교간호사업)이 수행될 기간이나 때
→ 언제까지 성취해야 하는가 / 어디를 변화시켜야 하는가 / 누구에게 변화가 있어야 하는가 / 무엇을 성취할 것인가 / 얼마나 성취할 것인가	

(3) 목표분류

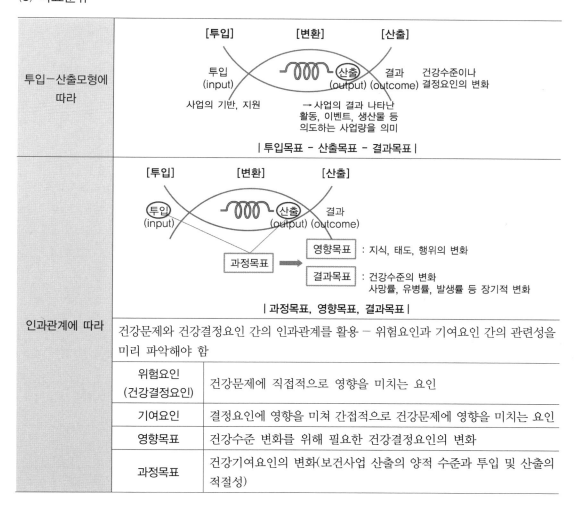

투입-산출모형에 따라	[투입] [변환] [산출] 투입 (input) 산출 (output) 결과 (outcome) 건강수준이나 결정요인의 변화 사업의 기반, 지원 → 사업의 결과 나타난 활동, 이벤트, 생산물 등 의도하는 사업량을 의미 | 투입목표 - 산출목표 - 결과목표 |		
인과관계에 따라	[투입] [변환] [산출] 투입 (input) 산출 (output) 결과 (outcome) 과정목표 → 영향목표 : 지식, 태도, 행위의 변화 결과목표 : 건강수준의 변화 사망률, 유병률, 발생률 등 장기적 변화 | 과정목표, 영향목표, 결과목표 |		
	건강문제와 건강결정요인 간의 인과관계를 활용 - 위험요인과 기여요인 간의 관련성을 미리 파악해야 함		
	위험요인 (건강결정요인)	건강문제에 직접적으로 영향을 미치는 요인	
	기여요인	결정요인에 영향을 미쳐 간접적으로 건강문제에 영향을 미치는 요인	
	영향목표	건강수준 변화를 위해 필요한 건강결정요인의 변화	
	과정목표	건강기여요인의 변화(보건사업 산출의 양적 수준과 투입 및 산출의 적절성)	

시간에 따라	달성에 필요한 시간에 따른 목표의 분류	
	단기목표 (1년 이내)	• 2~3개월 내 변화 • 지식, 태도, 믿음의 변화
	중기목표 (1~4년)	서비스(프로그램) 이용의 변화, 행동의 변화
	장기목표 (5~10년)	• 5~10년 소요, 보건사업의 최종목표 • 건강상태의 변화(사망률, 유병률), 사회적 가치의 변화(삶의 질)

(4) 목표기술 시 고려해야 하는 요소

관련성	• 현재 학교가 당면하고 있는 긴급한 건강문제와 관련 • 시·도 교육위원회의 학교 보건정책, 즉 상위목표와 관련 • 학생, 교직원의 건강요구와 관련 → 근거 자료가 충분히 확보되었는가 하는 것	
실현 가능성	• 자원동원 가능성, 그 문제의 단순성 • 설정 목표가 시간, 가용인력, 자원, 예산 등 달성의 현실성이 있는가	
관찰 가능성	• 성취 및 수행 결과를 눈으로 명확히 알 수 있는 것 • 목표달성 여부를 직접 측정하거나 관찰에 의해 확인할 수 있는가	
측정 가능성	• 성취된 결과를 숫자로 표시할 수 있는 것 **예** "예방접종률을 40%에서 70%로 증가시킨다."라고 하였을 때 40%, 70% 등의 숫자로 표현된 것은 측정이 가능 • 현재 개발된 시설, 기기 또는 도구로 잴 수 있는가	
논리성(윤순녕)	–	
SMART (Vollman, Anderson & Mcfarlane)	Specific (구체성)	목표는 구체적으로 기술되어야 함
	Measurable (측정 가능성)	목표는 측정 가능해야 함
	Aggressive & Achievable (적극성과 성취 가능성)	목표는 성취 가능한 수준이어야 하되, 별 노력 없이 성취 가능한 소극적인 목표는 안 됨
	Relevant (연관성)	목적 및 문제해결과 직접 관련성이 있어야 한다. 즉, 해당 건강문제나 목적과 인과관계가 있어야 함
	Time Limited (기한)	목표달성을 위한 기한이 명시되어야 함

2) 학교간호 방법 및 수단의 선택 [2004 기출]

방법	간호제공, 보건교육, 관리활동		
수단	방문활동, 보건실활동, 의뢰활동, 개인상담 및 면접, 집단지도, 매체활용, 학교보건 조직 및 각종 조직 활동		
절차	• 목표달성을 위한 각종 방법·수단을 모색 • 문제해결을 위해 요구되는 자원과 이용 가능한 자원을 조정 • 가장 최선의 방법·수단을 선정 • 구체적인 활동(방법·수단)을 기술		
선택 시 고려점	기술적 타당성	선택한 방법 및 수단이 기술적으로 가능하고 효과가 있는지	
	법적 타당성	법적으로 받아들여질 수 있는지	
	경제적 타당성	경제적으로 시행 가능하고, 그 효과가 경제적 측면에서 유효한지	
	사회적 타당성	학생 및 교직원이나 그 밖의 사업대상자들이 그 수단 및 방법을 수용하는지	

3) 학교간호 집행(수행)계획의 수립

집행계획	언제, 누가, 어디서, 무엇(집행시기, 집행자, 집행장소, 집행방법 및 수단)을 가지고 연간계획, 월간계획, 주간계획으로 나누어진다. → 집행계획은 학생 및 교직원의 교육업무를 고려하여 수립하여야 하기 때문에, 학생 및 교직원을 계획 수립에 참여시키면 좋을 것이다.				
계획 시 구성요소	언제	업무가 언제 시작해서 언제 끝나는지 각 업무활동 단계마다 시작시간과 끝나는 시간을 기록하여 시간표를 작성한다.			
	누가	• 누가 업무활동을 할 것인지, 어느 요원이 그 업무를 할 것이며 몇 명이 필요한지, 무슨 기술과 지식을 가진 사람이 그 업무를 하도록 할 것인지를 계획한다. • 업무분담을 말하는 것으로, 어떤 지식과 기술을 가진 어느 요원 몇 명이 담당할 것인지를 결정한다.			
	무엇	업무활동에 필요한 도구와 예산을 파악하는 것으로 이용 가능한 도구목록과 더 청구할 도구목록을 작성한다.			
	어디서	업무활동을 어느 장소(어느 교실, 운동장, 보건실, 교무실)에서 할 것인지 명확히 기술한다.			
	수행방법				
	수행내용	수행방법	수행기간	수행장소	수행인력
효율적 사업이 되기 위한 고려점	• 학교인구 모두가 참여한다. • 인원, 예산, 시간을 고려한다. • 계속적, 지속적이어야 한다. • 미래 지향적(발전적)이어야 한다.				

4) 학교간호 평가계획의 수립 [2005 기출]

평가계획	평가계획도 사업을 시작하기 전에 수립하여야 한다. 평가계획이라 함은 누가 평가를 할 것인지, 언제 평가할 것인지, 무엇을 가지고 평가할 것인지, 어떤 범위로 평가할 것인지 등을 결정하는 것을 의미한다.	
평가계획 수립 시 포함 요소 [2005 기출]	평가자(주체)	누가 평가할 것인가? → 보건교사, 학교위원회, 교육청
	평가의 시기	언제 평가할 것인가? → 사업진행 중, 사업종료 후 중 적절한 평가시기를 결정한다.
	평가의 수단 (방법)	• 무엇을 가지고 평가할 것인가? 　→ 관찰법, 설문지, 업무기록지, 관찰, 교육청의 표준감사표 등 • 평가도구의 기준 : 객관성, 신뢰성, 타당성, 유용성
	평가의 범주	평가내용으로 참여 대상자 수, 이해도, 실천정도를 확인 (체계이론, 사업과정에 따른 평가범주, 인과모형에 따른 범주)
	평가의 내용	사업목표에 기술된 내용을 중심으로 평가내용을 결정한다.
	평가의 장소	－
평가도구요소	타당도	측정하려는 내용을 측정하고 있는가
	신뢰도	측정하고자 하는 내용을 얼마나 정확히 측정하는가, 즉 얼마나 오차 없이 측정하는가에 따라 높고 낮음을 표시한다.
	객관도	검사자의 신뢰도나, 측정자가 변화되면 측정값이 변화되는 오차를 객관도가 '있다/없다'로 구분한다.
	실용도	평가의 결과가 다음번 교육에 활용할 가치가 있는가의 문제로 실용도가 '있다/없다'로 표시한다.

3　학교간호의 수행

직접수행	활동 또는 행위가 기술적으로 적절해야 하고 학교간호의 기준과 지침에 맞도록 수행해야 함
조정 (coordination)	• 각 요원들이 분담된 업무를 세분화하여 실행할 때 계획을 상황에 맞추어 집행하는 것 • 분담된 업무활동이 중복되거나 누락되지 않도록 서로 다른 요원들과 업무의 관련성에 따라 서로 조정하여 명확하게 만듦 • 또한 결정사항을 의사소통을 통해 조정 예　• 계획한 목표를 재검토 　• 각 목표에 필요한 활동을 재검토 　• 시간표에서 일의 시작, 진행과정 및 끝을 확인 　• 책임 맡은 자의 기술수준이나 능력에 맞게 일이 분배되었는지 대조 　• 관련 직원들과 논의하며 대상자를 포함한 지역사회의 참여방법 모색 　• 모든 사항을 육하원칙에 따라 점검

감시 (monitoring)	• 사업의 목적 달성을 위하여 계획대로 진행되어 가고 있는지를 확인하는 것 • 업무활동의 질적 수준을 유지하기 위하여 업무의 수행수준, 수행절차, 수행결과에 대한 결여를 규명하고 결여의 원인이 무엇인지 찾음
지도감독	• 학교보건사업에 참여하는 비전문요원의 활동이 정상적으로 이루어지는가를 살펴서 기술적인 조언을 제공하고 조장하는 것. 감시와 병행되어야 함 • 요원들에게 관심을 갖고 그들의 활동을 지지하고 용기를 북돋아 주고 학습기회도 마련하는 것 • 목표 진행 정도의 평가, 주어진 업무 수행수준의 관찰, 사업이 진행되는 동안 발생한 문제와 개선점을 토의하고 필요시 조언을 수행하는 활동 • 감독활동은 사업목적의 적절성, 수행에 영향을 미치는 요인, 업무를 수행하는 직원의 능력과 동기부여 수준 및 자원의 상태 등을 확인하며, 업무수행자들을 지원하고 격려해주기 위한 수단으로 활용됨

4 학교간호의 평가 및 재계획 [2007 기출]

1) 평가 절차

평가대상 및 기준 설정	무엇을 평가하며 어떠한 측정기준으로 평가할 것인가를 결정 예 평가대상: 프로그램 참여자 100명, 체지방 감량과 운동 실천율 향상
평가자료 수집	평가에 필요한 관련된 정보나 자료를 수집 예 체지방측정기를 통한 체지방 측정, 운동실천 실태에 대한 설문조사
목표계획(또는 정상수준)과 달성상태 비교	사업 결과의 양과 질을 측정하여 목표 수준과 현재 도달한 상태 비교 예 개인별 목표체중과 감량체중의 비교, 운동 실천율 비교
가치판단	목표에 도달하였는지, 계획대로 되었는지, 어느 정도 성취되었는지 등에 대한 원인을 분석하고, 성취된 정도에 대한 가치를 부여 예 목표체중 달성과 운동 실천율 달성 확인, 목표체중 달성을 하지 못한 학생들의 원인 분석
재계획	• 미래 사업 진행방향 결정 • 사업을 계속 수행, 변경하여 수행, 혹은 사업 중단 등 결정

2) 평가의 범주 [2005 · 2009 · 2011 · 2012 · 2018 · 2023 기출]

(1) 체계이론에 따른 평가범주 [2005 · 2012 기출]

평가 범주	평가 내용
목표 달성 정도에 대한 평가	• 설정된 사업 목표가 제한된 기간 동안 목표에 얼마나 근접되게 달성했는지를 평가 • 각각 목표별로 그 정도의 달성을 이루게 된 원인을 규명하여 재목표를 세움
사업 진행에 대한 평가	사업진행의 내용 및 일정이 계획에 맞추어 수행되었는지를 파악하고 차질이 있다면 그 원인을 분석
투입된 노력에 대한 평가	계획된 인적·물적·사회적 자원(보건교육사업에 들어간 재정적 예산, 보건교육 요원 수, 보건교사가 제공한 시간, 방문횟수, 자원활용횟수)의 소비를 평가
사업 효율성에 대한 평가	• 인적·물적 자원 등을 비용으로 환산하여 목표 달성 정도와 비교하여 평가 • 최소의 비용으로 최대의 목표를 달성하기 위하여 단위 목표량에 대해 투입된 비용을 산출하여 다른 목표량에 대한 비용과 비교함으로써 측정
사업의 적합성에 대한 평가	• 지역사회 요구를 파악하여 평가 • 사업의 실적을 지역사회 요구량과의 비율로 계산 • 지역사회 요구에 대하여 얼마나 충족시켰는지, 적합했는지를 평가

(2) 사업과정에 따른 평가(인과모형에 따른 범주, Green) : 과정, 영향, 결과평가

평가 범주	평가 내용
과정 평가	• 사업진행과정 평가 • 프로그램의 수행 과정을 평가
영향 평가	• 사업의 즉각적인 효과, 단기목표 도달 • 프로그램을 투입한 결과로 일어난 변화 → 대상자의 지식, 태도, 신념, 가치관, 기술, 행동 또는 실천 양상에 일어난 변화
결과 평가	• 장기적 목표 도달(유병률, 삶의 질의 변화) • 프로그램을 시행한 결과로 얻어진 건강 또는 사회적 요인의 개선점들을 측정

(3) 투입 산출모형(논리모형에 의한 평가, Donabedian) [2009·2011·2018·2023 기출]

평가 범주	평가 내용		
구조 평가	• 사업에 들어간 시설, 자원, 설비에 대한 평가 • 지표 : 인력, 자원, 장소, 기구, 물품, 예산, 시설		
과정 평가	• 관심의 대상이 전문적인지, 수용된 기준은 적합한지를 평가하고, 질적 측면의 심사, 동료 집단평가, 신용, 확인, 감독 등 다양한 수단으로 살펴 볼 수 있도록 해야 함 • 지표 : 만족도/흥미도, 프로그램 참여율, 도구 적절성, 준비자료 적절성, 대상자의 적절성		
	자원	• 사업에 투입될 인적, 물적 자원, 일정이 계획대로 실행되고 있는지 • 자원 : 자원의 양적 충분성, 자원의 질적 수월성, 교재의 적절성 • 인원 : 인력교육등록, 이수율, 자체교육실적 • 예산의 충분성	
	사업	• 방법, 수단의 적합성과 서비스의 질 수준이 확보되었는지 • 원인분석 및 수정 : 사업의 모든 측면은 모니터링되어 사업 속에 환류되어 반영되는지 확인하는 평가과정	
	이용자	• 대상자의 적절성 : 학생, 교직원, 학부모에게도 필요한 프로그램이었나? • 이용자의 특성은 무엇이며, 적절했는가? 목표집단이 사업에 참여했는가? • 만족도, 흥미도, 프로그램 참여율, 이용의 형평성 보장	
결과 평가	효과 평가	정의	설정된 목표에 도달했는가에 대한 평가
		지표	• 단기적 효과 : 지식, 태도, 신념, 가치관, 기술, 행동의 변화 • 장기적 효과 : 이환율, 사망률, 유병률의 감소 • 사업목표달성도 : 대상자의 만족도, 사업담당자의 만족도
	효율 평가	정의	실제로 투입된 노력과 사업결과를 비교하여 효율을 평가
		지표	총 소요비용, 대상자 수, 사업으로 인해 변화된 결과

| 투입 산출모형 평가내용의 예 |

평가범주		평가내용
구조 (투입)	장소	보건교육 장소로 보건소 고혈압 교실과 아파트 반상회 모임을 활용한 것이 적절하였다.
	기구, 도구, 물품	고혈압 교육을 위한 전단지와 비디오테이프가 효과적이었으나 전단지를 인원수만큼 준비하지 못한 것이 아쉬웠다.
	인력	홍보물 부착을 위하여 간호학생과 아파트 반장을 활용하였다.
	예산	홍보물 제작에 예산보다 비용이 5만원 추가되었다.
과정 (진행과정)	만족도, 흥미도	주제가 자기효능을 높이기 위한 고혈압 관리 교육이었기에 주민들의 집중도와 만족도가 높았다.
	프로그램 참여율	지역주민이 1회 20~30명 정도 참석하였고, 사전에 사람이 많이 모이는 장소를 선택하여 교육 허락을 받은 것이 도움이 되었다.
	교재 적절성	전단지와 팸플릿은 간결하였고, 그림 등은 전달력이 있었으나 비디오 테이프가 너무 오래되어 내용적인 면에서 보완이 요구된다.
	대상자 적절성	지역주민과 고혈압 환자에게 꼭 필요한 교육 및 상담프로그램이었다.
결과 (산출)	효과 — 지식 변화	고혈압 관리에 관한 생활습관과 식이, 운동, 약물요법 및 합병증 등에 대한 교육 전후의 지식변화에 유의한 차이가 있었다.
	효과 — 행위 변화	보건교육 전후의 고혈압 예방 및 관리를 위한 생활습관의 실천율을 조사한 결과에서 흡연율은 50% → 30%, 운동실천율은 25% → 18%로 변화하였다.
	효과 — 사업목표의 달성 정도	단기적인 행위변화가 있었으므로 지속적인 행위변화를 위해서 고혈압 관리를 위한 자기효능감 증진 프로그램이 요구되었다.
	효율	❍ 보건교육과 고혈압 관리에 소요된 단위 비용 $$\frac{(총\ 소요\ 비용\ /\ 참여명\ 수)}{사업으로\ 인해\ 변화된\ 결과} = \frac{(30만원\ /\ 30명)}{운동실천\ 변화율\ 10\%} = \frac{1000원\ /\ 명}{\%}*$$ * 대상자 1명당 운동실천율을 1% 향상시키는 데 1000원이 소요됨

Chapter 03 건강검사

01 건강검사의 개요 [2005·2010·2012·2015·2016 기출]

1 학교건강검사의 개요 [2005·2010·2012·2015·2016 기출]

건강 검사	구분	신체발달상황 및 능력, 정신건강상태, 생활습관, 질병의 유무 등에 조사하거나 검사	
		신체의 발달상황	키와 몸무게를 측정
		신체의 능력	-
		건강조사	병력, 식생활 및 건강생활 행태 등에 대해서 실시
		정신건강 상태 검사	
		건강검진	근·골격 및 척추, 눈, 귀, 콧병·목병·피부병, 구강, 기관 능력, 병리검사 등에 대하여 검사 또는 진단
	학교장실시	신체의 발달상황, 신체의 능력, 건강조사 및 정신건강 상태 검사	
	검진기관실시	건강검진	
건강 검사의 목적		학생과 교직원의 신체의 질병과 결함을 조기발견하고 예방하여, 건강을 증진하고 체력향상을 도모하기 위하여 실시 → 자신의 건강상태를 잘 알 수 있고 신체적 성장과 발달에 관심 갖게 됨 → 건강 유지·증진	

	학생	•개인의 건강상태 변화를 사정, 정상에서의 일탈을 조기 발견
		  → 건강이상자를 조기발견 / 잠재적 질병요인을 규명 / 질병자를 체계적으로 추후관리 / 합병증을 최소화
		•학생이 자신의 건강상태를 이해하고 관심을 가짐
		  → 학생이 건강관리방법 및 기술의 가치를 습득
		  → 건강한 생활을 유지할 수 있는 기초를 마련	

	가정	학부모가 자녀의 건강상태와 건강요구를 이해하도록 도움	
	학교	•학교의 교육을 능률적으로 실시(건강수준 높이면 교육 능률 상승)토록 함 •학교건강증진 프로그램을 계획하는 데 기초자료로 활용 •검진의사와 관계를 형성하여 건강문제가 있을 때 추후관리를 가능하게 함	
	국가	국민의 건강수준 향상을 위하여 실시 : 장래 생산성 인구의 질 향상	

건강검사 계획 [2015 기출]	수립	학교의 장은 건강검사를 원활하게 실시하기 위하여 건강검사에 필요한 소요예산을 포함한 구체적인 건강검사 실시계획 수립(경비: 보건복지부장관이 정한 금액)
	시기	매년 3월 말까지 수립
건강검사 대상	대상	학교의 장은 학생과 교직원에 건강검사
	교육과학기술부령	건강검사시기, 방법, 검사항목 및 절차 등에 관하여 필요한 사항 정함
	교직원	국민건강보험범에 따른 건강검진으로 갈음할 수 있음
건강증진 계획	교육감	• 학생의 신체 및 정신 건강증진을 위한 학생건강증진계획을 수립·시행 • 학교의 장의 조치를 행정적 또는 재정적으로 지원하는 방안을 포함
	학교장	• 건강검사의 결과를 평가하여 이를 바탕으로 학생건강증진계획을 수립 • 건강검사결과에 평가와 학생건강증진계획의 수립을 위하여 학교의사 또는 학교 약사에게 자문할 수 있음

2 건강검사 [2012 · 2015 기출]

검사종류	검사대상	검사기관	비고
신체발달 상황검사	비검진 학년	학교	키, 몸무게, 비만도 산출
신체능력	초(4) 5, 6, 중/고	학교	• 달리기, 오래달리기−걷기, 앉아 윗몸 앞으로 굽히기, 팔굽혀 펴기(남), 무릎대고 팔굽혀 펴기(여), 윗몸말아올리기, 제자리 멀리뛰기 등 • 필수: 매 학년 초기 • 선택: 자율적(3년에 1회)
정신건강 상태검사	• 모든 학년 • 필요한 경우	학교	• 설문조사 등의 방법으로 한다. • 정신건강상태 검사를 실시하는 경우에는 검사와 관련한 구체적인 내용을 학부모에게 미리 알려야 한다.
건강검진	초1, 4, 중1, 고1 🔆 구강검사는 전 학년 실시	검진기관	• 검진기관의 문진표 • 근골격 및 척추, 눈·귀, 콧병, 목병, 피부병, 구강, 기관 능력, 병리검사 • 학생이 연중 방문하여 실시

건강조사		비검진 학년	학교	• 구조화된 건강조사 설문지 • 예방접종 및 병력, 식생활 및 비만, 위생관리, 신체활동, 학교생활 및 가정생활, 텔레비전 · 인터넷 및 음란물의 이용, 안전의식, 학교폭력, 흡연 · 음주 및 약물의 사용, 성 의식, 사회성 및 정신건강, 건강상담 등을 조사
정기 검사	신체발달 상황	• 초1, 4학년 (구강검진은 전 학년) • 중 · 고등 1학년	• 정기 : 검진기관 • 정기이외 학교	키와 몸무게, 비만도 산출
	건강조사			• 정기 : 검진기관의 문진표 • 학교 : 구조화된 건강조사 설문지
	건강검진		검진기관	학생이 연중 방문하여 실시
	신체 능력 검사	• 초(4) 5, 6학년 • 중 · 고등학생	학교	• 필수 : 매 학년 초기 • 선택 : 자율적(3년에 1회)

3 건강검진

대상자	• (초등) 1학년 및 4학년 학생. 다만, 구강검진은 전 학년 실시(방법과 비용은 지역실정에 따라 교육감이 정한다) • (중 · 고등) 1학년 학생 • 그 밖에 건강을 보호 · 증진하기 위하여 교육부령으로 정하는 학생		
별도검사 [2008 기출]	• 건강검사 외에 학생의 건강을 보호 · 증진하기 위하여 학교장이 필요하다고 인정 시 검사 • 검사 시기 : 3~10월 사이에 학교장이 지정		
	별도검사의 종류	대상	
	소변검사 및 시력검사	초등학교 · 중학교 및 고등학교의 학생 중 교육감이 지정하는 학년의 학생	
	결핵검사	고등학교의 학생 중 교육감이 지정하는 학년의 학생	
	구강검사	중학교 및 고등학교의 학생 중 교육감이 지정하는 학년의 학생	
연기 생략	• 학교의 장은 천재지변 등 부득이한 사유로 관할 교육감 또는 교육장의 승인을 받은 경우 건강검사를 연기하거나 건강검사의 전부 또는 일부를 생략할 수 있음 • 당해 연도에 건강검사를 실시할 수 없는 경우 : 교육감 또는 교육장의 승인		
	연기	건강검진은 다음 학년도로 연기	
	생략	신체발달상황, 신체 능력, 건강조사는 생략	

4 학교건강검진의 절차와 종류 [2015 · 2016 기출]

검진기관 선정	• 2개 이상의 검진기관을 선정해야 함 • 검진기관을 선정하고자 하는 때에는 학교운영위원회의 심의 또는 자문을 받을 수 있음
검진기관을 2개 이상 선정할 수 없는 경우	관할 교육감의 승인을 얻어 1개의 검진기관만 선정할 수 있음
1개의 검진기관만을 선정하여 출장검진하는 경우	• 학교가 소재한 지역(읍·면·동을 말한다)에 검진기관이 없는 경우 • 특수학교 및 특수학급의 학생을 대상으로 검진을 실시하는 경우 • 그 밖에 부득이한 사유로 출장검진이 불가피하다고 교육감이 승인한 경우
건강검진절차	• 검진대상자는 검진기관을 방문하여 건강검진을 받아야 함 • 검진 전 문진표를 작성 제출 • 검사결과 통보

검사결과통보	• 검진기관은 검사결과를 검사일부터 30일 내에 해당 학생 또는 학부모와 해당 학교의 장에게 각각 통보
	• 검진결과 질환이 의심되는 학생 또는 정밀검사가 필요한 학생이 있는 경우에는 해당 학부모에게 반드시 통보
	  − 학생건강검사 결과 통보서
	  − 학생구강검사 결과 통보서

소요되는 비용의 범위	「국민건강보험법」에 의해 보건복지부장관이 정한 금액을 적용

5 정신건강상태검사

방법 (학교건강검사규칙 제4조의3)	• 방법: 설문조사 • 설문조사 등의 시행과 그 결과 처리는 '교육정보시스템'을 통하여 할 수 있다. • 정신건강 상태 검사를 실시함에 있어 필요한 경우에는 학부모의 동의 없이 실시할 수 있음. 이 경우 학교의 장은 지체 없이 해당 학부모에게 검사 사실을 통보하여야 함 • 학교의 장은 정신건강 상태 검사를 실시하는 경우에는 검사와 관련한 구체적인 내용을 학부모에게 미리 알려야 함
검사결과 조치 (학교보건법 제11조)	• 학생·학부모·교직원에 대한 정신건강 증진 및 이해 교육 • 해당 학생에 대한 상담 및 관리 • 해당 학생에 대한 전문상담기관 또는 의료기관 연계 • 그 밖에 학생 정신건강 증진을 위하여 필요한 조치

선별검사	정상	선별검사 결과 기준 점수 미만인 학생	
	관심군	1차 선별검사 결과 2차 선별검사가 필요한 학생	
	우선관리군	전문기관(Wee · 정신보건센터) 심층사정평가가 필요한 학생	
	선별검사 (Screening Test)	진단검사가 아닌, 정서 · 행동발달 경향성 확인 검사	

		1차 선별검사
		(학교)
			• 사용도구
			  − CPSQ(초등) : 초등학생 학부모 대상
			  − AMPQ-Ⅱ(중등) : 중 · 고등학생 및 교사 대상
			• 검사결과 분석 후 심층평가가 필요한 학생 선별

		2차 선별검사	우울, 불안, 주의력결핍과잉행동장애(ADHD), 반항 · 충동성, 친구관계, 폭력성 등
	심층사정평가	• 정신의학에 접근한 평가, 개별 상담 및 개별화 도구 이용 • 전문기관(Wee 센터, 정신보건센터) 자체 검사 및 치료지원	
	추후관리 (개별상담)	• 관심군 : 문제 발생 예방을 위한 사례관리(학교주관, 전문기관지원) • 주의군 : 전문기관에 의뢰 · 치료(전문기관, 가정주관, 학교지원) ※ 정서 · 행동발달문제와 관련한 개별상담 및 치료 지원	

학교 내

1차 선별검사	정서 · 행동 발달 전반 선별검사 (CPSQ, AMPQⅡ)	Wee 클래스(보건실)

⬇

2차 선별검사	문제유형별 선별검사 (폭력성, 자살생각 등)	Wee 클래스(보건실)

학교 밖

Wee 센터, 정신보건센터

⬇

전문 병 · 의원

Wee 클래스	학생이 속한 학교 안에 상담실을 설치하고 전문 상담사를 배치해서, 문제발생 가능성에 대한 초기진단 및 대처를 위한 1차 기능을 수행
Wee 센터	Wee 센터는 지역 내 전문상담교사나 상담사, 심리사, 사회복지사 등 전문 인력을 배치해 위기학생에 대한 전문적인 진단, 상담, 치료와 심층적 심리 검사 등 2차 서비스를 제공

02 건강검사 실시 결과의 관리 및 조치

1 건강검사 결과 관리 [2005 · 2010 · 2015 기출]

건강검사 결과관리	학교장	결과를 작성 · 관리
교육정보 시스템을 이용	학교장	● 건강검사 결과를 작성 · 관리할 때에 교육정보시스템을 이용하여 처리 • 인적사항 • 신체의 발달상황 및 능력 • 그 밖에 교육목적을 이루기 위하여 필요한 범위에서 <u>교육부령으로 정하는 사항</u> 　- 예방접종 완료 여부 　- 건강검진의 검진일자 및 검진기관명 　- 별도검사의 종류, 검사일자 및 검사기관명
건강검사 작성관리	학생	• 신체발달상황 및 신체능력검사 결과: 학생건강기록부로 작성 · 관리 • 건강검진 결과: 검진기관이 통보한 자료를 학생건강기록부와 별도로 관리
	교직원	「국민건강보험법」에 따른 건강검진의 결과를 관리
별도검사관리		별도검사의 실시결과를 학생건강기록부와 별도로 관리
전출 시 / 상급진학 시	학교장	소속 학교의 학생이 전출하거나 고등학교까지의 상급학교에 진학할 때에는 그 학교의 장에게 자료를 넘겨주어야 함
졸업	고등학교장	소속 학생이 고등학교를 졸업할 때 학생건강기록부를 해당 학생에게 교부하여야 함
중 · 고등 미진학 시		학생이 중학교 또는 고등학교에 진학하지 아니하거나 휴학 또는 퇴학 등으로 고등학교를 졸업하지 못한 경우 그 학생이 최종적으로 재적하였던 학교는 학생건강기록부를 비롯한 건강검사 등의 실시결과를 학생이 최종적으로 재적한 날부터 5년간 보존하여야 함
신체능력 검사결과	교육감	신체능력검사 결과에 따라 학생 개인별 신체활동 처방을 제공하는 학생건강체력평가시스템을 교육정보시스템과 연계하여 구축하고, 학생 · 학부모가 조회할 수 있도록 관리하여야 함

2 건강검사 등의 실시결과에 따른 조치 [2000 · 2010 기출]

상담, 예방조치, 체력증진 대책강구	학교장	보건의료기관, 체육단체 및 대학 등의 협조를 받아 소속 학생 및 교직원에 대한 건강상담, 예방조치 및 체력증진 등 적절한 보호 또는 양호의 대책을 강구
수업면제, 휴학, 치료, 교정 요청	학교장	수업면제 · 휴학 · 치료 · 보호 또는 교정 등을 필요로 하는 학생 → 본인 또는 그의 보호자에게 적정한 조치를 강구하도록 요청
교직원 휴직건의	학교장	교직원에 대해서 건강검사 또는 건강검진을 실시한 결과 전염성질환 또는 신체의 심한 허약 등으로 복무에 지장이 있다고 인정되는 경우에는 휴직 기타 적절한 조치를 취하도록 임면권자에게 건의
통계보고	학교장	건강검사 등을 실시한 경우에는 통계표를 작성하여 다음 연도의 2월 말일까지 관할 교육장을 거쳐 교육감에게 보고

03 신체발달상황검사

1 신체발달상황검사

목적	성장관심	• 학생들이 자신의 성장과 안녕에 관심을 가지도록 한다. • 학생들을 정상 기준이나 다른 학생과 비교하기보다는 자신의 상태 자체에 관심을 가지도록 하는 것에 중점을 둔다.
	개인차	각 학생에게 정상적으로 개인적인 차이가 있음을 인식시킨다.
	개인별 비교	자신의 상태와 각 개인에게 가장 합당한 과정에 관심을 가지도록 노력해야 한다.
	기초자료	유의미한 자료를 만들어 내 기초자료가 되도록 한다.
	건강문제 유추	작년도의 개인별 결과와 비교하여 건강문제 등을 유추한다.
학교건강검사규칙 제4조		• 신체의 발달상황은 키와 몸무게를 측정한다. • 신체의 발달상황에 대한 검사는 매 학년도 제1학기 말까지 실시해야 하며, 필요한 경우 추가로 실시할 수 있다.

	검사항목	측정단위	검사방법
검사항목 및 방법 [1997 · 2001 · 2014 · 2022 기출]	키	cm	1. 검사대상자의 자세 　가. 신발을 벗은 상태에서 발꿈치를 붙일 것 　나. 등, 엉덩이 및 발꿈치를 측정대에 붙일 것 　다. 똑바로 서서 두 팔을 몸 옆에 자연스럽게 붙일 것 　라. 눈과 귀는 수평인 상태를 유지할 것 2. 검사자는 검사대상자의 발바닥부터 머리끝까지의 높이를 측정
	몸무게	kg	1. 옷을 입고 측정한 경우 옷의 무게를 뺄 것
	비만도	–	1. 비만도는 학생의 키와 몸무게를 이용하여 계산된 체질량지수(BMI, Body Mass Index : kg/m²)를 성별·나이별 체질량지수 백분위수 도표에 대비하여 판정한다. 2. 비만도의 표기방법은 다음 각 목과 같다. 　가. 체질량지수 백분위수 도표의 5 미만인 경우 : 저체중 　나. 체질량지수 백분위수 도표의 85 이상 95 미만인 경우 : 과체중 　다. 체질량지수 백분위수 도표의 95 이상인 경우 : 비만 　라. 가목부터 다목까지의 규정에 해당되지 않는 경우 : 정상
	비고		수치는 소수 첫째자리까지 나타낸다(측정값이 소수 둘째자리 이상까지 나오는 경우에는 둘째자리에서 반올림 한다).
측정 결과의 해석			• 학년별, 성별 신체발육 통계를 작성하여 지난해와 비교하여 발육상태를 확인한다. • 표준체중 및 비만도 평가 : 극도의 체중미달이나 비만상태의 발견이 가능하다. • 지속적인 상담 및 건강관찰을 하고, 결과에 따라 학생 스스로 자신의 건강을 관리해야 하는 건강문제를 알게 되고, 이를 간호하기 위한 방법을 모색하며 또 해결하도록 도울 수 있다. • 영양상태 및 전체 건강상태 평가에 도움이 된다.
학령기 영양상태의 객관적 자료	지표		체중증가 또는 감소, 신장과 체중, 성장형태(어린이), 머리둘레(어린이), 팔둘레, 피하지방 두께 측정(= 피하지방량 측정), 손목둘레
	체중		영양평가의 의의가 크며, 소아에서 순조로운 증가는 영양상태의 양호함을 의미한다.
	신장		소아에서는 영양발육평가에 중요하다.
	피하지방 두께		영양상태 판정에 좋은 지수로 보통 상완신전측 중간부(triceps skin fold)에서 측정한다.
	성장		생물학적 요인, 즉 성, 연령, 환경, 출생순위, 출생 시 체중, 유전, 환경요인(기후, 사회경제적 수준), 세균 및 기생충 감염, 정신질환, 영양상태 등의 영향을 받는다.

2 신체의 발달상황 계측 실시 이전에 준비해야 할 사항(= 신뢰도 확보 방법) [1997 · 2023 기출]

측정기구의 지정 및 점검		• 매년 같은 종류의 것, 표준화된 기구(제조회사, 연도, 검인정 표시)를 사용하여 오차 줄이기 • 실시 전 측정도구 이상 유무 점검 후 결과를 기록, 비치 • 검사 도중 수시로 기구의 정확성 여부를 점검하여 이상 시 즉시 교정조치하고 검사 실시
측정자와 측정 장소 지정		• 검사종목별로 조를 정하고 정 · 부 책임자, 측정자와 기록자 명단 작성 • 측정 장소는 교실이나 강당 이용(대기실 → 키 → 몸무게) • 측정기구를 한곳에 고정시키며 학생들이 이동하여 측정 받도록 함(측정기구의 이동은 정확성을 낮출 수 있음)
체격 측정자에 대한 교육	신체발육 통계의 중요	• 신체발육 통계치는 그 집단의 건강을 평가하는 자료로 사용 (즉, 학교지역사회의 건강수준을 나타냄) • 신체의 형태, 즉 키, 몸무게, 앉은키, 가슴둘레와 같은 것이 어느 정도 발육되었는지를 나타내는 것은 발육량(수치)으로 표시하므로 비교 및 평가하기가 쉬움 • 신체발달상황검사는 학생의 신체의 형태를 수치로 표현하는 작업 • 신체발달상황검사의 결과를 수치로 표현하여 학생의 신체 형태를 알 수 있으며 이를 통해 학생의 건강수준을 파악
	정확한 측정방법	교육 후 연습을 통해 일관성 있는 측정값이 나오는지 확인
	통계처리 방법	• 각 신체검사 항목에 학년별, 성별 통계를 냄 • 비만아에 대한 학년별, 성별 통계를 냄. 비만 정도에 대한 통계를 포함
신체발달상황검사 결과의 활용방안 (= 신체발달상황 검사 결과처리)		• 지난해와 비교하여 신장과 체중의 발달 여부를 확인한다. - 건강평가에 도움 • 극도의 체중미달이나 비만상태의 발견은 아동의 건강상태를 재확인해보는 좋은 기회가 됨 • 신체발달상황검사 결과에 따라 학생 및 교직원 개인의 건강관리를 계획하고 학교보건 계획의 기초 자료로 삼음 • 신체발달상황검사 결과에 따라 스스로 자신의 건강문제를 알게 되고, 이를 간호하기 위한 방법을 모색하며 또 해결하도록 도움 • 신체발달상황검사 결과에 따라 스스로 건강간호를 할 능력을 향상시키기 위해 보건교사는 노력하게 됨 • 신체발달상황검사 결과에 따라 건강문제를 확인하고 해결할 수 있도록 사업을 수행하고 또 예방하게 됨 • 신체발달상황검사의 결과는 한눈에 볼 수 있도록 통계 처리하여 건강문제가 도출되도록 하고 모든 검사에 의해 진단된 문제 학생들은 지속적인 상담 및 건강관찰을 함 - 기타 검사의 객관성과 통계의 신뢰성 교육
가정통신문 활용		신체발달상황검사의 실시 목적, 시기 및 내용에 대해 학부모에게 알려주고, 개인위생이나 복장 등 필요한 준비를 할 수 있도록 함

3 측정의 객관성과 신뢰성 [2023 기출]

객관성	정의	신뢰성의 일종으로, 검사자의 신뢰성
	객관성 증가 방법	• 측정 도구를 객관화시킴 • 여러 사람이 공동 측정 • 측정자의 소양을 높임(정확하게 측정하는 방법을 교육)
신뢰성 [2023 기출]	정의	• 측정 대상을 일관성 있게 측정하는 정도 • 같은 내용을 반복 측정했을 때 같은 결과가 나오는 정도 • 정확한 측정법, 측정도구의 지정 및 점검 등이 신뢰성을 높이는 방법
	신뢰도 저하 요인	• 측정자의 편견, 기술 미숙 • 평가도구의 부정 상태 • 측정당시 환경조건

	신뢰도 증가 방법	• 매년 같은 것을 사용하고 표준화된 신장계, 체중계, 좌고계, 줄자(공인규격품 이용)를 이용
		• 신체의 발달상황검사 실시 전에 이상 유무를 점검하고(1차는 보건교사나 체육 교사가, 2차는 학교장이 점검) 점검결과를 기록하여 비치
		• 신체의 발달상황 측정 도중에 수시로 정확 유무를 점검
		• 측정자 및 측정 장소 지정
		  − 각 종목별로 조를 정하고 정. 부 책임자를 지정
		  − 측정 장소는 강당이나 교실을 이용하여 측정 기구를 한곳에 고정시켜 측정 하여 정확성을 기함
		• 측정자에게 정확한 측정기술을 알려 줌

	영향요인 [2023 기출]	**관측자 간 요인** 측정자 수를 줄여서 측정자 간 오차를 줄여야 함 **관측자 내 오차** 측정자가 기구 이용에 익숙해야 함 **생물학적 변동에 따른 오차** 측정조건이 동일한 환경일 때 측정 **기계적 오차** 측정도구 사용 도중 교체하지 않고 정기적으로 점검하며 실시

04 건강검진

1 건강검진의 개요

목적	• 학생의 상태를 포괄적이고도 신중하게 평가한다. • 학부모와 학교당국에 가치 있는 충분한 건강정보를 제공한다. • 신체결함을 발견한다. • 건강일탈에 대한 전문적 상담을 해준다. • 학교프로그램이 학생에게 유익하게 변화되도록 조언한다. • 의학적 감독과 교정을 실시한다. • 학생에게 가치 있는 건강경험을 제공한다. • 학생이 학교의 각종 프로그램에 참여토록 하는 의식을 고취시킨다.

절차	• 검진기관의 복수선정, 선정 시 학교운영위원회 심의 또는 자문이 가능하다.
	• 검진대상자가 검진기관을 방문하여 건강검진을 실시한다(검진기관이 없는 경우 출장검진 가능).
	• 건강검진 후 사후관리를 진행한다(7월 이후).
	  − 교육적 사후처리: 보건지도, 건강 상담, 생활지도, 가정통신문 발송(정밀검사 필요성 기록 및 회신)
	  − 의학적 사후처리: 정밀검사, 의뢰

2 건강검진 항목 및 방법

검진항목		검진방법(세부항목)
1. 척추		척추옆굽음증(척추측만증) 검사
2. 눈	가. 시력측정	• 공인시력표에 의한 검사 • 오른쪽과 왼쪽의 눈을 각각 구별하여 검사 • 안경 등으로 시력을 교정한 경우에는 교정시력을 검사
	나. 안질환	결막염, 눈썹찔림증, 사시 등 검사
3. 귀	가. 청력	• 청력계 등에 의한 검사 • 오른쪽과 왼쪽의 귀를 각각 구별하여 검사
	나. 귓병	중이염, 바깥귀길염(외이도염) 등 검사
4. 콧병		코곁굴염(부비동염), 비염 등 검사
5. 목병		편도선비대 · 목부위림프절비대 · 갑상샘비대 등 검사
6. 피부병		아토피성피부염, 전염성피부염 등 검사
7. 구강	가. 치아상태	충치, 충치발생위험치아, 결손치아(영구치로 한정) 검사
	나. 구강상태	치주질환(잇몸병) · 구내염 및 연조직질환, 부정교합, 구강위생상태 등 검사

	가. 소변	요컵 또는 시험관 등을 이용하여 신선한 요를 채취하며, 시험지를 사용하여 측정 (요단백 · 요잠혈 검사)
8. 병리 검사 등	나. 혈액	1회용 주사기나 진공시험관으로 채혈하여 다음의 검사 • 혈당(식전에 측정한다), 총콜레스테롤, 고밀도지단백(HDL) 콜레스테롤, 중성지방, 저밀도지단백(LDL) 콜레스테롤 및 간 세포 효소(AST · ALT) • 혈색소
	다. 결핵	흉부 X-선 촬영 및 판독
	라. 혈압	혈압계에 의한 수축기 및 이완기 혈압
9. 허리둘레		줄자를 이용하여 측정
10. 그 밖의 사항		제1호부터 제9호까지의 검진항목 외에 담당의사가 필요하다고 판단하여 추가하는 항목(검진비용이 추가되지 않는 경우로 한정한다)

☻ 적용범위 및 판정기준

1. 다음 각 목의 검진항목에 대한 검사 또는 진단은 해당 목에 따른 학생을 대상으로 하여 실시한다.
   가. 위 표 제8호 나목 1) 및 같은 표 제9호의 검진항목: 초등학교 4학년과 중학교 1학년 및 고등학교 1학년 학생 중 비만인 학생
   나. 위 표 제8호 나목 2)의 검진항목: 고등학교 1학년 여학생
   다. 위 표 제8호 다목의 검진항목: 중학교 1학년 및 고등학교 1학년 학생
2. 위 표에서 정한 건강검진 방법에 관하여 필요한 세부적인 사항 및 건강검진 결과의 판정기준은 교육부장관이 정하여 고시하는 기준에 따른다.
3. 위 표 제1호부터 제10호까지의 검진항목 외의 검진항목에 대한 검진방법 및 건강검진 결과의 판정기준은 「국민건강보험법」 제52조 제4항 및 같은 법 시행령 제25조 제5항에 따라 보건복지부장관이 정하여 고시하는 기준에 따른다.

3 건강검진 병리검사 [2011 기출]

검사종목	검사대상	검사항목	목적
소변검사	초1 · 4, 중1, 고1학년	단백, 잠혈	신장질환 조기발견
결핵검사	중1, 고1학년	결핵(흉부X선 촬영)	결핵, 심장비대, 척추이상 질환 조기발견
혈액검사	초4, 중1, 고1학년 중 '비만' 학생	혈당, 총콜레스테롤, HDL LDL, AST/ALT	혈당-당뇨, 총콜레스테롤-고지혈, AST/ALT-간장질환 조기발견
	초등 1학년은 경도비만 이상의 결과가 나와도 혈액검사를 하지 않음: 유아체형이 남아있기 때문(팔다리가 짧고, 배불뚝 체형)		
	고1학년 여학생	혈색소	빈혈 조기발견
혈압	초1 · 4, 중1, 고1학년	• 수축기 • 이완기	고혈압 조기발견

4 건강검진 혈액검사

검사항목	정상수치(단위 기재)	의심되는 질환
혈당 (아침공복 시)	• 정상 수치 : 60~110mg/dl • 126mg/dl 이상 시 당뇨병	당뇨병
혈중 콜레스테롤	150~200mg/dl	• 증가 : 폐쇄성 황달, 심근경색, 동맥경화, 당뇨, 고혈압 • 감소 : 결핵, 암종 등 소모성 질환
AST, ALT	• AST : 5~40IU/L • ALT : 5~35IU/L	• AST 증가 : 급성췌장염, 용혈성빈혈, 심한 화상, 급성 신장질환, 골근육 질환과 상해 시 • ALT 증가 : 급만성간염, 간암, 담낭염, 담낭관염
혈색소 (고1학년 여학생)	• 남자 : 13.5g/dl • 여자 : 12~16g/dl • 아동 : 11~16g/dl	빈혈

5 학생건강검사 결과 통보서(학교건강검사규칙 [별지 제1호의5서식])

학교명			학교	학년 / 반 / 번호	학년 반 번		
성명			성별	□남 □여	생년월일		

구분	검사항목		검사결과		구분	검사항목	검사결과
신체 발달 상황	키			cm	혈액	혈당(식전)	mg/dL
	몸무게			kg		총콜레스테롤	mg/dL
	비만도					고밀도지단백(HDL) 콜레스테롤	mg/dL
척추						중성지방	mg/dL
눈	시력 측정	나안	좌: 우:			저밀도지단백(LDL) 콜레스테롤	mg/dL
		교정	좌: 우:			간 세포 효소 AST	U/L
	안질환					간 세포 효소 ALT	U/L
귀	청력		좌: 우:			혈색소	g/dL
	귓병				결핵		
콧병					혈압	수축기	mmHg
목병						이완기	mmHg
피부병					허리둘레		cm
소변	요단백				그 밖의 사항		
	요잠혈						
진찰 및 상담	과거병력						
	외상 및 후유증						
	일반상태						

종합소견	
종합소견	가정에서의 조치사항

판정의사	면허번호		검진일 및 검진기관	검진일	
	의사명	(인)		검진기관명	

210㎜×297㎜(백상지 80g/㎡)

6 학생구강검사 결과 통보서(학교건강검사규칙 [별지 제1호의6서식])

학교명						학교	학년 / 반 / 번호		학년	반	번
성명				성별	□남 □여		생년월일				

<table>
<tr><td colspan="12" align="center">구강검사 결과 및 판정</td></tr>
<tr><td colspan="6" align="center">초등학교 · 중학교 · 고등학교 공통 항목</td><td colspan="6" align="center">중학교 · 고등학교 추가 항목</td></tr>
<tr>
<td>충치</td><td>①</td><td>없음</td><td>②</td><td>있음</td><td>상 ( )개
하 ( )개</td>
<td rowspan="2">치주질환
(잇몸병)</td><td rowspan="2">①</td><td rowspan="2">없음</td><td rowspan="2">②</td><td rowspan="2">있음</td><td rowspan="2">잇몸출혈/비대( )
치석 형성( )
치주낭(잇몸과 치아
틈) 형성( )
그 밖의 증상( )</td>
</tr>
<tr>
<td>충치발생
위험치아</td><td>①</td><td>없음</td><td>②</td><td>있음</td><td>상 ( )개
하 ( )개</td>
</tr>
<tr>
<td>결손치아
(영구치에
한정)</td><td>①</td><td>없음</td><td>②</td><td>있음</td><td>상 ( )개
하 ( )개</td>
<td>턱관절
이상</td><td>①</td><td>없음</td><td>②</td><td>있음</td><td>(   )</td>
</tr>
<tr>
<td>구내염 및
연조직
질환</td><td>①</td><td>없음</td><td>②</td><td>있음</td><td>(   )</td>
<td colspan="6" align="center">고등학교 추가 항목</td>
</tr>
<tr>
<td>부정교합</td><td>①</td><td>없음</td><td>②</td><td>교정
필요</td><td>③   교정 중</td>
<td rowspan="2">치아
마모증</td><td rowspan="2">①</td><td rowspan="2">없음</td><td rowspan="2">②</td><td rowspan="2">있음</td><td rowspan="2">(   )</td>
</tr>
<tr>
<td>구강위생
상태</td><td>①</td><td>우수</td><td>②</td><td>보통</td><td>③   개선
요망</td>
</tr>
<tr>
<td>그 밖의
치아
상태</td><td>①</td><td>과잉치</td><td>②</td><td>유치
잔존</td><td>③   그 밖의
치아 상태 :</td>
<td>제3대구치
(사랑니)</td><td>①</td><td>정상</td><td>②</td><td>이상</td><td>(   )</td>
</tr>
<tr><td colspan="12" align="center">종합소견</td></tr>
<tr><td colspan="6" align="center">종합소견</td><td colspan="6" align="center">가정에서의 조치사항</td></tr>
<tr><td colspan="6" height="200"></td><td colspan="6"></td></tr>
</table>

판정 치과의사	면허번호		검진일 및 검진기관	검진일	
	의사명	(인)		검진기관명	

210㎜×297㎜(백상지 80g/㎡)

7 **종합소견 및 가정에서 조치할 사항**

검진의사가 문진표·진찰·상담·각종 검사 결과 등을 최종 종합하여 '정상 A', '정상 B' 또는 '질환의심(R)'으로 기재한다.

정상 A	양호
정상 B	건강이상은 없으나 식생활 습관, 환경개선 등 자기관리 및 예방조치 필요
질환의심(R)	해당 질환별로 '요주의' 또는 '요정밀검사' 등에 대한 사항을 자세히 기재

05 **건강조사**

1 **건강조사 항목 및 내용(학교건강검사규칙 제4조의2 제2항 관련)**

• 교육감은 구조화된 설문지를 마련하고, 학교의 장을 통하여 조사한다.
• 건강조사는 병력, 식생활 및 건강생활 행태 등에 대해서 실시하여야 한다.
• 건강조사는 매 학년도 제1학기 말까지 실시해야 하며, 필요한 경우 추가로 실시할 수 있다.

조사항목	조사내용
1. 예방접종/병력	가. 전염병 예방접종 나. 가족병력 다. 개인병력
2. 식생활/비만	가. 식습관 나. 인스턴트 및 그 밖에 식품의 섭취형태 다. 다이어트 행태
3. 위생관리	가. 손 씻기 나. 양치질
4. 신체활동	가. 근지구력 향상을 위한 운동 나. 심폐기능 향상을 위한 운동 다. 수면
5. 학교생활/가정생활	가. 가족 내 지지 정도 나. 학교생활 적응 정도 다. 교우관계
6. 텔레비전/인터넷/ 음란물의 이용	가. 텔레비전 시청 나. 인터넷 이용 다. 음란물에의 노출 여부 및 정도
7. 안전의식	가. 안전에 대한 인식 나. 안전사고의 발생

8. 학교폭력	가. 학교폭력에의 노출 여부 및 정도
9. 흡연/음주/ 약물의 사용	가. 흡연 나. 음주 다. 흡입제의 사용 여부 및 약물의 오·남용 여부 등
10. 성 의식	가. 성문제 나. 성에 대한 인식
11. 사회성/정신건강	가. 사회성(자긍심, 적응력 등) 나. 정신적 건강(우울, 자살, 불안증, 주의력 결핍 등)
12. 건강상담	가. 건강에 대한 상담의 요구 등

06 신체능력검사

1 대상자 및 항목(학교건강검사규칙 제7조 관련)

대상자	• 초등학교 5학년 및 6학년 학생, 중학교 및 고등학교 학생 • 심장질환 등으로 인한 신체허약자와 지체부자유자는 그 대상에서 제외할 수 있다. • 초등학교 4학년: 필수평가 또는 선택평가의 실시 여부를 자율적으로 결정 가능하다. 　→ 오래달리기-걷기, 스텝검사, 앉아윗몸앞으로굽히기, 팔굽혀펴기 × • 초등 5학년: 팔굽혀펴기 ×
항목	체력요소를 평가하여 신체의 능력등급을 판정하는 필수평가와 신체활동에 대한 인식정도 등 필수평가에 대한 심층평가를 하는 선택평가로 구분한다.

2 신체능력검사 항목(학교건강검사규칙 제7조의2 제5항 관련)

(1) 필수평가

체력요소	검사 방법
심폐지구력 (3)	1. 왕복오래달리기 　• 거리 - 남·녀 구분 없음: 초등 15m, 중·고등학교 20m 2. 오래달리기-걷기 　• 거리 　　- 초등 5~6학년: 남·녀 구분 없이 1,000m 　　- 중·고등학교: 여학생은 1,200m, 남학생은 1,600m 　• 측정: 정해진 트랙을 벗어나지 않으면서 정해진 거리를 완주, 달리는 도중에 걷는 것도 허용

	3. 스텝검사
	• 스텝박스 높이
	  − 초등학교 5~6학년 학생 : 20.3cm
	  − 중학교 남·여 학생, 고등 여학생 : 45.7cm
	  − 고등 남학생 : 50.8cm
	• 반복횟수
	  − 초등 5~6학년, 중 남·여 학생, 고등 여학생 : 24회/분
	  − 고등학교 남학생 : 30회/분
	• 측정 : 시간 간격이 정해진 신호음에 맞추어 스텝박스를 올라갔다 다시 내려오는 동작을 3분 동안 반복 실시한 후 안정 시 심박수를 3회 측정하여 기록지에 기록

유연성 (2)	4. 앉아윗몸앞으로굽히기 • 자세 : 신발을 벗고 실시자의 두 발 사이가 5cm를 넘지 않게 두 발바닥이 측정기 전면에 완전히 닿도록 무릎을 펴고 앉을 것, 한 손을 다른 한 손 위에 올려 양손이 겹치게 하고 윗몸을 앞으로 굽히면서 고개를 숙이고 측정기 위의 눈금 쪽으로 뻗을 것 • 측정 : 검사대상자가 무릎이 올라오지 않게 굽힌 자세를 2초 이상 유지 5. 종합유연성검사 : 어깨, 몸통, 옆구리, 하체 4부분으로 나누어 검사 • 어깨 : 몸 뒤쪽으로 한 손은 어깨 위에서 아래 방향으로 다른 한 손은 아래에서 위 방향으로 하여 닿을 수 있는가를 검사 • 몸통 : 상체를 좌우로 회전시켜 발뒤꿈치에 위치한 숫자카드를 읽을 수 있는지를 검사 • 옆구리 : 바르게 선 자세에서 척추가 좌우로 충분히 굽혀져서 손이 무릎 뒤 오금에 닿는가를 검사 • 하체 : 앉은 자세에서 좌우 한 발씩 곧게 뻗고 한 손바닥을 다른 쪽 손의 손등에 나란히 올려놓은 상태에서 양손이 발끝에 닿을 수 있는가를 검사

근력·
근지구력
(3)
	6-1. 팔굽혀펴기(남)
	• 팔굽혀펴기 봉 높이 및 넓이 : 높이 30cm, 넓이 110cm 이상
	• 자세 : 양발은 모으고 양손을 어깨너비로 벌린 후 30cm 높이의 봉을 잡고 몸은 머리에서부터 어깨, 등, 허리, 발끝까지는 일직선으로 할 것
	• 측정
	  − 팔을 굽혀 몸이 내려가 있는 동작에서는 가슴과 봉 사이의 거리가 10cm 이하이어야 하며 팔꿈치의 각도는 90도가 되도록 할 것
	  − 더 이상 반복하지 못할 때까지의 횟수를 측정
	
	6-2. 무릎대고 팔굽혀펴기(여)
	• 자세
	  − 무릎을 꿇고 양손을 어깨너비로 벌려 엎드린 상태에서, 상체는 반듯하게 유지하고 발끝은 세워 발등이 지면에 닿지 않도록 할 것
	  − 어깨너비의 손 위치를 손 하나 크기의 간격으로 앞으로 옮기고, 다시 손 하나 크기의 간격을 바깥 방향으로 2번 옮겨 양팔의 간격을 넓힐 것
	• 측정 : 팔을 굽혀 몸이 내려가 있는 동작에서는 가슴과 지면 사이의 거리가 15cm 이하이어야 하며 팔꿈치의 각도는 90도가 되도록 할 것(반복하지 못할 때까지 측정)

7. 윗몸말아올리기
- 자세
  - 매트 위에 머리와 등을 대고 누운 자세에서 무릎을 90도 정도의 각도가 이루어지도록 굽혀 세울 것
  - 발바닥은 바닥에 평평하게 되도록 붙이고 발과 무릎 사이가 주먹 하나 크기의 간격으로 띄어 놓을 것
  - 팔은 곧게 뻗고 손바닥을 넓적다리 위에 올려놓을 것
- 측정
  - 3초에 1번씩 울리는 신호음에 맞추어 손이 넓적다리 위를 타고 올라가 손바닥으로 무릎을 감쌀 수 있도록 상체를 말아올릴 것
  - 손바닥으로 무릎을 감싼 후 바로 준비자세로 돌아올 것
  - 1회/3초 실시 간격을 지키지 못할 때는 처음 한 번은 계수만 하지 않고 측정은 계속하되, 두 번째 지키지 못하면 계수를 종료하고 실시자의 총 횟수를 기록

8. 악력
- 측정도구 : 악력계
- 자세
  - 편안한 자세로 발을 바닥에 편평하게 붙이고 양다리는 어깨너비 만큼 벌려서 직립 자세를 취할 것
  - 검사대상자는 악력계를 자신의 손에 맞도록 폭을 조절하고, 손가락 제2관절이 직각이 되도록 악력계를 잡을 것
- 측정
  - 오른쪽, 왼쪽 각각 2회 측정하고 기록지에 기록
  - 오른쪽-왼쪽-오른쪽-왼쪽 순서로 측정하여 0.1kg 단위까지 기록하되, 0.01kg 단위에서 올림하여 기록하며, 평가는 최고 높은 기록으로 함

순발력
(2)
	9. 50m 달리기
	• 거리 : 50m
	• 측정
	  - 코스는 반드시 직선주로가 되어야 하며, 부정출발을 한 경우 주의를 주고 다시 출발할 것
	  - 0.01초 단위까지 기록

	10. 제자리멀리뛰기
	• 자세
	  - 구름판이 설치된 모래터 또는 측정장비 위에 출발선을 밟지 않고 올라설 것
	  - 발을 한 번만 굴러서 공중자세는 자유로이 하여 뛸 것
	• 측정
	  - 도약하는 순간 두발 중 한쪽 발이라도 출발선을 넘어서지 말아야 하며 반드시 모둠발로 뛸 것
	  - 2회 실시하여 0.1cm 단위까지 기록하며, 평가는 높은 기록으로 함

체지방 (2)	11. 체질량지수(BMI) • 체질량지수(BMI, Body Mass Index : kg/m^2)는 키와 체중 값으로 계산할 것 • $0.1kg/m^2$ 단위까지 기록하되, $0.01kg/m^2$ 단위에서 올림하여 기록할 것
	체지방률

(2) 선택평가

검사 항목	검사 방법
심폐지구력 정밀평가	측정도구: 심박수 측정기 세트(가슴벨트, 송신기, 수신기, 소프트웨어 등)
비만평가	• 측정도구: 체지방측정기 • 자세: 공복상태를 유지하고 신체에 금속성 물질을 제거할 것, 양말을 벗고 체지방 측정기의 양발과 양손의 측정 위치에 맞게 정확히 위치시킬 것(체지방측정기의 사용지침을 따름) $$근육량(\%) = \frac{0.85 \times 체중 - (체중 \times 체지방률)}{100}$$ $$지방량(\%) = 체중 \times 체지방률$$
자기신체평가	• 측정도구: 자기기입식 기록지 • 세부항목: 10개 항목[심폐지구력, 유연성, 근력·근지구력, 체지방(날씬함), 신체활동, 스포츠 자신감, 외모, 건강상태, 신체전반, 자기존중감]별 2개 문항으로 구성(총 20문항)

자세평가	• 측정도구: 자세평가 보조도구
	• 세부항목: 문진 2문항, 시진 7문항(어깨기울기, 골반기울기, 다리굴곡, 경추기울기, 상체기울기, 골반전후기울기, 척추 휨 정도)
	• 측정: 문진은 2점 척도(예 / 아니오), 시진은 3점 척도(정상 / 경미 / 심각)로 측정하여 기록
	  – 어깨기울기: 어깨가 좌우 평형을 이루는지 여부를 검사(양쪽 어깨가 같은 위치에 있으면 정상)
	  – 골반기울기: 골반의 좌우가 평형을 이루는지 여부를 검사(양쪽 고관절의 높이가 동일선상에 있으면 정상)
	  – 다리굴곡: 다리의 바깥이나 안쪽으로 휘어 있는지 또는 틀어져 있는가를 검사(무릎뼈가 전면을 향하면 정상)
	  – 척추 휨 정도: 척추가 곧지 않고 휘어 있는지 여부를 검사(척추뼈의 정렬상태가 일직선상에 있으면 정상)
	  – 경추기울기: 경추의 모양이 바르게 서 있는가를 검사(귓바퀴와 어깨점이 일직선상에 있으면 정상)
	  – 상체기울기: 등의 굽은 정도의 여부를 검사(견갑골 사이의 능형근 부위가 보이지 않으면 정상)
	  – 골반전후기울기: 골반이 전후로 기울어졌는지 여부를 검사(양쪽 상장골극과 치골의 삼각형 모양이 바닥과 수직을 이루면 정상)

3 실시 시기

필수평가	체력요소별로 1개의 검사항목을 선택하여 매 학년 초에 실시 → 심폐지구력, 유연성, 근/지구력, 순발력, 비만
선택평가	학교의 장이 해당 학교의 여건을 고려하여 검사항목, 검사주기 등을 자율적으로 결정하여 실시(모든 평가요소에 대한 검사를 3년에 1회 이상 실시) → 심폐지구력정밀평가, 비만평가, 자기신체평가, 자세평가

4 판정

등급판정	신체의 능력등급은 체력요소별로 선택하여 검사한 검사항목의 항목별 점수를 종합하여 [별표 6]의 신체의 능력등급 판정표에 따라 판정한다.
점수	• 1등급 80~100점(항목별 16~20점) • 2등급 60~79점(12~15) • 3듭급 40~59점(8~11) • 4등급 20~39점(20~39) • 5등급 0~19점(0~3)

07 비만 [1997 · 1999 · 2004 · 2008 · 2009 · 2011 · 2014 기출]

1 비만판정

비만정의		• 섭취한 에너지가 소비한 에너지보다 많아서 여분의 열량이 지방조직으로 축적되어 전신의 지방조직에 생긴 지방량의 과잉상태를 의미 • 체중으로 하는 경우 같은 연령, 성, 키의 소아표준체중보다 20% 이상일 때 • 연령에 따른 빈도: 생을 통하여 생리적으로 지방 축적이 되는 시기는 3회 있음 　− 제1시기: 유아기 전기 　− 제2시기: 남아 사춘기 전기 / 여아 사춘기 직전에서 사춘기 중기 　− 제3시기: 중년기
비만판정	Broca 지수	• 표준체중 = [신장(cm) − 100] × 0.9 • 비만도(%) $= \dfrac{\text{자신의 체중} - \text{표준체중}}{\text{신장별 표준체중}} \times 100$ • 표준체중을 이용한 상대체중 　− 20%: 과체중(비만) 　− 20~30%: 경도비만 　− 30~50%: 중등도비만 　− 50% 이상: 고도비만

BMI
(Body Mass Index : 체질량 지수)
체질량 지수
	• BMI는 의학적으로 저체중, 정상체중, 과다체중, 비만으로 나누는 중요한 지표
	   – 비만 : 체질량지수 백분위수 도표의 95% 이상
	   – 과체중 : 85% 이상, 95% 미만
	   – 저체중 : 5% 미만
	   – $BMI = \dfrac{체중(kg)}{신장(m)^2}$
	• 성인기준 BMI 25 이상인 경우 비만
	• 체질량지수는 신장, 체중을 이용한 지수 중에서 가장 체지방량과 관련성이 높음
	• BMI는 근육량이나 체격을 고려하지 않으므로 운동선수나 Body Builder의 경우는 근육량에 따라 BMI의 수치가 높아지므로 예외
	• BMI가 17 이하가 되는 경우는 다음과 같은 부작용이 있을 수 있음
	   – 추운 날씨에 대한 내성의 저하, 머리털이 빠지고 피부의 노화, 골다공증, 월경이상(무월경증), 갑상선 기능의 저하

피부지방 (피부주름두께)	• 측정방법 : 캘리퍼(caliper)를 사용하여 3회 측정 후 평균치 피부 주름 두께를 측정하고 그 합으로부터 체밀도를 계산하여 체지방률을 계산 • 측정부위 : 삼두박근과 견갑골 하부 피부주름 두께 • 비만 판정 기준 : 삼두박근과 견갑골 하부 피부주름 두께를 더하여 남자에서는 45mm 이상, 여자에서는 60mm 이상을 비만으로 판정
체지방률	• 남 25%, 여 30% 이상 비만 판정 • 표준 체중이라도 체지방률이 높으면 비만 상태 • 체중은 정상이지만 체지방률이 높은 상태인 '보이지 않는 비만'은 근육, 내장, 뼈, 혈액 등의 상태를 약화시켜 골다공증, 빈혈 등의 원인이 될 수 있음
허리/둔부비율	• 소아, 청소년의 합병증 동반요소를 예견하는 지표 • 판정기준 : 남성은 0.9 여성은 0.85 상시 복부비만 • 복부비만 시 심뇌혈관질환 위험성이 높음
허리둘레	• 판정기준 : 여성은 85cm 이하, 남성은 95cm 이하
상박 중앙둘레	• 심각한 영양결핍 시 측정 • 표준치의 90% 이하는 중등영양결핍, 60% 이하는 심각한 영양결핍으로 표준치는 남자는 29.3cm, 여자는 28.5cm
생체전기저항 측정법	• 신체의 총수분량과 체지방량을 전기적으로 체지방률 측정 • 정상 : 12~30%
Rohrer 지수	• 학령기(6~12세) 아동의 영양 상태를 나타내는 신체충실지수 • 신장 124cm 미만 학생 • 판정 : 비만(160 이상) / 저체중(110 미만) Rohrer 지수 $= \dfrac{체중(kg)}{신장(cm)^3} \times 10^7$

• 비만건강 위험도 검사(고도비만에서 실시)
• 혈당, 혈청지질, 간기능검사, 혈당검사, 소변검사, 심전도, 폐기능검사(고도비만 때)

2 비만의 원인

유전, 가족	부모의 비만, 가정의 사회 경제수준, 부모의 교육수준, 가족구성원의 수, 가족의 활동성 등
식습관	• 양적 · 질적으로 무분별한 식품 섭취 • 결식, 편식, 간식과 야식 등 건강하지 못한 식습관 • 패스트푸드 산업의 범람(고지방, 고당질, 고염분)
운동량 감소	• 학생들의 꽉 짜여진 일과시간에 따른 운동부족 • 교통수단의 발달로 자동차와 대중교통의 이용으로 운동할 시간 감소 • 도시화에 따른 놀이공간 상실, 놀이터 시설 부족 • 멀티미디어 및 정보화 사회에 따른 학생들의 컴퓨터 조작, 전자오락, TV시청 등 비활동성을 즐기는 경향 증가 • 텔레비전 등 문화시설의 증가로 신체활동을 할 수 있는 여가시간 감소 • 가족 구성원의 변화 : 맞벌이 가족 증가
사회심리	진학이라는 스트레스
신체적 질환	내분비 대사장애, 뇌손상, 뇌염, 뇌종양

3 소아비만 개선의 필요성

표준체중 유지의 중요성	신체적	• 성장 호르몬의 증가로 키 성장 시기, 관절이나 뼈가 튼튼해져야 하는 시기 • 소아 비만은 성인비만이 될 가능성이 높음 • 고혈압, 당뇨병, 심장병, 골다공증 등 성인병에 조기이환 될 가능성이 높음
	사회적	놀이, 운동에 적극적 참여 시기, 집단 따돌림 예방
	심리적	성격발달 및 형성시기, 자신감 및 자존감이 높아지는 시기이며 우울증 및 섭식장애를 예방
소아비만의 문제점 [1998 기출]	성인비만 이행 (80% 이상)	체중조절을 해도 세포의 크기는 줄어드나 세포의 수는 감소하지 않기 때문 (지방세포증식형 비만) • 주로 1세 미만, 5~6세 유아, 사춘기 : 지방세포 증식형 비만 • 중년기 : 지방세포비대형 비만
	심뇌혈관질환 조기이환	고지혈증, 동맥경화, 당뇨병, 지방간, 고혈압 등 대사증후군 및 심뇌혈관시 질환의 조기이환위험이 높음
	외모에 열등감	자신의 외모에 대한 열등감으로 자신감 결여, 놀이나 운동경기에서 자주 제외 → 더욱 비활동적이 됨 → 인성형성에까지 영향 → 우울증과 같은 심리적 문제점 발생
비만아동간호 진단		• 영양과 활동내구성의 저하 • 비효율적인 개인 대처 • 신체상 또는 자아존중감의 손상과 관련된 문제

4 비만의 병태 생리적 영향

심장	심장비대	정상인보다 칼로리 소모가 커 심장의 혈액공급에 부담
혈관계	고혈압	심박출량이 증가
	고지혈증	고지혈증을 유발
내분비계	당뇨병	지속적인 인슐린 요구량 증가
	성조숙증	골연령은 증가되어있고 성숙은 빠르나 최종적으로는 작음
간담도계	지방간	잉여지방의 간 침착
	담석증	고콜레스테롤 혈증
생식계	성기능장애 생식기능감소	불임 및 월경불순, 성욕 감퇴, 난소기능장애와 같은 생식기능 감소
	다낭성난소종양	—
근골격계	관절장애	체중부하로 요추굴곡증이나 관절염
	대사장애	통풍
폐기능↓	지방축적이 흉부 운동을 억제하므로 폐 기능 저하	
편도비대증	호흡곤란, 수면무호흡증	
하지정맥류	하지 정맥혈 복귀의 장애	
피부	피부습진	과도한 발한과 마찰로 악화되는 피부통합의 문제, 상처치유의 지연

5 소아비만의 정서심리적 영향

신체상과 자아존중감 장애	신체상 불안, 자존감 저하	• 비만자체를 부정적으로 인식하여 스트레스원이 됨 • 자신의 외모에 대한 열등감, 인내심 약화
비효율적 개인대처	집단참여저하, 사회적응력저하, 소외 스트레스	동료에 의한 조롱이 더욱더 비활동적이 되어 집단참여와 사회적응력 저하, 스트레스, 따돌림, 소외 → 인성형성에까지 영향 → 우울증과 같은 심리적 문제점 발생
활동내구성 저하	• 운동 능력이 뒤지며 학업성적과 지능의 둔화 • 자신의 외모에 대한 열등감으로 자신감 결여, 놀이나 운동경기에서 자주 제외 → 더욱 비활동적이 됨 → 인성형성에까지 영향 → 우울증과 같은 심리적 문제점 발생	

6 비만관리 : 식이요법 [1998 · 1999 · 2004 · 2009 · 2011 기출]

식사내용	• 간식 선택 : 영양소 많고 열량이 낮고 포만감 주는 것 • 단 음식과 짠 음식, 고지방과 고칼로리 음식, 당분이 많은 음식 섭취 자제하기 • 저칼로리 음료 마시기 • 매일 우유나 유제품, 채소와 과일 먹기 • 콜라나 음료수 또는 과자, 햄버거나 피자 또는 라면 섭취 자제하기
식사습관	• 목표 설정(저울을 구입하여 식사량과 체중을 측정하는 습관) 　- 체중은 일주일에 두 번 같은 시간에 측정하기 • 식사는 정해진 시간에 같은 장소에서 하기 • 천천히 오래 씹는 습관 들이기 • 다른 일을 하면서 먹지 않고 먹을 만큼만 덜어서 먹기 • 야식 / 편식 / 과식 금하고 규칙적 식사하기 　- 한 끼에 몰아서 식사하지 않고, 밤늦게 식사하지 않기
조리방법	조리 시 기름 적게 사용하기

7 비만관리 : 운동요법

지침	• 운동은 개개인의 신체조건에 맞아야 한다. • 운동은 장기적, 지속적, 규칙적으로 시행하여야 한다. • 에너지 요구량을 증가시키고 체지방을 감소시켜 기초대사율을 유지하면서 체중감소율을 유지할 수 있도록 한다.
종류	• 유산소 운동 + 무산소 운동 　→ 단시간에 많은 힘을 내거나 짧게 하는 운동은 탄수화물을 에너지원으로 사용하게 되 　　지만 가벼운 운동을 오래하게 되면 체내에 쌓인 지방을 에너지원으로 사용하게 되므로 　　더욱 효과적이다. 예 걷기 등 • 흥미 있어 하는 운동, 혼자보다 친구들이나 가족과 함께하는 운동
강도 빈도	• 낮은 강도로 시작(200~300kcal 소모) • 에너지 소모 효율성 　- 운동의 강도를 높이기 < 운동시간을 늘리기 • 운동은 최대 산소 소모량의 50~85% 즉, 최대심박수의 65~80%선의 강도가 가장 좋다.
효과	• 기초대사율 증가로 에너지 소비를 촉진시켜 체중조절을 돕는다(지방대사 촉진). • 운동으로 증가된 대사율은 운동 후 6시간까지도 지속된다. • 5~6시간까지의 장시간 운동에는 식욕이 증가되지만 한 시간 내의 운동에는 체중도 감소되고 식욕도 저하되는 효과가 있는 것으로 알려져 있다. • 심폐기능 및 근골격계 강화 : 평소 규칙적인 운동을 하면 운동 시에 심박출량을 증가시키고 최대 산소섭취량을 증가시키며, 안정 시 및 운동 시의 혈압과 심박수를 감소시킨다. 폐의 최대 환기량이 증가되고 혈중 지질치가 개선되며 뼈의 칼슘 침착이 증가된다.

	• 스트레스나 불안, 우울증 등에서 쉽게 벗어날 수 있도록 해주며 자긍심(self-esteem)을 향상시켜준다. 　－ 규칙적인 유산소운동은 질병예방과 건강증진에 효과가 있어 사망률을 낮추는 역할을 한다. 지방소모, 심폐강화, 식욕조절, 열량소모, 산소운반력 증가, 심리적 이완, 근육조직증가에 따른 기초대사량 상승, 근골격 강화 등

8 비만관리 : 행동요법

정의	• 비만을 유발시켰던 잘못된 습관을 고치는 것이다. • 먹는 것을 지나치게 좋아하는 행위라든지, 많이 먹는 행위, 급하게 먹는 행위, 움직이기 싫어하는 행위와 같은 비만과 관련된 식습관과 생활습관을 수정하는 것이다.
식습관개선	• 천천히 먹는다. • 다른 일을 하면서 먹지 않는다. • 음식 먹는 장소를 한 곳으로 정한다. • 먹을 만큼만 덜어서 먹는다. • 식사 계획에 따라 먹는다. • 밤늦게 식사를 하지 않는다. 　－ 저녁식사 후의 간식은 절대 하지 않는다. 　－ 석식은 8시까지 완료한다. • 아침은 간단히라도 꼭 먹는다. • 한끼에 몰아서 식사를 하지 않는다.
생활습관개선	• 많이 걷는다. • 계단을 이용한다. • 활동량을 재어서 활동량을 늘린다. • 많이 움직인다(앉아서 할 일을 가급적 서서 한다).
비만대체요법	• 음식을 먹고 싶을 때 먹는 것을 대신하여 활동량을 늘린다. • 개와 산보하러 간다. • 친구에게 전화를 하여 살 빼는 얘기를 한다. • 목욕을 한다. • 다이어트에 관련된 책을 읽는다. • 운동을 한다. • 청소를 한다. • 앨범정리를 한다. • 살빼기에 성공한 모습을 상상한다.
평가	일주일에 1회 체중을 측정한다(주별, 월별로 체중감량의 목표치를 설정). • 사춘기 시기 : 성장을 위한 충분한 영양공급이 필요하다. • 청소년 후반기 : 0.5kg/1주 → 500Kcal/하루 열량 섭취 감량 • 10~14세 : 식사 Kcal － 보통 어린이의 2/3 1,100~1,300Kcal － 1,000 ＋ (만 나이 × 100)

08 시력검사 [2000 · 2003 · 2013 · 2017 기출]

1 시력검사 방법 [2013 · 2017 기출]

준비	• 시력검사표('한천석 시력표', '청산 시력표')를 보여주고 원거리 검사의 목적을 설명하고 이해 • 산만하지 않으며 안정적인 장소를 선정하여 검사
시력검사표의 높이	시력검사표의 높이는 시력표의 시력 1.0선에 학생이 섰을 때 눈높이로 함
빛	검사 받는 학생의 좌측후방에서 빛이 오도록 함
조명	형광등이 내장되어 있는 것으로 빛의 강도는 500Lux를 유지
거리	• 시력검사표로부터 3m나 5m('한천석 시력표'), 6m(20feet, 'snellen test') 떨어진 곳에서 검사 • 측정거리에 분필로 줄을 긋거나 발을 그려 놓음
눈가리개	눈가리개나 불투명한 카드로 한쪽 눈을 완전히 가리고 한쪽 눈씩 검사
시작	시력검사용 시력 0.4선에서 시작하며, 왼쪽에서 오른쪽으로 검사해 감
시력	특정한 선에서 4개 중 3개의 부호를 읽었을 때 그 선의 시력 기록
안경 쓴 경우	안경을 쓴 학생은 교정시력만 검사
관찰	검사 도중 머리를 기울이거나 눈을 깜박이거나, 얼굴을 찌푸리거나, 눈을 가늘게 뜨고 보는 등의 비정상적 행동을 주의 깊게 관찰

2 스넬렌 시력 검사 [2013 · 2017 기출]

표시법	$\dfrac{\text{시력 측정 거리}}{\text{시표번호}} = \dfrac{20\text{feet}}{\text{시표번호}}$
분모	정상인이 볼 수 있는 거리(시표번호)
분자	차트(시력표)로부터 떨어진 거리(시력표로부터 대상자 사이의 거리)
해석	분모가 크면 클수록 환자의 시력이 나쁜 것임
판정	20/200(0.1), 20/100(0.2), 20/60(0.3), 20/40(0.5), 20/20(1.0), 20/10(2.0) 등으로 표시
정상	20/20은 1.0 정상시력의 사람이 측정거리 20피트(feet)에서 20의 시표번호를 읽는다.
비정상	20/200은 정상시력의 사람이 200피트에서 보이는 것을 대상자는 20피트의 거리에서 본다는 의미

3 시력저하

시력불량 시	• 5m용 시력표의 0.1 시표를 보지 못하면 시력표의 0.1 시표를 볼 수 있는 지점까지 걸어나가 그 지점과 시력표와의 거리를 측정한다. • 보이는 거리×0.1/측정거리 = 시력
예	한 학생이 5m용 시력표의 0.1을 구별할 수 없어 보이는 곳까지 1m씩 단축하여 구별하게 하였더니 2m에서 0.1을 볼 수 있었다. 이 학생의 시력은? 2m×0.1/5 = 0.04 ∴ 이 학생의 시력은 0.04이고 시력 교정 대상자이다.
FC (finger count)	1m에서도 큰 시표가 보이지 않을 때 50cm 거리에서 손가락 수를 세도록 한다. FC 50cm(FC/50cm)로 기록한다.
HM (hand movement)	손가락도 셀 수 없고 눈앞에서 손을 흔들 때 그 움직임만을 볼 수 있다면 시력은 손흔들기(hand motion 또는 hand movement, HM)라고 기록한다.
LP (light perception)	손흔들기도 보지 못하는 경우는 암실에서 광선의 유무를 판단한다. 이때의 시력을 빛인지(광각, light perception, LP)라 한다.
NLP (no light perception)	광각이 없으면 NLP(no light perception)로 표시한다. 즉, 엄밀한 의미의 실명(맹, 시각상실, blindness)이 된다.

4 시력검사 판정

정상시력	20/20(1.0)~20/200(0.1)을 볼 수 있는 거리
근시	망막의 전방에 초점이 맺히는 상태, 원거리 시력감퇴 일어남
약시	시력이 약화된 것, 교정 시력이 0.04 이상 0.3 이하
원시	망막의 뒤에 초점이 맺히는 상태, 근거리 시력감퇴(나안시력 2.0)

5 시력검사 결과에 따른 추후관리 사항

명단작성 별도 관리	• 정확한 시력검사를 받아야 하는 아동의 명단을 작성한다. • 건강검사 결과 고도근시, 저시력, 안과질환학생 등 검진기관이 통보한 자료를 학생 건강기록부와 별도로 관리한다. • 시력교정 대상자는 양쪽 시력 중 하나라도 0.7 이하가 되는 학생이다.
가정통신문	가정통신문을 이용해 학부모에게 알린 후 회신문을 받아 보관한다.
재검진	정밀한 시력 검진을 안과에서 재검진한다.
치료	시력저하에 대한 적절한 치료를 받도록 한다.
가정방문	부모가 권고된 추후관리를 하지 않으면, 보건교사나 담임교사는 추후관리 방문을 계획한다.

담임교사와 협의회의	보건교사는 담임교사와 협의회의를 갖고 책상 · 의자의 조정, 좌석 · 학급편제의 적정을 기한다. → 협의회의 결과를 기록한다. → 지도 및 교육에 활용, 전학 또는 진학 시 이관한다.	
사후관리	보건교육	시력건강의 보호 · 증진을 위한 보건교육을 실시한다. • 그릇된 습성, 학업시간, 환경으로 근시 등이 발생할 수 있음을 교육한다.
	고도근시	• 망막박리의 위험성을 인지한다. • 과격한 운동은 금지한다.
	안과진찰	1년 2회 주기적 안과 전문의의 진찰을 받는다.

6 시력이상 관찰 : 시력검사 실시 전 시력문제를 가진 아동 규명 지침

행동	• 몹시 심하게 눈을 비비는 행동을 한다. • 머리를 기웃거리거나 앞으로 내민다. • 독서나 조업에 곤란을 느낄 때가 있다. • 책을 눈에 가깝게 가져간다. • 눈을 찌푸리거나 가늘게 뜨는 경우가 있다. • 눈을 지나치게 문지른다. • 정밀한 일을 할 때 필요 이상으로 또는 거칠게 눈을 깜박인다. • 작은 물체에 걸려 넘어진다. • 거리감각을 요하는 게임에 참여할 수 없다.
표정 (= 외모 = 증상)	• 내사시가 있다. • 눈 주위가 붉거나 부종이 있다. • 눈에 염증이 있거나 눈물을 많이 흘린다.
주호소	• 잘 안 보인다. 잘 볼 수 없다. • 수업을 한 후(눈을 이용한 정밀한 작업 후) 두통 · 어지러움을 호소한다. • 어지러움과 흐림, 복시를 호소한다.

7 시력저하 예방

진찰을 받아야 할 눈의 증상	• 계속적인 눈의 충혈 • 안구 또는 눈 주위에 계속적인 불편감이나 동통 • 원근의 조절 장애로 인한 시력장애(갑자기 시력이 나빠졌을 때, 눈이 쉽게 피로해지거나 눈을 가늘게 뜨고 보아야 물체가 잘 보일 때) • 사시 • 눈이나 안검의 신생물, 각막이나 수정체의 혼탁 • 지속적으로 눈물이나 눈곱 등 분비물이 있는 경우 • 좌우 동공의 크기가 다른 경우 • 빛 주위 무리나 무지개가 나타나는 경우, 갑작스러운 눈 앞의 부유물, 주변 시야 결손 등

안과의의 체계적인 검사가 필요한 경우	• 시력이 나쁘다고 생각되는 경우 • 부모에게 약시, 사시가 있는 경우 • 유전적인 안질환이 있는 경우 • 눈을 자주 비비거나, 한 눈을 감는 어린이, 머리를 기울이는 어린이 • 읽거나 보는 데 문제가 있는 어린이 • 부모가 생각하기에 이상이 있다고 생각하는 어린이 • 눈의 정렬이 바르지 않는 경우 • 시선을 잘 맞추지 못하는 경우 • 눈꺼풀이 처지거나, 눈이 흔들리는 경우 등

8 '눈병예방' 교육 내용

눈 위생	눈 주위를 깨끗하게 한다.
안경위생	안경테를 깨끗하게 한다.
콘택트렌즈 위생	콘택트렌즈를 자주 소독하고 손상 없이 정해진 시간만 사용한다.
안약	안약은 혼자 사용한다.
눈병 유행 시	눈병이 유행할 때에는 수영장, 목욕탕에 가지 않는다.
먼지 많은 날	바람과 먼지 많은 날은 외출을 삼간다.
눈 약물	눈에 약물이 들어갔을 때는 생리 식염수나 깨끗한 물로 씻는다.
눈 이물질	눈에 이물질이 들어갔을 때에는 눈물로 빼도록 한다.
눈 상처	눈에 상처내기 쉬운 물건을 갖고 놀지 않는다.

9 근시예방 교육 [2000 · 2003 기출]

근시의 정의	근시란 조절하지 않은 상태에서 평행광선이 망막의 전방에 초점을 이루는 눈
시력이 저하되는 원인	• 유전 • 근거리 작업이나 독서 시 부적당한 생활환경 • 신체허약, 영양섭취 부족 • 부적당한 조명 • 나쁜 자세 • 눈에 적당한 휴식을 주지 않는 것, 눈의 과다한 사용
근시의 증상	• 원거리 시력이 언제나 좋지 않으며 흔히 눈을 찌푸리고 보는 경향이 있다. • 근성 안정피로(눈과 머리가 아프며 경우에 따라 오심)를 호소한다. • 눈이 쉽게 피로해지고 두통이 생긴다.

근시를 예방할 수 있는 방법 [2000 · 2003 기출]	신체를 튼튼하게	• 음식은 균형 있게, 특히 비타민 A, B, C를 풍부하게 섭취한다. • 옥외에서의 운동을 장려한다. • 충분한 수면과 휴식을 취하도록 한다.
	눈 과로 방지	• 컴퓨터나 TV, 독서 등 가까운 곳을 볼 때에는 1시간에 한 번은 눈을 쉬게 한다. • 눈을 긴장한 상태에서 사용하지 않는다. • 눈에 적당한 휴식을 준다. 독서나 작업 중 적당히 운동을 하며 눈의 피로 회복을 도모한다.
	채광, 조명	• 가까운 곳을 보는 작업을 할 때에는 적당한 조명에 신경을 쓴다. • 직사광선 또는 강하게 반사하는 물체, 전구가 노출된 것 등은 피한다. • 채광은 왼쪽 위에서 비쳐지게 하여 그림자가 생기지 않도록 한다.
	올바른 자세	• 체격에 맞는 책상에서 수업을 받도록 하고 책과 눈의 거리는 30cm를 유지한다. • 바른 자세로 독서하도록 한다.
	인쇄물 선택에 주의	선명하지 않은 활자, 나쁜 종이에 작은 활자로 인쇄한 책은 피한다.
	스트레스 관리	스트레스가 쌓이지 않도록 한다.
	안과 검진	• 시력검사를 정기적으로 받는다(연 1~2회). • 근시 학생에게는 안과의 검사 및 처방에 따라 맞는 안경을 쓰도록 한다.

10 시력 증진 훈련법

호흡법	안근의 긴장 제거, 산소 보급, 자율신경의 균형 도모, 호르몬 분비의 정상화, 자연치유력을 높임, 눈의 피로와 두통 등 제거
안구운동	• 눈감기, 눈뜨기, 깜박임, 지압법, 동전싸이클 방법 등 • 안근의 유연성을 되찾고 활성화 • 안근단련, 혈액순환 촉진, 안근의 균형, 시야 확대, 눈의 피로 제거

11 학생들의 시력증진을 위해 보건교사가 해야 할 사업

건강검진	시력검사, 색각검사, 안구 운동 검사
건강관찰	행동, 표정, 호소(증상)관찰
환경관리	–
안전관리 및 보건교육	시력관리를 위한 평소의 올바른 눈의 사용 방법
시력증진 훈련	호흡법, 안구 운동
포상	–

09 귀검사

1 청력검사

일반청력검사	• 한 번에 한쪽씩 검사한다. • 음차나 초시계를 사용한다. • 피검사자인 학생은 의자에 앉히고 검사자는 학생의 바로 뒤에 앉아서 음차를 해머로 쳐서 왼쪽 혹은 오른쪽의 귀의 거리에 대고 학생으로 하여금 들리면 같은 쪽 손을 들어 표시하도록 한다. • 초시계를 사용할 경우에는 사전에 검사도구로 사용할 시계를 선정하고 청력에 이상이 없는 몇 명의 학생들에게 실험하여 일반적으로 들을 수 있는 거리(검사거리)를 결정해야 한다. • 이상이 있을 시에는 음차를 사용하여 Weber test와 Rinne test를 하여 난청을 검사한다.

2 난청검사 [2004 · 2014 기출]

편기 검사: 웨버 검사 (Weber test) [국시 2015, 2004 · 2015 기출]	정의		골전도에 대한 검사이다.
	방법		가볍게 진동하는 음차를 머리 위나 이마 중간에 대고 진동음이 들리는지 물어본다.
	정상		양쪽에서 같게 들린다.
	전도성 난청	결과	지장 있는 쪽으로 들리거나 편향되어 들린다.
		기전	골전도로 전달된 음은 정상적으로 외이를 통해 빠져 나가지만 전도성 난청은 정상 공기전도의 길이 막혀 음파 유출 방해로 강한 내이 진동을 일으켜 크게 오래 들린다.
	감각성 난청	결과	골전도 감소로 음은 건강한 귀에서 잘 들린다.
		기전	골전도로 전달된 음은 감각신경성 난청의 내이나 청신경 장애로 청신경 전도가 되지 않는다.
린네 검사 (Rinne test) [2004 · 2015 기출]	정의		공기전도와 골전도를 비교하는 검사이다.
	방법		가볍게 진동하는 음차를 더 이상 듣지 못할 때까지 유양돌기에 대고(골전도) 재빨리 진동하는 음차를 이도 가까이 대준다(공기전도).
	정상	결과	• 공기전도 > 골전도 • 공기전도가 골전도보다 더 크고 길게 들린다(2배 정도).
		기전	공기전도가 골전도보다 민감하다.

01

전도성 난청	결과	• 공기전도 < 골전도 • 공기전도보다 골전도에서 소리를 더 크고 오래 듣거나 같다.	
	기전	골전도로 전달된 음은 정상적으로 공기전도인 외이를 통해 빠져 나가지만 전도성 난청은 정상 공기전도의 길이 막혀 음파 유출 방해로 강한 내이 진동을 일으켜 크게 들린다.	
감각성 난청	결과	• 공기전도 > 골전도 • 공기전도, 골전도는 정상보다 감소하나 음은 공기전도를 통해서 더 크고 길게 들린다.	
	기전	• 감각신경성 난청은 공기전도의 장애가 없고 물리적 음향에너지를 전기적 음향에너지로 바꾸는 내이나 청신경 장애에 의한 신경 전도의 문제이다. • 공기전도, 골전도가 감소하나 공기전도를 통해서 더 크고 길게 들린다. 공기전도가 골전도보다 민감하다.	

3 난청분류 [2004 기출]

전도성 난청 [2004 기출]	• 골전도가 공기전도보다 더 오래 지속된다. 이것은 외이나 중이를 통한 정상 전도로가 폐쇄되어 뼈를 통한 진동이 폐쇄부위를 우회하여 통과하기 때문이다. • 귀지, 이물로 외이도가 막혔을 때, 중이염, 고막천공, 이경화증, 이소골 파괴 때문에 발생한다.
감각신경성 난청	• 공기전도가 골전도보다 더 오래 지속된다. 이것은 내이나 제8뇌신경이 정상 전도로를 통해 온 진동을 인지하는 능력이 부족하지만 정상적으로 들을 수 있기 때문이다. • streptomycin 등 독성약물에 의한 청신경의 중독성 퇴행, 시끄러운 환경의 과다 노출, 내이염, 연수손상, 소뇌, 뇌교의 종양, 노화 때문이다.

		Weber	Rinne
		골전도	골전도, 공기전도 비교
정상		편위 ×	공기전도 > 골전도
전도성 난청	공기전도↓, 골전도↑	환측에서 잘 들림	공기전도 < 골전도
감각신경성 난청	공기전도↓, 골전도↑	정상에서 잘 들림	공기전도 > 골전도

	전도성 난청	감각 신경성 난청

청력 검사	• Weber 검사에서 환측에서 잘 들린다.
	• Rinne 검사에서 공기전도 < 골전도
	• 공기전도보다 골전도에서 더 크게, 오래
	  듣는다.
		• 공기전도↓, 골전도↓
		• Weber 검사에서 정상에서 잘 들린다.
		• Rinne 검사에서 공기전도 > 골전도
		• 골전도보다 공기전도에서 더 크게 오래
		  듣는다.
		• 린네와 웨버 검사: 감각 신경성 난청에 손상
		  받은 귀에서 공기와 뼈 전도가 감소한다.

4 난청의 단서 : 귀질환

검사	이경(otoscope)을 사용하여 귀의 염증을 보거나, 이경이 없을 시에는 학생에게 질문을 하고 귀의 외부를 관찰한다.
증상	귀의 통증, 가려움, 귀지, 외이의 발적, 하얀 딱지, 분비물, 이명 등의 증상 유무를 확인하고 이상이 있을 경우에는 이비인후과 전문의에게 의뢰한다.

5 난청 예방법

1차 예방	• 운동 시 헬멧을 착용하여 귀 손상을 입지 않도록 한다. • 직업상 소음에 노출될 시에는 귀마개 착용, 하루 8시간 이상 80dB에 노출되지 않도록 한다. • 시끄러운 음악소리에 노출되지 않도록 한다. • 딱딱한 물건을 귀에 넣거나 귀를 막지 않도록 한다. • 귀에 더러운 물이나 액체가 들어가지 않도록(오염된 물에서 수영하지 않도록) 한다. • 귀지 제거 시 주의한다. 　- 귀지를 파는 데 예리한 기구보다는 면봉을 사용한다. 　- 이관 속의 딱딱해진 귀지는 따뜻한 오일로 부드럽게 제거한다. 　- 귀지가 너무 심하게 낀 경우에는 의사가 제거해야 한다.
2차 예방	• 난청상태를 주위에 알리도록 한다. • 귀를 정기적으로 검진한다. • 귀에 독성이 있는 약물 부작용을 관찰하도록 한다. • 지연된 이통, 부종, 이루, 꽉 찬 느낌, 청력감소와 같은 증상을 사정한다. • 상기도 감염 시 양쪽 코를 막은 채 코를 풀지 않도록 한다.
3차 예방	• 청각기능 회복을 위한 재활프로그램에 참여하도록 한다. • 소음이 지나친 환경을 피하도록 한다. • 적응방법, 언어소통방법, 보청기 사용법에 대해 교육한다.

6 청력손실 이상자 관리

청력손실을 의심- 일상행동의 관찰	• 주의가 매우 산만한 경우 • 묻는 말에 엉뚱한 답을 말하는 경우 • 평소에 지나치게 큰 소리로 얘기하는 아동 • 듣는 자세가 특이한 경우 • 언어에 이상이 있는 경우 **예** 가성발음, 부자연스러운 목소리 • 학업부진 아동의 경우 • 이통을 호소하거나 청력장애의 소인, 모방과 같은 행동이 나타나는 아동들은 자세히 관찰해 보아야 한다.
청력검사 이상 학생 발견 시 추후관리	• 청력 손실자는 학업진행을 검토하고 청력과의 관계를 찾아보도록 한다. • 병력을 검토하여 귀, 코, 인후에 대한 의사 검진을 받도록 한다. • 조기 교정 및 원인파악을 위한 전문의 검진을 받아보도록 부모와 상담한다. • 청력 손실자가 필요한 적응을 하도록 돕는다(특수학급으로의 편성, 과목별 개인지도, 독순술지도, 언어치료, 학습지도, 청력 훈련 등). • 청력장애의 정도에 따라 보청기의 사용 및 기타의 방법을 제시하고 이 방법에 적응하도록 교육한다. • 추후 관리 내용을 기록하고 필요시 보고한다.

10 소변검사

1 집단 뇨검사의 실시 배경 : 만성신부전·신장염 예방 등의 목적

자각증상 無	성인 만성신부전은 대부분 소아기부터 시작되어온 만성신장염이 서서히 진행되어 성인에 이르러 만성신부전에 빠지게 되며, 신장기능이 상당히 저하되기 전까지는 자각증상이 없는 것이 특징이다.
혈뇨, 단백뇨	만성신장염은 초기부터 현미경적 혈뇨, 단백뇨의 소견을 보이므로 소변검사를 시행하지 않고 초기에 진단하기는 거의 불가능하다.
만성신부전예방	만성신장염을 자각증상이 없는 조기에 발견하여 치료할 수 있다면, 만성신부전으로 이행되는 것을 상당수 예방할 수 있다.
학생진단검사	성인은 직장 등에서 정기적으로 건강진단을 받으나 학생들은 개인적으로 건강진단을 받지 않는 이상 신장염을 조기에 발견하는 것이 거의 불가능하고 특히 소아기 때는 소변정밀검사를 받지 않고선 육안으로 만성신장염 유무를 알 수가 없다.

2 학교집단 뇨검사

채뇨 시 주의 사항	• 채뇨하기 전날 잠자기 전 소변을 보게 한다. • 검사 전일 지나친 채식이나 비타민C 및 수분섭취를 제한한다. • 아침 첫 소변의 중간뇨를 받는다(Mid-stream). • 여학생의 경우 생리 중일 때 검사하여 이상소견이 나온 경우 2주 후에 재검사한다.
채뇨 전날 잠자기 전 소변은 왜 보아야 하나?	• 자기 전 배뇨를 하지 않는 경우 기립성 단백뇨(체위성 단백뇨)가 있는 사람의 경우 취침 전의 체위에 의한 단백뇨가 아침소변에 위양성으로 나올 수 있기 때문이다. • 체위성 단백뇨(기립성 단백뇨)는 정상인에서 오래 서 있거나 운동 후, 목욕 후 또는 발열 시 나올 수 있고 하루 1mg을 넘지 않는다. • 허리를 뒤로 젖힌 자세로 수분만 지내면 단백뇨가 나타나거나 단백뇨가 증가할 수 있다.

아침 첫 소변?	농축 능력	• 아침소변은 농축되어 있으므로 신장의 농축 능력을 보는 중요한 단서가 된다. • 아침소변은 농축 능력이 좋은 신장을 가진 사람은 갈색을 보이나 만성신 부전 환자같이 농축 능력이 없는 경우 수돗물 같이 맑은 색을 띠게 된다.
	단백뇨(−)	아침소변에는 단백뇨가 나오지 않으므로 아침뇨에 단백이 나오면 병적 상 태임을 암시할 수 있다.
	산성	• 신선한 정상인의 아침소변은 약산성이거나 중성이며 pH로써 소변의 신 선도 여부를 알 수 있다. • 정상치는 pH 4.6~8.0, 보통 pH 6.0 정도로 아침소변은 산성이라 소변에 나오는 여러 세포나 결정체를 알 수 있다. • 오래된 소변은 알칼리성으로 알칼리뇨에서는 세포나 결정체들이 녹아버 리는 수가 많다. 요당검출 시 효소작용을 억제하거나 시약 반응을 없앨 수 있고 위음성(거짓음성)으로 나올 수 있다.

검사 전일 채식이나 비타민C를 제한해야 하는 이유는?	고농도의 비타민 C(아스코르빈산)는 포도당, 잠혈, 빌리루빈의 반응을 저지하여 요당(포 도당)의 거짓음성, 헤모글로빈의 수치가 간과될 수 있는 잠재적 위험이 있다. 즉, 환자를 건강한 사람이라고 판단할 수 있는 위험이 있다. 예 "비타민 C를 과도하게 섭취하면 요당이 음성으로 나타날 수 있으므로 검사 전 섭취는 피하는 것이 좋습니다."

3 학교집단 뇨검사 내용

요단백검사 (정상치 : 음성)	• 소변 내 단백질 유무와 그 양을 조사 • 양성일 때는 신장이나 방광요도의 병을 생각할 수 있음 • 만성신염이나 신증후군, 당뇨병성 신증에서는 병태가 무거울수록 소변의 단백량이 증가함 • 신장이나 요로에 이상이 없어도 장기간 서서 일을 한 뒤에는 양성이 나타날 수 있음(기립성 단백뇨). 양성인 경우에는 기상 직후의 소변으로 재검사할 필요 있음 • 양성 단백뇨의 3가지 범주 　－ 기능성 : 고열, 추위에 노출, 정서적 스트레스, 격렬한 운동 　－ 기립성 단백뇨 : 신장이나 요로에 이상이 없어도 장기간 서서 일을 한 뒤에는 양성으로 나타날 수 있음 → 기상 직후의 소변으로 재검사 필요 　－ 원인불명의 일시성 단백뇨
요잠혈검사	• 소변으로 혈액이 배설되는 것을 의미함 • 소변색이 이상이 없더라도 현미경 시야당 적혈구 수가 남자의 경우 3개 미만, 여자의 경우 5개 미만임 • 혈뇨 발생 부위는 방광이 31%이고 방광염, 요도염 등을 제외하면 신장, 요관에서 발생하며, 대표적인 질환으로는 사구체신염, 간질성신염, 낭종성 신질환 등 비뇨기계 질환 이외에도 혈액응고장애 질환이나 혈관질환의 초기증상일 수 있음 • 이상이 있는 자는 추후검사에 따라 정기적으로 정밀검사를 받아야 함

4 단백뇨검사 결과 이상이 있는 경우 학생의 문진사항

채뇨시	• 검사 전날 밤, 취침 전 배뇨의 여부(배뇨를 하지 않는 경우 기립성 단백뇨가 있는 경우 위양성 결과) • 채뇨 시간 고려(아침 첫 소변의 농축 능력 확인) • 여자인 경우 생리 여부(잠혈의 위양성 결과)
가족력	만성신부전 환자의 여부, 난청을 동반한 혈뇨(알포트 증후군)
기왕력	육안적 혈뇨, 고혈압, 신염, 신증후군, 요로감염증, 전신성 홍반성 낭창, 류마티스 관절염, 혈관성 자반증
현병력	부종, 혈뇨, 피로감, 식욕부진, 배뇨 시 통증, 핍뇨, 야뇨 등

5 학교집단 뇨검사 양성자의 관리 [1998 · 2000 기출]

재검사	이 검사는 집단 검진이므로 질병에 걸릴 가능성이 높은 위험군을 색출하는 검사이며 진단적 의미는 지니지 않는다. 재검사를 실시하여 오류의 가능성을 배제한다.
학부모에게 알림	재검사 실시 후에도 양성으로 판정되면 학부모에게 사실을 알린다.
의뢰	질병의 정확한 진단을 위하여 의뢰조치를 한다.
보건교육	신장질환에 대한 주의사항, 섭생, 추후검사의 필요성에 대하여 교육을 실시한다.
기록 보고	건강기록부에 기록하여 계속적인 추후관리를 해주고 보고사항은 보고한다.

6 집단 뇨검사의 의의

위험군 발견	뇨단백, 잠혈, pH를 검사하여 신기능의 이상, 혈액 질환의 이상(특히 용혈성 질환), 요로 결석, 요로 감염 등 위험군을 조기에 발견할 수 있다.
만성신장염 예방	신장은 한번 손상되면 재생이 힘들고 병이 상당히 진행되어도 자각 증상이 없는 경우가 많다. 따라서 이를 조기에 발견하기 위해서는 집단 뇨검사가 필수적이다. 초등학교 학생의 0.1%에서 만성신장염이 발견되고 있고, 그 숫자가 증가 추세에 있는 현 실정에서 집단 뇨검사의 의의는 더욱 커지고 있다.
국가경제이익	만성신장염을 자각증상이 없는 조기에 발견하여 치료할 수 있다면, 대부분 만성신부전으로 이행되는 것을 예방할 수 있기 때문에 환자 자신은 물론 국가 경제적인 측면에서도 상당한 이익이 된다.

11 등심대 검사

1 등심대 검사의 목적과 시기

궁극적 목적	척추측만증을 조기에 발견하여 치료 · 교정함으로써 학생 건강증진에 기여하는 것
척추측만증 예방 목적	측만 정도를 줄여서 측만이 진행되는 것을 방지하고, 외견상 상태는 물론 측만으로 인한 내부 장기의 기능저하도 함께 개선시키는 것
등심대 검사의 적절한 시기	성장 발육이 가장 빠른 시기에 있는 초등학교 5~6학년 정도의 시기가 바람직함

2 등심대 검사의 처리사항

교육적 사후처리	검진결과에 따라 보건지도, 건강상담, 생활지도 등
가정통신문	• 검사결과를 가정통신문을 통하여 발송한다. • 포함내용 : 질병 의심에 대한 내용과 향후 정밀검사의 필요성을 기록한다.
전문의료기관의 회신	진단명, 처치 및 상담 내용을 적어 학생 편에 학교로 회신토록 한다.
행정적 사후처리	• 건강검진 결과를 통계 작성하여 보고한다. • 추후치료가 이루어지도록 한다. • 차기년도 건강검진 시 전년도 치료결과를 참고할 수 있도록 한다.

12 집단검진

1 집단검진의 개념

학교에서 실시하고 있는 건강검사, 각종 병리검사는 집단검진(screening test)이라 할 수 있다.

정의	색출	집단검진(screening test)은 진단적 검사(diagnostic test)와는 달리 어떤 질병을 확진해 내는 검사가 아니라 어떤 질병에 걸릴 가능성이 높은 사람을 색출해 내는 것을 목적으로 하는 검사이다.
	고위험군	질병의 증상이 없는 인구집단을 대상으로 질병을 가지고 있거나 질병의 위험요인을 가지고 있는 고위험군의 사람들을 신속하고 분명하게 가려내기 위해 적절한 검사를 시행하여 조기에 질병을 알아내는 것을 집단검진이라 한다.
	단일기준	건강한 집단을 대상으로(고위험군 대상일 때 효과가 높다) 특정 질환을 가진 군을 찾아내는 검사로서, 이 검사는 일정 기준치를 가지고 있으며 결과 판정 시에 증상, 임상결과 등을 종합하여 실시하기보다는 주관식 단일 기준을 적용하여 결정한다.
	비감염성 질환 2차 예방	비감염성 질환은 질병이 발생하기 전에 예방(1차 예방)하기가 대단히 어려우므로 질병을 조기에 발견하여 조기에 치료함으로써 치명적인 결과를 감소시키는 2차 예방이 효과적이라 할 수 있다. 질병의 조기진단을 가능하게 하려면 첫째, 질병의 초기에 나타나는 증상에 관심을 기울이고, 둘째, 증상이 나타나지 않은 개인들에게서 질병을 발견해 내야 한다.

목적 [2001 기출]	질병의 역학적 연구	집단검진을 통하여 어떤 지역사회의 유병률과 질병 상태를 정확히 파악하고, 질병 발생에 관계되는 요소를 규명할 수 있으며, 질병 전체의 규모나 발생양상을 알 수 있는 많은 정보를 얻을 수 있다.
	질병의 자연사와 발병기전 규명	집단검진으로 질병을 조기상태에 파악하면 그 질병의 자연사나 발생기전을 이해하는 데 도움이 된다.
	질병의 조기진단	집단검진의 가장 중요한 목적은 조기 발견이라고 할 수 있는데, 많은 질병에서 조기진단을 하여 조기에 치료함으로써 생명의 연장과 질병의 치유에 도움이 된다. 그러나 많은 비감염성질환은 아직 조기진단이 어려운 실정이다.
	보건교육에 도움	집단검진을 실시하는 과정에서 주민들에게 질병 발생에 대한 지식과 예방의 중요성을 인식시키고 정기적인 건강진단을 받도록 유도할 수 있다.
장점		• 기사들이 검사를 하므로 일인당 검사비용이 저렴하다. • 의사는 유소견자에 대한 정밀검사나 검사소견만 판독한다. • 단위시간 당 많은 사람을 검사, 이상자를 색출할 수 있다.

2 집단검진 조건 [1998 기출]

집단검진을 위한 효율적 조건 [1998 기출]	• 정확도가 높아야 한다(민감도, 특이도, 예측도가 높아야 한다). • 신뢰도가 높아야 한다. • 대상자의 수용도가 높아야 한다. • 비용이 저렴해야 한다. • 검사상 안전도가 높아야 한다. • 검사의 시행이 용이하고 간편해야 한다. • 발견된 질환에 대한 효과적인 치료법이 있어야 한다. • 조기발견의 이점이 있어야 한다. • 질병 자체가 비교적 흔한 것이어서 많은 사람에게 이득이 될 수 있어야 한다.
집단검진을 위한 구비조건	• 선별해 내려는 상태는 중요한 건강문제여야 한다. • 조기 발견된 질환에 대한 효과적인 치료법이 있어야 한다. • 정확하게 진단 내리고 치료할 수 있는 시설이 있어야 한다. • 어느 정도의 잠복기 또는 초기증상을 나타내는 시기가 있는 질병이어야 한다. • 타당성 있고 신뢰성 있는 검사방법이 있어야 한다. • 대상자의 수용성: 주민들이 검사방법을 받아들일 수 있어야 한다. 예를 들어 대장경 검사는 증상이 없는 대장암의 발견을 위해 매우 효과적이다. 그러나 시술이 어렵고 힘들어서 대장암의 선별검사로서는 한계가 있다. • 질병의 발생 및 진행과정(자연사)이 알려진 질병이어야 한다. • 치료를 해야 할 환자로 규정하는 기준이 마련되어 있어야 한다. • 환자를 발견해서 진단과 치료를 하는 데 쓰이는 경비가 일상적인 의료비에 준해서 부담이 되지 않아야 한다. • 환자 색출은 계속적으로 이루어져야 하며, 한 번으로 끝나서는 안 된다.

3 정확도 [2005 · 2007 · 2009 · 2011 · 2015 · 2023 기출]

(1) 정의

정확도는 어떤 측정치 또는 측정방법이 측정하고자 목적하는 것을 성취하는 정도. 즉, 검사결과와 실제 질병 여부의 일치 정도를 평가하는 것이다.

(2) 지표 [2005 · 2007 · 2009 · 2011 · 2015 · 2023 기출]

$민감도 = \dfrac{A}{A+C} \times 100$		있음	없음	합계
$특이도 = \dfrac{D}{B+D} \times 100$	양성	A	B	A + B
$양성예측도 = \dfrac{A}{A+B} \times 100$	음성	C	D	C + D
$음성예측도 = \dfrac{D}{C+D} \times 100$	계	A + C	B + D	A + B + C + D

민감도 (sensitivity)	지표설명	• 질병을 가진 군(비환자)을 검사상 질병이 있다고 확인하는 능력 • 특정검사방법이 질병이 있는 사람을 양성으로 바르게 확인하는 능력
	값	검사 양성 수/확진된 환자 수 $\dfrac{검사\ 양성자\ 수}{총\ 환자\ 수(진양성\ +\ 가음성)} \times 100\%$
특이도 (specificity)	지표설명	• 질병이 없는 사람을 음성으로 바르게 확인하는 능력 • 특정 검사방법이 건강한 사람을 음성으로 바르게 찾아내는 능력
	산출공식	검사 음성 수/확진된 비환자 수 $\dfrac{검사\ 음성자\ 수}{총\ 환자\ 수(진음성\ +\ 가양성)} \times 100\%$
예측도 (predictability)	지표설명	측정도구가 어떤 질병을 가졌다고 판단한 사람들 중에서 실제 그 질병을 가진 사람들의 비율
	양성예측도	• 검사결과가 양성인 사람들 중에서 질환이 있는 사람의 비율 • 확진된 환자 수/총 검사 양성 수 $\dfrac{확진된\ 환자\ 수(진양성)}{총\ 검사\ 양성자\ 수} \times 100\%$

	음성예측도	• 검사결과가 음성인 사람들 중에서 건강한 사람들의 비율 • 확진된 비환자 수 / 총 검사 음성 수 $$\frac{확진된 \; 비환자 \; 수(진음성)}{총 \; 검사 \; 음성자 \; 수} \times 100\%$$
위양성도	지표설명	실제 병이 없음에도 검사법으로 양성으로 판정되는 확률
위음성도	지표설명	실제 병이 있음에도 검사법으로 음성으로 판정되는 확률

(3) 등심대 검사 결과의 정확도와 유병률

	척추측만증(+)	척추측만증(−)	계
양성	a	b	a + b
음성	c	d	c + d
계	a + c	b + d	N

정확도	• 민감도: a / a + c • 특이도: d / b + d
예측도 (진단 능력)	a / a + b 또는 d / c + d
유병률	a + c / N
위양성	실제 병이 없음에도 검사법으로 양성으로 판정되는 확률 → b / b + d
위음성	실제 병이 있음에도 검사법으로 음성으로 판정되는 확률 → c / a + c

(4) 검사방법의 타당도 사례

PAP smear	생검(biopsy)에 의한 확진		총계
	자궁경부암	정상	
양성	189	72	261
음성	12	496	508
총계	201	568	769

민감도	값	(검사 양성 수 / 확진된 환자 수) 189 / 201 × 100 = 94.0%
	의미	세포진검사(pap smear) 검사방법이 실제 자궁경부암 환자를 양성으로 바르게 확인할 확률은 94%이다.

특이도	값	(검사 음성 수 / 확진된 비환자 수) $496 / 568 \times 100 = 87.3\%$
	의미	pap smear 검사방법이 자궁경부암이 없는 건강한 사람을 음성으로 바르게 찾아내는 확률은 87.3%이다.
예측도	양성 예측도 값	(확진된 환자 수 / 총검사 양성 수) $189 / 261 \times 100 = 72.4\%$
	의미	pap smear 검사로 자궁경부암 양성결과 판정된 사람들 중 72.4%가 실제 자궁경부암에 확진되었다.
	음성 예측도 값	(확진된 비환자 수 / 총검사 음성 수) $496 / 508 \times 100 = 97.6\%$
	의미	pap smear 검사로 자궁경부암 음성결과 판정된 사람들 중 97.6%가 자궁경부암이 없다고 확진되었다.
위양성도	값	72(양성) / 72 + 496(정상)
위음성도	값	12 / 189 + 12

• 암과 같이 단 한명의 환자라도 모두 찾아내고자 할 경우처럼 정확한 자료 필요시 : 민감도 높이기
• 새로운 치료제 효과 연구 위해 질병이 있는 사람만 골라내야 할 때 : 특이도 높이기

(5) 정확도에 영향을 주는 요인(지역사회간호학, 김정남, 2000)

기준의 명확성	사례 정의에 대한 기준의 명확성 : 질병이 있는 사람과 없는 사람을 구분하는 기준이 불명확한 경우 질병이 있는 사람을 없는 사람으로, 없는 사람을 있는 사람으로 잘못 분류할 수 있다.
설정기준치 수준 [2009 기출]	검사 결과의 양성과 음성을 구분하는 한계치(cutting point) : 예를 들어 자궁경부암을 진단하는 세포진검사(pap smear)를 하여 세포진의 분류가 Ⅰ인 경우를 검사음성, Ⅱ 이상을 검사양성이라고 하는 경우는, 세포진의 분류가 Ⅱ 이하 음성, Ⅲ 이상을 양성이라고 하는 경우와 정확도 지표는 달라진다.
집단 내 측정 질병 유병률	대상인구 집단에서의 측정하고자 하는 건강상태의 유병률 : 어떤 측정치의 정확도 지표는 그 집단의 유병률과 깊은 관계를 가지고 있으며, 유병률이 낮을수록 가양성률이 높아지는 반면 가음성률은 낮아진다. 민감도는 진양성(진양성 + 가음성)이고 특이도는 진음성(진음성 + 가양성)이다. 예측도는 가양성률과 가음성률이 관여하므로 정확도 지표는 모두 가양성과 음성률에 좌우된다.
측정의 신뢰성	정확도가 높은 측정이 되려면 신뢰도는 높아야 하지만 신뢰도가 높다고 하여 반드시 정확도가 높은 것은 아니다.
연구자의 편견과 양심	측정자의 성실성 : 측정이 이루어지는 상황은 측정자만이 알 수 있으므로 측정자가 정확한 측정 결과를 얻으려는 마음의 자세가 준비되었느냐에 따라 측정 결과는 달라질 수 있다.

(6) 신뢰도 [2023 기출]

신뢰도	신뢰도란 동일 대상에 대한 반복측정이 얼마나 일정성을 가지고 일치하느냐를 검정하는 것이다. 즉 그 측정이 객관적이거나 주관적 판단에 의한 것이든 간에 동일 측정도구를 반복적으로 사용하여 측정치가 동일한 것을 얻을 확률을 재는 것으로, 오차가 클수록 신뢰도는 낮아진다. 신뢰도는 정확도의 필수조건이다. 우연히 일어날 수 있는 오차를 줄여서 신뢰도를 높여야 한다.
신뢰도 저하요인	• 측정자의 편견, 기술 미숙 • 평가도구의 부정 상태 • 측정 당시 환경 조건
신뢰도 증가방법	• 숙련도와 측정기술을 높임 • 측정자 수를 줄임 • 표준화된 환경에서 측정
관측자 내 오차	동일인이 동일 대상을 여러 번 반복하여 측정했을 때 동일치를 얻는 확률을 보는 것으로 이때 생기는 오차를 말한다. 측정도구 자체의 잘못이 있거나 측정자의 기술적인 오차가 있을 경우 발생할 수 있다. → 측정자가 기구 이용에 익숙해지도록 교육한다(숙련도와 측정기술을 높임). → 표준화된 환경에서 표준화된 도구로 측정한다.
관측자 간 오차 [2023 기출]	• 동일 대상을 동일한 측정도구로 여러 사람이 측정했을 때 동일치를 얻는 확률을 보는 것으로 이때 생기는 오차를 말한다. • 두 명 이상의 독립적인 평가자(관찰자) 사이에서 일관성 있는 결과를 도출했는지를 보는 것이다. • 측정도구의 문제가 있을 경우 또는 관측자 간의 기술적인 차이가 있을 경우 등에서 발생할 수 있다. → 측정자가 기구 이용에 익숙해지도록 교육한다(숙련도와 측정기술을 높임). → 표준화된 환경에서 표준화된 도구로 측정한다. → 측정자 수를 줄여서 측정자 간 오차를 줄여야 한다.
생물학적 변동에 따른 오차	측정조건이 동일한 환경일 때 측정한다. • 예를 들면 혈압은 피측정자의 시간, 자세 그리고 기분 등에 따라 달라질 수 있음을 고려하여 측정하여야 한다.

(7) 유병률과 양성예측도, 특이성, 감수성 간의 관계

유병률↓	양성예측도↓ → 위음성도를 낮추기 위해 감수성이 높은 검사가 유리
유병률↑	양성예측도↑ → 위양성도를 낮추기 위해 특이성이 높은 검사가 유리

유병률이 높은 지역에서는 특이성이 높은 진단법을, 반대로 유병률이 낮은 지역에서는 감수성이 높은 진단법을 이용해야 한다. 또한, 조기진단이 필요한 경우에는 감수성이 높은 방법을, 조기진단이 필요 없는 경우에는 특이성이 높은 방법을 이용해야 한다.

04 보건실의 운영관리

01 보건실 관리

1 보건실 운영관리

목적		• 학생과 교직원의 건강을 유지 · 증진 • 건강한 학교생활 환경을 조성하여 학습 능률 높임 • 보건교육을 통한 자기 건강관리 능력 배양
주요활동	정기적인 건강평가	신체발달상황검사, 건강검진
	간이 건강평가	건강이상 학생 조사 및 개별 검진 의뢰, 유질환 학생 파악
	건강 관찰	안색, 용모, 행동 등
	건강상담	각종 검사결과 상담, 학부모 · 담임 · 학생 희망에 따른 상담
	전염병 관리	예방 접종, 음료수 위생관리, 교내외 소독
	각종 병리검사	결핵, 소변, 혈액 등
	보건교육	성교육 및 약물 오남용 교육, 보건교육 과정에 따른 교육
	구급처치	적절한 치료 및 응급처치
	각종 기록 및 통계작성 보고	건강기록부, 보건일지, 각종 통계 작성
	구급약품 및 비품 관리	상비 약품과 각종 기구의 구입 및 관리
관리사항	시설	• 학생 및 교직원의 응급처치 등을 쉽게 할 수 있도록 이용이 편리한 장소 • 채광과 통풍이 잘 되는 장소 • 면적은 66m² 이상 • 상담실, 처치실, 교육실, 요양실, 물품관리, 기록의 기능을 할 수 있는 장소
	물품	소모품과 비소모품을 구입하여 보관, 사용, 유지, 수선 등이 제대로 이루어지도록 함
	약품	보건 전담실에 비치되는 약품과 치료용 재료를 구입하고 목록을 작성하며 관리요령에 따라 사용
	예산	학교보건사업을 위해 예산을 확보하고 적절한 예산관리가 되도록 함
	기록	각종 공문서, 건강기록부 등 철저히 기록 · 관리

2 학교 보건실의 기능

요양실 (안정실)	보건교사가 환자의 관찰을 쉽게 할 수 있고, 주위환경이 조용한 곳에 위치하며 커튼이나 간이 조명시설을 이용하여 안정된 조명을 유지
보건교육실	• 학생과 교직원의 건강평가를 관장하는 동시에 보건교육을 실시 • 보건교사가 계획한 보건교육 목표를 성취할 수 있도록 벽면의 그림, 인체모형, 각종 보건 교육용 기자재를 구비
상담실	출입구에서 내담자가 직접 보이지 않아야 하며 편안하고 안락한 공간으로 꾸밈
처치실	수도시설, 밝은 조명이 편리한 위치에 준비되어야 함
기타	• 건강관리에 필요한 각종 기록부의 비치 및 기록, 문서보관실 • 물품 보관 장소

3 보건실의 설치기준

보건실규모	보건실의 규모는 일반교실(66m^2) 1칸 이상으로 하되 부득이한 경우에는 최소한 교실 0.5칸 이상으로 설치
위치	위치는 학생들이 이용하기 편리하고 채광·통풍이 좋은 곳으로 교문 입구에서 가깝고 교사의 출입구 쪽이면서 남향이며 교사 전체의 중심부에 위치한 중간층 또는 본관 1층 중앙이나 교사로부터 가까운 별도의 건물에 위치하여 적정한 온·습도 유지
시설	냉·난방, 수도, 컴퓨터, 전기시설의 설비가 절대적으로 요구되며 충분한 조명시설 및 환기 시설을 갖춤
개방적	학생들의 건강 상담 및 응급처치에 불편함이 없도록 개방적이고 안정감과 편리함이 있는 안락한 분위기를 조성
처치용 물품	필요한 설비, 도구, 약품, 재료, 시설 갖춤 → 각종 처치용 기구 및 소독시설, 침대, 가리개, 각종 기록부 보관함 등이 있어야 함
보건교육	학교 자체 실정에 맞게 가능하다면 보건수업을 위한 보건교육실을 보건실 옆에 설치하여 학생들이 보건교육을 받을 수 있는 시설 갖춤

| 보건실의 설치기준(학교보건법) |

보건실 설치기준(학교보건법 시행령 제2조)	
위치	학생과 교직원의 응급처치 등이 신속히 이루어질 수 있도록 이용하기 쉽고 통풍과 채광이 잘 되는 장소일 것
면적	• 66m^2 이상 • 보건실에는 학교보건에 필요한 다음의 시설 및 기구를 갖추어야 함 　- 학생 및 교직원의 건강관리와 응급처치 등에 필요한 시설, 기구 　- 학교환경위생 및 식품위생검사에 필요한 기구

보건실에 갖추어야 하는 시설 및 기구의 구체적인 기준(제2조 관련)	
일반 시설 및 기구 등	사무용 책상, 의자, 건강기록부 및 서류 보관장, 약장, 기기보관함, 소독(멸균)기, 냉·온장고, 물 끓이는 기구, 손전등, 가습기, 수도시설 및 세면대, 냉·난방시설, 통신시설, 컴퓨터, 프린터기, 칠판·교육용기자재 등
환자 안정용 기구	침대·침구류 및 보관장, 칸막이(가리개), 보온기구 등
건강진단 및 상담용 기구	신장계, 체중계, 줄자, 좌고계, 비만측정기, 시력표, 조명장치, 눈가리개, 시력검사용 지시봉, 색각검사표, 청력계, 혈압계, 청진기, 혈당측정기, 스톱워치(stopwatch), 검안경, 검이경, 비경, 펜라이트(penlight), 치과용 거울, 탐침, 핀셋, 상담용 의자, 탁자 및 진찰용 의자 등
응급처치용 기구	체온계, 핀셋, 핀셋통, 가위, 농반, 가제통, 소독접시, 드레싱카, 부목, 휴대용 구급기구, 구급낭, 들것, 목발, 세안수수기, 찜질기, 켈리(지혈감자), 휴대용산소기 및 구급처치용 침대 등
환경 및 식품위생 검사용 기구	통풍건습계, 흑구온도계, 조도계, 가스검지기, 먼지측정기, 소음계 및 수질검사용 기구 등
기타	학생 및 교직원의 보건관리에 필요한 시설, 기구 등

4 보건실 운영 관리

물품관리	기록	물품 대장의 기록을 정확히 함
	물품점검	• 물품 매입 시 물품의 정확한 제품, 수량, 결함 등을 점검 • 매 분기별 혹은 월 1회 이상 자체점검을 실시하고 신속한 정비와 보수
	주문	정기적으로 물품을 청구하고 물품재고를 점검하며 소모품인 경우 필요시 물품을 주문 • 구입 또는 수리할 물품의 내역을 파악 • 구입하고자 하는 물품은 그 용도와 성능을 확인 • 소모품은 필요시 주문
	보관	• 물품을 깨끗이 사용하고 사용 후에는 늘 제자리에 두고 안전하게 물품을 보관·저장 • 정기적으로 물품관리와 재고를 점검 • 물품을 깨끗이 사용하고 점검하며 잘 작동되게 보관 • 결함 시 즉시 보고 • 사용 후 제자리에 두고, 안전하고 효율적으로 보관
	출고	• 물품의 외부출고 시 물품원장에 기록하고 서명한 후 출고 • 출고대장에 출고일자, 품목, 수량, 사용처, 책임자, 사용책임자 서명 등을 기록
	통제/유지	• 물품대장을 정확하게 기록 • 각종 조회나 연수 시 직원들에게 사용법, 안정성, 현금성 등에 대해 교육 • 인사이동 시 실사하여 인수인계 • 매 분기별 또는 월 1회 이상 자체점검 실시와 정비/보수

약품 관리	소모품	소모품은 연간계획을 세운 후 구입하고, 사용분은 즉시 재고에서 보충하며 부족한 물건이 없도록 관리
	투여 시 주의	약품사용 시 주의사항에 유의하여 투여하고, 학생들이 직접 약품을 다루는 일이 없도록 함
	직접 투여	약품은 다치거나 아픈 학생에게 반드시 보건교사가 직접 투여
	과다사용×	의약품 사용에 있어서는 응급처치를 주목적으로 하므로 과다한 사용은 줄임
	청결보관	약품, 재료, 기구류는 항상 청결하게 보관
	냉장고	냉장고의 적절한 온도를 유지 도모하여 약품의 유효성이 떨어지지 않도록 함
	보관환경	보관장이나 보관장소는 빛을 차단하고 건조하고 서늘하게 하여 습기, 열, 빛에 노출되지 않도록 함
	해독약물	불소함유 등의 해독성 약물은 열쇠로 잠금장치하고 주의 표시
	네임분류	각 병과 통에는 약품명을 분명하게 붙여둠
	유효기간	유효기간을 자주 확인하여 유효기간이 지난 약품은 투여하지 않음
	약물복용	• 정확한 건강사정과 기록 없이 약품을 사용하지 않음 • 올바른 약물 복용법을 가르침
올바른 약물 복용	물	• 물 없이 복용하거나 누워서 복용은 금지 • 더운물을 사용(술, 우유, 주스와 같이 복용 금지)

	지시대로	• 정확한 사정과 기록 없이 약을 사용하지 않음
		• 반드시 지시대로 복용
		  - 한 컵 이상의 물로 복용 - 하제
		  - 이 정제는 삼키든지, 씹지 않음 - 크로키(구내정)
		  - 정제를 혀 밑 또는 치아와 뺨 사이에 넣고 녹임 - 협심증 약

	투약 시 주의	• 정확한 약물, 정확한 사람, 정확한 용량, 정확한 투여 경로, 정확한 투여 시간을 준수 • 첨부문서에 기재된 용법, 용량 기타 사용 또는 취급상 필요한 주의사항을 준수하여야 하며 이를 준수하지 않아서 환자에게 유해한 결과가 발생하였다면 과실책임을 지게 됨 • 투약 후에는 부작용의 발현 여부를 세심하게 관찰하고 환자 또는 보호자에게 당해 투약과 관련된 주의사항을 교육

5 학교보건기록 관리 [2002 · 2005 기출]

기록종류	보건봉사	보건일지, 건강기록부, 각종 병리검사 내용, 예방접종실시명단, 요양호자 관리대장, 건강검사통계표 등
	보건환경	학교급식일지, 학교환경상태 점검일지, 학교시설 및 기구 안전점검 일지
	교육 상담	건강상담일지, 보건교육계획 및 실행기록 등
기록필요성 [2002 기출]	증거서류	학교보건활동의 증거서류로서의 역할
	기본자료	학교보건활동계획의 기본 자료로서의 역할
	의사소통	학교 및 보건의료 전문인 사이의 의사소통수단으로서의 역할
	통계자료	학교관련연구 및 통계자료의 역할
	평가도구	학교보건사업의 평가도구로서의 역할
기록원칙	정확성	사실이나 관찰 내용을 그대로 기록하는 정확성
	적합성	간호에 관련된 내용만 기록하는 적합성
	완전성	기록된 내용이 동료나 다른 의료인에게 도움을 줄 수 있는 완전성
	간결성	시간절약을 위해 간단히 기록하는 간결성
기록체계의 기준	기록용이성	• 기록이 쉽고 사업단위별로 구성하고 도표화 예 보건봉사, 보건환경, 보건교육 및 상담, 기타 등 • 다른 기관과 대조할 수 있도록 기록양식을 하는 것이 좋음
	목적합치	기록의 목적에 부합하도록 하며 최소한의 시간이 소요될 수 있는 방법을 고안
	보관용이성	기록의 보관공간 마련
	보관기간	보통의 기록보관(5년)
	신뢰성	• 기록내용에 대한 신뢰성 유지 • 특히 건강기록부는 개인의 건강정보가 비밀보장이 요구되는 경우는 공개되지 않도록 기록의 보관 및 열람에 주의를 기울여야 함
건강기록부 관리 [2005 기출]	졸업	학생건강기록부는 고등학교 졸업 시까지 보관
	진학	다른 학교로 전학하거나 상급학교 진학 시 해당 학교장에게 이관 송부
	미진학	고등학교를 졸업하면 본인 또는 보호자에게 교부하되, 휴학 · 퇴학 · 사망 및 고등학교 미진학 시 등에는 당해 학교에서 5년간 보존
	기록작성	학생건강검사 결과를 작성 · 관리할 때에 교육정보시스템을 이용하여 처리(인적사항, 신체발달상황 및 능력)
	건강지도	이상이 발견된 자에 대한 건강지도 및 건강상담의 자료로 활용

6 보건일지

보건일지를 통해 얻을 수 있는 통계자료	• 보건실 이용 학생 수 • 사고로 내소한 학생 수 • 학생의 건강문제 분류 • 처치분류 통계 • 외부 의뢰된 학생 수
보건일지 기록내용	• 당일 학교의 특별한 지시사항이나 실천 및 특기사항을 기록 • 보건실에 방문한 학생들의 건강문제와 처치내용을 기록 • 각 신체조직별로 양호실 방문학생의 건강문제에 대한 통계를 산출하여 기록 • 보건교육의 대상과 주제를 기록 • 요양호자 관리나 환경위생관리를 기록하며 이를 통해 결석학생의 수와 원인(병결 혹은 사고결)을 파악

7 가정통신문 작성

목적	• 학생들의 건강관리를 위하여 학부모들로부터 의견을 문의하게 될 때 • 학생의 과거 및 현재의 병력과 건강력을 조사할 때 • 학교의 보건행사나 건강평가 결과를 알릴 때 • 건강관리를 위한 학부모의 협조요청이 있을 때
작성 시 유의점	• 내용이 중복되지 않도록 함 • 대상자의 교육 및 사회환경 수준에서 이해할 수 있도록 작성 • 필요한 사업별로 미리 작성하여 이용
가정통신문 구성내용 (항목 = 작성요령)	❍ 제목, 수신인, 인사말, 요지, 발신일자, 발신인, 필요시 회신란 • 가정통신문의 제목 예 가정통신(구강검사) • 수신인 예 ○○○ 학부모님께 • 간단한 인사말 • 통신의 요지 • 발신일자 • 발신인 예 ○○초등학교장 • 회신이 필요한 경우 절취선 아래에 회신란을 둠

장단점	장점 [1992 · 1994 기출]	단점
	• 경비가 적게 듦 • 학부모와 상의하여 학생건강관리 결정을 하게 되므로 가족건강관리기능 향상 • 통신문을 내고 받는 동안 학부모는 학생의 건강에 대해 생각하고 문제를 의식하고 해결하려는 노력을 하게 됨	• 전달이 안 될 수 있음 • 전달이 안 된 경우 확인이 어려움 • 가정상황의 파악이 어려움 • 담임 전달 방법에 영향 받음

8 공문서 관리

문서의 기안	• 기관(학교)의 의사를 결정하기 위하여 문안을 작성하는 행위 • 접수한 문서의 내용을 처리하기 위한 경우 • 상급자의 지시 사항을 처리하기 위한 경우 • 기안문 작성 시엔 정확성, 신속성, 용이성, 경제성의 유의사항 따름
결재	해당 사안에 대하여 기관(학교)의 의사를 결정할 권한자가 의사를 결정하는 행위
통제	문서남발을 막고 사무관리 감독을 위하여 행정실(서무실)에 문서통제관(행정책임자)을 둠
발송	우편, 인편, 모사전송, 전신, 전신타자, 전화, 전산망 등을 이용
공문서 처리 방법	• 접수된 공문의 내용을 정밀하게 읽은 후, 참고 자료로 활용할 것인지, 보고해야 할 것인지, 홍보해야 할 것인지의 처리 방향을 판단 • 보고 공문일 경우, 일자에 늦지 않도록 기안하여 보고 • 중요 문서는 관련교사, 부장, 교감, 행정실장(서무실)의 협조를 받아 처리하고, 중요 업무를 추진해야 할 경우 사전에 협의를 거쳐 기안 • 다른 교직원의 협조가 필요한 경우, 예산이 소요되는 경우에는 기안 전에 행정실장(서무실), 해당 부장, 교감, 교장과 협의
보건일지 작성	하루 동안 행한 학교보건 업무를 보건일지에 빠짐없이 기록
소모품 대장 정리	하루에 사용한 소모품을 정확하게 정리

✐ 기안
① 정의 : 기관의 의사결정을 위해 문안을 작성하는 것
② 원칙(= 유의사항)
  • 정확성 : 육하원칙에 의해 작성하고 애매하고 과장된 표현은 피함
  • 신속성 : 문장을 짧게 끊어서 쓰고 가급적 결론을 먼저 쓰고 이유 설명
  • 용이성 : 받는 사람의 이해력을 고려하여 읽기 쉽고 알기 쉬운 말 사용
  • 간결성(경제성) : 서식을 통일하고 용지 규격과 재질 표준화

✐ 보고서 작성 시 유의점
① 명료하게 정리하고 종합하여 보고
② 목적에 맞게 기록
③ 보고기안일 내에 도착하도록 함
④ 정해진 서식을 참조하여 작성

9 예산 관리

정의	예산	사업에 필요한 경비에 대하여 예상된 수입과 지출을 표현한 것
	학교보건예산	학교보건 목적 도달을 위해 다음 회계연도에서 이룩할 사업과 활동을 위해 동원되는 모든 수단과 그 결과에 대해 계수적으로 표시한 설계
이점 (= 중요성 = 장점)		• 상세하고 종합적인 학교보건활동을 미리 계획할 수 있음 • 업무의 시작과 진행에 도움이 됨 • 예산과정 시 학교보건인력과 행정자가 계획에 참여함으로써 팀 접근을 조장 • 자원의 사용에 효율적·효과적 지침이 되며, 능률 향상 • 기준이 설정되어 실제 지출과 기준을 용이하게 비교 가능 • 예산기획은 현실에 적정선인지, 기준이 높은지 낮은지 평가 • 예산은 학교보건사업의 질 평가에 도움
예산의 기능	법적 기능	세출예산에 관계되는 것으로 지출을 이미 정해진 항목에 따라 집행하는 것 (정해진 액수, 항목 유용, 회계연도)
	관리적 기능	예산지출을 통해서 기획(사업계획의 승인, 예산삭감, 사업의 우선순위 결정 등)의 기능
	경제적 기능	경제안정, 성장, 소득재분배 등
	정치적 기능	–
예산의 원칙	예산공개의 원칙	예산의 편성, 결산의 결과가 공개되어야 함
	예산명료의 원칙	예산과 결산이 일치, 지출의 추계, 용도, 유래가 분명해야 함
	사전의결의 원칙	예산은 집행하기에 앞서 책임자의 의결을 거쳐야 함
	한정성의 원칙	예산의 각 항목은 상호한계를 명확히 함(예산이 정한 목적 이외의 이용, 전용의 금지, 초과지출의 금지, 회계연도의 경과 금지 등)
	완전성의 원칙	예산에는 모든 수입, 지출이 계상(計上)되어야 함
	단일성의 원칙	한 기관이나 조직에서의 예산은 단일화되어야 함
	예산통일의 원칙	모든 수입은 하나로 합하여 지출되어야 하되 반드시 한정된 목적에만 지출해서는 안 됨

02 보건실 방문학생의 지도

1 보건실 방문학생의 지도

대응 자세	• 부드럽고 친절한 마음 • 도움을 주겠다는 적극적인 수용 자세 • 사람들에 대한 순수한 관심 • 적극적인 청취 자세 • 효과적인 의사소통 능력 • 인격을 존중하는 자세 • 비판이나 평가하지 않는 자세 • 전문가적인 자세 • 충고나 설득보다 내담자의 잠재력 발견과 성장을 도와주는 자세
문진상의 유의점	① 언제부터(시기), ② 어디가(부위), ③ 어떻게(성상), ④ 왜(원인)의 4항목을 듣는 것이 기본이며 청취할 때는 다음의 사항에 유의해야 함 • 예측하고 질문하거나 유도적으로 질문해서는 안 됨 • 학생의 표정을 포착하면서 순서를 정해 올바른 정보를 수집 • 목격자가 있으면 그 학생에게서 듣기 • 증상이 있는 부위는 확인하면서 파악 • 부상을 입었을 때는 가능하면 현장상황을 재연시킴 • 과오나 과실로 인한 것이 명백한 때라도 비난하지 않음 • 증상을 들을 때는 예를 들면서 들음 • 지금까지 같은 증상이 있었는가를 들음
신체점검 시 유의사항	병의 변화와 그 부위에 대한 정확한 판단을 위해서 증상에 따라 시진, 촉진, 청진, 타진 • 몸의 전체를 사정 : 체온, 맥박, 혈압, 안색, 피부(발진 등) • 고통이 없는 곳부터 만짐 : 특히 복부 촉진 시 • 증상에 대한 성상을 확인하면서 실시 : 통증의 정도, 양상, 간격 등 • 직접적인 호소와 관련되지 않는 곳이라고 관찰을 게을리하지 않음 : 학생들의 이해도나 표현력에 맞추어서 불안을 가지지 않도록 빨리 그리고 충분한 대화를 하면서 건강사정을 실시하며, 건강문제가 판단되었으면 보호자에게 의사진료를 받도록 하고 결과는 각각 정리해서 기록을 남김

2 건강관찰

건강관찰 사항	• 장기적 질병의 유무 **예** 간질, 심장병, B형간염, 결핵, 천식 등 • 신체적, 정서적, 사회적 불안과 적응 등 • 전염병의 증후 발견 • 비정상적 행동이나 용모의 발견 • 개인의 청결과 건강생활의 실천 여부 • 정상에서 벗어나고 있는 언행
건강관찰 대상	• 과다한 결석(수업일수의 10% 이상)을 하는 경우 • 빈번한 결석, 지각 및 조퇴자 • 비정상적인 용모나 행위를 하는 자 • 지나치게 피로하게 보이는 자 • 빈번하게 아프거나 학급에서 과다 행동을 하는 경우 • 교사가 보기에 정서적인 문제가 있거나 만성질환이 있는 경우 • 심각하게 상해를 입었거나 상해를 입기 쉬운 학생인 경우 • 빈혈과 같은 유전질환의 소인을 가지고 있는 경우 • 특이하지 않으나 호소를 많이 해오는 학생의 경우

건강관찰 시
유의점
	• 관찰하는 데 있어서 신체적인 면, 정신적인 면 모두를 감안
	• 관찰결과 문제가 있는 학생에 대해서는 기록
	• 기록은 질병의 조기발견, 건강상담 대상자의 선정, 건강진단 자료 등에 활용
	• 건강관찰을 실시함으로써 학생들에게 자신의 건강이나 다른 사람의 건강에 대해 관찰하는
	  지식, 기능, 습관, 태도를 기를 수 있도록 지도
	• 특별히 문제가 있는 학생의 건강사정은 점심시간, 청소시간 등 특정 시간을 설정해서 실시.
	  그러나 학생의 건강상태는 활동성에 대한 관찰이 중요하고, 끊임없이 관찰해야 하므로 학생
	  관찰에 있어서 담임교사의 협조 받음

건강관찰 결과 이상학생 처리사항	• 교사가 건강관찰에서 건강이상자 발견 시 보건교사에게 보냄 • 이상이 발견되면 아동을 상담하고 전 담임, 학부모 순으로 상담하여 해결방법을 찾음 • 계속 돌봐야 할 증상이나 질병을 가진 아동은 돌볼 아동 조사표에 기록하여 계속 관찰 및 관리 • 또는 가정으로 돌려보내 가정에서 병원진료를 받게 함 • 전문인의 자문이 필요한 경우는 전문가에게 의뢰

유질환
발견학생
관리
	• 심장병, 천식, 신장질환, 혈액질환 등의 질환을 가지고 있는 학생에 대해서는 가족과의 연락을
	  긴밀히 함. 특히,
	  – 학교 생활상의 주의점을 파악
	  – 학교활동에 지장이 없도록 함
	  – 질병에 관한 병상의 변화가 보이지 않는가를 주의해서 관찰
	  – 필요 이상의 과잉반응은 본인에 대해서도 좋지 않은 일이 있을 수 있으므로 조심하지
	    않으면 안 됨
	  – 수업참여 계속 여부, 귀가시키는 것 등을 판단하여 적절한 조치를 취함

	• 그 외에 빈뇨, 요실금, 쉽게 피곤해 한다든가, 흔히 두통을 호소하는 등의 증상을 보일 수도 있으므로 　- 기질적인 병상의 변화와 심적 요인으로 인한 병상의 변화를 감별하는 것이 중요 　- 증상이 나타나는 범위정도, 빈도 등을 파악하여 목표를 세우는 것이 좋음	
보건실 방문자 중 병원의뢰자	• 호흡곤란이 있을 때 • 안색이 창백하며, 청색증이라고 인정될 때 • 의식장애를 보일 때 • 구토가 지속될 때 • 경련이 지속되거나 반복될 때 • 고열이나 오한을 느낄 때 • 고민상태나 조울상태가 인정될 때 • 뇨나 변의 실금이 있을 때 • 대량의 출혈이 있을 때 • 큰 개방창상이나 골절이 있을 때 • 심한 통증이 지속될 때 • 탈진 상태를 보일 때 • 광범위한 화상을 보일 때	
병원이송 후 처리사항	학급담임에게 연락	병원으로 보낸 이유 설명
	보호자에게 연락	• 상병발생 상황 • 증상의 개략 • 처치 내용 • 의료기관으로 보낸 이유를 설명
	의료기관에 연락	• 상병발생 상황 • 초진 시의 증상과 증상경과 • 실시한 처치내용 • 관련되는 내용이 있으면 그것을 병원에 가지고 감
	기록	보건교사로서 숙지하고 있는 정보, 증상, 처치내용, 의견을 기록해서 앞으로의 안전교육 자료의 하나로 활용

Chapter

05 학교환경관리

01 학교환경 위생관리의 개요

| 학교환경 위생관리 | [2000 · 2014 기출]

목적	• 학생 건강의 유지 · 향상 • 학생의 심신 안정 • 학습능률 향상 • 청결하고 아름다운 환경 유지 • 편리하고 쾌적한 생활 유지		
학교 내 환경위생 관리항목 [2000 · 2014 기출]	학교보건법 제4조	환경위생	조절	환기, 채광, 조명, 온습도
			설치 및 관리	상하수도 · 화장실
			예방 및 처리 (7)	오공기, 석면, 폐기물, 소음, 휘발성유기화합물, 세균, 분진 등
		식품위생	식기, 식품, 음료수의 관리 등 식품위생을 적절히 유지 · 관리	
	시행규칙 제3조	유지관리 학교시설	학교의 장이 유지 · 관리해야 하는 학교시설[교사대지(校舍垈地) · 체육장, 교사 · 체육관 · 기숙사 및 급식시설, 교사대지 또는 체 육장 안에 설치되는 강당 등을 말한다. 이하 같다]에서의 환경 위생 및 식품위생에 관한 기준	
		설치기준	1. 환기 · 채광 · 조명 · 온습도의 조절기준과 환기설비의 구조 및 설치기준[별표 2]	
		예방관리기준	1의2. 유해중금속 등 유해물질의 예방 및 관리 기준[별표 2의2]	
		설치 및 관리기준	2. 상하수도 · 화장실의 설치 및 관리기준[별표 3]	
		처리기준	3. 폐기물 및 소음의 예방 및 처리기준[별표 4]	
		유지관리기준	3의2. 공기 질 등의 유지 · 관리기준[별표 4의2]	
		식품위생기준	4. 식기 · 식품 · 먹는 물의 관리 등 식품위생에 관한 기준 [별표 5]	
		학교의 장	학교의 장은 학교시설에서의 환경위생 및 식품위생 상태가 기 준에 적합한지를 확인하기 위하여 점검을 실시해야 한다.	

환경관리	• 학교의 장: 환경위생과 식품위생 유지 및 관리 • 학교의 장은 교사 안에서의 환경위생 및 식품위생을 적절히 유지·관리하기 위하여 교육부령으로 정하는 바에 따라 점검하고, 그 결과를 기록·보존 및 보고하여야 한다. • 학교의 장은 점검에 관한 업무를 교육부령으로 정하는 바에 따라 「환경분야 시험·검사 등에 관한 법률」에 따른 측정 대행업자에게 위탁하거나 교육감에게 전문 인력 등의 지원을 요청하여 수행할 수 있다. • 학교의 장은 점검 결과가 교육부령으로 정하는 기준에 맞지 아니한 경우에는 시설의 보완 등 필요한 조치를 마련하여야 한다. • 교육부장관이나 교육감은 환경위생과 식품위생을 적절히 유지·관리하기 위하여 필요하다고 인정하면 관계 공무원에게 학교에 출입하여 제2항에 따른 점검을 하거나 점검 결과의 기록 등을 확인하게 할 수 있으며, 개선이 필요한 경우에는 행정적·재정적 지원을 할 수 있다.

02 학교 내 환경관리 기준

1 교실환경[별표 2]

환기	조절기준	환기용 창 등을 수시로 개방하거나 기계식 환기설비를 수시로 가동하여 1인당 환기량이 시간당 21.6세제곱미터 이상이 되도록 할 것
	환기설비의 구조 및 설치기준 (환기설비의 구조 및 설치기준을 두는 경우에 한함)	• 환기설비는 교사 안에서의 공기의 질의 유지기준을 충족할 수 있도록 충분한 외부 공기를 유입하고 내부공기를 배출할 수 있는 용량으로 설치할 것 • 교사의 환기설비에 대한 용량의 기준은 환기의 조절기준에 적합한 용량으로 할 것 • 교사 안으로 들어오는 공기의 분포를 균등하게 하여 실내공기의 순환이 골고루 이루어지도록 할 것 • 중앙관리방식의 환기설비를 계획할 경우 환기닥트는 공기를 오염시키지 아니하는 재료로 만들 것
채광		• 직사광선을 포함하지 아니하는 천공광에 의한 옥외 수평조도와 실내조도와의 비가 평균 5퍼센트 이상으로 하되, 최소 2퍼센트 미만이 되지 아니하도록 할 것 • 최대조도와 최소조도의 비율이 10대 1을 넘지 아니하도록 할 것 • 교실 바깥의 반사물로부터 눈부심이 발생되지 아니하도록 할 것
조도		• 교실의 조명도는 책상면을 기준으로 300룩스 이상이 되도록 할 것 • 최대조도와 최소조도의 비율이 3대 1을 넘지 아니하도록 할 것 • 인공조명에 의한 눈부심이 발생되지 아니하도록 할 것
온습도		• 실내온도는 섭씨 18도 이상 28도 이하로 하되, 난방온도는 섭씨 18도 이상 20도 이하, 냉방온도는 섭씨 26도 이상 28도 이하로 할 것 • 비교습도는 30퍼센트 이상 80퍼센트 이하로 할 것

2 유해중금속[별표 2의2]

유해중금속 등 유해물질의 예방 및 관리 기준	• 체육장 등의 학교시설에 설치하는 인조잔디 및 탄성포장재는 인증을 받은 제품을 사용할 것 • 제1호에 따라 설치한 인조잔디 및 탄성포장재의 파손 여부, 유해중금속 등 유해물질의 발생 여부를 주기적으로 점검하고, 필요한 조치를 할 것 • 학교시설 중 어린이활동공간에 대해서는 환경안전관리기준에 적합하게 유지·관리되고 있는지 확인할 것

3 상하수도·화장실의 설치 및 관리기준[별표 3]

상·하수도의 설치 및 관리기준	「수도법」 및 「하수도법」의 관련규정에 의하여 설치·관리할 것
화장실의 설치기준	• 화장실은 남자용과 여자용으로 구분하여 설치하되, 학생 및 교직원이 쉽고 편리하게 이용할 수 있도록 필요한 면적과 변기 수를 확보할 것 • 대변기 및 소변기는 수세식으로 할 것 • 출입구는 남자용과 여자용이 구분되도록 따로 설치할 것 • 대변기의 칸막이 안에는 소지품을 두거나 옷을 걸 수 있는 설비를 할 것 • 화장실 안에는 손 씻는 시설과 소독시설 등을 갖출 것
화장실의 유지 및 관리기준	• 항상 청결이 유지되도록 청소하고 위생적으로 관리할 것 • 악취의 발산과 쥐 및 파리·모기 등 해로운 벌레의 발생·번식을 방지하도록 화장실의 내부 및 외부를 4월부터 9월까지는 주 3회 이상, 10월부터 다음해 3월까지는 주 1회 이상 소독을 실시할 것

4 폐기물 및 소음의 예방 및 처리기준[별표 4]

폐기물의 예방 및 처리기준	• 교지 및 교사는 청결히 유지하여 하며, 폐기물의 재활용 조치 등 폐기물의 발생을 예방하거나 감량화에 노력할 것 • 학교 내에는 「폐기물관리법 시행규칙」 제20조의2의 규정에 의한 폐기물소각시설을 설치·운영하지 아니하도록 할 것 • 폐기물을 배출할 때에는 그 종류 및 성상에 따라 분리하여 배출할 것
소음의 기준	교사내의 소음은 55dB(A) 이하로 할 것

03 학교 내 환경관리

1 환기

군집독	환기가 불충분한 실내에 많은 사람들이 장기간 군집하여 있을 때 공기의 물리적 성상의 변화(온도, 습도, 분진 등)와 화학적 조성(산소 부족, 이산화탄소 증가 등)의 변화로 발생
군집독 영향	• 호흡기: 호흡곤란, 가래, 기침, 인후통, 빈번한 호흡기 질환 • 뇌: 두통, 기억력과 집중력 저하 • 소화기: 오심, 구토 • 눈: 눈자극, 눈물 • 피부: 가려움 등
환기조절 기준	1인당 환기량이 시간당 21.6m³ 이상이 되도록 할 것
환기횟수	환기횟수(단위시간당) $= \dfrac{\text{필요 환기량}}{\text{실내 일인당 공기용적(부피 / 사람 수)}}$
환기 필요성	취기, 습도, 온도, 기류, 각종 가스, 먼지를 조절하기 위해 필요 • 산소를 공급하고 이산화탄소 제거 • 실내 온도와 습도 조절 • 불쾌한 냄새 제거 • 각종 먼지를 제거하고 세균 발생을 억제 • 학습 능률 향상 • 학습 기기류 및 시설물 보호

2 채광 및 조명 [1991·1992·2003 기출]

목적		각종 생활 장소와 작업장의 적정 조명은 눈의 보호, 작업능률의 향상 및 재해발생의 예방 등을 위하여 고려되어야 한다.
이상적 조명조건		• 충분한 광원을 확보해야 한다. • 광원은 적절하게 분포해야 한다. • 눈부심이 없어야 한다.
채광 (자연조명)	옥외조도와 실내조도의 비	직사광선을 포함하지 아니하는 천공광에 의한 옥외 수평조도와 실내조도와의 비는 평균 5퍼센트 이상으로 하되, 최소 2퍼센트 미만이 되지 아니하도록 한다.
	최대 최소조도 비율	최대조도와 최소조도의 비율이 10대 1을 넘지 아니하도록 한다.
	눈부심	교실 바깥의 반사물로부터 눈부심이 발생되지 아니하도록 한다.
	기타	창의 색깔은 무색투명하고, 채광은 좌측 또는 좌후상방이 좋으며 교차되는 광선은 시력에 좋지 못하다.

조도	조건	50룩스(Lux) 이하일 때 인공조명이 필요하다.
	충분한 조명	교실의 조명도는 책상면을 기준으로 300룩스 이상이 되도록 한다.
	균일한 조명	최대조도와 최소조도의 비율이 3대 1을 넘지 아니하도록 한다.
	눈부심	인공조명에 의한 눈부심이 발생되지 아니하도록 한다.
	조명방향	몸을 기준하여 왼편 뒤쪽에 광원이 좋으며 손의 그림자가 생기지 않도록 한다.
	청소	스탠드, 실내 전등은 매월 1회 이상 청소하여 조명도를 유지한다.
눈부심의 측정 기준		• 교실 내 측면에 앉은 학생 위치에서 보아 흑판의 외측 15도 이내 범위에 빛 반사가 있으면 안 된다. • 시야를 방해하는 광택이 흑판 면과 책상 면에 있으면 안 된다.
불량조명	조건	이상적인 조건이 충족되지 않은 조명을 불량조명이라 한다. 즉, 조도 부족, 조도 불균형, 눈부심이 심한 것, 그림자가 많이 지는 것 등이 불량조명이다.
	불량조명의 문제	• 눈: 안정피로, 근시, 안구진탕증 • 학습능률이 저하된다. • 사고 발생 가능성이 증가한다.
	사후관리	• 조도가 부족할 때는 조명기구를 청소하거나 더 달아 조도를 확보한다. • 일사광선이 비추는 곳은 유리나 커튼으로 막는다.
인공조명의 조건 [1994 기출]		• 빛의 색이 일광에 가까워야 한다. • 조명은 학습상 충분한 것이어야 한다. • 조명도가 균일해야 한다. • 유해가스 발생은 없어야 한다. • 취급이 간편하고 저렴해야 한다. • 그림자가 지지 않아야 한다. • 열의 발생이 적고, 폭발 및 발화의 위험이 없는 것이어야 한다.

3 온도와 습도 [1991 · 1992 기출]

영향요소	학생들	호흡과 발한으로 인한 방열과 활동량에 영향
	교실 내 장치	냉난방 장치와 조명에 영향
문제점	교실온도상승 (여름철)	체온의 상승으로 땀을 많이 흘려 혈액 농축, 위산 저하 등으로 학습능률 저하
	교실온도하강 (겨울철)	혈액순환이 안 되며 손발이 차고 학습활동이 불편해짐
기준	실내온도	섭씨 18도 이상 28도 이하
	난방온도	섭씨 18도 이상 20도 이하
	냉방온도	섭씨 26도 이상 28도 이하
	비교습도	30퍼센트 이상 80퍼센트 이하

4 소음 [1991 기출]

기준	교사 내의 소음은 55dB(A) 이하로 유지 → 이때의 소음 측정은 여러 번 반복 측정 후 중앙값을 기준으로 삼도록 하고 있으며, 소음의 법적 상한치는 65dB(A)임. 68dB(A) 이상일 때는 해당 구청과 상의하여 소음관리 대책을 세우도록 하고 있음		
인체영향	청력영향	소음성 난청	
	생리적 영향 - 교감신경계와 내분비계를 흥분	심혈관계	혈압 상승, 맥박
		근육 피부	근육 긴장, 신진대사 증가, 발한 촉진
		소화계	타액이나 위액 분비 억제, 위장관 운동을 억제시켜 식욕감퇴
		내분비	부신호르몬 이상
		순환혈관계 및 신장	혈액 성분이나 오줌의 이상
		기타	피로와 두통 유발. 그러나 소음의 이러한 영향에 대해 생체는 적응하기 때문에 습관화되면 없어지는 경향이 있음
	심리적 영향 - 불쾌감과 수면장애	불쾌감	안락한 휴식과 수면에 지장을 주는 소음의 종류와 크기는 생활 지역이나 하루 중의 시간대 또는 개인에 따라 차이가 많은 것으로 알려져 있으나 대체로 고주파음이 저주파보다 더욱 불쾌
		수면장애	병원이나 휴양시설 지역은 45~49dB(A), 주택지역은 50dB(A), 산업지역은 55~59dB(A) 이상에서 불편을 느끼고 야간에는 35dB(A) 이상에서 수면장애가 발생
		사고장애	사고 및 집중력 장애, 학습능률 저하
		대화장애	대화장애, 일상생활 장애
소음관리 대책 [2023 기출]	차음 구조물	차음 구조물로서 소음의 특성에 맞는 흡음 및 차음재를 사용(방음벽, 이중창)	
	방음림	학교담장이나 나무를 이용하여 소음을 감소시킴	
	건물구조	각 교실과 건물을 적절히 배치하도록 함	
	소음관리	교사 내에서 학생들에게 떠들지 않도록 하며, 복도나 계단에서 뛰지 않도록 함	

5 교구 관리

의자	• 좌면의 높이 : 하퇴의 길이 −1~1.5를 뺄 것 • 전후경(넓이) : 상퇴(둔부에서 무릎관절까지)의 길이 • 좌우경 : 1인용 45cm, 2인용 79~89cm • 의자에 뒤로 기댈 때는 6~10cm 정도 떨어질 것 • 허리가 굽혀지지 않게 똑바로 앉을 수 있을 것
책상	• 높이 : 좌고의 1/3 + 의자의 높이 • 전후경(넓이) : 좌고의 2/3 • 좌우경 : 1인용 60cm, 2인용 104~120cm • 책상과 책상의 거리 : 1인용 50cm, 2인용 60cm

부적합한 책상

자세 불량, 요통, 피로 및 주의산만, 학습능률 저하

구분		취(取)해지는 자세	신체적 장애 요인
책상	높은 경우	• 머리를 들고 가슴, 어깨를 일으키는 자세 • 앞가슴을 위로 올리는 경향 • 겨드랑이를 벌린 상태 • 눈과 독서물의 거리 단축	• 허리가 경직되고 장, 근육이 압축됨 • 어깨의 피로와 통증 • 근시 발생의 원인 • 호흡 긴박, 식욕감퇴 등의 현상이 나타남
	낮은 경우	• 둔굴 자세를 취하기 쉬움 • 가슴이 압박받음 • 상체의 무게가 양 팔꿈치에 집중	• 등뼈가 앞으로 휘어짐 • 호흡기관이 약해짐 • 어깨가 올라가므로 쉽게 피로를 느낌
의자	높은 경우	• 엉덩이가 앞으로 나오고 발이 바닥에 닿지 않음 • 하지의 움직임이 계속되어 자세가 불안정해짐	• 대퇴부가 압박을 받아 장애가 생김 • 하지 마비의 원인이 됨
	낮은 경우	• 접촉부위에 부분적인 압박이 가해지며, 몸의 균형 유지가 되지 않고 전굴 자세가 됨 • 하지 움직임이 부자유함 • 아랫배가 압박받음 등	• 등뼈가 앞이나 옆으로 휘기 쉽고 가슴에 압박을 받음 • 위장, 소장, 대장 등 장기의 정상적인 활동에 저해됨

칠판 관리	• 무채색의 칠판 면의 색채는 어느 한 곳도 명도가 3을 넘으면 안 되며, 유채색의 칠판은 어느 한 곳도 색도가 4를 넘으면 안 됨. 또한, 칠판 면의 한 곳도 번쩍여 보여서는 안 됨 • 칠판의 높이는 학생의 하퇴 길이에 좌고를 더한 높이에 칠판의 하단으로 하는데 대개 바닥에서 70~90cm가 되어야 하고, 상단은 학생의 손이 닿는 범위로 함

04 학교환경관리

| 먹는물의 관리(학교보건법 시행규칙 제3조 제1항 제4호 관련[별표 5]) |

급수시설 설치	• 상수도 또는 마을상수도에 의하여 먹는 물을 공급하는 경우에는 저수조를 경유하지 아니하고 직접 수도꼭지에 연결하여 공급 • 다만, 직접 수도꼭지에 연결하기가 곤란한 경우에는 제외 • 지하수 등에 의하여 먹는 물을 공급하는 경우에는 저수조 등의 시설을 경유
급수시설 관리	• 급수시설·설비는 항상 위생적으로 관리 • 급수시설에서 사용 중인 저수조는 청소 및 위생상태 점검을 실시(저수조는 연 2회 청소, 매월 1회 이상 점검) • 외부인이 출입할 수 없도록 잠금장치 등의 조치를 하여야 함 • 지하수 등을 먹는 물로 사용하는 경우에는 원수의 수질 안정성 확보를 위하여 필요시 정수 또는 소독 등의 조치 • 급수설비 및 급수관은 소독 등 위생조치, 수질검사 및 세척 등 조치를 실시
먹는물 공급	학생 및 교직원에게 공급하는 먹는 물은 「먹는물 관리법」 제5조에 따른 수질기준에 적합한 물을 제공하여야 함 • 유리잔류염소: 4.0mg/L 이하 • 일반세균: 1ml 중 100CFU 이하 • 총대장장균: 100ml 검출 × − 분변오염지표 • 경도: 1,000mg/l 이하(수돗물은 300mg/L) • 냄새와 맛: 소독으로 인한 냄새와 맛 이외의 냄새와 맛이 없어야 함 • 산도: pH 5.8~8.5 • 색도: 5도 이하 • 탁도: 1NTU 이하(수돗물 0.5NTU 이하)
수질검사	• 저수조를 사용하는 학교의 경우 「수도법 시행규칙」 제22조의3 제4항에 따라 수질검사를 실시하여야 함 • 지하수는 수질검사를 실시하여야 함 　− 매분기 1회 이상(연 4회) 　− 1회는 도보건 환경연구원에 의뢰하여 64항목 검사 　− 3회는 시·군보건소에서 6개 항목에 대하여 간이검사 실시 　　a. 일반세균: 1ml 중 100cfu 넘지 아니할 것 　　b. 총대장균군: 100cc당 검출되지 아니할 것 　　c. 대장균 또는 분원성 대장균군: 100cc당 검출되지 아니할 것 　　　(다른 병원성 균이 있다는 가능성을 암시) 　　d. 암모니아성 질소: 0.5mg/l(ppm) 넘지 아니할 것

e. 질산성 질소: 10mg/l(ppm) 넘지 아니할 것

(단백질이 분해되면서 발생: 오염된 시기 추정 가능)

f. 과망간산 칼륨소비량: 10mg/l(ppm) 넘지 아니할 것

• 학교의 장은 학교의 규모 및 급수시설의 노후도 등을 고려하여 급수시설의 청소 및 위생 상태 점검주기와 수질검사(수질검사 대상이 아닌 학교에서 실시하는 수질검사를 포함한다)주기를 단축할 수 있음

05 교실 내 공기관리

1 「학교보건법」의 주요내용(제4조)

공기 질의 유지·관리 특례 (제4조의2)	• 학교의 장은 공기 질의 위생점검을 상·하반기에 각각 1회 이상 실시하여야 한다. • 학교의 장은 교사 안에서의 공기 질을 측정하는 장비에 대하여 교육부령으로 정하는 바에 따라 매년 2회 이상 정기적으로 점검을 실시하여야 한다.
공기정화설비 등 설치 (제4조의3)	학교의 장은 교사 안에서의 공기 질 관리를 위하여 교육부령으로 정하는 바에 따라 각 교실에 공기를 정화하는 설비 및 미세먼지를 측정하는 기기를 설치하여야 한다.

2 교실 내 공기 중의 주요 오염물질

석면	• 천연에 존재하는 광물로서 내화성 건축자재로 사용 • 석면이 공기 중에 석면섬유 형태의 미세한 가루로서 방출되어 쉽게 흡입 • 피부질환, 호흡기질환 유발, 장기노출 시 석면증 또는 폐암	
	석면의 정의	화성암의 일종으로서 천연의 광물에서 채취된 섬유모양의 규산화합물로 직경이 $0.2 \sim 0.03 \mu m$ 정도의 유연성이 있는 극세 섬유상의 광물
	석면의 유해성 결정요인	• 석면의 크기 • 체내 지속성 • 양: 청석면 > 갈석면 > 백석면
	석면의 특징	• 석면 함유물질이 적절히 관리되어 양호한 상태가 유지된다면 건강문제를 야기하지 않음 • 인체에 흡입되어 질병으로 나타나기까지 약 20~30년의 잠복기를 가짐 • 적은 양의 흡입으로도 폐암, 악성중피종 등을 일으킬 수 있음
	석면의 침투경로	대기 중의 석면이 코나 입을 통해 폐로 유입 → 폐내 대식세포가 석면을 포식, 식작용: 침착된 석면 → 식세포 공격 → 염증반응, 만성화, 섬유화

	석면관련 질병	• 폐암: 석면 섬유가 폐에 들어가 폐의 세포에 작용하여 세포가 이상증식 • 악성중피종: 흉막, 복막, 심막 등의 체강장막강을 덮고 있는 중피표면 조직에 발생 • 석면폐(폐포섬유증): 석면섬유가 폐에 들어가 폐 침착에 의한 섬유화, 흉막섬유화는 무관함 • 후두암, 위암, 대장암, 복강중피종, 직장암
	대책	❍ 학교 석면관리 기본원칙 및 대처 자세 • 학교 내 석면이 존재한다는 사실 자체가 건강위험을 초래하지 않음 즉, 적절한 상태로 잘 유지된다면 건강문제를 야기하지 않음 • 석면물질의 위치가 확인되면 잘 유지 · 관리하여 훼손을 최소화 • 학교 내 석면관리가 잘 이루어지도록 협력
학교 석면 위험 요인 개선		• 석면함유 건축자재에 대하여 안전하게 지속적으로 유지 · 관리 • 훼손 시 1차적으로 해당 시설의 보수(관련 법령 준수, 작업자 이외 출입 금지) 등 여건에 맞게 조치하여 안전한 상태로 유지 · 관리하고, 2차적으로는 노후 정도에 따라 해당 시설의 해체 · 제거 • 심한 훼손인 경우에는 즉시 해당 시설의 교체 또는 해체 · 제거 • 석면함유 건축자재에 대한 개 · 보수 예산 등의 우선 지원 • 석면함유 건축자재가 있는 학교는 석면의 비산 여부 확인 등을 위하여 정기적인 검사 및 실태조사 실시(학교 교사 내 환경위생 및 식품위생 점검 시 석면 측정) • 석면건축물의 위해성 평가(물리적 평가, 잠재적 손상 가능성, 건축물 유지보수에 따른 손상 가능성, 인체노출 가능성)에 따라 등급별 차등 관리 • 일부 체육관 및 철골구조 등에 사용된 뿜칠 석면의 경우 고형화 작업 등의 후속조치로 비산 방지 조치
학교 건축물 석면조사 완료에 따른 후속조치		• 「석면안전관리법」의 규정에 의해 학교장은 석면조사 결과를 「건축법」 제36조에 의한 철거 · 멸실 시까지 기록 · 보존 • 건축물 증 · 개축, 대수선공사, 철거, 석면폐기물 배출 시 석면조사결과서 활용 • 학교별 석면함유 건축자재의 안전관리 등을 위하여 석면건축물안전관리인을 지정 · 운영(「석면안전관리법」 제23조 석면건축물안전관리인의 지정 등) • 학교 석면건축물안전관리인을 대상으로 석면관리에 대한 전문지식 및 관리요령 함양 등을 위한 교육 실시(지정 · 변경 시 1년 이내 교육, 6시간) • 6개월마다 학교 석면 건축물의 손상상태, 석면 비산 가능성 등의 조사 및 전기공사 등 건축물에 대한 유지 · 보수 공사 시 관련 정보 제공 및 감시 · 감독
분진 및 연소가스		• 분진, 일산화탄소, 이산화탄소, 이산화질소 등의 가스류: 기관지염, 천식, 폐기종 등의 호흡기질환 • 포름알데히드: 눈 · 코 · 목의 가려움증, 기침, 설사, 구토, 피부질환
흡연		−
악취		불쾌감, 구토, 두통, 호흡억제 등

3 새학교증후군

새집증후군 SBS	새집에 입주한 이후 건물의 건축자재나 벽지에 포함되어 있는 휘발성 유기화합물질(VOCs)이 실내로 배출되어 이유없이 온몸에 붉은 반점이 나고, 비염·아토피성피부염·두드러기·천식·심한 두통·기관지염 등 각종 질병을 일으키는 현상 • SHS(sick house syndrome) 또는 SBS(sick building syndrome)로 불림
위해요소	• 휘발성 유기화합물질은 대기 중에서 가스형태로 존재하는 유기화합물을 총칭하며 대부분 발암물질을 포함 • 벤젠을 비롯하여 톨루엔, 클로로포름, 아세톤, 포름알데히드 등이 대표적이다. 특히 포름알데히드는 농도가 $120 \sim 3,680ug/cm^3$이면 두통, 메스꺼움, 시각적 자극이 나타나는 것으로 알려져 있음
학교 신설 시 교사(校舍) 내 새학교증후군 등에 대한 조치방안 강구	• 학교 설립 시 현재 「학교보건법 시행규칙」으로 규정하고 있지 않은 포름알데히드, 총휘발성유기화합물 등 소위 '새학교증후군'의 원인물질에 대한 사전 측정 등을 통하여 조치방안 강구 • 신설학교의 개교 전 건물완공 후나 기존학교의 건물 증축 후에는 베이크 아웃(Bake-out) 방법 및 환기시설 등을 충분히 가동하여 휘발성 유해물질 등 방출 • 학교 신·증축 시 사용하는 건축재료 및 가구류 등은 화학물질의 방출이 적은 친환경적 건축자재를 사용하는 등 설계 시부터 환경위생에 대한 검토 • 중앙복도형 학교는 교실 창문을 수시로 개방하여 충분한 자연환기와 복도 양쪽, 중앙 계단 창문에 대형 환풍기 설치 등 강제환기 방안 강구
베이크 아웃 (Bake-out)	신·개축한 건물 내부온도를 높여 건축자재·마감재료 등에서 배출되는 휘발성유기화합물(VOCs)을 포함한 유해물질 발생량을 일시적으로 높인 후 환기하는 방법

4 교사 내 공기 질 유지기준(학교보건법 시행규칙[별표 4의2])

오염물질 항목	기준(이하)	적용 시설	비고
미세먼지 ($\mu g/m^3$)	$35\mu g/m^3$	교사 및 급식시설	직경 $2.5\mu m$ 이하 먼지
	$75\mu g/m^3$	교사 및 급식시설	직경 $10\mu m$ 이하 먼지
	$150\mu g/m^3$	체육관 및 강당	직경 $10\mu m$ 이하 먼지
이산화탄소 (ppm)	1,000ppm	교사 및 급식시설	해당 교사 및 급식시설이 기계 환기장치를 이용하여 주된 환기를 하는 경우 1,500ppm 이하
포름알데히드 ($\mu g/m^3$)	$80\mu g/m^3$	교사, 기숙사(건축 후 3년이 지나지 않은 기숙사로 한정한다) 및 급식시설	건축에는 증축 및 개축 포함
총부유세균 (CFU/m³)	800CFU/m³	교사 및 급식시설	-

낙하세균 (CFU/실당)	10CFU/실	보건실 및 급식시설	–
일산화탄소 (ppm)	10ppm	개별 난방 교실 및 도로변 교실	난방 교실은 직접 연소 방식의 난방 교실로 한정
이산화질소 (ppm)	0.05ppm	개별 난방 교실 및 도로변 교실	난방 교실은 직접 연소 방식의 난방 교실로 한정
라돈 (Bq/m^3)	$148Bq/m^3$	• 기숙사(건축 후 3년이 지나지 않은 기숙사로 한정한다) • 1층 및 지하의 교사	건축에는 증축 및 개축 포함
총휘발성유기화합물 ($\mu g/m^3$)	$400\mu g/m^3$	건축한 때부터 3년이 경과되지 아니한 학교	건축에는 증축 및 개축 포함
석면 (개/cc)	0.01개/cc	「석면안전관리법」 제22조 제1항 후단에 따른 석면건축물에 해당하는 학교	–
오존 (ppm)	0.06ppm	교무실, 행정실	적용 시설 내에 오존을 발생시키는 사무기기(복사기 등)가 있는 경우로 한정
진드기 (마리/m^2)	100마리/m^2	보건실	–
벤젠	$30\mu g/m^3$	건축 후 3년이 지나지 않은 기숙사	건축에는 증축 및 개축 포함
톨루엔	$1,000\mu g/m^3$	건축 후 3년이 지나지 않은 기숙사	건축에는 증축 및 개축 포함
에틸벤젠	$360\mu g/m^3$	건축 후 3년이 지나지 않은 기숙사	건축에는 증축 및 개축 포함
자일렌	$700\mu g/m^3$	건축 후 3년이 지나지 않은 기숙사	건축에는 증축 및 개축 포함
스티렌	$300\mu g/m^3$	건축 후 3년이 지나지 않은 기숙사	건축에는 증축 및 개축 포함

5 교사 내 공기 질 관리기준(학교보건법 시행규칙[별표 4의2])

대상 시설	중점관리기준
신축 학교	• 「실내공기질 관리법」 제11조 제1항에 따라 오염물질 방출 건축자재를 사용하지 않을 것 • 교사 안에서의 원활한 환기를 위하여 환기시설을 설치할 것 • 책상·의자 및 상판 등 학교의 비품은 「산업표준화법」 제15조에 따라 한국산업표준 인증을 받은 제품을 사용할 것 • 교사 안에서의 포름알데히드 및 휘발성유기화합물이 유지기준에 적합하도록 필요한 조치를 강구하고 사용할 것
개교 후 3년 이내인 학교	포름알데히드 및 휘발성유기화합물 등이 유지기준에 적합하도록 중점적으로 관리할 것
개교 후 10년 이상 경과한 학교	• 미세먼지 및 부유세균이 유지기준에 적합하도록 중점 관리할 것 • 기존 시설을 개수 또는 보수하는 경우 「실내공기질 관리법」 제11조 제1항에 따라 오염물질 방출 건축자재를 사용하지 않을 것 • 책상·의자 및 상판 등 학교의 비품은 「산업표준화법」 제15조에 따라 한국산업표준 인증을 받은 제품을 사용할 것
「석면안전관리법」 제22조 제1항 후단에 따른 석면건축물에 해당하는 학교	석면이 유지기준에 적합하도록 중점적으로 관리할 것
개별 난방(직접 연소 방식의 난방으로 한정한다) 교실 및 도로변 교실	일산화탄소 및 이산화질소가 유지기준에 적합하도록 중점적으로 관리할 것
급식시설	미세먼지, 이산화탄소, 포름알데히드, 총부유세균 및 낙하세균이 유지기준에 적합하도록 중점적으로 관리할 것
보건실	낙하세균과 진드기가 유지기준에 적합하도록 중점적으로 관리할 것

6 학교시설에서의 환경위생 및 식품위생에 대한 점검의 종류 및 시기

| 학교보건법 시행규칙 [별표 6] 〈개정 2022. 6. 29.〉 |

점검종류	점검시기
일상점검	매 수업일
정기점검	매 학년: 2회 이상. 다만, 제3조 제1항 각 호의 기준에서 점검횟수를 3회 이상으로 정한 경우에는 그 기준을 따른다.
특별점검	• 전염병 등에 의하여 집단적으로 환자가 발생할 우려가 있거나 발생한 때 • 풍수해 등으로 환경이 불결하게 되거나 오염된 때

	• 학교를 신축·개축·개수 등을 하거나, 책상·의자·컴퓨터 등 새로운 비품을 학교시설로 반입하여 폼알데하이드 및 휘발성유기화합물이 발생할 우려가 있을 때 • 그 밖에 학교의 장이 필요하다고 인정하는 때

비고) 별표 4의2에 따른 오염물질 중 라돈에 대한 정기점검의 경우 최초 실시 학년도 및 그 다음 학년도의 점검 결과가 각각 유지기준의 50퍼센트 미만에 해당하는 기숙사(건축 후 3년이 지나지 않은 기숙사로 한정한다) 및 1층 교사에 대해서는 교육부장관이 정하는 바에 따라 정기점검의 주기를 늘릴 수 있다.

7 대기오염대응매뉴얼의 작성 등

「학교보건법」 제5조		• 교육부장관은 대기오염에 효과적으로 대응하기 위하여 환경부장관과의 협의를 거쳐 「대기환경보전법」 제7조의2의 대기오염도 예측결과에 따른 대응 매뉴얼(이하 "대기오염대응매뉴얼"이라 한다)을 작성·배포하여야 한다. • 대기오염대응매뉴얼에는 대응 단계별 전파요령, 실외수업에 대한 점검 및 조치, 실내 공기질 관리를 위한 조치사항 등 "대통령령으로 정하는 내용"이 포함되어야 한다. • 학교의 장은 대기오염대응매뉴얼에 따라 학생 및 교직원의 "세부 행동요령"을 수립하고 학생 및 교직원에게 세부 행동요령에 관한 교육을 실시하여야 한다. • 그 밖에 대기오염대응매뉴얼의 작성·배포, 세부 행동요령의 수립에 필요한 사항은 대통령령으로 정한다.
「학교보건법 시행령」 제3조	법 제5조 제2항에서 '대통령령으로 정하는 내용'	• 대기오염 대응 업무 수행체계 및 관련 기관별 역할에 관한 사항 • 대응 단계별 전파요령에 관한 사항 • 대응 단계별 실외수업에 대한 점검 및 조치에 관한 사항 • 대응 단계별 실내 공기질 관리를 위한 조치에 관한 사항 • 그 밖에 교육부장관이 대기오염 대응에 필요하다고 인정하는 사항
	교육부장관	교육부장관은 법 제5조 제1항에 따라 작성한 대기오염대응매뉴얼을 전자적 파일이나 인쇄물의 형태로 배포할 수 있다.
	법 제5조 제3항 세부 행동요령	• 대기오염 대응 업무를 관리하는 교직원의 지정에 관한 사항 • 등교·하교 시간 조정, 수업시간 단축, 질환자 관리 등 대응 단계별 안전조치 이행에 관한 사항 • 교직원 비상연락망 유지, 학생·학부모에 대한 연락체계 구축 등 대응 단계별 전파요령에 관한 사항 • 체육활동, 현장학습, 운동회 등 실외수업의 실내수업 대체 등 대응 단계별 실외수업에 대한 점검 및 조치에 관한 사항 • 공기 정화 설비의 가동, 환기요령, 청소 등 대응 단계별 실내 공기질 관리를 위한 조치에 관한 사항 • 그 밖에 학교의 장이 학교의 사정 등을 고려하여 대기오염 대응에 필요하다고 인정하는 사항
	학교장	학교의 장은 세부 행동요령을 「학교안전사고 예방 및 보상에 관한 법률」 제4조 제6항에 따른 학교안전사고 예방에 관한 학교계획에 포함하여 수립할 수 있다.

06　학교 외 환경관리 - 교육환경보호

1　학교주변 교육환경보호

교육환경보호의 목적	학교주변 교육환경보호로 쾌적한 면학 분위기 조성에 기여
기본방향	• 깨끗하고 건전한 교육환경 조성으로 학생들의 정서 순화와 학습 및 학교보건위생 증진 • 학교 교육환경보호구역에 대한 사후관리 철저로 유해업주의 준법의식 고취 • 학교주변 환경정화 인식제고로 청소년 비행 및 탈선 예방

2　교육환경 보호에 관한 법률(약칭 : 교육환경법)

목적 (제1조)		이 법은 학교의 교육환경 보호에 필요한 사항을 규정하여 학생이 건강하고 쾌적한 환경에서 교육받을 수 있게 하는 것을 목적으로 한다.
정의 (제2조)	교육환경이란	학생의 보건·위생, 안전, 학습 등에 지장이 없도록 하기 위한 학교 및 학교 주변의 모든 요소를 말한다.
	학교란	「유아교육법」 제2조 제2호에 따른 유치원, 「초·중등교육법」 제2조 및 「고등교육법」 제2조에 따른 학교, 그 밖에 다른 법률에 따라 설치된 각급학교(국방·치안 등의 사유로 정보공시가 어렵다고 대통령령으로 정하는 학교는 제외한다)를 말한다.
	학교설립 예정지란	다음 각 목의 어느 하나에 해당하는 용지를 말한다. 가. 「국토의 계획 및 이용에 관한 법률」 제30조에 따라 도시·군관리계획으로 결정되어 고시된 학교용지 나. 「유아교육법」 제2조 제2호에 따른 유치원을 설립하려는 자가 확보한 유치원 용지[사립유치원을 설립하는 경우에는 특별시·광역시·특별자치시·도 또는 특별자치도 교육감(이하 '교육감'이라 한다)의 설립인가를 받은 용지를 말한다] 다. 「초·중등교육법」 제2조 제4호에 따른 특수학교를 설립하려는 자가 확보한 특수학교 용지(사립특수학교를 설립하는 경우에는 교육감의 설립인가를 받은 용지를 말한다) 라. 「초·중등교육법」 제60조의3에 따른 대안학교를 설립하려는 자가 확보한 대안학교 용지(사립대안학교를 설립하는 경우에는 교육감의 설립인가를 받은 용지를 말한다)
	'학교경계'란	「공간정보의 구축 및 관리 등에 관한 법률」 제2조 제19호에 따른 지적공부(地籍公簿)에 등록된 학교용지 경계를 말한다.
	'학교설립예정지 경계'란	가목부터 라목까지에 따라 고시 또는 확보된 학교용지의 경계를 말한다.

3 교육환경보호구역의 설정 등(교육환경법 제8조) [1999 · 2010 기출]

교육감	교육감은 학교경계 또는 학교설립예정지 경계(이하 '학교경계등'이라 한다)로부터 직선거리 200미터의 범위 안의 지역을 다음의 구분에 따라 교육환경보호구역으로 설정 · 고시하여야 한다.
절대보호구역	학교출입문으로부터 직선거리로 50미터까지인 지역(학교설립예정지의 경우 학교경계로부터 직선거리 50미터까지인 지역)
(상대)보호구역	학교경계 등으로부터 직선거리로 200미터까지인 지역 중 절대보호구역을 제외한 지역
설립예정지 통보	학교설립예정지를 결정 · 고시한 자나 학교설립을 인가한 자는 학교설립예정지가 확정되면 지체 없이 관할 교육감에게 그 사실을 통보하여야 한다.
교육감설정 고시	교육감은 제2항에 따라 학교설립예정지가 통보된 날부터 30일 이내에 제1항에 따른 교육환경보호구역을 설정 · 고시하여야 한다.
효력상실	제1항에 따라 설정 · 고시된 교육환경보호구역이 다음의 어느 하나에 해당하게 된 때에는 그 효력을 상실한다. • 학교가 폐교되거나 이전(移轉)하게 된 때(대통령령으로 정하는 바에 따른 학교설립계획 등이 있는 경우는 제외한다) • 학교설립예정지에 대한 도시 · 군관리계획결정의 효력이 상실된 때 • 유치원이나 특수학교 또는 대안학교의 설립계획이 취소되었거나 설립인가가 취소된 때
교육장위임	제1항에 따른 교육감의 권한은 대통령령으로 정하는 바에 따라 교육장에게 위임할 수 있다.

4 교육환경보호구역에서의 금지행위 등(교육환경법 제9조) [1999 기출]

교육환경법 제9조	누구든지 학생의 보건 · 위생, 안전, 학습과 교육환경 보호를 위하여 교육환경보호구역에서는 다음 각 호의 어느 하나에 해당하는 행위 및 시설을 하여서는 아니 된다. 다만, 상대보호구역에서는 제14호부터 제29호까지에 규정된 행위 및 시설 중 교육감이나 교육감이 위임한 자가 지역위원회의 심의를 거쳐 학습과 교육환경에 나쁜 영향을 주지 아니한다고 인정하는 행위 및 시설은 제외한다.
「대기환경보전법」 제16조 제1항	배출허용기준을 초과하여 대기오염물질을 배출하는 시설
「물환경보전법」 제32조 제1항, 제48조	배출허용기준을 초과하여 수질오염물질을 배출하는 시설과 폐수종말처리시설
「가축분뇨의 관리 및 이용에 관한 법률」 제11조, 12조, 24조	배출시설, 처리시설 및 공공처리시설
「하수도법」 제2조 제11호	분뇨처리시설
「악취방지법」 제7조	배출허용기준을 초과하여 악취를 배출하는 시설

「소음 · 진동관리법」 제7조 및 제21조	배출허용기준을 초과하여 소음 · 진동을 배출하는 시설
「폐기물관리법」 제2조 제8호	폐기물처리시설
「가축전염병 예방법」 제11조 제1항 · 제20조 제23조 제33조 제1항	가축 사체, 오염물건 및 수입금지 물건의 소각 · 매몰지
「장사 등에 관한 법률」 제2조 제8호	화장시설, 봉안시설
「축산물 위생관리법」 제21조	도축업 시설
「축산법」 제34조	가축시장
「영화 및 비디오물의 진흥에 관한 법률」 제2조 제11호	제한상영관
「청소년 보호법」	「청소년 보호법」에 해당하는 업소와 같은 여성가족부장관이 고시한 영업에 해당하는 업소
「고압가스 안전관리법」 「도시가스사업법」 「액화석유가스의 안전관리 및 사업법」	고압가스, 도시가스 또는 액화석유가스의 제조, 충전 및 저장하는 시설
「폐기물관리법」	폐기물을 수집 · 보관 · 처분하는 장소
「총포 · 도검 · 화약류 등의 안전관리에 관한 법률」	총포 또는 화약류의 제조소 및 저장소
「감염병의 예방 및 관리에 관한 법률」	격리소 · 요양소 또는 진료소
「담배사업법」	지정소매인, 그 밖에 담배를 판매하는 자가 설치하는 담배자동판매기(유치원 및 「고등교육법」에 따른 학교의 교육환경보호구역은 제외한다)
「게임산업진흥에 관한 법률」	게임제공업, 인터넷컴퓨터게임시설제공업 및 복합유통게임제공업(유치원 및 「고등교육법」에 따른 학교의 교육환경보호구역은 제외한다)
「게임산업진흥에 관한 법률」	제공되는 게임물 시설(「고등교육법」에 따른 학교의 교육환경보호구역은 제외한다)
「체육시설의 설치 · 이용에 관한 법률」	체육시설 중 당구장, 무도학원 및 무도장(유치원, 초등학교, 대안학교 및 「고등교육법」에 따른 학교의 교육환경보호구역은 제외한다)
「한국마사회법」 「경륜 · 경정법」	경마장 및 장외발매소, 경주장 및 장외매장

「사행행위 등 규제 및 처벌 특례법」	사행행위영업
「음악산업진흥에 관한 법률」	노래연습장업(유치원, 대학제외)
「영화 및 비디오물의 진흥에 관한 법률」	비디오물감상실업 및 복합영상물제공업의 시설(유치원, 대학제외)
「식품위생법」	식품접객업 중 단란주점영업 및 유흥주점영업
「공중위생관리법」 「관광진흥법」	숙박업 및 호텔업
「화학물질관리법」	사고대비물질의 취급시설 중 대통령령으로 정하는 수량 이상으로 취급하는 시설

5 금지행위 등에 대한 조치(교육환경법 제10조)

행정기관의 장	시·도지사 및 시장·군수·구청장은 금지 행위 및 시설을 방지하기 위하여 공사의 중지·제한, 영업의 정지 및 허가·인가·등록·신고의 거부·취소 등의 조치(이하 '처분'이라 한다)를 하여야 하며, 교육환경을 위해하여 철거가 불가피하다고 판단하면 사업시행자에게 해당 시설물의 철거를 명할 수 있다.
관계행정기관등의 장	사업시행자가 제1항에 따른 철거명령을 이행하지 아니하는 경우 「행정대집행법」에서 정하는 바에 따라 대집행을 할 수 있다.
교육감	교육환경 보호를 위하여 관계행정기관등의 장에게 교육환경보호구역 내 제9조 각 호의 행위 및 시설에 대한 처분 및 시설물의 철거 명령을 요청할 수 있다.
요청을 받은 관계행정기관등	특별한 사정이 없으면 요청에 따른 조치를 취하고, 그 결과를 교육감에게 요청받은 날부터 1개월 이내에 알려야 한다.
교육장위임	따른 교육감의 권한은 대통령령으로 정하는 바에 따라 그 일부를 교육장에게 위임할 수 있다.

07 학교 안전관리

1 학생의 안전관리

학교보건법 제12조	학교의 장은 학생의 안전사고를 예방하기 위하여 학교의 시설·장비의 점검 및 개선, 학생에 대한 안전교육, 그 밖에 필요한 조치를 하여야 한다.
학교 안전관리	학교에서의 안전관리는 사고 재해 발생 요인을 사전에 파악하여 이것을 제거하는 데 노력하고, 만일 불행하게도 사고나 재해가 발생했을 때 신속하고 적절한 구급활동이 되도록 그 체제를 확립하여 학생들의 안전 확보를 도모하기 위한 활동이다.
학교 안전관리의 체계	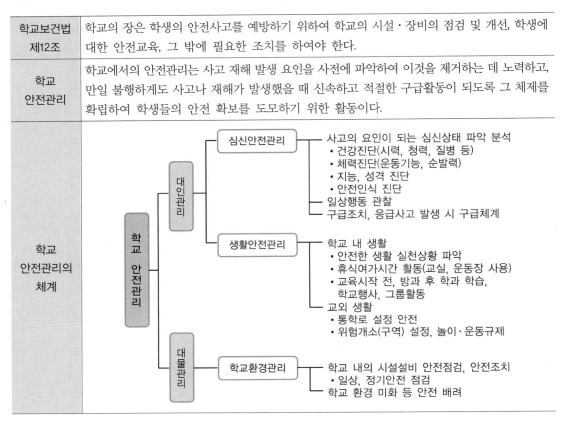

2 학교 안전의 정의

안전교육	안전학습	모든 교과를 통한 지식이나 기능 습득은 물론 체육, 보건학습의 안전내용 영역에 중심을 두고, 사회, 이과 등 관련 교과의 학습, 실험, 실습, 특별활동 등의 학급 지도와 학교 행사를 중심으로 하여 행하여지는 것이다.
	안전지도	안전에 관한 바람직한 행동 변화에 필요한 지식이나 기능을 습득시키기 위하여 안전학습과 안전에 관한 원리 원칙을 구체적인 행동 장면에 적용시켜 항상 안전한 행동을 실천하는 태도와 능력을 기르는 것을 말한다.
안전관리	대인관리	안전 인식 진단, 일상 행동 관찰 등으로 사고 요인이 되는 학생 심신의 특징을 파악하거나 안전 행동의 실태 파악, 위험한 행동의 규제 및 긴급시의 구급체계를 확립하는 것 등을 말한다.
	시설관리	환경관리로 학교 내외의 시설 설비의 안전 점검과 안전 조치 및 정서적 환경관리 등을 말한다.

3 학교 안전교육

학교 안전교육의 정의	학교 안전교육은 안전에 대한 잠재적 사고와 문제 상황에 대한 인식을 일깨워 사고를 미연에 예방하는 행동 변화를 조장하는 활동이다.
학교 안전교육의 목표	• 학교 안전교육의 목표는 모든 교육 활동에서 사고를 예방하며 교사와 학생들이 안전한 생활을 영위하고 나아가 안전 문화의 정착으로 안전한 삶을 준비하도록 하는 데 있다. • 일상생활에서 안전하게 생활하는 데 필요한 사항을 이해시키고 그에 관한 안전 수칙을 잘 지키도록 하여 안전한 행동이 습관화되도록 하며, 자신이나 타인의 생명을 존중하고 학교에서 안전한 활동에 기여할 수 있는 능력을 길러주는 데 있다.
학교 안전교육의 방향	• 안전교육이 바로 생명의 안전을 기하고 재산의 보존을 위하는 것이라고는 하지만, 지나치게 경원하는 소극적인 교육이 되어서는 안 된다. • 안전교육은 덮어놓고 금기만 하지 말고 올바른 방향으로 용기를 주고 적극적인 참여가 이루어지도록 이끌어 나가야 한다. • 안전교육이란 피할 수 있는 위험은 재차 피하고 피치 못할 위험 사태에 부딪혔을 경우일지라도 당황하지 않고 침착하고 용감하게 그 처리 방안을 모색하여 과학적으로 극복하여 나갈 수 있는 합리성을 길러 주어야 한다. • 복잡한 사회에서의 안전 질서 유지와 창의적이고 합리적인 생활 태도 및 문제 해결을 위한 적극적인 투지력을 평소 교육에서 육성해 나가야 한다. • 학교 안전교육은 학교생활에서 안전사고 및 건강상의 문제와 가정, 사회, 산업체 등 성인 사회에서 발생할 수 있는 각종의 사고, 건강상의 문제 등을 방지할 목적으로 각급 학교 학생들에게 안전에 대한 지식, 기능, 태도 및 그 대책 방법 등을 학교 교육을 통해 체계적으로 습득하게 한다.
학교 안전교육의 필요성	• 아동사고는 사망의 주요 원인이 될 뿐만 아니라 불구의 주요 원인이 되기도 한다. • 학생들은 학교 내 · 외적 환경에서 많은 위험 요인에 노출될 수 있고, 활동량이 많은 시기이므로 사고 위험이 높다고 할 수 있다. • 사고의 원인은 무관심과 부주의로 인한 것이 대부분이므로 안전에 대한 교육과 안전 생활을 실천화하여 사전에 예방할 수 있다. • 따라서 학생들에게 사고의 위험으로부터 안전을 유지하며 사고를 예방할 수 있는 능력을 길러주기 위한 교육은 필수적이며, 사고예방에 대한 접근방법은 사고 위험의 요인을 미리 제거하고 사고를 당했을 경우 상해를 최소화할 수 있는 종합적인 대책이 필요하다.

4 **학교 내 응급처치 관련 법령** [2019 · 2020 · 2021 기출]

학교보건법 제15조의2 (응급처치 등)	• 학교의 장은 사전에 학부모의 동의와 전문의약품을 처방한 의사의 자문을 받아 제15조 제2항 및 제3항에 따른 보건교사 또는 순회 보건교사(이하 이 조에서 "보건교사등" 이라 한다)로 하여금 제1형 당뇨로 인한 저혈당쇼크 또는 아나필락시스 쇼크로 인하여 생명이 위급한 학생에게 투약행위 등 응급처치를 제공하게 할 수 있다. 이 경우 보건 교사등에 대하여는 「의료법」 제27조 제1항을 적용하지 아니한다. ☀ 「의료법」 제27조 제1항: 의료인이 아니면 누구든지 의료행위를 할 수 없으며 의료인도 면허된 것 이외의 의료행위를 할 수 없다. • 보건교사등이 제1항에 따라 생명이 위급한 학생에게 응급처치를 제공하여 발생한 재 산상 손해와 사상(死傷)에 대하여 고의 또는 중대한 과실이 없는 경우 해당 보건교사 등은 민사책임과 상해(傷害)에 대한 형사책임을 지지 아니하며 사망에 대한 형사책 임은 감경하거나 면제할 수 있다. • 학교의 장은 질병이나 장애로 인하여 특별히 관리 · 보호가 필요한 학생을 위하여 보조 인력을 둘 수 있다. 이 경우 보조인력의 역할, 요건 등에 관하여는 "교육부령"으로 정 한다.

학교보건법
시행규칙
제11조
(보조인력의
역할 등)
	❍ 교육부령
	• 법 제15조의2 제3항에 따른 보조인력(이하 "보조인력"이라 한다)은 같은 조 제1항에 따른 보건교사등(이하 "보건교사등"이라 한다)의 지시를 받아 질병이나 장애로 인하여 특별히 관리 · 보호가 필요한 학생에 대해서 보건교사등이 행하는 다음 각 호의 활동을 보조한다.
	  – 법 제15조의2 제1항에 따른 투약행위 등 응급처치
	  – 각종 질병의 예방처치, 건강관찰 및 건강상담 협조 등의 보건활동
	• 보조인력은 「의료법」 제7조에 따른 간호사 면허가 있어야 한다.

5 **응급처치 보건교육 관련 법령**

학교보건법 제9조의2 (보건교육 등)	• 교육부장관은 「유아교육법」 제2조 제2호에 따른 유치원 및 학교(초등학교, 중학교, 고등학교, 특수학교, 각종학교)에서 모든 학생들을 대상으로 심폐소생술 등 응급처치에 관한 교육을 포함한 보건교육을 체계적으로 실시하여야 한다. 이 경우 보건교육의 실시 시간, 도서 등 그 운영에 필요한 사항은 교육부장관이 정한다. • 유치원의 장 및 학교의 장은 교육부령으로 정하는 바에 따라 매년 교직원을 대상으로 심폐소생술 등 응급처치에 관한 교육을 실시하여야 한다. • 유치원의 장 및 학교의 장은 제2항에 따른 응급처치에 관한 교육과 연관된 프로그램의 운영 등을 관련 전문기관 · 단체 또는 전문가에게 위탁할 수 있다.

학교보건법 시행규칙 제10조 (응급처치교육 등)	• 학교의 장이 법 제9조의2 제2항에 따라 교직원을 대상으로 심폐소생술 등 응급처치에 관한 교육(이하 "응급처치교육"이라 한다)을 실시하는 경우 응급처치교육의 계획·내용 및 시간 등은 [별표 9]와 같다. • 학교의 장은 응급처치교육을 실시한 후 해당 학년도의 교육 결과를 다음 학년도가 시작되기 30일 전까지 교육감에게 제출하여야 한다. • 학교의 장은 공공기관, 「고등교육법」 제2조에 따른 학교(각종 대학), 「교원 등의 연수에 관한 규정」 제2조 제2항의 연수원(교육연수원 등) 중 교육감이 설치한 연수원 또는 의료기관에서 교직원으로 하여금 응급처치교육을 받게 할 수 있다. 이 경우 예산의 범위에서 소정의 비용을 지원할 수 있다.
학교보건법 시행규칙 [별표 9]	• 응급처치교육의 계획 수립 및 주기 가. 학교의 장은 매 학년도 3월 31일까지 응급처치교육의 대상·내용·방법 및 그 밖에 필요한 사항을 포함하여 해당 학년도의 응급처치교육 계획을 수립해야 한다. 나. 학교의 장은 교육계획을 수립하는 경우에는 모든 교직원이 매 학년도 교육을 받을 수 있도록 해야 한다. 다만, 해당 학년도에 다른 법령에 따라 심폐소생술 등 응급처치와 관련된 내용이 포함된 교육을 받은 교직원에 대해서는 응급처치교육을 면제할 수 있다. • 응급처치교육의 내용·시간 및 강사 <table><tr><th colspan="2">내용</th><th>시간</th><th>강사</th></tr><tr><td>가. 이론 교육</td><td>1) 응급상황 대처요령 2) 심폐소생술 등 응급처치 시 주의사항 3) 응급의료 관련 법령</td><td>2시간</td><td rowspan="2">가) 의사(응급의학과 전문의를 우선 고려해야 한다) 나) 간호사(심폐소생술 등 응급처치와 관련된 자격을 가진 사람으로 한정한다) 다) 「응급의료에 관한 법률」 제36조에 따른 응급구조사 자격을 가진 사람으로서 응급의료 또는 구조·구급 관련 분야(응급처치교육 강사 경력을 포함한다)에서 5년 이상 종사하고 있는 사람</td></tr><tr><td>나. 실습 교육</td><td>심폐소생술 등 응급처치</td><td>2시간</td></tr></table> 비고) • 교육 여건 등을 고려하여 응급처치교육의 내용·시간을 조정할 수 있으나 실습교육 2시간을 포함하여 최소 3시간 이상을 실시해야 한다. • 심폐소생술에 대한 전문지식을 갖춘 사람을 실습교육을 위한 보조강사로 할 수 있다.

6 학교 안전교육 7개 표준안 [2023 기출]

대분류	중분류	소분류
생활 안전	시설 및 제품이용 안전	시설 안전
		제품 안전
		실험실습안전
	신체활동 안전	체육 및 여가 활동 안전
	유괴 및 미아사고 방지	유괴 및 미아사고 방지
교통 안전	보행자 안전	교통 표지판 구별하기
		길을 건너는 방법
		보행 안전
	자전거 안전	안전한 자전거 타기
		안전한 자전거 관리
	오토바이 안전	오토바이 사고의 원인과 예방
		오토바이 운전 중 주의 사항
	자동차 안전	자동차사고의 원인
		자동차사고 예방법
	대중교통 안전	대중교통 안전, 대중교통 이용 안전 수칙
폭력 및 신변 안전	학교폭력	학교폭력
		언어/사이버 폭력
		물리적 폭력
		집단따돌림
	성폭력	성폭력 예방 및 대처방법, 성매매 예방
	아동학대	아동학대 예방 및 대처방법
	자살	자살 예방 및 대처방법
	가정폭력	가정폭력 예방 및 대처방법
약물·사이버중독	약물중독	마약류 폐해 및 예방
		흡연 폐해 및 예방
		음주 폐해 및 예방
		고카페인 식품 폐해 및 예방
	사이버중독	인터넷게임 중독
		스마트폰 중독

재난 안전	화재	화재발생
		화재발생 시 안전수칙
		소화기 사용 및 대처방법
	사회재난	폭발 및 붕괴의 원인과 대처방법
		각종 테러사고 발생 시 대처요령
	자연재난	홍수 및 태풍 발생 시 대처요령
		지진 · 대설 · 한파 · 낙뢰 발생 시 대처요령
직업 안전	직업안전의식	직업안전 의식의 중요성
		직업안전 문화
	산업재해의 이해와 예방	산업재해의 의미와 발생
		산업재해의 예방과 대책
	직업병	직업병의 의미와 발생
		직업병의 예방과 대책
	직업안전의 예방 및 관리	산업재해 관리
		정리정돈
		보호구 착용
응급처치	응급처치의 이해와 중요성	응급처치의 목적과 일반원칙
		응급상황 시 행동요령
		응급처치 전 유의사항 및 준비
	심폐소생술	심폐소생술
		자동제세동기의 사용
	상황별 응급처치	기도폐쇄
		지혈 및 상처처치, 염좌, 골절, 화상 등
7개 영역	25개 중분류	52개 소분류

7 발달 특성과 관련된 학령기 아동에게 사고위험이 높은 이유 [2005 기출]

신체적 손상을 줄 수 있는 활동(격렬한 운동, 위험한 장난 등)을 즐긴다	• 활발한 운동, 신체적 활동을 즐긴다. • 속력 있는 활동에 따라 흥분한다. • 과로하기 쉽다.
새로운 것을 하고자 하고 새로운 기술을 배우는 데 관심이 많다	• 독립심이 강하다. • 모험심이 많다. • 작업을 능숙하게 하지 못한다.
환경을 조절하는 능력이 부족하고 위험 상황을 예측하기 어렵다	• 환경에 따라 쉽게 산만하다. • 위험한 장소에서 놀기도 한다. • 전체운동은 조심스러우나 겁이 없고 판단력이 미숙하다. • 가끔 자신감이 신체적 능력을 넘어선다.
운동조정능력이 미숙하다	뼈의 성장이 근육의 성장보다 빨라 전반적으로 운동을 조정하는 능력이 아직 미숙하다.
또래의 영향으로 그들의 능력의 한계를 벗어나는 활동에 참여한다	• 집단규칙을 따른다. • 집단 충성심을 갈망하고 친구들의 지지를 받고자 한다. • 친구들의 영향을 쉽게 받는다. • 설득될 수 있다.
충동적으로 행동한다	통찰력과 예견력이 부족(적절히 대처하는 기술 부족)하고 순간적인 충동에 의하여 행동하는 시기이다.

성심리 발달	◑ 프로이드의 심리성적 발달이론에 의하면 • 잠복기에 해당한다. • 호기심이 왕성하다. • 성적 놀이를 경험하고 본능적으로 탐색하기 때문에 순간적이고 충동적이다.
심리사회발달	◑ 에릭슨의 심리사회발달이론에 의하면 • 근면성이 발달하는 시기이다. • 아동은 가족 밖에서 경험을 쌓고, 인간관계를 맺을 수 있는 기초를 마련하게 된다. • 동성 또래 친구들과 함께 집 밖에서 보내는 시간이 많다. • 독립심의 증가, 또래친구에게 인정받고자 하는 욕구가 증가한다.
인지발달특성	◑ 피아제의 인지발달이론에 의하면 • 구체적 조작기로 아동은 세상에 대해 경험해 보지 않고 상상한다. • 분류나 보존, 가역의 개념 등이 발달하지만, 현재의 문제행동을 통해 미래에 발생하게 될 일에 대해 온전히 이해하지 못한다. • 변환적 인지과정 : 인과관계를 완전하게 이해할 수 없다. − 앞으로 일어나게 될 결과에 대한 세부적인 준비계획 없이 위험한 행동을 시도하는 특성을 가진다.

8 학령기 아동의 안전사고 예방

신체적 기술(기능)이 증진된다.	• 관리가 필요한 활동을 할 때 장비를 제공한다. • 선행조건, 훈련, 안전장비에 대해 지도한다.
활발한 신체적 활동이 필요하다.	안전한 장소에서 놀도록 한다.
새로운 기술을 배우고 익히는 데 관심을 가진다.	위험성이 있는 기구의 사용, 관리에 대해 가르친다.
때때로 위험한 곳에서 논다.	위험한 운동을 할 경우 보호장비를 갖추도록 강조한다.
특히 또래들과 있을 때 대담하고 모험적이다.	개를 괴롭히거나 놀라게 하지 말고 먹을 때 방해 않도록 한다.
• 가끔 자신감이 신체적 능력을 초과한다. • 집단충성심을 갈망하고 친구들이 지지를 받고자 한다. • 위험한 묘기를 시도한다. • 신체적 활동을 즐긴다. • 과로하기 쉽다.	안전한 곳에서 수영한다.
근육의 성장과 조정력에 비해 키가 크다.	—
동년배의 영향을 쉽게 받는다.	위험한 약물 혹은 알코올을 먹도록 권할 때 "아니오"라고 말하도록 가르친다.
• 독립심이 증가하고 모험적이며 새로운 것을 하고자 한다. • 집 밖에서 하는 활동이 많아진다. • 환경에 따라 쉽게 산만해진다.	—

9 청소년기 아동의 사고위험 요인

안전교육이 필요한 청소년들의 특성	• 정신적으로 미숙한 상태이나 신체적으로 왕성한 활동을 보내는 시기(운동 참여 절정기)이다. • 학교에서 보내는 시간이 길어지고 성인에 비해 안전의식이 크게 떨어진다. • 독립심과 자유를 원하며 독립심을 시험한다. • 위험한 묘기 등 위험한 일에 도전한다. • 좀 더 복잡한 기구, 사물, 장소에 접근하려고 시도한다. • 또래들로부터 인정받기를 원한다.
인지적 발달특성	• 불필요한 모험심을 가지며 성인이 된 것처럼 행동한다. • 형식적 조작: 추상적 사고, 불사신의 감정 등을 가진다. • 어떤 결과를 초래하는지에 대해 현실적이지 못하다.

최고조에 달하는 신체적/ 감각적/정신 운동의 기능 → 힘과 자신감 부여	놀이와 통제가 아닌 단순한 행위로 에너지 사용, 위험을 택하는 경향이 두드러진다.
심리사회	독립과 자유에 대한 요구, 위험을 감소하는 경향, 불멸에 대한 느낌, 자기중심적 사고를 갖는다(개인적 우화).

10 학령기 · 청소년기 아동 사고예방

학령기 아동의 사고 예방을
위해서 필요한 사항
	• 안전한 환경을 만들어 준다.
	• 스스로 사고 방지하고, 사고 발생 시 자신을 방어할 수 있는 능력과 방법을 교육한다. 즉, 안전교육이 필요하다.
	  – 교통사고 예방을 위한 교육을 실시한다.
	  – 수영 및 각종 사고에 대한 교육을 실시한다.
	  – 화재방지 교육을 실시한다.
	  – 안전하게 자전거 타기에 대한 교육을 실시한다.
	  – 부모나 교사가 평소에 안전수칙을 항상 강조하고 훈련토록 한다.

11 안전교육의 원리(특성)

1회성의 원리	안전교육이란, 시행착오를 통해서는 배울 수 없는 지식으로 단 1회의 교육실시 여부에 따라 생존과 사망을 결정할 수 있는 특성을 지니고 있다.
지역적 특수성의 원리	안전교육은 지형, 산업, 인구구조 등 지역적 특수성을 고려하여 실시해야 한다.
인성교육의 원리	안전교육은 인격에 관한 교육으로서 자신의 생명뿐만 아니라 타인의 생명도 존중하도록 하는 교육이며, 또한 스스로를 존중하고 타인의 복지에도 관심을 갖도록 하는 인성교육이 수반되어야 한다.
실천교육의 원리	안전교육은 단순히 지식 전달에서 그쳐서는 안 되며, 올바른 태도 및 습관을 갖도록 하는 교육이 이루어져야 하고, 이와 같은 지식과 태도를 바탕으로 잠재적인 위험상황을 이겨낼 수 있는 대응능력을 기르게 하는 실천교육이 반드시 수반되어야 한다.

12 사고발생의 이론 : 하인리히(Heinrich)이론

사고발생 과정 도미노이론	사회적 환경이나 가정의 유전적인 결함요소가 개인의 결함으로 연결되는 요인이 되고, 이러한 결함을 지닌 사람이 위험한 장소에 노출되면 불안전한 행동을 하게 되며, 이러한 불안전한 행동이 위험한 장소의 불안전한 상태와 연결되면 사고를 일으키게 되어 인적 피해나 물적 피해를 주는 재해가 발생한다는 것이다.
하인리히 (Heinrich)의 사고발생 연쇄과정	<table><tr><td>①</td><td></td><td>②</td><td></td><td>③</td><td></td><td>④</td><td></td><td>⑤</td></tr><tr><td>사회적 요소 가정적 요소 유전적 요소</td><td>➡</td><td>개인적 결함</td><td>➡</td><td>불안전 행동 불안전 상태</td><td>➡</td><td>사고</td><td>➡</td><td>재해</td></tr></table> • 위와 같이 ①, ②, ③, ④, ⑤를 일정한 간격으로 세워 놓고, ①에 힘을 가해 쓰러뜨리면 ②, ③, ④, ⑤로 연속으로 넘어지나 ①, ②가 넘어져도 ③을 제거하면 사고나 재해로 연결되지 않는다는 것이다. • 하인리히는 이 이론을 제시함으로써, 사고 예방 대책이 인간의 불안전한 상태의 제거에 직결되어 있음을 제안하였다.

13 3E를 통한 사고예방 접근방법(한국산업안전보건공단, 2003 참조)

교육적 대책 (Education)	• 개인이 위험을 피할 수 있도록 행위변화를 촉진시키는 설득적, 교육적 도구 사용 • 사고가 교육의 부족으로 인한 위험 예지 능력의 미비 및 불안전한 행동에서 발생되므로 1차적으로 교육적 대책(Education)이 가장 중요하다.
기술적 대책 (Engineering)	• 보다 안전한 환경을 만들기 위해 환경 수정 • 이미 일어난 사고가 재발하는 것을 방지하기 위해서는 사고원인 분석과 대책수립 등의 기술적 대책(Engineering)이 요구된다.
관리적 대책 (Enforcement)	• 사고 감소 위한 법적 제한 강화 • 사고가 발생할 수 있는 위험요인을 미리 파악하고 이를 관리하는 관리적 대책(Enforcement)이 중요하다.

14 학교 안전관리의 기본계획과 구체적인 실시 방안(= 매 학기 또는 매 학년 반복해서 점검해야 할 사항)

학교안전관리 구체적 실시방안 (매년 점검사항)	• 사고 요인이 되는 심신 상태의 파악, 분석, 진단 • 학생의 안전 인식 및 행동 조사 • 통학로 설정, 점검 개선, 통학방법의 결정 • 구급조치 실시요령 작성의 훈련 • 방재계획 책정, 방화 시설의 안전점검 • 학교시설의 사전 점검(운동시설 용구, 실험기구 등등) • 책상, 의자, 바닥, 문, 복도, 계단, 보관함 등의 안전점검 • 학교안전위원회 구성 개최 현황 • 화장실, 세면장 등의 안전점검 등
학교 내 사고예방을 위한 일반적인 주의사항 (사전예방 점검사항)	• 교실: 바닥 상태, 못, 압핀 등 위험물의 유무, 교실 창틀, 출입문 위험 유무, 책걸상 파손 등 • 복도, 계단, 승강구: 복도 창틀의 파손 유무, 복도·계단·승강구의 불필요한 물건과 안전 유무 확인 • 화장실, 음료 수도시설: 주위의 위험물 확인, 미끄러움 없도록 바닥 깨끗이 청소 • 체육관: 마루 파손 유무, 체육 용구의 취급 문제, 체육시설의 파손 유무, 탁구대나 매트 등 정리방법 등에 대해서도 안전을 기하도록 함 • 운동장: 지면의 경사도나 굴곡상태, 배수상태 등 점검, 유리조각, 돌, 못 등의 위험물 제거, 항상 안전한 상태로 정비 • 고정된 체육시설: 철봉의 착지면이나 주위의 상태, 각종 골대의 고정여부 등 확인 • 특별 교실(과학실, 미술실, 가정실습실, 보건실 등): 설비, 약품 등에 대한 정비, 안전표지나 위험표지 부착, 특히 약품저장에 주의
학교 안전계획에 포함되어야 하는 일반적 사항	• 건물이나 교구의 뾰족한 모서리, 미끄러운 바닥(또는 마루), 어두컴컴한 장소, 불쑥 내민 층계, 좁은 복도, 경사가 급한 계단, 다치기 쉬운 못과 옷걸이, 좁고 구부러진 출입구, 회전식 출입문은 고치거나 없앰 • 아동들이 넘어지기 쉬운 땅에 묻힌 돌, 쇠붙이, 유리조각 등을 제거 • 교사 내 특히 복도에서 달리는 것을 금하며 출입 시에는 질서를 유지하도록 가르침 • 교사의 요소에 방화벽, 방화문(비상구)을 설치 • 요소에 소화전, 소화기, 소방기구, 방화수를 비치 • 비상계단, 비상구, 피난대, 피난줄, 구호시설과 자재 정비 • 소방, 피난에 관한 훈련 • 전체 건물이 내화, 내풍, 내지진성 구조를 하며 강당은 가급적이면 유사시에는 일반 주민까지도 수용·구호할 수 있도록 함 • 난로, 인화물(가스, 알코올, 휘발유, 아세톤 등), 담배꽁초 등 화기단속을 철저히 함 • 사고에 관한 보고(원인, 시간, 장소, 구호대책 등)를 안전교육의 귀중한 교재로 활용

08 학교 내 안전관리 구체적 방안

1 교내통행 안전관리

복도	안전관리 (위험요인)	• 조명 : 복도 끝에 비상등의 불이 들어오는지 점검한다. • 창틀 : 복도에 창틀이 파손되었는지 확인한다. • 물건 : 복도에 불필요한 물건이 있는지 확인한다. • 복도 폭 : 360cm
	안전교육	• 통행 : 뛰지 말고 우측으로 발뒤꿈치를 들고 조용히 걷는다. • 제한행위 　- 어깨동무를 하고 다니다가 남을 쓰러뜨리는 일이 없도록 한다. 　- 한눈팔면서 뒷걸음질하거나 뒤돌아보면서 뛰지 않는다. 　- 통행에 방해되는 놀이를 하지 않는다.
계단	안전관리 (환경관리)	• 계단설치 및 관리 　- 저학년의 아동이 있는 건물에서는 아동이 지지대 사이로 빠져서 바닥에 떨어 　　지지 않도록 촘촘한 지지대를 세운다. 　- 계단 전체에 불을 켜고, 지나다니는 길에 물건을 놓지 않는다. 　- 계단 설계 시 각각의 발판은 적어도 2~3cm의 눈에 띄는 돌출부나 디딤판 코를 　　가져야 한다. 　- 계단주위의 천으로 만들어진 깔개는 미끄럼의 위험이 있으므로 다른 것으로 　　교체한다. 　- 계단 높이가 3m를 넘는 경우 높이 3m마다 넓이 1.2m 이상의 계단참을 설치하 　　여야 한다. 　- 높이가 1m 넘는 계단 및 계단참의 양 옆에는 난간을 설치한다(높이 85cm). 　- 넓이가 3m를 넘는 계단에는 계단 중간에 너비 3m 이내마다 난간을 설치한다 　　(단, 높이 초등 16cm, 중/고등 18cm, 단 너비 26cm, 계단참 넓이 150cm 이상). • 안정장치의 적절한 설치 여부를 파악한다.
	안전교육	• 교육, 생활지도 : 복도나 계단에서의 질서유지 등을 교육한다. • 계단 통행 안전 　- 계단을 이용할 때는 주머니에 손을 넣지 않는다. 　- 계단을 오르내리면서 책을 보거나 음악을 듣지 않는다. 　- 계단을 오르내리면서 뛰지 않으며, 비나 눈이 온 뒤의 계단은 물기로 인해 미 　　끄러워지기 쉬우므로 특별히 조심해야 한다. 　- 양손에 물건을 들고 발밑이 보이지 않는 상태에서 계단으로 통행하지 않는다. 　- 자기 신발보다 큰 신발을 신거나 신발의 끈을 매지 않은 채 걷지 않는다. • 계단 난간 안전 　- 난간을 이용하여 미끄럼을 타지 않는다. 　- 난간 사이에 머리를 넣는 일이 없도록 한다.

2 창가 안전사고 예방관리

관리	• 유리창 : 점검, 수리, 깨진 유리를 처리한다. 　－ 점검 : 창틀이 덜컹거리지 않는지, 깨진 유리창이 방치되지 않는지 점검한다. 　－ 수리 : 탈락하려는 창문, 출입문은 즉시 수리한다. 　－ 깨진 유리는 테이핑 처리 후 교체 요구, 파편 청소 시 안전장갑을 사용한다. • 창문 가까이에 책상, 다른 기구를 배치하지 않는다. • 안전장치를 설치한다. 　－ 2층 이상의 창문에 설치, 보호대와 난간을 설치한다. 　－ 난간 한쪽을 개폐식으로 하여 화재 같은 비상시에 대비토록 한다. 　－ 문의 자물쇠가 안전한지 확인, 옥상 자물쇠가 잠겨있는지 점검한다.
교육	• 유리창에 몸을 기대거나 창문 밖으로 몸을 내밀지 않는다. • 창문에 올라가거나 매달리지 않는다.

3 추락사고 예방

계단에 의한 추락사고 방지	• 저학년의 아동이 있는 건물에서는 아동이 지지대 사이로 빠져서 바닥에 떨어지지 않도록 촘촘한 지지대 설치 • 계단의 설계 시 각각의 발판은 적어도 2~3cm의 눈에 띄는 돌출부나 디딤판코를 가져야 함
추락사고가 일어나기 쉬운 계단	• 계단에 난간이 없는 경우 • 난간과 난간 사이가 넓은 경우 • 계단의 경사가 너무 급한 경우 • 계단의 폭이 매우 좁은 경우 • 계단의 높이가 일정하지 않은 경우 • 계단이 너무 어두운 경우 • 계단 위에 장애물이 있는 경우 • 계단 발판 표면에 기름, 얼음, 물, 진흙 등이 묻어 있어 미끄러운 경우
계단 추락사고를 막기 위한 방법	• 계단을 보면서 천천히 걸을 것 • 계단을 하나하나씩 순서대로 밟을 것. 몇 칸씩 건너뛰게 되면 매우 위험 • 위험하다고 생각되는 계단은 안전하게 고치도록 어른들께 말씀드릴 것 • 계단 난간 사이에서 장난을 치거나 절대로 밀지 않아야 함
승강기 낙상의 예방	• 사용방법을 철저히 익힐 것 • 승강기 앞이나 안에서 장난을 치지 말 것 • 승강기의 비상시 인터폰으로 연락이 불가능한 어린이는 혼자 타지 않도록 할 것 • 승강기의 정원 기준, 적재하중을 반드시 지켜 운행 • 비상정지 버튼은 필요할 때에만 만져야 함

낙하물에 의한 사고예방	창가, 계단 근처, 베란다 등의 화분이 떨어질 때, 높은 곳에 놓은 물건이 강한 바람에 날릴 때, 벽에 걸어놓은 액자나 시계가 잘 고정되지 않았을 때, 책상 등의 위에 떨어지기 쉬운 상태로 물건을 올려놓을 때 발생하기 쉬우므로 이를 피하도록 할 것

4 수업시간 사고 예방

실험 시간에 주의할 일	• 산이나 알칼리 같은 물질을 다룰 때에는 보안경을 쓰고, 만일 그러한 물질이 피부에 닿았다면 물로 충분히 씻어낸 다음 붕산수로 닦아냄 • 유독성 가스가 나오는 약품은 반드시 환기장치가 되어 있는 곳에서 다루어야 함 • 실험에 필요한 유독성 액체를 입으로 빨아서는 안 됨 • 깨진 실험기구는 쓰레기통에 버리지 말고 반드시 한 곳에 모아서 한꺼번에 버릴 것 • 가스버너를 사용하기 전에 연결된 호스를 점검하여 가스가 새는 곳이 없는지 살펴야 함 • 온도계나 유리관에 마개를 끼울 때에는 장갑을 끼거나 헝겊으로 감싸서 손을 보호할 것 • 물과 반응하는 약품은 하수도나 수채 구멍 혹은 물기가 있는 통에 부어 넣지 말고, 특별히 마련된 용기에 모아두었다가 폐기물 처리 절차를 거쳐 안전하게 처리
미술 시간에 주의할 일	• 조각칼 등 위험한 도구는 아무 곳이나 놓아두지 말고 상자에 넣어 보관 • 미술도구는 올바른 사용법을 익힌 다음 사용
실과 실습 시간에 주의할 일	• 뜨거운 음식이나 재료를 옮길 때에는 넘어지지 않도록 주의 • 가스밸브를 함부로 만지지 않을 것 • 수업이 끝나고 나면 바늘과 같이 위험한 물건이 땅에 떨어졌는지 확인 • 다리미를 사용하고 나서는 전기코드를 뽑아 안전한 장소로 옮겨 놓을 것 • 깨진 유리조각이나 도자기조각이 바닥에 남아 있지 않도록 깨끗이 청소 • 칼이나 가위, 송곳 등 날카로운 기구를 다룰 때에는 더욱 조심할 것
소풍을 가서 주의할 일	• 놀이에 알맞은 옷을 입는다. 특히 편안한 신발을 신고, 맨발로 뛰어다니지 않을 것 • 도랑, 고압선, 공사장 등 위험구역에 가까이 가지 않음 • 음식을 입에 넣고 씹으면서 놀이를 하지 않음 • 돌 던지기, 총 쏘기, 칼 장난, 물속에서의 씨름 등은 매우 위험하므로 하지 않음 • 벌집이 있는 곳에는 가까이 가지 말고 건드리지 않음
여행길에서 주의할 일	• 시간을 잘 지킬 것 • 기차나, 전철, 버스가 들어오는 승강구에 나가 서 있지 않음 • 친구나 여행지의 다른 사람과 싸우지 않음 • 자유 시간에 외출할 때는 반드시 가는 곳과 돌아오는 시간을 알림 • 버스나 창밖으로 물건이나 손을 내놓거나 휘두르지 않음 • 만나는 사람에게 공손하고 예의 바르게 행동 • 개인행동은 되도록 하지 않음 • 자연을 보호하고 휴지나 오물은 반드시 지정된 장소에 버림

운동시간의 사고 예방	운동을 할 때 큰 효과를 얻으면서도 자신의 몸을 다치지 않기 위해서는 안전규칙을 잘 지키는 것이 가장 중요. 즉, 운동하기에 적당한 옷과 신발이 필요하며, 한 번에 너무 많은 운동을 하려고 해서는 안 됨. 천천히 시작하고 조금씩 운동량을 늘려 가는 것이 좋음 • 하루 중 제일 더울 때에는 바깥에서 운동하지 않음 • 가볍고 시원하며 안전한 옷을 착용 • 발등과 발꿈치를 보호해 줄 수 있는 신발 착화 • 적어도 식사 후 2시간이 지난 다음에 운동 • 운동을 하는 동안 숨쉬기가 힘들거나 피곤하다고 느낄 때, 또는 어딘가 몸이 아플 때에는 운동을 멈추고 쉴 것 • 그 밖에 몸이 좋지 않다고 느꼈을 때에도 운동 멈춤 • 운동을 하기 전에는 준비운동을, 끝나고 나서는 정리운동을 할 것

5 교통사고 예방

길을 건널 때	• 길을 건너기 전에는 항상 자동차가 완전히 지나갈 때까지 기다림
	• 길을 건너기 전에 좌우를 살피어 길에 다른 위험물이 없는지 확인
	• 급히 서두르지 않음
	• 차를 운전하는 사람이 지나가는 사람을 못 볼 수도 있으므로 자동차의 바로 앞이나 뒤에서 길을 건너서는 절대 안 됨
	• 차도와 보도가 따로 있는 곳에서는 반드시 보도로 건넘
	  – 차도와 보도가 따로 없는 곳에서는 반드시 좌측통행을 하며 오른쪽의 앞에서 오는 차를 살필 것(보도가 있는 곳이나, 공공시설의 보행공간에서는 우측통행)
	• 길을 건널 때는 신호등에 관계없이 뛰어들지 말고, 어두울 때나 철길 건널목에서는 특히 주의
	• 중요한 교통표지판을 숙지(보도가 있는 곳이나, 공공시설의 보행공간에서는 우측통행)
	
	┌───┐
	초등학생을 위한 교통사고 예방을 위한 보행요령을 제시하면 다음과 같다.
	• 학교에 다닐 때
	  – 신호등과 건널목이 가장 적고 공사장 등 위험한 장소가 적은 곳으로 다님
	  – 학교 갈 때에는 시간을 여유 있게 두고 집을 나서기
	  – 항상 사람 다니는 길의 안쪽으로 걷도록 하고 마주 오는 차량을 살핌
	  – 뒤돌아보며 걷거나 장난하지 않으며 앞을 보고 살피며 다님
	• 골목길, 주차장 다닐 때
	  – 좁은 골목에서 차 다니는 길로 나올 때는 앞뒤 좌우를 살펴보며 천천히 걸어 나올 것
	  – 좁은 골목에 차가 다닐 때는 차가 지나갈 때까지 기다렸다 가야 함

	− 주차장에서 차 사이를 빠져나갈 때는 뛰어나가지 말고 앞뒤 좌우를 살펴 천천히 걸어 나가야 함 − 차가 다니는 좁은 골목길이나 주차장에서 공놀이, 자전거, 롤러스케이트를 타면 안 됨 • 횡단보도가 없는 길을 건널 때 − 뛰거나 서두르지 말고 운전자가 잘 보이는 위치에 서서 손을 들어 차를 멈춤 − 좌우를 살핀 후 차가 완전히 멈춘 것을 확인하고 천천히 건넘 − 길을 다 건넌 다음 손을 흔들어 고마움을 표시
횡단보도를 건널 때	• 어린아이들은 횡단보도를 건널 때 빨리 건너려고 무작정 뛰는 경향이 있음 • 운전자는 시야에 없었던 물체가 갑자기 뛰어들기 때문에 오히려 대책을 마련하지 못하고 사고를 내게 됨 • 횡단보도 건널 때 주의점 교육 시 강조할 점 − 횡단보도를 건널 때는 절대로 뛰지 않음 − 보행자의 의복 색깔에 주의를 줌. 특히 비 오는 날, 어두운 날 그리고 저녁에 아동이 외출 시 반드시 밝은 옷을 입히도록 함. 우산이나 우비도 노란색이나 하얀색 등 밝은 색으로 입혀 불의의 사고에 대비 • 안전한 도로 횡단 5원칙 − 우선 멈춤 → 좌·우의 차 확인 → 횡단보도의 우측에서 운전자를 보며 손을 듦 → '차량 멈춤'을 확인 → 건너는 동안 계속 차를 보면서 걸음
골목길을 다닐 때	• 보행자와 차량이 붐비는 골목길에서는 자동차가 뒤에서 경음기를 울리는 등 접근신호를 보내면 피할 것 • 자동차에 무관심한 보행자는 운전자에게 불안감과 반발심을 유발하여 사고의 원인이 됨 • 골목길에서 어깨동무를 한 채 걷거나 길을 막는 짐 등을 무리하게 운반하면 교통 장애 초래
버스나 기차를 탈 때	• 항상 지정된 장소에서 차를 기다림 • 차를 타고 내리는 곳에서 장난을 치거나 놀이를 하지 않음 • 차례로 줄을 서서 질서를 지킴 • 차가 완전히 멈출 때까지 기다림 • 차에 타기 전에 내릴 사람이 더 없는지 확인 • 뒤에서 밀지 않음 • 차에 너무 바싹 붙어 서지 않음
교통사고 예방을 위한 일반적인 안전교육 내용	• 횡단보도의 우측통행이 안전한 이유 설명 • 손을 들고 건너야 하는 이유와 손드는 올바른 방법 설명 • 안전한 도로횡단 5원칙 설명 • 빈번하게 발생하는 사고 유형과 예방법 설명 • 안전한 도로 횡단방법 실습 • 교통사고 조치요령 설명

6 자전거사고 예방

자전거사고 예방	• 자전거를 안전하게 타기 위한 규칙을 먼저 배우고, 자전거를 타는 능력과 신체에 맞는 자전거를 탐 • 자전거는 자신의 집 근처나 공원 주변처럼 안전한 지역에서 타야 하며, 반드시 차도가 아닌 자전거만 다니는 길을 이용 • 자전거를 타기 전에 자전거의 작동 상태가 올바른지 점검 • 안전을 위해 항상 밝은 색상의 옷 착용 • 만일의 경우 머리를 보호하기 위해 안전모 착용 • 너무 빨리 달리지 않음 • 비에 젖어 있는 도로에서는 미끄러지지 않도록 주의 • 운전대에서 손을 떼어놓지 말 것 • 다른 교통수단과 일정한 거리를 유지 • 길을 건널 때에는 왼쪽 오른쪽을 살피기 • 길에서는 오른쪽을 달리고, 커브 길에서는 되도록 안쪽과 가깝게 달릴 것 • 모든 짐은 자전거 바구니를 이용
자전거 타기 전	• 아동에게 잘 맞는 헬멧과 신발을 착용 • 자전거의 크기가 아동의 체격과 맞고 적당한 조명과 반사경을 갖추어야 함 • 시야나 조정에 지장을 주는 짐은 싣지 않을 것 • 밤에 자전거를 탈 때나 비가 오는 날은 옷이나 자전거에 형광 물질을 부착, 옷은 밝은 색으로 입기 • 자전거 정비 – 브레이크 수시 점검, 체인은 늘어나지 않도록, 페달은 항상 완전한 상태여야 하고, 타이어의 공기는 알맞게 넣어야 함
자전거 탈 때	• 주차장에서 떨어진 곳, 사람 왕래가 적은 곳에서 자전거 타기 • 한 줄을 지어 자전거 타기, 두 사람이 함께 타지 않기 • 횡단보도에서는 자전거에서 내려 걸으면서 통과 • 회전이나 정지하기에 앞서 수신호를 하여 알려줌 • 구덩이, 미끄러운 노면, 흙이나 자갈 조심
차도운행	• 자동차 뒤를 바짝 붙어가지 말아야 함 • 자전거에 짐을 실을 때는 중량은 3kg, 높이는 땅에서 2m, 넓이는 50cm 이내, 길이는 40cm 이내로 규정되어 있음 • 인도와 차도의 구분이 없는 도로에서는 자전거는 오른쪽으로 • 가다가 멈출 때는 정지신호를 하고 인도 쪽으로 내림 • 내리막길에서는 가속되어 위험하므로 내려서 걷기 • 어두운 차도에서 타지 않음

주의점	• 보행자에 주의, 양보 • 후진하거나 출발하는 자동차에 주의 • 트럭이나 다른 탈 것에 결코 연결해서 타지 않을 것 • 교통흐름에 반대로 달리지 않음 • 야간운행 시 앞에서 오는 차의 전조등 빛을 받게 되면 앞을 볼 수 없게 되므로 자전거에서 내려서 걸어가야 함 • 야간 전조등 없는 자전거는 밤에 타지 않음 • 여러 명이 한꺼번에 타거나 친구들과 달리기 경주를 하지 않음

7 화재 예방

안전관리	• 대피로 관리
	  − 계단 및 계단참의 너비는 학생의 성장발달에 맞게 설계해야 함
	  − 초등 : 계단 및 계단참의 너비 150cm 이상, 단 높이는 16cm, 너비는 26cm 이상
	  − 중 · 고등 : 계단 및 계단참의 너비 150cm 이상, 단 높이는 18cm 이하, 너비는 26cm 이상
	• 소화기의 유효기간, 상태에 대해 정기적으로 점검
	• 잘 보이고 사용이 편리하고 햇빛 · 습기 노출 안 되는 곳에 보관 · 설치
	• 유사시에 대비하여 수시로 점검하여 파손, 부식 등을 확인
	• 한 번 사용한 소화기는 다시 사용할 수 있도록 허가업체에서 약제를 채우도록 함

예방수칙	• 불장난하지 않도록 안전지도
	• 전기화재 예방 지침 교육
	  − 전기 콘센트의 용량보다 많은 전기 기구를 사용하면 화재의 원인이 됨
	  − 한 콘센트에 너무 많은 플러그를 꽂는 것도 화재의 원인
	  − 하나의 콘센트가 가열되면 벽을 따라 배선이 되어 있는 전기선들도 열이 전달되어 화재의 원인이 됨
	  − 몇 달 혹은 몇 년 후에 이러한 전기선의 피복은 낡게 되고 이것은 벽 속 화재의 원인
	  − 전선의 피복을 점검하는 것이 중요
	  − 작은 기구(다리미, 토스터, 밥솥)의 낡은 전기선은 화재의 원인이 됨
	  − 피복이 낡은 전기선이 장판 위에 놓여 있으면 장판에 불이 붙을 수 있음
	  − 물기가 있거나 젖은 손으로 기구를 만지지 않을 것
	  − 텔레비전, 라디오의 안테나는 넘어져서 전선에 접촉되지 않도록 고정
	  − 어린이들은 머리핀 같은 것으로 콘센트의 구멍을 쑤시고 노는 일이 없도록 주의
	  − 과다 배선은 하지 않음
	  − 전기를 사용하지 않는데도 전기 계량기가 작동하고 있으면 어딘지 누전되고 있으므로 확인 점검할 것
	  − 콘센트에 플러그를 완전히 꽂고, 플러그를 뽑을 때에는 선을 잡아당기지 말고 플러그를 잡고 뽑기
	  − 전선이 꼬이지 않도록 하고, 전선이 쇠붙이나 움직이는 물체와 접촉되지 않도록 할 것

	• 가스화재 예방 　- 가스사용 전 가스 새는 곳이 없는지 확인하고 창문을 열어 환기시킴 　- 사용 중 음식물이 넘쳐 불이 꺼지는 일이 없도록 지켜보아야 함 　- 사용 후 점화 코크는 물론 중간밸브도 잠금 　- 화기를 멀리하고 선풍기 등 전기기구를 꽂을 때 발생하는 스파크는 폭발되므로 절대로 손 대지 않음 • 화재 시 대피훈련 및 계획, 화재발생 시 조직화된 책임행동 부여하여 대피훈련

화재 시 탈출계획	화재발생 시 대피훈련과 계획
• 연기 냄새를 맡고 불이 난 것을 알거나 또는 경보기의 소리를 들었다면 "불이야"라고 크게 소리칠 것. 가족들이 탈출하도록 도움 • 연기가 많을 때는 연기 아래로 손과 무릎을 사용해서 기어서 탈출 • 방에 혼자 갇힌 경우 연기 냄새가 나고 탈출을 원하지만 방문이 닫혔을 때 　- 문에 손을 대어볼 것. 만약 문이 뜨거우면 절대로 열지 말 것 　- 옷이나 수건으로 문의 틈새를 막음. 연기가 문의 틈으로 들어오는 것을 막아줌 　- 창문으로 가서 소리칠 것 • 화재로부터 탈출 후에 119에 전화	• 평상시 비상구, 층계 등의 소재와 방향을 알아두고 소화기의 위치를 알도록 할 것 • 창문의 여는 방향과 연기의 방향 살피기 • 화재의 상황을 판단하면서 안전하고 규율 있는 집단행동 • 통로에 연기가 있을 때는 젖은 타월이나 손수건 등으로 코와 입을 가리거나 방석 같은 것으로 덮어 쓰고 바닥에 가까이 낮은 자세로 건물을 뛰쳐나올 것 • 높은 창이나 통로로부터 뛰쳐나가야만 할 상황이라면 뛰어내리는 것보다는 소방단의 구출을 기다리는 편이 안전함 • 물건 등을 가지러 건물로 뛰어드는 것은 위험 • 불에 데었으면 즉시 구조반으로부터 조치 받기

대처행동 교육	• 평상시 비상구, 층계 등의 소재와 방향을 알아두고 소화기의 위치를 알도록 함 • 화재상황을 판단하면서 안전하고 규율 있는 집단행동할 것 • 경보발령 : '불이야' 외치고 화재경보기 울리고 119신고 소화가 가능하다고 판단되면 소화기, 물 등을 사용하여 소화 　🧯 소화기 사용법 　• 불에 접근하기 전에 포장을 찢고 소화기 손잡이의 핀을 잡아당김 　• 가볍게 손잡이를 당겨 소화기 작동을 확인 후 사용 　• 불에 접근할 때는 몸을 낮은 곳에 위치시킴 : 흡입되는 열과 연기를 피하기 위해 몸을 구부리고, 불에 1.8~3m 이상 가까이 접근하지 말고 항상 대피할 길을 남겨둠 　• 몸을 낮게 해서 소화기를 단단히 잡고 화염이 생기는 곳의 중심부를 겨냥하여 화재지역을 청소하듯이 구석구석 뿌려 소화 　• 소화기를 사용한 뒤에는 그곳에서 빨리 뒤돌아서기 • 전기화재는 감전위험이 있으므로 물 금지. 기름화재는 물 사용 시 불을 키움. 가스화재는 폭발 위험이 있으므로 갑자기 문을 열거나 스위치 조작 금지 • 엘리베이터는 정전으로 갇힐 위험이 있으므로 반드시 계단 이용 • 실내에 갇혀 있을 때는 갑자기 문을 열면 안 되며 옷이나 수건으로 문 틈새를 막음 : 문짝이나 손잡이가 뜨거울 때는 문 반대편에 강한 화염이 있다는 뜻 • 대피할 때는 자세를 낮추고 젖은 수건으로 코와 입을 보호 • 상황판단 없이 높은 데서 뛰어내리면 안 됨

| 화재발생 시 학교/교사 행동요령 |

화재발생, 경보발령	화재 비상벨이 울리면 미리 지정된 담당자가 즉시 교내 화재발생경보를 발령
화재신고	119에 신고하되, 가능하다면 벨이 울린 지점에 접근하여 화재발생 여부를 파악한 후 신고 • 신고내용 : 학교명, 주소, 현재의 화재진행 상태, 부상자 상황
대피 장소로 이동	• 전교생에게 피난지시(정확한 지시) • 대피 경로의 안전 확보 • 대피 시 반드시 출석부 지참
대피 후의 안전 확보	• 출석부로 인원을 파악하여 대피 못한 학생확인 • 안전 여부 확인, 부상자 응급조치, 의료기관 등에 연락
학교 대책 본부 설치	• 교사시설 등의 피해 상황 파악 • 정보수집, 교육청에 보고 • 외부 기관과의 협조체제 유지 • 교사 외 피난장소에서의 대응 • 보호자에게 연락한 후 학생인계조치

8 전기사고 예방 [2006 기출]

전기기구를 사용하기 전에 주의해야 할 점	• 제품을 구입할 때 주는 지침서를 주의 깊게 읽고, 읽은 다음에는 그것을 버리지 말고 잘 보관해 둔다. • 기구의 off(꺼짐)스위치가 있는지 확인한다. • 먼저 코드를 기구에 끼운 다음 플러그를 콘센트에 꽂는다. • 물기가 있거나 젖은 손으로 기구를 만지지 말아야 한다.
전기기구를 사용한 다음 주의해야 할 점	• 줄을 잡아당기는 것이 아니라 플러그를 잡고 뺀다. • 전기기구를 물에 씻지 않는다. • 플러그 또는 코드가 손상되어 합선되는지 잘 살핀다. • 전기기구와 코드가 분리될 수 있게 만들어진 것은 코드를 따로 떼어 보관한다.

전기사고를
막을 수 있는
방법
	• 젖은 손으로 전기기구를 다루지 말아야 한다.
	• 텔레비전, 라디오의 안테나는 넘어져서 전선에 접촉되지 않도록 고정한다.
	• 콘센트 구멍에 다른 물건을 넣지 않는다.
	• 너무 많은 전기기구를 동시에 쓰지 않아야 한다.
	  – 하나의 콘센트가 가열되면 벽을 따라 배선이 되어 있는 전기선들도 열이 전달되어
	    화재의 원인이 된다.
	• 전기를 사용하지 않는데도 전기계량기가 작동하고 있으면 어디선가 누전되고 있다는
	  뜻이므로 확인하고 점검해야 한다.
	• 전선의 피복을 점검한다.
	• 어린 아이들이 콘센트 구멍을 쑤시고 놀지 못하도록 안전캡 장치를 부착한다.

9 물놀이 사고 예방

물놀이
사고 예방
	• 장난으로 도움을 요청해서는 안 된다.
	• 혼자 수영하지 않는다.
	• 물속에서 심한 장난을 금한다.
	• 물의 깊이를 알고 다이빙한다.
	• 수상안전반의 감시영역 안에서 안전하게 예정된 시간을 철저히 엄수하여 수영한다.
	• 너무 깊이, 너무 멀리 수영가지 않는다.
	• 배를 탈 때는 구명조끼를 입는다.
	• 수영 전 준비로는 건강한 상태로 수영해야 하고, 반드시 준비운동과 샤워·용변 처리 등은
	  하고 식사 후 한 시간 후에 수영장에 들어간다.
	• 수영 후에는 수영복을 빨리 벗어 피부에 이상이 생기지 않도록 하고, 깨끗한 물로 전신을
	  샤워하고 귓속의 물도 반드시 제거하도록 한다.

09 기타 학교보건법령의 질병 및 안전관련 주요내용

학교보건법	주요내용
제8조 (등교 중지)	학교의 장은 건강검사의 결과나 의사의 진단 결과 감염병에 감염되었거나 감염된 것 으로 의심되거나 감염될 우려가 있는 학생 및 교직원에 대하여 대통령령으로 정하는 바에 따라 등교를 중지시킬 수 있다.
제9조 (학생의 보건관리)	학교의 장은 학생의 신체발달 및 체력증진, 질병의 치료와 예방, 음주·흡연과 마약류를 포함한 약물 오용(誤用)·남용(濫用)의 예방, 성교육, 정신건강 증진 등을 위하여 보건 교육을 실시하고 필요한 조치를 하여야 한다.

제9조의2
(보건교육 등)
	• 교육부장관은 학교에서 모든 학생들을 대상으로 심폐소생술 등 응급처치에 관한 교
	  육을 포함한 보건교육을 체계적으로 실시하여야 한다. 이 경우 보건교육의 실시 시간,
	  도서 등 그 운영에 필요한 사항은 교육부장관이 정한다.
	• 학교의 장은 매년 교직원을 대상으로 심폐소생술 등 응급처치에 관한 교육을 실시하
	  여야 한다.
	• 학교의 장은 응급처치에 관한 교육과 연관된 프로그램의 운영 등을 관련 전문기관·
	  단체 또는 전문가에게 위탁할 수 있다.

제10조
(예방접종 완료
여부의 검사)
	• 초등학교와 중학교의 장은 학생이 새로 입학한 날부터 90일 이내에 시장·군수 또는
	  구청장에게 예방접종증명서를 발급받아 예방접종을 모두 받았는지를 검사한 후 이를
	  교육정보시스템에 기록하여야 한다.
	• 초등학교와 중학교의 장은 예방접종을 모두 받지 못한 입학생에게는 필요한 예방접
	  종을 받도록 지도하여야 하며, 필요하면 관할 보건소장에게 예방접종 지원 등의 협
	  조를 요청할 수 있다.

제11조 (치료 및 예방조치 등)	• 학교의 장은 건강검사의 결과 질병에 감염되었거나 감염될 우려가 있는 학생에 대하여 질병의 치료 및 예방에 필요한 조치를 하여야 한다. • 학교의 장은 학생에 대하여 정신건강 상태를 검사한 결과 필요하면 학생 정신건강 증진을 위한 다음 각 호의 조치를 하여야 한다. 　－ 학생·학부모·교직원에 대한 정신건강 증진 및 이해 교육 　－ 해당 학생에 대한 상담 및 관리 　－ 해당 학생에 대한 전문상담기관 또는 의료기관 연계 　－ 그 밖에 학생 정신건강 증진을 위하여 필요한 조치 • 교육감은 검사비, 치료비 등 제2항 각 호의 조치에 필요한 비용을 지원할 수 있다. • 학교의 장은 제1항 및 제2항의 조치를 위하여 필요하면 보건소장에게 협조를 요청할 수 있으며 보건소장은 정당한 이유 없이 이를 거부할 수 없다.
제12조 (학생의 안전관리)	학교의 장은 학생의 안전사고를 예방하기 위하여 학교의 시설·장비의 점검 및 개선, 학생에 대한 안전교육, 그 밖에 필요한 조치를 하여야 한다.
제13조 (교직원의 보건관리)	학교의 장은 건강검사 결과 필요하거나 건강검사를 갈음하는 건강검진의 결과 필요하면 교직원에 대하여 질병 치료와 근무여건 개선 등 필요한 조치를 하여야 한다.
제14조 (질병의 예방)	학교의 장은 감염병 예방과 학교의 보건에 필요하면 휴업을 할 수 있다.
제14조의2 (감염병예방접종의 시행)	시장·군수 또는 구청장이 학교의 학생 또는 교직원에게 감염병의 필수 또는 임시 예방접종을 할 때에는 그 학교의 학교의사 또는 보건교사(간호사 면허를 가진 보건교사로 한정)를 접종요원으로 위촉하여 그들로 하여금 접종하게 할 수 있다. 이 경우 보건교사에 대하여는 「의료법」 제27조 제1항을 적용하지 아니한다.
제14조의3 (감염병예방대책의 마련 등)	• 교육부장관은 감염병으로부터 학생과 교직원을 보호하기 위하여 다음 '감염병예방대책'을 마련하여야 한다. 이 경우 행정안전부장관 및 보건복지부장관과 협의하여야 한다. 　－ 감염병의 예방·관리 및 후속조치에 관한 사항 　－ 감염병 대응 관련 매뉴얼에 관한 사항 　－ 감염병과 관련한 학교의 보건·위생에 관한 사항 　－ 그 밖에 감염병과 관련하여 대통령령으로 정하는 사항 • 교육부장관은 제1항에 따라 감염병예방대책을 마련한 때에는 특별시장·광역시장·특별자치시장·도지사·특별자치도지사, 교육감 및 학교에 알려야 한다. • 교육감은 교육부장관의 감염병예방대책을 토대로 지역 실정에 맞는 감염병 예방 세부대책을 마련하여야 한다. • 교육부장관과 보건복지부장관은 학교에서 감염병을 예방하기 위하여 긴밀한 협력 체계를 구축하고 감염병 발생 현황에 관한 정보 등 대통령령으로 정하는 정보(이하 '감염병정보'라 한다)를 공유하여야 한다. • 학교의 장은 해당 학교에 감염병에 걸렸거나 의심이 되는 학생 및 교직원이 있는 경우 즉시 교육감을 경유하여 교육부장관에게 보고하여야 한다. • 교육부장관은 제4항에 따른 공유를 하였거나 제5항에 따른 보고를 받은 경우 감염병의 확산을 방지하기 위하여 감염병정보를 신속히 공개하여야 한다. • 제4항부터 제6항까지에 따른 공유, 보고 및 공개의 방법과 절차는 교육부령으로 정한다.

제14조의4 (감염병대응매뉴얼의 작성 등)	• 교육부장관은 학교에서 감염병에 효과적으로 대응하기 위하여 보건복지부장관과의 협의를 거쳐 감염병 유형에 따른 대응 매뉴얼(이하 '감염병대응매뉴얼'이라 한다)을 작성·배포하여야 한다. • 감염병대응매뉴얼의 작성·배포 등에 필요한 사항은 대통령령으로 정한다.
제15조의2 (응급처치 등)	• 학교의 장은 사전에 학부모의 동의와 전문의약품을 처방한 의사의 자문을 받아 보건 교사 또는 순회 보건교사('보건교사등')로 하여금 제1형 당뇨로 인한 저혈당쇼크 또는 아나필락시스 쇼크로 인하여 생명이 위급한 학생에게 투약행위 등 응급처치를 제공 하게 할 수 있다. 이 경우 보건교사등에 대하여는 「의료법」 제27조 제1항을 적용하지 아니한다. • 보건교사등이 제1항에 따라 생명이 위급한 학생에게 응급처치를 제공하여 발생한 재 산상 손해와 사상(死傷)에 대하여 고의 또는 중대한 과실이 없는 경우 해당 보건교 사등은 민사책임과 상해(傷害)에 대한 형사책임을 지지 아니하며 사망에 대한 형사 책임은 감경하거나 면제할 수 있다. • 학교의 장은 질병이나 장애로 인하여 특별히 관리·보호가 필요한 학생을 위하여 보조 인력을 둘 수 있다. 이 경우 보조인력의 역할, 요건 등에 관하여는 교육부령으로 정한다.
시행규칙 제10조 (응급처치교육 등)	• 학교의 장이 법 제9조의2 제2항에 따라 교직원을 대상으로 심폐소생술 등 응급처치에 관한 교육(이하 '응급처치교육'이라 한다)을 실시하는 경우 응급처치교육의 계획· 내용 및 시간 등은 [별표 9]와 같다. • 학교의 장은 응급처치교육을 실시한 후 각 교직원의 교육 이수결과를 교육감(사립학 교의 경우 학교법인 이사장을 말한다. 이하 이 항에서 같다)에게 제출하여야 하며, 교 육감은 해당 교직원의 인사기록카드에 교육 이수결과를 기록·관리하여야 한다. 다만, 교육감이 인사기록을 직접 관리하지 아니하는 교직원에 대한 교육기록은 학교의 장이 별도로 기록·관리하여야 한다. • 학교의 장은 공공기관, 「고등교육법」 제2조에 따른 학교, 「교원 등의 연수에 관한 규정」 제2조 제2항의 연수원 중 교육감이 설치한 연수원 또는 의료기관에서 교직원으로 하 여금 응급처치교육을 받게 할 수 있다. 이 경우 예산의 범위에서 소정의 비용을 지 원할 수 있다.

■ 학교건강검사규칙 [별지 제1호의2서식] 〈개정 2020. 1. 9.〉

문진표(초등학생용)

수검자 인적 사항	학교명			초등학교
	학년 / 반 / 번호		학년 반 번	
	성명			
	성별	□남 □여	생년월일	

이 설문조사는 건강검진에 앞서 학생들의 건강상태를 미리 알아보고 진찰을 받을 때 참고하기 위한 것입니다. 초등학교 1학년 학생은 부모님(보호자)이, 초등학교 4학년 학생은 본인 또는 부모님(보호자)과 상의하여 작성하기 바랍니다.

1. 병원에서 진단받고 현재 치료 중인 질환이 있습니까?　　　　　　　　　□예 □아니오
　　1-1. 있다면 질환명을 기록하여 주십시오. (　　　　　　　　　　　　)

2. 최근 1개월 이내에 약을 복용한 적이 있습니까?　　　　　　　　　　□예 □아니오
　　2-1. 있다면 질환명, 약 종류를 기록하여 주십시오. (　　　　　　　)

3. 병원에서 진단받고 정기적으로 추적 관찰 중인 질환이 있습니까?　　　□예 □아니오
　　3-1. 있다면 질환명을 기록하여 주십시오. (　　　　　　　　　　　　)

4. 학생이 건강에 대하여 걱정되거나 궁금한 것이 있습니까?　　　　　　□예 □아니오
　　4-1. 있다면 기록하여 주십시오. (　　　　　　　　　　　　　　　　)

5. 학부모님께서 학생의 건강에 대하여 걱정되거나 궁금한 것이 있습니까?　□예 □아니오
　　5-1. 있다면 기록하여 주십시오. (　　　　　　　　　　　　　　　　)

6. 최근 한 달간 학생이 경험한 증상에 모두 "V"표시를 하여 주십시오.

항목	나타나는 증상	예	아니오
전신상태	감기에 잘 걸리는 편이다.		
	온몸에 힘이 없고 쉽게 피로한 편이다.		
	건강하지 않다고 생각한다.		
호흡기	재채기와 함께 맑은 콧물이 흐를 때가 있다.		
	숨 쉴 때 소리가 난다.		
	기침과 함께 누런 가래가 올라온다.		
	열이 많이 나면서 목이 따가울 때가 자주 있다.		
	평소 코로 숨쉬기가 불편하고 코가 자주 막힌다.		
순환기	가만히 있어도 심장이 두근거린다.		
	운동을 할 때 몹시 숨이 차다.		
소화기	배가 자주 아프고 소화가 안 된다.		
	속이 답답하다.		
	배가 팽팽하거나 가스가 찬 듯한 느낌이 있다.		
	설사를 자주 한다.		
혈액	코피가 자주 나고 다치면 피가 잘 멈추지 않는다.		
	몸에 멍이 잘 든다.		
그 밖의 증상	머리가 자주 아프다.		
	귓속이 아프거나 귀에서 진물이 나온다.		
	귀에서 소리가 난다.		
	입이 잘 벌어지지 않는다.		
	목이나 허리가 아프다.		

210mm×297mm(백상지 80g/m²)

■ 학교건강검사규칙 [별지 제1호의3서식] 〈개정 2020. 1. 9.〉

문진표(중학생·고등학생용)

수검자 인적 사항	학교명				학교		
	학년 / 반 / 번호				학년	반	번
	성명						
	성별	□남 □여		생년월일			

이 설문조사는 건강검진에 앞서 학생들의 건강상태를 미리 알아보고 진찰을 받을 때 참고하기 위한 것입니다. 본인이 작성하되 5번 문항 및 잘 모르는 문항은 부모님(보호자)과 상의하여 작성하기 바랍니다.

1. 병원에서 진단받고 현재 치료 중인 질환이 있습니까?	□예	□아니오
1-1. 있다면 질환명을 기록하여 주십시오. ( )		
2. 최근 1개월 이내에 약을 복용한 적이 있습니까?	□예	□아니오
2-1. 있다면 질환명, 약 종류를 기록하여 주십시오. ( )		
3. 병원에서 진단받고 정기적으로 추적 관찰 중인 질환이 있습니까?	□예	□아니오
3-1. 있다면 질환명을 기록하여 주십시오. ( )		
4. 학생이 건강에 대하여 걱정되거나 궁금한 것이 있습니까?	□예	□아니오
4-1. 있다면 기록하여 주십시오. ( )		
5. 학부모님께서 학생의 건강에 대하여 걱정되거나 궁금한 것이 있습니까?	□예	□아니오
5-1. 있다면 기록하여 주십시오. ( )		

6. 최근 한 달간 학생이 경험한 증상에 모두 "∨"표시를 하여 주십시오.

항목	나타나는 증상	예	아니오
전신상태	감기에 잘 걸린다.		
	온 몸에 힘이 없고 쉽게 피로하다.		
	건강하지 않다고 생각한다.		
호흡기	재채기와 함께 코와 눈이 가렵고 맑은 콧물이 흐를 때가 있다.		
	숨 쉴 때 숨이 가쁘면서 가슴에서 쌕쌕하는 소리나 휘파람 소리가 들릴 때가 많다.		
	기침과 함께 누런 가래가 올라온다.		
	열이 많이 나면서 목이 따가울 때가 자주 있다.		
	평소 코로 숨쉬기가 불편하고 코가 막힌다.		
	코를 심하게 곤다는 말을 듣는다.		
	목에서 몽우리가 만져진다.		
순환기	혈색이 안 좋고, 가만히 있어도 심장이 두근거린다.		
	운동을 조금만 해도 다른 사람보다 숨이 심하게 차다.		
소화기	속이 쓰리거나 아플 때가 있다.		
	속이 답답하거나 가득 찬 듯한 느낌이 있다.		
	배가 팽팽하거나 가스가 찬 것 같다.		
	아랫배가 살살 아프거나 설사를 자주 한다.		
혈액	코피가 자주 나고 다치면 피가 잘 멈추지 않는다.		
	몸에 멍이 잘 든다.		
그 밖의 증상	두통이나 편두통이 심하다.		
	귓속이 아프거나 귀에서 분비물이 나온다.		
	귀에서 매미우는 소리나 윙하는 소리가 들린다.		
	턱관절이 아프거나 입이 잘 벌어지지 않는다.		
	목·허리·무릎 등이 쑤시거나 아프다.		
	(여학생) 생리통이 심하다.		

210mm×297mm(백상지 80g/m²)

■ 학교건강검사규칙 [별지 제1호의4서식] 〈신설 2006. 1. 10.〉

구강검진 문진표

이 설문조사는 구강검진에 앞서 여러분의 구강증상과 구강건강행태에 대하여 미리 알아보고자 실시하는 것입니다. 설문 결과는 여러분이 진찰을 받을 때 참고하도록 할 것이며, 그 내용에 대하여는 비밀이 보장됩니다. 여러분의 솔직하고 성실한 답변은 여러분 자신에게 큰 도움이 될 것입니다. 본인이 작성하되 모르는 사항은 부모님(보호자)과 상의하여 정확하게 기재하여 주시기 바랍니다.			수검자 인적사항		
			학교명		학교
			학년/반/번호		
			성명		
			성별	남　여	생년월일

구강 증상에 대한 물음			구강건강행태에 대한 물음
※ 최근 1년 동안 학생이 경험한 증상에 모두 "V"표시를 해 주십시오.			※ 학생의 구강건강행태에 해당하는 번호에 "V" 표시를 하여 주십시오.
증상	① 있다	② 없다	7. 지난 1년간 치과병(의)원에 간 적이 있습니까? 　① 있다　　② 없다　　③ 모르겠다
1. 치아가 깨지거나 부러짐			8. 어제 하루 동안 이를 닦은 때를 모두 표시해 주세요. 　① 아침식사 전　　② 아침식사 후 　③ 점심식사 후　　④ 저녁식사 후 　⑤ 잠자기 직전　　⑥ 간식섭취 후
2. 차갑고 뜨거운 음료 혹은 음식을 마시거나 먹을 때 치아가 아픔			
3. 치아가 쑤시고 욱신거리고 아픔			9. 과자 등 단음식이나 콜라 등 청량음료를 즐겨 먹습니까? 　① 그렇다　　② 보통이다　　③ 아니다
4. 잇몸이 아프거나 피가 남			
5. 혀 또는 입 안쪽 뺨이 욱신거리며 아픔			10. 현재 사용 중인 치약에 불소가 들어있습니까? 　① 예 ② 아니오 ③ 불소치약이 무엇인지 모름
6. 불쾌한 입 냄새가 남			

※ 특별히 치과의사 선생님께 하고 싶은 말을 쓰십시오.

210mm×297mm(일반용지 80g/m²)

■ 학교건강검사규칙 [별지 제1호의6서식] 〈개정 2020. 1. 9.〉

학교명						학교	학년 / 반 / 번호				학년	반	번
성명				성별	□남 □여		생년월일						

구강검사 결과 및 판정

초등학교 · 중학교 · 고등학교 공통 항목						중학교 · 고등학교 추가 항목					
충치	①	없음	②	있음	상 ( )개 하 ( )개	치주질환 (잇몸병)	①	없음	②	있음	잇몸출혈/비대( ) 치석 형성( ) 치주낭(잇몸과 치아 틈) 형성( ) 그 밖의 증상( )
충치발생 위험치아	①	없음	②	있음	상 ( )개 하 ( )개						
결손치아 (영구치에 한정)	①	없음	②	있음	상 ( )개 하 ( )개	턱관절 이상	①	없음	②	있음	( )
구내염 및 연조직 질환	①	없음	②	있음	( )	고등학교 추가 항목					
부정교합	①	없음	②	교정 필요	③ 교정 중	치아 마모증	①	없음	②	있음	( )
구강위생 상태	①	우수	②	보통	③ 개선 요망	제3대구치 (사랑니)	①	정상	②	이상	( )
그 밖의 치아 상태	①	과잉치	②	유치 잔존	③ 그 밖의 치아 상태:						

종합소견

종합소견	가정에서의 조치사항

판정 치과의사	면허번호		검진일 및 검진기관	검진일	
	의사명	(인)		검진기관명	

210㎜×297㎜(백상지 80g/㎡)

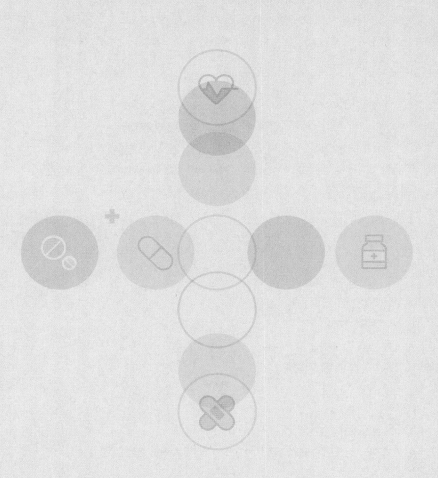

'92학년도	
'93학년도	보조자료 선정 시 고려점, 심포지엄, 가정통신문의 장점, 일방식 교육방법, 보건교육 계획순서, 학습목표 진술 조건
'94학년도	고등학교 보건교육의 목표, 심포지엄, 일방식 교육방법의 특징, 가정통신문의 장점, 보건교육 계획순서
'95학년도	
'96학년도	
'97학년도	
'98학년도	WHO가 제시한 보건교육의 목표
'99학년도	보건교육의 평가요소 및 성교육 교사의 자세, 건강증진에서의 주요 보건교육내용
후 '99학년도	패널토의 · 집단토의, PRECEDE 모형의 진단요인, 시청각교육 매체의 효과 및 매체 선정 시 고려점
2000학년도	교육방법 선정 시 고려할 사항 5가지, 또래교육방법 활용 시 기대효과, 시범 시 유의사항 5가지
2001학년도	역할극의 장점, 역할극 시행 시 주의점 3가지
2002학년도	
2003학년도	컴퓨터 보조학습의 장점 5가지
2004학년도	블룸(Bloom)의 인지적 영역, 정의적 영역, 심리 · 운동적 영역의 교육 목표
2005학년도	역할극과 시뮬레이션의 공통된 장점
2006학년도	펜더(Pender)의 건강증진모델(health promotion model, HPM), 직소(jigsaw) 교육방법의 장점
2007학년도	집단토의 교육방법의 장점, 학습목표 서술에 포함되어야 할 5가지 요소, 프로체스카(Prochasca)의 횡이론적 변화단계이론 5단계와 정의
2008학년도	보건교육 시 학습자의 준비도 파악 요소 4가지, 논리적 구조(특성)에 따라 교육 내용을 배열할 때 고려해야 할 사항, 합리적 행위이론(theory of reasoned action)에서 행위 의도의 결정 요인 2가지와 각 결정 요인에 영향을 미치는 선행 요인 2가지
2009학년도	보건교육사업의 평가, 프리시드 모형의 교육적 진단요인, 집단교육방법, 교수-학습활동 과정의 도입 · 전개 · 정리단계의 활동사항
2010학년도	학습동기를 증진시키기 위한 전략
2011학년도	보건교육 방법(프로젝트법, 배심토의)
2012학년도	
2013학년도	범이론적 모형의 변화단계와 변화과정
2014학년도	
2015학년도	
2016학년도	범이론적 모형의 변화과정
2017학년도	범이론적 모형의 변화단계와 변화과정, 메이거가 제시한 학습목표 구성의 3가지 요소, PRECEDE 모형의 교육적 진단요인
2018학년도	토의 방법(분단토의, 패널토의), 범이론적 모형의 변화단계와 변화과정
2019학년도	
2020학년도	패널면접
2021학년도	수행평가 도구(체크리스트, 평가오류)
2022학년도	역할극, 결핵
2023학년도	

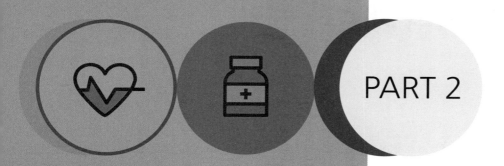

PART 2

보건교육

교육의 개념과 원리

1 교육

교육	교육활동의 핵심은 '가르치고 배우는' 것, 즉 '교수-학습'의 과정에 있다.	
교육의 정의	교육이란 '인간행동의 계획된 변화'이다.	
	인간 행동	외형적 행동과 내재적 행동을 모두 포함한다.
	변화	육성, 신장, 발달, 계발, 교정, 개선 등이 포함된다.
	계획	의도가 개입되어 어떤 변화를 수반하는 경우를 교육이라고 규정하고, 이를 '계획적 변화'라 표현하고 있다. '계획'이라 함은 기르고자 하는 인간행동에 관한 명백한 의식이 있다는 것과, 그것을 기를 수 있는 이론과 실증적 뒷받침이 있는 프로그램이 있다는 것을 의미한다.

2 학습

정의	학습이란 새로운 지식·기술·행동에 이르는 과정이고, 이를 반복해서 연습하는 과정이며, 이러한 과정을 통하여 올바른 지식·기술·행동이 완전히 행동화되고 습관화되어 일정 기간이 지난 후까지 재생되어 응용할 수 있는 경험 부여 과정이다.	
특징	• 학습은 그 결과로 행동의 변화를 일으킨다. • 학습은 연습과 훈련의 결과로 일어난다. • 환경의 영향이라도 질병이나 피로 또는 약물에 의하여 일어나는 일시적인 행동상의 변화는 학습이라고 할 수 없다. • 학습은 직접 관찰할 수 없다. 즉, 학습은 실천과 구별된다. 학습은 실천의 배후에 있는 행동 경향성의 변화이다.	
원리	자발성의 원리	• 자발성이란 타인의 명령이나 구속에 의하여 행하는 것이 아니라, 자신이 보고 생각하고 결정하여, 자기의지에 의하여 행동하는 것이다. • 개개인의 자유로운 의사와 주체성에 의해 교육활동에 참여하도록 한다. • 교육자는 자발적 학습의 조력자 및 촉진자의 역할을 한다.

개별화의 원리	• 개인의 독특성, 개별성을 존중하는 것이다. • 학습자의 개인차를 인정하고 개개인의 능력과 욕구 등에 교육의 목표와 내용을 부합시키려는 것이다. • 개별화의 원리에 따라 교육자는 학습자의 개성과 잠재성을 극대화시키기 위한 학습방법의 모색이 필요하다.
사회화의 원리	• 교육을 통해 사회가 기대하는 보편적 수준의 능력과 가치를 소유한 인간으로 성장 및 발달시키고자 하는 원리이다. • 학교와 같은 교육기관 중심으로 의도적인 교육방법에 따라 대상자를 사회화하는 목적을 지닌다. • 사회화가 된다는 것의 의미는 인간이 사회 속에서 언어와 생각을 상호 교환하고 공적인 일에 참여함으로써 인간의 본질을 실현하는 것이다.
통합성의 원리	• 인간을 부분으로 보는 것이 아니라, 전인(whole person)으로 보는 것이다. • 학습자의 전체적 능력을 조화롭게 통합적으로 발달시키며 지식, 태도, 기술을 개발하는 것이다.
목적의 원리	• 대상자의 발달단계와 과업에 따라 학습자 중심으로 교육목적을 설정해야 한다. • 교육활동에 있어 학습자가 분명한 목적을 갖도록 해야 하며, 동기부여와 더불어 교육활동에 대한 흥미와 학습의욕의 제공을 강조한다. • 학습자가 갖는 뚜렷한 목적의식은 교육의 효과를 극대화한다.
흥미의 원리	학습하고자 하는 과제에 대하여 흥미를 느끼지 않으면 학습목표에 도달하는 데 어려움이 있다. → 동기유발이 강조되는 이유도 바로 여기에 있다. 따라서 교수자는 학습자의 생각을 파악하고, 그 생각을 중심으로 거론하여 학습에 대한 필요성을 깨닫게 하고 흥미와 관심을 갖도록 함으로써 학습자가 적극적으로 학습할 수 있게 유도해야 한다.

3 **보건교육을 위한 학습과정**

인지단계	• 학습의 첫 단계로서 사물에 대하여 정확히 알 수 있도록 해주어야 한다. • 보건교육목표에 설정된 내용에 따라 주민들이 사실을 인지할 수 있도록 지식을 제공한다. • 보건교육활동을 통해 정확하고 과학적인 지식을 제공하는 것은 대단히 중요하다.
흥미단계	• 보건교육 대상 주민이 관심을 가지고 계속 관계를 맺게 해주어야 한다. • 보건교육 대상자가 필요로 하는 요구도와 중요하다고 생각하는 바를 사전에 파악하여, 그 것에 맞는 보건교육내용을 마련함으로써 흥미를 유발시키고 관심을 유지시킬 수 있다.

실험단계	• 행동으로 나타난 실천의 결과를 평가하는 것이 아니라, 얻은 지식을 중심으로 인지한 내용에
	  대해 심리적으로 평가하는 것이다. 이 결과는 행동의 변화를 줄 수 있는 계기를 제공한다.
	• 긍정적 또는 부정적인 심리적 평가의 결과는 동기 조성을 좌우할 수 있기 때문에 중요하다.
	  만일 심리적 평가의 결과가 자기에게 이익이 된다는 판단이 생기면 소극적·소규모적인 방
	  법에서도 직접 참여하여 실천해보는 경험을 가지게 될 것이다.

수용단계	• 보건교육의 목표가 달성되는 최종의 단계로서, 학습의 효과를 판정할 수 있는 결론 단계이다.
	• 새로운 지식을 얻어 관심과 흥미를 가지게 되며, 이에 따라 자기에게 이익이 있다는 판단으로
	  실험단계로서 경험을 얻고 그 결과로 행태의 변화가 있었다면 이것은 학습의 효과로 간주할
	  수 있다.

Chapter

02 보건교육의 개념

1 보건교육의 정의 [국시 2002]

- 보건교육은 건강에 관한 과학적 지식을 전달하여, 건강에 관한 지식·태도·행위를 변화시켜 스스로 건강습관을 형성하고, 건강에 유익한 행위를 실천하도록 돕는 계획된 학습 활동이다.
- 자기건강관리능력을 갖추어 건강문제를 스스로 해결하고 적정기능수준의 향상으로 건강을 유지 및 증진, 삶의 질을 증진시킨다.

2 세계보건기구(WHO)가 제시한 보건교육의 목표 [국시 2001·2005·2013, 1998·2000 기출]

지식(인식)	건강이 가장 중요하고 가치 있는 자산임을 인식시키고 건강문제를 인식시킨다.
	지역사회 구성원의 건강은 지역사회의 발전에 중요한 열쇠임을 인식시킨다.
태도	자신의 건강은 자신이 지켜야 한다는 긍정적 태도를 갖도록 한다.
	개인이나 지역사회 구성원들이 자기 스스로 자신의 건강을 관리할 능력을 갖도록 한다.
행동 [국시 2008]	건강행위를 실천하는 자기건강관리능력을 가져 건강문제를 스스로 해결하는 생활의 기술을 습득시킨다.
	자신들이 속한 지역사회의 건강문제를 스스로 인식하고, 자신들이 해결할 수 있는 문제는 해결(지역 구성원의 건강을 스스로 관리하는 능력을 갖도록 하는 것)하려는 노력을 통하여, 지역사회의 건강을 자율적으로 유지·증진하도록 하는 힘을 갖도록 한다.
건강 유지·증진	자기건강관리능력으로 적정기능수준 향상을 가져와 건강을 유지 및 증진시키며, 삶의 질을 증진시킨다.
	보건교육의 목적은 개인, 집단 또는 지역사회가 자기의 보건문제를 인식하고 스스로 행동하여 이것을 해결함으로써 자기의 건강을 증진시킬 수 있도록 하는 데 있다. → 보건에 대한 자주적인 정신을 배양해 주고, 자기의 건강은 자기가 지킨다는 책임감을 갖게 해 주는 것이다.

3 만성질환예방 & 보건교육 관계(중요성) [국시 1998 · 2006, 2000 기출, 광주 2005]

발생 전 예방	• 경제수준 향상과 의료기술 발달로 평균수명이 연장되어 질병을 지니고 오래 산다. • 노인은 한 가지 이상, 고혈압, 심뇌혈관 질환, 당뇨병의 만성질환과 장애를 가지고 살아간다. • 만성질환 이환 후 치료보다 만성질환 발생 전 예방이 중요하며 만성질환을 예방하는 좋은 수단이 보건교육이다.
생활양식 관련	• 한국인의 주요 사망원인인 암, 뇌졸중, 심장병의 만성질환은 흡연, 음주, 부적절한 식습관, 운동 부족의 생활방식과 관련된다. • 만성질환을 예방하려면 보건교육을 통한 바람직한 생활방식을 실천하는 건강행위가 중요하다.
건강습관 형성시기	• 학령기는 만성퇴행성질환 발병에 영향을 미치는 생활양식이 형성되는 시기이다. • 당뇨, 심혈관 질환 같은 만성질환의 위험요인이 어린이, 청소년기에 시작되므로 보건교육을 통한 행동 수정이 바람직하다. • 성인을 대상으로 바람직하지 못한 건강 행위에 변화를 유도하는 데 어려움이 있다. • 건강 습관이 형성되기 이전 학령기 아동을 대상으로 바람직한 건강행위를 유도하는 보건교육은 효율적이다.
자기관리능력	만성질환을 예방하고 관리할 수 있는 자기관리능력이 요구되며, 보건교육을 통하여 만성질병을 예방하는 개인통제능력을 키운다.

4 학교보건교육의 중요성 [1997 · 2000 기출]

다수		• 대상인구가 전체 인구의 25%를 차지하는 인구집단이다. • 이들의 건강수준이 국민의 건강수준과 미래의 건강을 결정한다.
파급효과		• 학생을 대상으로 한 보건교육의 효과가 가정에까지 파급되고 지역주민 다수에게 교육의 효과가 미치어 국민의 건강수준을 향상시킨다. • 모든 가정에는 대부분 학생인구가 있어 가족과 지역사회로 확대될 수 있는 장점이 있다.
건강문제 발생	건강문제	성폭력, 10대 미혼모의 증가, 청소년 음주, 흡연, 약물 오남용, 집단따돌림, 자살의 다양한 정신적 · 신체적 건강문제가 증가한다.
	감염병	학생기는 질병에 대한 감수성이 높은 시기로, 감염병에 관한 면역이 형성되지 않아서 감염병이 발생하기 쉬우므로 예방활동인 보건교육이 중요하다.

02

생활습관 형성 시기 – 능률적인 보건교육대상자		• 학령기는 만성퇴행성질환 발병에 영향을 미치는 생활양식이 형성되는 시기이다. • 학생시절은 건강행위를 위한 습관 형성 시기로 이 시기에 형성된 건강습관은 일생 동안 지속될 수 있다. • 건강행위변화는 습관이 형성된 성인보다, 바람직하지 못한 건강행위들이 습관화되기 전 학령기에 보건교육을 실시하면 효과적이다.
학습효과	지식흡수력	학생기에는 지식흡수력이 빠르고 실천력도 풍부하여 보건교육을 통한 올바른 지식 부여로 바람직한 건강행위 형성능력을 갖는다.
	정규교육과정	• 건강관리 중에서 중요한 전략은 보건교육이다. • 학교보건교육을 학교교과과정 내에 통합시켜 효율적으로 보건교육을 제공한다. • 건강과 건강행위에 체계적 · 과학적인 지식, 태도, 실천능력을 기르는 학습의 장이다.
효율성		• 학생들은 학교라는 한 장소에 모여 보건사업의 제공이 용이하기 때문에 보건교육의 효율성을 높인다. • 교직원은 그 지역의 지도적 입장에 있고 항상 보호자와 접촉하므로 교직원이 먼저 보건에 관한 지식을 습득하고 이것을 생활화함으로써 지역사회의 모범이 될 수 있다.

02 학습

1 교육성립의 기본요소와 형태

교육자	• 전문적인 보건교육자로서 실제로 보건교육을 실시하고 있는 여러 보건전문가를 말한다. • 품성, 인격, 성실함과 같은 덕목과 더불어 교육전문가로서의 역량을 갖추어야 한다.
학습자	• 성장과 발달의 목표를 갖는다. • 소극적인 수용자가 아니라, 잠재력을 갖고 있는 능동적인 객체이다. • 학습에 대한 동기를 갖고 자발적인 참여가 필요하다.
교육내용	• 지식, 기술, 정신, 지혜, 가치, 태도, 신념 등을 포함한다. • 교육철학적인 측면에서 가치가 있고 교육심리적인 측면에서 체계적이며, 교육사회적 측면에서 합리적이어야 한다.
환경	교육자와 학습자가 만나는 장소인 병원, 학교, 산업장, 지역사회, 가정 등과 그에 관련된 구조, 개인과 환경의 상호작용으로 형성되는 제반요인을 말한다.

2 교수 – 학습의 조건

교수(teaching)	학습자의 성장 및 발달을 돕기 위해 계획된 활동의 집합체		
학습(learning)	지식 획득, 인식 발견, 습관 형성 등의 목표를 향하여 노력하는 행동으로서 진보적인 과정		
교수–학습조건	학습동기	내적 동기 / 외적 동기	
	학습의 준비도	PEEK	
	학습환경	인적 환경	• 교육자(전문가, 촉진자, 연구자, 평가자) • 학습자(교육자와 상호작용)
		물리적 환경	시간, 실내환경, 일반환경
		사회적 환경	교육과 관련된 이슈, 정책, 법

3 학습 동기 [2010 기출]

학습 동기		• 학습하려는 추진력, 학습자가 수업에 임하는 데 있어 주의집중하거나 흥미를 갖고 공부하는 것 • 효율적인 학습이 이루어지기 위해서는 학습자가 실시하는 교육에 대해서 적절히 동기가 유발되어야 함
내적 동기	개념	자신에 의해 자율적으로 통제되는 것
	예	호기심, 흥미, 욕구, 희망, 과시본능과 자각
외적 동기	개념	• 학습이 이루어지기 위해 외부에서 학습자에게 도입되는 것으로 칭찬, 처벌, 협동과 경쟁, 금지와 장려 등이 해당됨 • 칭찬이나 보상은 성공감과 사회적 인정이란 욕구를 충족시키므로 학습동기를 유발하는 데 효과적 • 처벌은 필요한 학습을 의무적으로 하게 하거나 학습에 불필요한 부분을 제거하는 데 사용
	예	보상, 칭찬, 처벌 등
	칭찬의 한계점	칭찬을 지나치게 자주 하거나 강조하는 것은 학습자의 자율성보다는 교육자에 대한 복종을 유발할 수 있음
	처벌의 한계점	처벌의 효과는 일시적일 가능성이 높음
생물학적 동기		신체조직의 필요와 관련됨 예 갈증, 배고픔, 산소 요구
사회적 동기		소속감, 승진, 타인으로부터 사랑을 성취하려는 욕구

4 동기 유발

동기 유발 시 고려점	• 학습목표가 학습자의 욕구와 관련성이 있어야 한다. • 학습자의 흥미를 고려하여야 한다. • 학습목표가 뚜렷하고 명확하여야 한다. • 학습활동에 능동성을 제공한다. • 학습의 계획, 수행, 평가에 자발적인 참여를 촉진한다. • 학습자에게 피드백을 주어야 한다. • 칭찬이나 상과 같은 성공적인 보상을 고려해 본다. • 자신감과 자기효능감을 높여 준다.	
동기 유발 원리	유익성	학습자가 학업의 유익성을 알게 되면 학습을 자극한다.
	능동성	학습자가 스스로 알고자 하는 경우에 더욱 효과적이다.
	내적 > 외적	내적 동기를 자극하는 것이 외적인 것보다 오래가며 자기 결정적이다.
	불안	약간의 불안은 동기부여에 도움이 된다.
	성공경험	성공이 동기부여에 실패보다 더 효과적이다.
	다양	동기부여는 여러 가지 방법이 조화될 때 증가한다.
동기 유발 방법	자연적 동기 유발	• 학습활동에 들어가기 전에 학습하고자 하는 목적을 명확히 제시해 준다. • 학습자의 흥미를 환기시킨다. • 학습 진행 결과를 학습자들에게 알려준다. • 학습에 대한 성취감을 느끼게 한다.
	인위적 동기 유발	• 학습자의 개인차를 고려하여 적절하게 칭찬과 벌을 이용함으로써 동기 유발시킨다. • 켈러는 "교육자는 수업을 통해 학습자가 수업주제에 대해 주의집중하고 자신과의 관련성을 찾아서 자신감과 만족감을 갖도록 해 주어야 한다."라고 하였다. 그러므로 교육자는 함께 문제를 해결하기 위해서 학습자의 동기요인을 찾아 학습지도에 반영하고, 그들의 적극적인 참여를 유도하는 지도자이자 협조자의 역할을 수행해야 할 것이다.
학습자의 동기 유발 방법의 예	• 학습자들에게 주어진 수업목표를 달성하였을 때 그들이 할 수 있게 되는 것이 어떤 것인지를 설명해 준다(학습의 유익성을 알게 되면 동기 자극). • 학습과제와 관련이 있는 예화나 경험담을 들려주어 학습자의 관심을 유도한다. • 학습과제를 설명해 주거나 표현해 주는 시청각 자료들을 사용하여 학습자의 주의를 집중시킨다.	

5 켈러(Keller)의 동기이론(ARCS모형)

(I) 주의집중(Attention)

개념			• 동기의 요소이며 학습의 선수조건으로, 어떻게 하면 학습자의 주의를 끌고 그것을 유지시키느냐에 관심이 있음 • '주의'란 단순히 감각적인 것으로 관심을 끄는 것만이 아니라, 질적인 호기심을 동시에 유발하여 교수-학습 과정 동안 학습에 대한 '주의'를 계속 유지시키는 것
하위 범주	탐구적 주의환기	탐구와 질문을 유발하는 것은 무엇인가	
		호기심	학습자에게 호기심을 충족시키는 학습과제 선택이나 호기심을 유발시킬 수 있는 질문
		문제해결 활동	학습자 스스로 문제를 내고 풀어보게 한 후 적절한 피드백 제공
		부분 제공	문제 상황을 제시하면서 필요한 지식의 부분만 제공
	지각적 주의환기	흥미를 끌 수 있는 외적 자극은 무엇인가	
		시청각 효과	애니메이션, 음향, 사진, 그림, 영화, 비디오, 도표, 그래프, 다양한 활자체 사용
		사건	새롭고 놀라우면서 신기한 사건으로 기존 것과 모순
			비일상적 내용·사건
			믿기 어려운 통계 제시
	변화성과 다양성	학습내용을 어떻게 다양한 방식으로 제시하는가	
		교수방법	일방적 교수의 강의 형태와 상호작용적 교수의 혼합으로 토론식 수업을 적절히 사용
		학습활동	학습자의 주의집중 시간에 따라 질문, 경험 발표, 연습, 시험의 다양한 학습활동으로 학습자의 흥미 지속
		자료	교수 자료의 변화 추구
		그림	추상적 개념을 설명할 때 구체적 그림 사용

(2) 관련성(Relevance)

개념			• 자신과 관련 있을 때 학습 동기 유발 • 현재와 미래의 일들을 수행하는 데 현 학습이 도움이 된다는 것을 보여주는 것 • 학습 그 자체에서 즐거움을 찾고 가치를 알도록 도와주는 방식 • 결과보다 학습의 과정에 초점을 맞추도록 하는 것으로, 학습의 과정이 개개인 학습자의 요구나 특성과 맞게 전개되어 학습자가 학습의 관련성을 지각할 때 동기가 유발·유지될 수 있음
하위 범주	친밀성	개념	수업내용과 학습자의 요구를 어떻게 연결하는가
		방법	학습활동이 자신의 생활과 관련되어 친밀한 인물, 예문, 배경지식을 사용하면 동기 유발에 도움
	목적지향성	개념	학습자의 요구를 어떻게 만족시키는가
		방법	실용성에 중점을 든 목표를 제시
	동기와의 부합성 (필요)	개념	최적의 선택, 책임감을 언제 제공할 것인가
		방법	학습활동이 학습자의 주요한 개인적 필요·관심 영역과 부합되는 수업 전략 사용

(3) 자신감(Confidence)

개념		• 성공에 대한 기대 정도로 이해될 수 있는데, 자신감이 있는 학생은 실수를 두려워하지 않으며 실패나 성공의 요인을 능력이나 노력의 부족으로 생각. 즉, 운이나 문제 자체의 어려움으로 돌리지 않음 • 학습자가 어느 정도의 노력을 한다면 어느 수준의 성공을 할 수 있다고 인식하게끔 하는 자신감 형성전략이 중요
하위 범주	목표 성취	• 학습활동의 결과로 목표를 성취할 수 있고 자신도 해낼 수 있다고 여길 때 자신감이 생겨 동기가 유발됨 • 동기화는 목표 성취를 하도록 행위의 방향을 이끄므로, 목표가 불가능하게 여겨지면 동기화가 일어나지 않음
	성공 기회	성공의 기회 제시 전략으로, 성공을 경험하면 학습에 대한 성취감으로 성공에 대한 긍정적 기대와 자신감과 동기유발이 강력함 예 학습경험이 학습자의 발달수준·능력과 조화를 이루지 못하면 실패에 대한 두려움 발생
	난이도	• 적당한 수준의 난이도 유지 → 과제는 쉬운 것에서 어려운 것으로, 점진적으로 제시 • 과제의 성공 기회는 적절한 도전심리를 유도
	개인적 통제 증대 (노력)	성공이 노력에 기초한다는 것을 확신하도록 적절한 통제감·조절감 증대

(4) 만족감(Satisfaction)

정의	• 학습자가 스스로 학습상황을 조절할 때 느낄 수 있는 학습의 자아조절의 의미로, 내적 동기 유발의 원리가 외적인 보상에 비해 강조되어야 달성될 수 있음 • 도전감 있는 학습 환경을 제공하는 전략들이 이 범주에서 제시되고 있음	
하위 범주 (방법)	연습	• 새롭게 습득한 지식·기능을 모의상황, 연습문제에 적용할 수 있는 기회 제공 • 학습이 끝난 직후 적용 기회를 빨리 제공
	일관성	수업 목표와 학습내용이 일관성 있게 제시될 때, 목표를 보고 세웠던 기대가 학습 내용과 일치하여 만족한다면 학습 동기 유지
	기대일치	노력의 결과가 기대와 일치하여 만족한다면 학습 동기 유지
	강화	칭찬, 보상, 인정 등 외부로부터의 강화에 의한 만족감으로 동기 유발

6 학습자의 준비도(PEEK) [2008 기출]

신체상태 (Physical readiness)	학습자의 건강상태, 성별, 연령이나 질병 유무
정서상태 (Emotional readiness)	학습자의 불안 및 긴장수준이나 동기부여의 정도 및 심리적 지지체계의 존재 여부와 자신감이나 자기효능감
경험상태 (Experience readiness)	과거의 학습경험이나 학습자가 속한 사회의 통념, 가치와 같은 문화적 속성
지식상태 (Knowledge readiness)	인지능력, 관련 지식수준이나 학습능력

7 학습환경

인적 환경	• 학습자는 교육활동 안에서 학습목표 달성을 위한 대상자이자 교육자와 끊임 없이 상호작용하는 학습환경임 • 교육자는 학습환경으로서 전문가, 촉진자, 연구자, 평가자의 역할을 해야 함
물리적 환경	• 시간과 물질적 환경이 이에 속함 • 실내환경(환기·채광·온도·소음), 공기의 질(미세먼지·이산화탄소·포름 알데히드·총 부유세균·낙하세균·일산화탄소 등), 일반환경(폐기물·상하 수도·화장실 등) 및 학습기자재는 학습효과에 영향을 주는 조건
사회적 환경	교육과 관련된 이슈, 정책이나 법안 또는 교육과 관련된 사회적 분위기나 풍토가 해당됨

03 수업

1 수업계획의 일반적인 원리

타당성	학습지도 계획은 지도목적에 적합하여야 한다.
융통성	같은 목표, 같은 내용, 같은 대상을 지도하는데도 개개 교사에 따라 계획이 달라지고, 수업방법에도 차이가 있다.
과학성	• 모든 계획은 목적과 수단 간에 개연성이 높아야 한다. • 선택된 수단의 목적 달성 가능성과 확률 정도를 가늠하여 그 중 가장 높은 것을 선택한다. - 선택된 수단은 실천을 통해 평가 · 검증되고, 다음 단계에서 다시 선택할지 기각해야 할지에 대한 사고과정을 거쳐야 한다.
일관성	• 횡적인 면에서는 학교, 가정, 사회 간에 일관성이 있어야 한다. • 종적인 면에서는 학교급 간과 교과 간에 일관성이 유지되는 계획이어야 한다. 또한 단원의 계획에서부터 차시별 계획까지 일관성이 유지되어야 한다.
유동성, 변경 가능성	계획을 실천하는 과정에서 문제가 있을 때, 예상되지 못한 요구에 부딪혔을 때 계획을 변경할 수 있는 유동성을 가져야 한다.
포괄성	학교라는 틀 내에서 학습지도가 이루어지는 것이므로 생활지도와 각종 교육행사 등도 고려하여 계획되어야 하며, 교육과정의 잠재적 효과도 감안하여야 한다.

2 교육실시 시의 고려사항

교육자	• 교육자는 교육시간을 꼭 지키며 단정한 옷차림으로 'role model'이 되어야 한다. • 교육시간에 주제로 들어가기 전에 대상자들이 긴장을 풀 수 있도록 대화나 간단한 운동을 하며 적절한 동기부여를 하도록 한다. • 대상자의 가까운 주변 환경부터 예를 들어서 쉬운 말로 현장감 있게 가르친다. • 교육자는 한 곳이나 한 사람이 아닌 전체 대상자를 다 보면서 교육한다. • 교사와 대상자의 시선이 교육 시 계속 일치되도록 노력한다. • 말소리 크기는 전체가 다 들을 수 있도록 하며 칠판 글씨 등은 정자로 쓰도록 한다. 질문을 받았을 때 아는 만큼 성의 있게 답하고, 모르는 부분은 모른다고 답하는 것이 가장 좋은 교사의 태도임을 기억한다. • 교육은 가능하면 자유롭고 즐거운 분위기에서 이루어지도록 한다. • 교육내용은 간단한 것에서부터 복잡한 내용으로 진행한다. • 교육이 진행되는 동안 대상자의 반응을 관찰하면서 한꺼번에 많은 내용을 가르치지 않도록 유의한다.

학습자	• 학습자의 정신적 · 신체적 건강문제로 학습에 임할 수 없을 때는 이를 고려한다. • 시력이나 청력이 약한 학생의 좌석 배치에 신경을 쓰고, 앉은 키가 큰 사람을 고려한다. • 학습결과가 상벌에 참고자료가 될 수 있는 제도를 모색하면 동기부여에 용이하다. • 학습자의 교육에 대한 의견을 청취하고 받아들일 수 있는 체계를 교육 계획 시에 도입하여야 한다.
학습환경	• 소음이 없고 채광이 좋은 곳을 택해야 한다. • 좌석 배열과 의자의 편의도는 학습효과와 관련이 있다. • 교육장소의 냉 · 난방 시설에 관심을 두고, 교육장소의 시설 및 전기형태도 점검하여 교육이 빈틈없이 실시되도록 한다.

3 보건교육가의 자질

좋은 대인관계		• 보건교육가의 인격 향상 • 좋은 대인관계를 유지하기 위해서는 대상자에게 도움이 되고 이익을 준다고 믿도록 행동하고 일하는 모습을 보여주어야 한다.
분명한 의사소통	간단명료한 표현	의학용어나 전문용어를 알기 쉬운 말로 설명한다.
	경청과 주의집중	자신의 의견이나 설명을 표현하는 것에만 그칠 것이 아니라, 상대방의 말과 태도를 잘 관찰하고 경청하며 주의를 기울여야 한다. 표현하고 싶은 것을 자유롭게 나타내도록 격려한다.
	토론과 확인	확인하기 위해서 질문을 하거나 되풀이해서 이야기하도록 하는 방법을 사용할 수 있다.
학습자의 참여조장		• 문제규명에 참여한다. • 문제해결 및 발견에 참여한다.

4 학습자의 참여

참여를 권장하는 이유		• 대상자가 참여하게 되면, 그들은 자신의 문제해결에 관심을 갖게 되고, 그들 자신의 건강을 증진시키기 위해 필요한 행동을 좀 더 적극적으로 하게 된다. • 자신의 건강에 대해 더욱 책임을 갖게 된다.
능동적 참여방법	질문	학습자가 그들이 학습한 지식, 경험, 태도 등을 구두로 표현할 수 있도록 질문한다.
	토론	학습자의 생각과 의견을 상호 교환하는 방식으로 토론의 기회를 마련한다.
	과제제시	학습자들에게 학습과제를 부과하는 방식이다. 단순히 지적 영역뿐만 아니라 기술적 · 태도적 영역의 과제도 제시할 수 있어야 한다.
	노트필기	학습자들이 수업시간 동안 노트필기를 하도록 함으로써 핵심적인 학습내용에 주의를 기울이게 할 수 있으며, 이는 학습을 강화시키는 결과를 가져온다.
	시선일치	–

02

심동적 학습 조건	• 기술을 사용할 수 있어야 한다. • 기술을 완수하는 방법에 대해 감각적인 이미지를 지녀야 된다. 즉, 대상자들은 오감을 통하여 기술에 대한 윤곽을 그릴 수 있다. 시범을 통해 감각적 이미지를 획득한다. • 실천할 수 있어야 한다.

5 수업의 단계와 주요 활동 [2009 기출]

도입활동 [국시 2004 · 2006 · 2008]	동기유발 [국시 2007]	주의력 (Attention) [국시 2008]	탐구적 주의 환기	호기심을 유발할 수 있는 질문을 통해서 관심 유발, 의욕 일으킴
			지각적 주의 환기	학습 과제를 표현해 주는 시청각 자료들과 관련된 사진, 그림, 영화, 비디오를 사용하여 학습자의 주의 집중
		관련성 (Relevance)		친밀성 전략으로 학습과제와 관련된 예화, 경험담, 대상자의 과거경험을 상기시키는 질문으로 학습자의 관심을 유도해 관련성 높임
	학습목표 제시	행동적 목표		• 수업이 끝났을 때 학습자가 할 수 있는 것으로 학습자가 성취해야 할 학습목표를 구체적이고 분명하게 진술하여 제시 • 구체적인 수업목표를 구두로 통보하거나 칠판에 작성 • 구체적인 행동목표로 언어, 보기, 작품을 함께 제시
		학습목표 인식		학습목표를 분명히 설정 · 제시하여 학습목표를 학습자들에게 분명히 인식시켜 기대감을 가지고 교육에 임함
	선수학습 회상	방법		학습내용과 관련된 이미 알고 있는 지식을 교사의 간단한 설명이나 요약, 차트, 유인물, 교수매체나 질문에 대한 대답을 통해 관련성을 이해시킴
		효과		• 본 수업에서 다룰 과제와 관련 있는 과거의 학습 내용들을 회상시키거나, 재생시킨 내용을 현재 학습할 내용과 연결시켜 관계를 지적해 줌 • 학습자들이 그 관계를 분명히 이해하여 심리적 안정감이 들도록 함
	시간			5~10분(10~15%)
전개활동 [국시 2016]	자료 제시	다양		학습목표를 달성하는 데 도움이 되는 다양한 매체, 자료를 제시
		학습자 수준		• 학습자 수준에 맞추어서 어린 아동은 보고, 듣고, 조작하는 실제적 · 직접적 자료(작동적) 제시 • 성장한 학생은 언어적 자료로 효율적 학습(상징적) 유도
		단계별		학습자료들을 학습내용의 계열을 고려하여 단계별 제공

	학습내용 제시 [국시 2005]	계열성	• 기본적 학습과제부터 일반적 학습과제로 순차적 제시 • 단순한 것에서 복잡한 것, 쉬운 과제에서 어려운 과제로 진행
		활동 구분	한 시간에 가르칠 학습내용을 학습자 수준, 수업의 조건, 활동 상황을 고려하여 몇 개의 하위 단계, 활동으로 구분하여 시간과 자원 관리
	학습 활동	다양	• 수업목표 달성을 위해 다양한 수업기법을 사용 • 집단이나 개별 활동으로 구성
		인지적 영역	책 읽기, 문헌이나 자료 검색, 강의, 체계적 관찰
		정의적 영역	토의, 역할극, 영화
		심리운동 영역	시범, 실습, 실험, 체험 학습
	학습자 참여 유도	다양	학습자의 적극적인 참여 유도를 위해서 다양한 표현의 기회로 질문, 토론, 학습과제, 필기를 제시
		질문	질문하여 학습한 지식, 경험을 구두로 표현
		토론	토론의 기회 제공으로 학습자의 생각, 의견을 상호 교환
		학습과제	학습과제로 동료 학습 유도로 학습자들 간에 서로 가르칠 수 있도록 함
		필기	학습자들이 수업시간 동안 필기하여 핵심적 학습내용에 주의
	시간	30~40분(한 시간 수업의 70~80%)	
정리 및 평가	요약, 정리	방법	• 학습내용을 살펴보면서 중요한 사항들을 교사가 요약·정리해 주는 방법 • 학습자가 요약해서 설명해 보게 하는 방법
		효과	학습자가 부분적으로 파악하고 있는 학습내용을 전체적 맥락에서 이해
	연습을 통한 강화	학습한 내용을 학습자가 실제 상황이나 이와 유사한 상황에서 적용할 수 있는 기회를 제공하는 활동임. 중요한 개념 또는 일반적인 원리나 새롭게 배운 내용은 여러 번의 연습을 통해서 분명하게 숙지하도록 해야 함		
	일반화	학습자들이 학습한 내용을 주변의 생활 문제에 적용해서 그 문제를 해결해 보는 경험을 하는 활동임. 이는 연습의 효과와도 밀접한 관련이 있기에 상호작용하는 가운데서 일반화의 수준을 높일 수 있음		
	평가 [국시 1998]	평가내용, 방법	지식 정도 측정하는 인지적 영역	• 질문지 : 진위형, 선다형, 서답형 • 구두질문법 : 교사의 질문
			태도 정도 측정하는 정의적 영역	질문지, 관찰법, 평정법
			기술 정도 측정하는 운동기술 영역	관찰법, 시범, 평정법

		성취기준	학습목표 도달 기준
		평가기준	상, 중, 하
보충자료 제시, 차시예고		보충자료 제시	수업시간에 충분히 다루지 못했던 학습 내용, 학습자가 알고 싶어 하는 주제의 보충자료, 참고도서 언급으로 학습자들의 학습 욕구 충족
		차시 예고	• 다음 시간에 학습할 내용 · 주제를 이번 시간에 배운 것과 연관 지어 제시하여, 학습의 계열성 유지로 선행 내용을 기초로 후속 내용 전개 • 차시 수업에 대한 학습의 준비 및 기대효과 유도
	시간		5~10분(10~15%)

Chapter

03 보건교육계획

01 보건교육계획 과정

- 보건교육 요구사정
- 보건교육 지침·기준 확인 및 우선순위 설정
- 목표설정
- 수행계획
- 평가계획

1 교수·학습 지도안 작성법 [국시 1998·2002]

보건교육 주제 (what)	주제식	보건교육 주제를 명사 그대로 사용	운동과 건강
	방법식	능동적으로, 무엇을 하자는 식으로 기재	운동을 생활화합시다.
	문제식	의문·질문식으로 기재	운동이 건강에 미치는 영향은 무엇인가?
교육대상(who)	보건교육 대상자 특성을 자세히 기록		
	집단의 성격, 집단 구성원 수, 성별		
교육장소(where)	보건교육을 실시할 건물명, 층 수, 교실명 기록		
교육일시(when)	교육을 실시하는 연, 월, 일, 요일, 교시 기록		
일반목표	–		

2 학습지도안의 구체적 사례 : 가정에서의 성교육 [1997 기출]

교육주제	가정에서 자녀들에게 성교육을 하자.
교육대상	행복 중학교 어머니회의 어머니 10명
교육장소	행복 중학교 보건실
교육일시	2024년 11월 2일

02

학습단계	학습내용	학습활동		교육방법 교육매체 교육자료	시간	지도상 유의사항
		교사	학생			
도입	• 인사 • 학습동기 유발 • 학습목표 제시 • 선수 학습 회상					
전개	학습 내용					
정리 평가	• 정리 • 평가내용, 방법 • 차시 예고, 인사					

| 일반적 학습목표 |

학습단계	학습내용	학습활동	교육방법 교육매체	시간
도입	목표	• 교육 후 어머니들이 가정에서 성교육의 중요성을 인식하여 실천할 수 있다. • 교육 후 어머니들은 가정에서 성교육의 필요성 2가지를 설명한다. • 자녀에게 발생할 수 있는 임신의 가능성을 설명한다. • 성병의 전파경로에 대해 설명한다.		5분
	학습동기 유발	• 파워포인트를 보고 어머니들의 느낌을 발표한다. • 고등학교에서 조사한 학생들의 이성교제에 대한 통계자료 (이성교제 비율·형태)를 파워포인트를 통해 본다. 　－ 이성교제 경험 비율은 52.2% 　－ 교제 형태 중 83.3%는 대화 나누기와 손 잡기 　－ 키스나 애무의 비율은 16.7% 　－ 성관계를 가진 비율은 6.5%	파워포인트	
	선수 학습 회상	지난 시간에 배운 '청소년 이차 성징' 내용을 상기하며 '가정에서 성교육'과 연결 짓는다.		

전개	활동 1	집단 토의를 하도록 좌장과 서기를 선정한다. • 학습 내용 : 가정에서 성교육의 필요성 　－ 부모들은 성과 같이 민감한 주제를 가지고 자녀와 이야기하는 것을 어려워한다. 　－ 자녀들은 부모로부터 이런 이야기를 듣고 싶어 하고, 대화를 나누고 싶어 하며 부모가 안내자가 되어 주기를 바란다. 　－ 부모가 아동의 성적 호기심을 억누르거나, 문제를 다루는 것을 회피하면, 아동은 성적인 정보를 또래 집단에 의존해서 수집하며 또래 집단이 성적 정보의 주요 공급처로 왜곡되고, 잘못된 정보를 얻고, 친구·TV·비디오에서 배우는 것들을 사실이라고 믿고 그대로 흡수한다. 　－ 자녀의 가치를 변화시킬 수 있는 사람은 부모이다.	집단 토의 기록지	40분
	활동 2	• 성관계로 발생되는 임신과 성병의 전파경로를 파워포인트로 설명한다. 　－ 성병의 전파경로 : 매독, HIV 전파는 성교 동안 현미경적 찰과상을 계기로 피하 조직으로 전파된다. 　－ 10대 임신의 신체적·사회적 영향에 대해 토의해 본다.	강의 파워포인트	
정리 평가	정리	가정에서 성교육의 필요성, 임신 발생과 성병의 전파경로에 대한 학습 내용을 정리한다.		5분
	평가	평가 내용	• 가정에서 성교육의 필요성을 설명하는가? • 자녀에게 발생할 수 있는 임신의 가능성을 설명하는가? • 성병의 전파경로에 대해 설명하는가?	
		평가 기준	• 상 : 어머니는 가정에서 성교육의 필요성 3가지를 설명한다. • 중 : 어머니는 가정에서 성교육의 필요성 2가지를 설명한다(성취기준). • 하 : 어머니는 가정에서 성교육의 필요성 1가지를 설명한다.	
		평가 방법	구두 질문법으로 어머니 한 분씩 질문을 하여 학습목표를 평가한다.	
	차시 예고, 인사	10대 임신에 대한 다음 수업을 이번 시간에 배운 것과 연관 지어 예고한다.		

3 학습목표

(1) 학습목표 의의

방향성	• 수업의 방향성을 제시해 주며 필요한 교육 이외의 방향으로 이탈하지 않도록 한다. • 바람직한 학습경험을 계획, 수행, 평가하도록 교육의 방향을 설정한다.
기대감	• 학습목표를 분명히 설정 · 제시하여 대상자들이 기대감을 가지고 교육에 임한다. • 학생들이 보건교육 목표를 정확히 알면 학생 스스로 계획을 세울 수 있어 학습의 효과가 높아진다.
방법	어떤 교육방법이 사용되어야 하는가에 관해 지침을 제시한다.
평가 내용, 기준	결과를 어떻게 평가해야 하는가에 관해 구체적 지침을 제시한다.

(2) 일반적 학습목표

정의	• 일반적 학습목표는 구체적 학습목표에 대한 상위목표로, 구체적 학습목표를 포괄한다. • 하나의 일반적 학습목표를 위하여 여러 개의 구체적 학습목표가 설정된다. • 학습과정을 통하여 대상자들이 전반적으로 갖추어야 할 기능으로, 추상적이며 학습의 전반적인 방향을 제시한다.

예제	• 일반적 학습목표 : 교육매체 활용의 중요성을 알고 적합한 매체를 선택하여 활용할 수 있다.
	• 구체적 학습목표
	  − 교육매체 활용의 중요성을 설명할 수 있다.
	  − 교육매체의 종류를 열거할 수 있다.
	  − 교육매체의 종류별 장단점 및 유의점을 설명할 수 있다.
	  − 적합한 교육매체를 선택하여 올바로 활용할 수 있다.

(3) 학습목표의 필수 조건(작성 시 원리) [국시 2002 · 2003]

학습영역 결정	• 학습이 필요한 영역이 인지적 · 정의적 · 심동적 영역 중 어느 영역의 어떤 수준인지 결정 • 학습자가 이전에 몰랐던 지식 · 태도 · 기술로, 보건교육 실시 결과에 의해 학습자들이 지녀야 할 지식 · 태도 · 행위 기술
한 가지 목표	각 행동 목표에 한 개의 목표만 진술하여 한 문장 안에 단일 성과만 기술
독립된 표현	행동 목표는 다른 행동 목표와 중복되지 않고 독립된 표현
명시적 목표	최종 행동이 모든 사람에게 충분히 의사소통이 되도록 교육자와 학습자가 명확히 이해하는 명확성 • 암시적 목표 : 안다, 이해한다, 인식한다. • 명시적 목표 : 구별한다, 짝짓는다, 기술한다, 시범한다.

행동 용어 [국시 2020]	• 분명한 의미의 구체적인 명시적 목표의 행동 용어로 동사를 사용 • 교육 목표가 달성되었을 때 학습자에게 일어날 변화 과정인 행동으로 진술
관련성 [국시 2020]	• 변화하고자 하는 학습목표와의 밀접한 관련성을 가짐 • 변화하고자 하는 지식, 태도, 행위와 밀접한 관련을 가짐 • 현재 지역사회, 학교가 당면하고 있는 긴급한 건강문제와 관련성을 가짐
실현 가능성 [국시 2020]	• 학습자의 능력에 부합되어 실제 생활에서 행동에 옮길 수 있는, 실현할 수 있는 목적을 설정 • 보건교육은 교육에 필요한 자원 동원이 가능한 것
관찰 가능성	학습목표 도달 여부를 눈으로 관찰할 수 있는 관찰 가능성
측정 가능성	학습목표 성취 정도를 측정할 수 있는 측정 가능성
수정 가능성 [국시 2020]	목표의 수정 가능성으로 주기적인 검토와 수정 및 보완이 가능

(4) 행동목표 구성 원칙(포함요소) [국시 2003, 2007 · 2017 기출]

| ABCD 진술 |

Mager	도착점 행동(B)	조건(C)	평가기준(D)
진술형태	• 정의하다, 진술하다 • 계산하다, 비교하다 • 결정하다 • 분석하다 • 분류하다, 창작하다 • 비평하다, 설계하다 • 선택하다, 조직하다 • 측정하다	• 제시된 그림을 보고 • 다음의 표에서 • 다음의 예를 통하여 • 기구가 주어졌을 때	• 몇 분 이내 • 몇 시간 안에 • 몇 개 이상 • 정확하게 • 즉각적으로
학습자 (Audience) [국시 2020]	➲ 학습자를 주체로 진술 • '할 수 있게 한다'(교육가 주체) ✕ • '할 수 있다'(학습자 주체) ○		
내용 (Context)	변화시키고자 하는 학습할 교육 내용 진술		

상황, 조건 (Condition)	정의	• 조건이란 도달점 행동을 수행해야 할 일련의 상황을 의미 • 어떤 상태에서 어떤 행동을 기대하는지에 대한 시기와 조건을 제시
	예	질문, 과제제시 방식, 학습자료, 장비, 도구, 시간제한, 장소, 물리적 환경, 심리적 환경 등을 의미
	제한	제거해야 하는 자료, 제한사항, 제약조건 제공

수행기준 선택요건 (Degree)	정의	수행표준 혹은 준거란 도달점 행동의 달성 여부를 판단할 수 있는 기준(구체적인 성취기준)
	예	정답률(최소한의 정답 수), 시간적 기준, 요구되는 속도, 평가할 수 있는 정확률

도달점 행동 (Behavior)		• 학습과정이 아니라 학습된 결과로 학습자에게 기대되는 최종 행동, 변화되어야 할 도달점 행동적 기술 • 직접 관찰할 수 있는 동작을 묘사하는 행위동사(action verbs)로 진술 • 도달점 행동에는 내용과 행동의 2가지 요소를 반드시 포함하여야 함 • 어떤 내용(자료, 조건, 상황)에 대해 어떤 행동을 수행해야 하는지를 구체적으로 명시
	관찰 ○	'계산한다, 발음한다, 분해한다'는 외현적 행동, 직접관찰 가능
	관찰 ×	'안다, 이해한다, 파악한다, 감상한다' 등은 관찰할 수 없는 내재적 행동

진술의 예	학습목표를 제시했을 때(조건) 학습목표에 맞는(기준) 교육방법(내용)을 바로 제시할 수 있어야 함(행동용어)

상황, 조건(C)	수락기준(D)	내용(C)	도달점 행동(B)
주어진 시간 내	정확히	응급처치법을	시범할 수 있다.
자궁 내 장치 시술의 부작용을 5가지 제시하였을 때	4개 이상 정답을	자궁 내 장치 시술의 부작용을	선택할 수 있다.
제시된 그림을 보고	정확하게	치아건강에 이로운 음식과 해로운 음식을	분류할 수 있다.

• 학생들은(대상) 주어진 시간 내(조건) 정확히(수락기준) 응급 처치법(내용)을 시범할 수 있다(도달점 행동).
• 자궁 내 장치 시술의 부작용(내용)을 5가지 제시하였을 때(조건) 4개 이상 정답을(평가기준) 선택할 수 있다(행동 용어).
• 제시된 그림을 보고(조건) 치아건강에 이로운 음식과 해로운 음식(내용)을 정확하게(평가기준) 분류할 수 있다(행동 용어).
• 대상자는 간호사의 도움 없이(조건) 인슐린 자가 주사(변화내용)의 다섯 단계를(기준) 스스로 실시할 수 있다(행동 용어).
• 비만예방 : 학생들은 하루 식단을 작성할 때(조건) 칼로리가 적은 식이(변화내용)로 세 끼 식사를(기준) 구성한다(행동 용어).
• 학생들은 흡연으로 발생할 수 있는 질병(내용)에 대한 질문에(조건) 3개 이상(기준)을 설명할 수 있다(행동 용어).
• 약물사용과 관련된 용어에 대한 질문 3가지를 제시했을 때 2개 이상의 정답을 선택할 수 있다.

(5) 인지적 영역 [2005 기출]

정의		지식이 증가할수록 그 지식의 사용 능력과 이용하는 능력도 증가함을 의미한다.
지식/ 암기	정의	사실, 개념, 원리, 방법, 유형, 구조, 정보를 회상해 내거나, 기억했다가 재생해 사물의 이름을 말하고 현상을 보고 아는 것을 의미한다.
	예	• 대상자들은 흡연의 피해를 열거할 수 있다. • 학생은 AIDS 원인균의 이름을 말할 수 있다 • 인슐린을 맞으면 당뇨병이 조절된다고 말한다. • 당뇨식이를 해야 혈당이 조절된다고 말한다. • 하루에 필요한 칼로리를 말한다.
이해	정의	이전에 경험했던 어떤 것을 새로운 형태로 생각하는, 학습한 내용의 의미를 파악·해석·추론하는 능력이다.
	예	• 대상자들은 니코틴의 작용을 말할 수 있다. • 학생은 AIDS가 발생하는 기전을 설명할 수 있다. • 인슐린의 주사 목적을 설명한다. • 당뇨식이로 인한 혈당 조절을 설명한다.
적용	정의	구체적·특수한 상황에 과거에 학습한 자료·지식·아이디어·규칙·이론·기술적 원리·방법의 추상성을 사용한다.
	예	• 대상자들은 심장질환과 니코틴의 작용을 관련지어 말할 수 있다. • 당뇨가 감염 위험이 높다는 것을 알게 되어 발 간호에 활용한다. • 적절한 혈당수준을 유지할 수 있도록 매일의 인슐린 용량을 조정한다. • 적절한 혈당수준을 유지할 수 있도록 당뇨식이를 식사 계획에 활용한다.
분석	정의	아이디어의 위계와 관계가 분명해지도록 주어진 자료를 부분이나 분류로 나누는 것으로, 부분 간 관계와 차이점을 구별하는 능력이다.
	예	• 담배의 물질 중 니코틴에 의한 질환과 타르에 의한 질환을 비교한다. • 흡연으로 인한 증상과 자신에게서 나타나는 증상을 비교한다. • 인슐린·식사·활동과 당뇨병의 관계를 논의한다. • 과도한 탄수화물 식이로 발생하는 고혈당 증상과 탄수화물 섭취 부족으로 발생하는 저혈당 증상을 비교한다.
종합	정의	부분이나 요소들을 합하여 전체로서 하나가 되도록 하거나 주어진 내용에서 새롭고 독특한 자료를 창조, 문제를 새롭게 해결하는 방법을 찾는다.
	예	• 대상자들은 금연방법을 참고하여 자신의 금연계획을 작성한다. • 자신의 당뇨병 관리를 위해 학습내용을 통합하여 자신의 당뇨 관리 계획을 세운다. • 당뇨식이 방법을 참조하여 자신의 당뇨식이 계획을 만든다.

평가 [국시 2007]	정의	• 주어진 목표에 대하여 자료나 방법의 가치에 관해 판단하는 것을 의미한다. • 특정 자료, 방법에 질적 · 양적인 가치판단을 한다.
	예	• 목표에 비추어 당뇨병의 조절상태를 비교한다. • 당뇨식이의 적절성을 혈당 기준에 맞추어 판단한다. • 정상체중 유지, 규칙적인 운동과 같은 표준(설정한 기준)에 비추어 자신의 건강행위를 판단한다. • 대상자들은 자신이 계획한 금연계획을 실천 가능성에 따라 평가한다. • 골다공증 예방 계획에 따라 건강행위를 판단한다.

(6) 정의적 영역 [국시 2000, 서울 2006]

정의 [국시 2004]		• 내면화의 원리에 따라 가장 낮은 단계인 감수에서부터 점차 높은 수준인 성격화의 단계로 옮아간다. • 느낌 · 정서의 내면화가 깊어짐에 따라 대상자의 성격 및 가치체계에 통합됨이 증가한다.
감수, 수용 (receiving)	정의	• 단순히 수용하는 것, 의식하는 것을 의미한다. • 어떤 현상과 자극을 받아들이고 듣고 수긍하며 인식 · 주의를 기울이고 관심을 보인다.
	예	• 담배연기로 죽어가는 쥐를 들여다본다. • 금연 예방에 대해 관심을 가질 수 있다. • 가족계획 강의에 관심을 보인다. • 성교육에 관심을 보인다. • 피임법에 관심을 보인다.
반응 (response)	정의	선택한 자극, 활동, 대상에 적극적으로 참여하고 선호, 비선호의 감정 등 다양한 표현(반응)을 한다.
	예	• 대상자는 담배가 자신과 가족에게 매우 해롭다고 말한다. • 금연 예방에 대한 자신의 생각이나 느낌을 발표할 수 있다. • 식이기록을 적거나 자발적으로 많은 정보를 얻고자 과제를 해낸다. • 안전한 성행위를 실천해야 한다고 말한다. • 피임을 실천해야 한다고 말한다.

가치화 (valuing) [국시 2007]	정의	• 사물이나 어떤 활동에 의미, 의의, 가치를 추구하여 자신이 좋아하거나 싫어하는 것에 대한 내면화 정도를 충분히 일관성 있게 행동으로 나타낸다. • 자의적으로 헌신·몰입하며 가치를 갖고 있음을 타인이 확인한다.
	예	• 금연계획을 세우고 담배를 줄여가며 금연 스티커를 자신이 볼 수 있는 곳곳에 붙여놓는다. • 친구들에게 금연을 권한다. • 성관계를 할 때 성병과 임신을 예방할 수 있는 콘돔을 사용한다. • 친구들에게 피임법을 권한다. • 학생들은 성 충동이 있을 때 운동을 하여 성 충동을 억제한다.
조직화 (organization)	정의	• 사물, 현상, 활동 등을 판단하는 기초로, 가치를 복합적이고 서로 다른 수준의 가치들과 비교하고 분류, 순서를 매겨 체계화한다. • 가치들의 관계를 정하며 가치들의 관계가 조화로우며 내적으로 일관성이 있다.
	예	흡연의 유혹을 피하기 위해 아침 식사 후 커피 대신 과일을 먹는 등 생활양식을 체계적으로 실행한다.
		성 충동 예방과 건전한 성 의식을 위해 음란물을 보는 대신 운동을 한다.
성격화(인격화, characterization)	정의	• 조직화에 의한 일관된 가치 체계가 인격의 일부로 내면화된 인격화가 되며, 개인의 생활 지배로 행동의 기준이 된다. • 가치관을 지속적·일관적으로 형성하여 이후 행동까지 예측할 수 있을 정도로 적극적으로 통제한다.
	사례	• 지역사회 금연운동에서 자원봉사자로 활동한다. • 금연을 쉽게 할 수 있는 방법을 개발하여 다른 사람들과 함께 공유한다. • 조깅을 6개월, 1년 이상 동안 계속하여 가치가 내면화되었다. • 성 충동 예방과 건전한 성 의식을 위해 음란물 시청 중지를 1년 이상 계속한다. • 지역사회에서 피임 사용에 대한 자원봉사자로 활동한다.

(7) 심리운동 영역

정의	• 행동하는 행위를 다룬다. • 신경-근육의 조정을 필요로 하는 기술의 발휘 정도를 말한다. • 지각(단서 선택), 유도반응(모방·시행착오), 기계화(자신감·습관적 행위), 태세고정 등이 속한다. • 심리운동 영역 수준이 증가할수록 신체적 기술의 수행 능력이 증가한다. 예 올바른 칫솔질, 손 씻기, 보조기를 이용한 보행방법, 유방자가검진

02

지각 (perception)	정의	감각기관을 통해 대상의 질이나 관계를 알게 되는 것으로, 감각적으로 자극을 받아 단서들을 지각하는 과정이다.
	예	• 노인들은 운동 시범자가 보이는 근력운동을 관찰한다. • 대상자는 간호사의 유방자가검진을 관찰한다. • 학생은 보건교사의 자동제세동기 사용을 관찰한다.
태세 (set)	정의	특정한 활동을 위한 준비로 정신적·운동적 준비상태이다.
	예	• 노인들은 운동하기 위해 필요한 고무 밴드를 하나씩 집어 든다. • 대상자는 유방자가검진을 위해 유방모형 앞에 있다. • 학생은 자동제세동기를 사용하기 위해 자동제세동기 앞에 있다.
지시에 따른 반응 (안내에 대한 반응, 유도반응) (guided response)	정의	• 교육자의 안내, 지도하에 학습자가 외형적인 행위를 하는 것이다. • 활동에 앞서 반응을 할 준비성과 적절한 반응의 선택이 필요하다.
	예	• 노인들은 운동시범자의 지시에 따라 고무 밴드를 이용한 운동을 따라한다. • 대상자는 간호사의 유방자가검진 지도하에 유방자가검진의 각 단계를 실시한다. • 학생은 보건교사의 자동제세동기 사용에 대한 지도하에 자동제세동기 사용의 각 단계를 실시한다.
기계화 (mechanism)	정의	학습된 반응이 습관화되어 학습자는 행동수행에 자신감을 가지고 습관적으로 행동한다.
	예	• 노인들은 음악을 들으며 스스로 운동을 한다. • 대상자는 간호사의 도움 없이 유방자가검진을 한다. • 학생은 보건교사의 도움 없이 자동제세동기 사용을 한다.
복잡한 외적 반응 (complex overt response)	정의	고도의 기술 습득으로 최소한의 시간·노력·에너지 등이 복합적으로 요구되는 활동을 수행한다.
	예	• 노인들은 집에서 텔레비전을 보면서 고무 밴드를 이용한 운동을 능숙하게 실행한다. • 유방자가검진을 빠짐없이 능숙하고 완전하게 실행한다. • 자동제세동기 사용을 빠짐없이 능숙하고 완전하게 실행한다.
적응	정의	신체적 반응이 새로운 문제 상황에 대한 대처로 기술이나 활동을 변경하여 수행한다.
	예	대상자들은 고무 밴드가 없는 운동회관에서 고무 밴드 대신 끈을 이용하여 운동을 한다.
창조	정의	이해, 능력, 기술을 바탕으로 새로운 활동을 다루는 방법을 창안한다.
	예	대상자는 다양한 기구(도구)를 활용하여 운동을 한다.

4 학습내용

(1) 학습내용 선정 기준 [국시 2007]

교육 목표 관련성 (타당성)		교육 목표와 관련성 있게, 제시된 학습목표를 기준으로 학습내용을 설정한다. **예** "가족계획 방법의 장단점을 알고 적절한 가족계획 방법을 선택한다"가 학습목표라면 가족계획 방법의 장단점을 학습내용으로 선정한다.
대상자 관련성	peek	대상자의 성장 발달상태(p), 흥미·관심·욕구(e), 이전 경험(e), 지식 정도(k)이다.
	지식, 태도, 행동	학생들의 지식·태도·행동과 관련하여 건강지식을 증가시키고 건강태도를 증진시킬 수 있으며 건강행동을 채택하도록 자극할 수 있다.
사회적 적절성		• 대상자가 살고 있는 가정·지역사회에서 요구되는 내용이다. • 사회적·현실적 여건에 적합한 내용으로 사회적 건강 요구를 반영한다.
중요한 건강 문제		• 대상자의 건강관리를 위해 건강에 중요한 내용으로, 예방 가능한 건강문제이다. • 사고, 폭력, 자살, 영양, 비만, 에이즈, 성병, 10대 임신, 약물 오·남용, 만성질환, 운동부족과 같은 건강문제 등이 해당된다.
활용 가능 (영속성)		• 실제 생활에 폭넓게 활용 가능한 내용이어야 한다. • 대상자의 건강관리를 위하여 기여하는 내용이어야 한다.
최신(지식의 참신성과 정확성)		선정된 학습내용은 관련되는 많은 참고문헌을 고찰하여 최신의 이론, 과학적 근거·지식·기술을 학습내용으로 선정한다.
넓이와 깊이 균형		내용의 범위, 깊이의 균형이 적절하여 광범위하거나 피상적이어도 안 되고 제한된 내용만 깊게 다루어서도 안 된다.

(2) 학습내용 조직 : 타일러(Tyler) [2008·2017 기출]

수직측면	계속성	학습경험의 여러 요소들을 어느 정도 계속적으로 반복 경험할 수 있도록 조직
	계열성	교과의 선행 내용을 기초로 후속내용의 질적인 심화와 양적인 확대
수평측면	통합성	교육내용들의 관련성을 바탕으로 교육내용들을 하나의 교과나 단원으로 묶거나, 관련 있는 내용들을 서로 연결하여 제시
계속성 (continuity)		• 교육내용의 주요 요소·개념·중요한 원리·핵심내용을 계속해서 반복적으로 학습하는 것 • 교과내용 중에서 중요한 원리나 개념 또는 기술 등에 완전히 익숙해지도록 그것을 연습하고 훈련할 수 있는 기회가 반복적으로 주어지는 것 • 특정 개념의 학습에서 이해가 더욱 깊어지고, 적용범위가 넓어지며, 분석이 정밀해지고, 보다 더 의미 있는 종합적인 학습이 되도록 하는 것

02

계열성 (sequence, 논리적 조직) [2008 기출]	• 교육과정 내용이 제시되는 시간적 순서로, 학습자의 다양한 발달단계에서 학습자의 성취능력을 고려하여 주로 낮은 수준에서 높은 수준으로 조직하는 것 • 같은 개념을 반복하면서 이것을 발판삼아 한 단계 더 나아가도록 조직하는 것 • 교과나 학문의 논리 조직 → 선행 내용을 기초로 후속내용의 질적인 심화와 양적인 확대 **예** 한 자릿수 덧셈을 배운 후 두 자릿수 덧셈으로 나아가기
	• 조직은 연대순 • 요소에서 복합 • 전체 → 구체적 부분 • 이미 알고 있는 것(익숙) → 모르는 것(미숙, 새것) • 단순한 기술 → 복잡한 기술 • 단순한 것 → 복잡한 것 • 쉬운 내용 → 어려운 내용 • 학습자에게 덜 위협적인 것 → 더 위협적인 내용 • 가까운 것 → 먼 것 • 구체적인 것 → 추상적인 것 • 직접적인 것 → 간접적인 것
통합성 (integration)	• 개개인의 학습경험이 개념·기능·가치들이 상호 연결·통합됨으로써, 상호 강화되어 보다 효과적인 학습과 성장을 촉진할 수 있다는 것 • 학습자에게 통합된 경험을 제공 **예** 생물, 화학, 사회, 지리, 윤리 등 다양한 과목에 걸쳐 상호관련이 있는 환경공해문제에 대해 내용을 통합적으로 조직
범위 (scope)	• 교육과정 내용의 폭과 깊이에 관련된 원리로, 어떤 내용을 얼마만큼이나 폭 넓고 깊이 있게 다루어야 하는가에 대한 문제 • 학습자의 발달수준과 제한된 여건 속에서 가장 알맞은 범위로 조직해야 함 **예** 일반 교과와 특수교과, 필수교과와 선택교과가 균형 있게 조직되어야 함

(3) 내용조직(배열)의 방법

	심리적 조직	논리적 조직 [2008 기출]	절충적 조직
설명	학생의 심리적 특성을 토대로 배열하는 방법	교과나 학문의 논리적 구조에 따라 조직	논리적 방법과 심리적 방법을 절충한 것
내용배열 (조직)	학생의 성숙과 성장 발달의 특징, 심리적·정신적 경험의 민감성, 흥미와 욕구, 학습의 곤란도, 성공이나 실패 등 → 교육내용을 배열	❏ 조직방법 • 쉬운 것 → 어려운 것 • 구체적 → 추상적 • 가까운 것 → 먼 것 • 간단 → 복잡 • 익숙 → 미숙 • 전체 → 부분	학습자의 흥미를 중심으로 하면서 한편으로는 교재의 논리적 순서와 그 발전이 보장되도록 배열
장점	심리적 특색 토대 → 논리적 방법에 비해 진보적 방법		학생의 발달순서와 교재의 논리적 발전을 조화롭게 취급

5 평가계획 [1999 기출]

cf) 지역사회 평가의 구성 요소: 평가자, 평가시기, 평가범주, 평가방법(평가도구), 평가기준

평가자	누가 평가할 것인지 정함		
평가시기	언제 평가할 것인지 정함		
평가내용과 평가방법	평가영역	달성해야 할 목표가 지적·정의적·심리운동 영역 중 어느 영역에 속하는 것인지 평가	
	영역	내용	방법
	인지적 영역	• 건강에 관한 지식 • 건강 수칙에 대한 이해 • 건강증진에 필요한 종합적 사고력, 판단력	질문지, 구두질문, 자기보고서
	정의적 영역	건강증진을 위한 실천 의지와 태도·흥미 평가	질문지, 자기보고서, 평정법(태도 척도를 통해 측정), 관찰법
	운동기술 영역 [국시 2009]	• 건강증진 행위 기술 • 문제상황 대처 기술	실기의 시범, 관찰법, 평정법(관찰자가 평정 받는 객체를 항목·숫자의 연속체 위에 분류하는 측정 도구), 자기보고서 → 학생이 자기의 행동을 판단해서 보고

성취기준과 평가기준	성취기준	평가기준		
		상	중	하
	학습목표 도달 기준			

성취기준	평가기준			평가방법
	상	중	하	
생명의 소중함을 2개 정도 말할 수 있는가?	생명의 소중함을 3가지 이상 말한다.	생명의 소중함을 2개 정도 말한다.	생명의 소중함을 한 가지만 말한다.	구두 질문

02 보건교육방법

1 방법선정의 기준(교육방법 선택 시 유의사항) [국시 2000 · 2004 · 2007, 2000 · 2007 기출, 경북 2006]

교육대상자	크기 (수)	• 보건교육에 참여하는 대상자 수는 교육방법 선정에 커다란 영향을 미침 • 집단의 크기는 30명 정도까지는 시범 · 역할극이 추천되고, 15명까지는 집단 교육을 추천 • 토의나 추천강의는 대상자의 크기에 관계없이 대상자 수가 많을 때 활용
	출발점 행동	교육내용을 구성하기 위하여 반드시 사정하여 반영하여야 함
	특성 (사전경험, 교육수준)	• 대상자의 교육수준, 학습능력, 흥미, 과거 경험, 사회 · 경제적 수준 고려 • 연령, 학력이 낮을수록 역할극, 집단 토의, 시범에 흥미롭게 참여 예 유치원생에게 설명이 주가 되는 강의보다 인형극, 역할극을 활용할 경우 학습목표에 쉽게 도달함
학습목표	영역	• 학습목표 영역이 지식, 태도, 기술 중 어느 것인지 고려 • 학습목표가 지식인지, 긍정적 태도의 변화인지, 잘못된 행동의 바른 교정인지에 따라 교육방법이 다름 – '수인성 감염병 예방법' 설명: 프로젝트법 작성 – '스트레스 관리법': 역할극 활용
	수준	• 지식의 수준, 태도변화 수준, 복잡한 기술에 따라 선정 방법이 달라짐 • 학습목표가 단순히 지식을 암기하거나 내용을 이해하는 수준이라면 교육방법으로 강의가 적합하겠으나, 복잡한 기술 습득이 학습목표라면 시범이 적합
교육자		교육방법에 대한 교사의 지식, 흥미, 능력으로, 자신의 장단점을 정확히 파악하여 능숙하게 활용할 수 있는 교육방법의 종류를 확대

학습환경 (장소 및 시설)	• 교육이 이루어질 학습 환경인 교육 장소, 시설에 적합한 학습 방법 선택 • 교육 장소의 넓이, 장비 사용 가능 유무에 따라 교육방법이 달라질 수 있음 **예** 마이크 시설·의자를 자유롭게 움직일 수 있고 뒷좌석까지 다 보고 들으면 역할극이나 패널토의
교육시간, 시기	• 짧은 시간에 다양한 방법을 적용하기 곤란하므로 시간의 제약이 있는지 확인 • 시간이 충분하지 못하다면 강의식 방법이 선택될 수 있음
기타	보건교육 주제, 인적 자원, 교육자의 능력(자질), 예산의 제한점

2 보건교육방법의 분류

대상자 중심 교육방법 (대인접촉 교육방법)	개별보건교육	면접, 상담
	집단보건교육	강의, 집단토론, 심포지엄, 패널토의, 분단 토의, 역할극, 시범, 브레인스토밍(brainstorming), 워크숍, 캠페인, 세미나, 현장학습, 시뮬레이션 및 사례연구, 연사초빙, 팀 프로젝트 등
대중매체 중심 교육방법	전기전파 활용, 인쇄매체 활용	
지역사회조직 활동을 통한 교육방법	기존 조직 활용, 새로운 조직 활용	

3 상담

정의 [국시 2001]	피상담자의 자기이해와 태도, 행위가 바람직한 방향으로 변화되고 문제해결이 이루어지도록 상담자가 전문적으로 도와주는 과정		
상담의 목표 [국시 2004·2009]	자아인식	새로운 자아인식을 하도록 도와 내담자는 인식을 넓힘	
	태도, 행동 변화	내담자가 긍정적 태도와 행동 변화	
	문제해결	• 해결할 문제를 확인하고 이해하며 문제해결 방안을 제시해 주는 것이 아니라, 대상이 처한 문제의 상황·요구를 명확히 규정하는 것 • 해결의 실마리를 찾아 대상자가 문제해결방법을 알도록 함	
	정신건강 증진	내담자는 타인과 적응하며 정신건강 증진	
상담의 진행과정 (상담과정) [공무원 2008]	초기단계	신뢰 형성	편안한 분위기 조성, 친화적 관계 형성으로 신뢰관계 형성, 라포르 형성 발전
		경청	상대방의 이야기 경청은 대상자에 대한 신뢰와 존중을 얻기 위해 내담자를 이해하여 적절한 해결책을 찾는 데 도움이 됨

	활동단계	문제 탐색	상담의 목적을 탐색하여 지금까지의 행동과는 다른 변화를 요구하는 내담자의 행동방향을 상호 탐색
		문제 이해	내담자로 하여금 자신의 문제에 직면하여 내담자가 가진 문제를 정확히 이해하고 규명할 수 있도록 함
		문제 해결	• 바람직한 생각·태도와 행동화하는 목표에 도달할 수 있는 구체적·효과적 문제해결 실천방안을 검토 및 실행 • 건설적·적응적 대처기전을 배우도록 격려하여 문제 해결
	종결단계		상담의 목표가 달성되어, 긍정적 생각과 태도와 행동을 할 수 있도록 지지하여 도움 없이도 자신의 문제를 해결하고 상담이 성공적이라는 상호 만족한 상태가 될 때 상담 종결
상담의 원리, 상담기술 : 상담 시 유의사항 [2009 기출, 국시 2006]	개별화 원리	정의	내담자의 독특한 성질을 알고, 개인의 개인차·개성을 이해하고 인정하는 범위 내에서 각기 다른 원리, 방법을 활용하여 상담
		정의	내담자가 부정적 감정을 자유로이 표명하려는 욕구를 의식하고 내담자의 감정표현을 비난·좌절시켜서는 안 됨. 충분히 감정을 표시하도록 끝까지 인내하며 경청 • "마음이 많이 상했군요", "화가 많이 났었군요" 등은 대상자의 감정을 누그러뜨림
	수용의 원리	정의	충분히 감정을 표시할 수 있도록 내담자의 장단점, 바람직한 성격, 그렇지 못한 성격, 긍정적 감정, 부정적 감정을 그대로 받아들여야 함
		효과	| 신뢰 형성 | | 가치감	존엄성, 자기 가치감 증가
표현 격려	환자의 표현 격려
공감	공감을 발전시킬 때 사용하며 공감은 자신을 다른 사람의 입장에서 생각하고, 그 사람의 감정을 이해하는 것	
	통제된 정서 관여의 원리	정의	상담자는 자신의 감정을 적절하게 통제·조절하며 내담자의 정서 변화에 민감. 내담자의 감정을 이해하고 적절히, 적극적으로 관여하여 반응
	비심판적 태도의 원리	정의	• 내담자의 문제에 옳다/그르다의 판단을 내리지 말아야 함 • 죄책감, 열등감을 가져 타인의 비판에 예민하므로 내담자는 자기의 잘못, 문제를 나무라거나 질책하는 것을 두려워함 예 판단 : 동의, 칭찬, 비난, 판단, 이견
	자기결정의 원리	정의	• 상담자는 문제를 해결해 주는 사람이 아니라 문제를 발견하고 문제를 해결하도록 도와주는 역할 • 대상자가 변화의 주체가 되어 문제를 해결하도록 도움

		• 지시 · 명령 · 훈계 · 설득 · 충고 · 권고는 대상자 중심의 해결방안이 될 수 없어 피함 • 상담자는 내담자와 함께 문제 해결로 내담자의 잠재능력 · 장점을 발견하고 활용하고 사회적 자원을 알게 함으로써 자기선택 · 자기결정의 참고자료로 삼음(암시 · 제안)
	효과	내담자 스스로 자율성, 자존감을 향상시킴
비밀보장의 원리	정의	• 비밀이 보장됨을 알려주고, 상담자가 내담자와의 대화 내용을 아무에게나 이야기하는 습관을 버리고 비밀을 지킴 • 대상자가 특별히 요청할 때는 부모 · 형제에게도 비밀을 지켜주어야 신뢰관계 지속 필요한 경우 피해자를 도와줄 목적에 한해서 본인의 동의를 받고 다른 상담원, 기관과 의논이 가능함
	예외	• 예외로 내담자가 약물, 범죄, 폭력, 자살의 단서가 있을 때는 부모와 의논하고 관계 기관의 협조로 사고 예방 • 내담자와의 비밀 엄수만 고려하면 내담자도 보호하지 못하고 문제를 그르칠 수 있음
긍정적 태도		대상자에 긍정적 태도로, 대상자가 어떤 문제를 가졌든 긍정적으로 받아들이며 내담자가 한 인간으로서 가치가 있다는 것을 믿게 함 **예** AIDS 감염을 염려하여 상담하러 온 남학생에게 비도덕적 · 비윤리적 태도로 대한다면 신뢰감을 주지 못함
현재 문제		현재의 문제만 가지고 상담하여야 쉽게 공감대가 형성됨. 이야기하지 않은 과거나 다른 문제까지 덧붙여 얘기하는 것은 문제해결에 도움이 되지 않음
장점	높은 교육효과	개별적으로 진행되어 한 사람만을 상대로 정확한 문제의식을 가지고 상담. 교육자와 대상자 간의 상호작용이 많아 집단교육에 비해 교육효과가 높음
	스스로 문제 해결	대상자 스스로 문제 해결 방안 모색
	비밀 [국시 2005]	개인의 비밀에 속하는 건강문제 해결에 효과적 **예** AIDS, 결핵, 성관련 문제, 미혼모, 유산
	다양한 적용	병원, 학교, 산업장, 가정, 지역사회 등 보건사업 현장 어디에서나 다양하게 적용
	행정적 노력 적음	모이는 시간을 할애하는 행정적 노력이 필요 없음
단점	경제성 적음	인원, 시간 소요에서 경제성이 적음
	집단 상호작용 적음	집단 상호작용, 지지를 제공할 수 없음
	공간	상담을 위한 특별한 공간 필요

4 면접(interview)

정의 [국시 2005]	• 대면관계에서 필요한 정보를 얻고자 하는 목적이 있는 대화이다. • 면접자는 대면관계에서 언어를 도구로 사용하여 특정분야의 학문 · 기술을 가지고 면접을 진행하는 전문적 대화자이다. • 면접자와 피면접자 사이에 목표를 가지고 생각 · 정보를 교환하는 기술적 · 전문직업적 대화로, 면접을 통해 내담자의 개인정보 · 배경 · 호소 문제 · 환경 정보 등을 파악한다. • 정보수집 방법 : 대상자와 면접		
면접 시 유의사항	계획	면접 계획을 철저히 수립한다.	
	준비	면접 목적과 면접에 필요한 준비를 철저히 한다.	
	언어	피면접자의 특성과 수준을 고려한 어휘나 표현을 사용한다.	
	기록	면접 즉시 기록한다.	
	비밀	면접 결과의 비밀을 보장한다.	
질문방법 [1993 기출]	개방적 질문	특정 문제에 의견을 자유롭게 표현하도록 묻는다. • "~에 대한 생각을 말해 주십시오"라는 질문은 개방된 견해를 이끈다. • 응답자가 자유롭게 자신의 생각을 밝히면 다음에 구체적으로 직접적인 질문을 한다.	
	예/아니오 질문	• 예/아니오 질문은 대답할 사람이 의견이나 느낌을 충분히 표현하지 못한다. • 대답할 사람이 충분히 자신의 의견을 자유롭게 표현하고 난 후 문제점을 명백히 하기 위해 필요하다.	
	유도 질문	• 긍정적인 대답을 유도하는 질문은 바람직하지 않다. • "~라고 생각하지 않습니까?"라고 묻는 경우 응답자는 거의 항상 동의를 하게 되므로 자신의 의견을 정확히 표현하기 어렵다.	
	많거나 적은 질문	지나치게 많은 질문은 대상자를 혼돈하게 한다. 적은 질문은 관심이 없어 보이므로 피한다.	

면접 종류			
개별면접	방법	한 명의 후보자가 한 명의 면접관과 개별적으로 질의 응답하는 방식이다.	
	장점	정확히 파악	한 명에 대해 많은 시간을 할애할 수 있어 후보자를 정확히 파악하기 좋은 방법이다.
	단점	시간	한 명의 후보를 검증하는 데 많은 시간이 걸린다.
패널면접 [2020 기출]	방법	한 명의 지원자에게 두 명 이상의 면접관들이 질문을 하여 평가하는 면접이다.	
	장점	신뢰성	지원자 한 명을 다수의 면접관이 관찰 평가하여 면접점수의 신뢰성이 높다.
		다양한 평가	여러 명의 면접관에 의한 다양한 질문은 후보자에 대한 다양한 정보를 얻어 구체적이고 다양하고 종합적인 평가를 한다.
	단점	심리적으로 위축될 수 있다.	

집단면접	방법		여러 명의 면접관이 동시에 여러 명의 지원자를 평가하는 면접 방식이다.
	장점	비교	같은 질문으로 후보자들을 서로 비교해볼 수 있다.
		시간	한 번에 많은 인원에 대한 평가가 이루어져 시간 소모가 적다.
	단점		깊이 있는 정보가 부족하다.
집단토론면접	방법		일정한 주제나 과제가 제시되고, 면접지원자들의 토의를 보고 평가하는 방식이다.
	장점	종합적 평가	지원자의 이해력, 협조성, 판단력, 표현력, 설득력, 책임감, 성실성 등의 종합적인 태도와 능력을 평가하는 방식이다.
	단점	익숙	토론 기술에 익숙지 못한 사람은 그 지원자의 실력을 드러내기 어렵다.

5 컴퓨터 보조수업(CAI) [2003 기출]

프로그램 학습법	개별지도 방법으로 학습 내용조직 원리, 자극-반응관계(고전적 조작화), Skinner의 강화이론에 기초를 두고 '학생이 스스로 학습할 수 있도록' 고안한 방식
컴퓨터 보조수업(CAI) 정의	• 보건교육 방법이며 매체 • 학습자들이 컴퓨터와 상호관련을 맺으며 직접적으로 수업자료를 제시, 관계를 조정 • 다양한 교육 형태로 개별적 지도를 실시함으로써 대상자의 흥미 유지, 많은 대상자를 반복적으로 교육 예 CAI 성교육, 흡연 예방
유용성	인지영역, 심리운동영역 예 호흡음 청취, 혈압을 정확하게 측정하는 법, 상처 부위 감염상태 확인
학습단계	1단계	학습해야 할 내용을 작은 단계로 나눔
	2단계	문제가 학생에게 제시되며 중간 중간에 대상자의 반응 요구
	3단계	대상자의 반응이 맞는지, 혹은 정확한지에 즉각적 회환
유의사항	자율적 학습	자율적 학습이 가능하도록 교사의 도움 없이 스스로 학습하고 해석하도록 준비
	수준별 학습	학생에게 동일 프로그램을 제공하지 말고 학생 개인차를 고려하여 개개인의 능력에 맞는 수준별 프로그램 제시
	반복 학습	반복학습 기회 부여
	평가	학습 전 평가, 학습 후 평가로 타당도, 신뢰도에 기준하여 학습목표 도달 유무 측정
	주기적 점검	개별학습은 학생중심의 자율학습이지만 교사의 계속적·주기적 학습과정 점검이 필수적

02

장점 [2003 기출]	흥미	다양한 영상과 음향으로 흥미로운 학습경험을 제공
	자율적 학습	자율적 실시로 교수-학습 과정이 개별화되어 능동적으로 제시된 학습목표에 도달
	수준별 학습	학습자가 자신의 수준·능력에 따라 수준별 학습
	반복	대상자가 원하는 부분을 반복할 수 있음
	상호작용	컴퓨터와 계속적 상호작용이 가능
	피드백	빠른 속도로, 개별 학습자의 개별적 반응으로 연습문제를 풀 때 정답에 대한 즉각적 강화적 피드백과 오답에 대한 즉각적 교정적 피드백은 학습효과·동기유발을 높임
	편리	운영상 편리하고 비용이 효과적
단점	비인간적	교육자의 세심한 배려 없이 비인간적·비교육적 가능
	효과 감소	학습자의 능력수준 평가가 이루어지지 않은 경우 효과성이 떨어짐
	흥미·동기유발 ×	의존적·수동적 학습에 익숙한 학생은 흥미·동기유발이 잘 안될 수 있음
	높은 비용	재정적 투자·프로그램 개발을 위한 전문가의 연구 필요와 하드웨어에 소요되는 비용이 높음
	비실제적	컴퓨터 모니터를 통해 재현되는 그래픽은 실제적이지 못함
	부적절한 코스웨어	질·양·다양성 측면에서 코스웨어가 부적절

6 강의

정의	• 보편적으로 모든 교육에서 가장 많이 사용되는 방법으로, 사전에 교육계획을 수립하여 실시하면 효과가 크다. • 대부분의 경우 교육내용에 관해서 교육대상자가 기본지식이 별로 없을 때 이용되는 방법이며, 교육대상자의 적극적 참여 없이도 이루어지는 언어를 매체로 하는 교수방법이다.		
유의점	인지능력	학습자의 인지능력에 적합한 학습과제 선택으로 강의주제에 학생들이 얼마나 알고 있는지 강의 전에 알아본다(지식의 준비성).	
	강의내용	교육자는 사전에 강의를 철저히 계획·준비하여 정확한 최신 정보와 내용 준비로 강의내용을 사전에 구성하고 강의내용을 충분히 이해한다.	
	언어 [국시 2014]	화법	성의 있는 화법, 열정적 태도로 임한다.
		언어 수준	강의 내용을 전달하는 언어 수준이 청중에게 적합해야 한다.
		크기	목소리는 전체가 들을 수 있도록 크고 명확하게 한다.
		속도	대상자에게 적절한 말의 속도 유지한다.

	설명	정의	정의를 사용하여 명확하고 효율적으로 설명한다.
		비교	비교형식을 사용하여 설명한다.
		실례	추상적·관념적 용어의 나열이 아니라 구체적 실례, 사실을 제시하며 설명한다.
		통계	구체적 통계를 사용하여 설명한다.
		반복	중요 부분, 기억해야 될 내용을 반복하여 설명한다.
	교육매체		강의 중 언어교육이 가지는 한계를 극복하기 위하여 언어·문자만이 아니라 다양한 교육매체·시청각 자료를 적절히 활용한다.
	참여 조장 [국시 2007]		질문을 하거나 과제를 주어 참여 조장, 교사와 학습자 간 상호작용한다.
	동기부여		학습자들의 동기부여를 위해 강의가 흥미 있게 전개되도록 주의 집중에 노력한다.
	관계		학습자들과의 우호적 관계 형성으로 관심을 갖고 항상 시선을 마주 본다.
	평가		학습자의 이해 정도로 중요 부분이 이해되었는지 구두, 설문지로 평가하고 흥미·분위기 등 반응을 체크하면서 진행한다.
	질문 [국시 2006]		교육 중 학습자들이 질문한 내용에 성의 있게 명확한 답을 제시한다. 잘 모르는 질문인 경우에 솔직하게 모른다고 하고, 다음 기회를 약속하여 다음 기회에 대답을 해 준다.
장점	지식 없는 대상자		학습자가 기존의 지식이 없을 때 이용하기 적합, 교육자의 지식을 언어적 표현능력에 따라 이해력을 높일 수 있다.
	많은 지식 제공		짧은 시간에 많은 양의 지식, 정보를 조직해 전달하여 지식을 주입하는 방법이다.
	새로운 지식 제공		새로운 교육을 시키고자 할 때 문자, 어구, 문장 등을 자유롭게 해석하여 전달할 수 있다.
	다수		다수의 학습자에게 다양하고 많은 지식을 효율적이면서 동시에 전달할 수 있고, 해설이나 설명을 실감 있게 전달할 수 있다.
	교육자	조절	교육자가 준비한 자료, 시간, 학습량 등을 교육자 재량으로 조절할 수 있다.
		가치전달	교육자의 철학 및 가치관 등이 학습자에게 전달되어 측정할 수 없는 영향을 미치게 된다.
		경제적↑	단시간에 많은 양의 교육내용이 전달되고 비용·시간을 절약할 수 있다.
	학습자	시간↓	학습자의 교육 준비 시간이 짧다.
		긴장↓	학습자들은 교육에 대한 긴장감이 적다.

단점	동기유발↓		학습자의 동기유발이 어렵고 수동적으로 될 수 있으며, 설명에 치우치면 흥미를 지속시키기 어렵다.
	일방적 지식전달─ 학습효과↓		일방적 지식전달은 학습자의 개별화, 사회화를 기대하기 힘들며, 교육자의 능력 및 철저한 준비가 부족하면 학습효과를 기대하기 어렵다.
	학습자	개인차 고려↓	개인차를 고려하지 않는 획일적 수업이다.
		수동적	교육자가 일방적으로 전달하므로 학습자가 수동적이며 문제해결능력을 가질 수 없다.
		기억↓	정보량이 많아지는 경향으로 많은 양의 지식, 정보가 전달되나 학습자가 기억하지 못한다.
		회환↓	학습자로부터 회환이 부족하다.
		흥미↓	설명에 치우쳐 흥미를 지속시키기 어려워 학습자의 동기유발이 어렵다.
		사회화↓	교사 중심의 수업이 되기 쉽기 때문에 학습자의 사회화가 이루어지기 어렵다.
	교육자	진행 파악↓	학습자의 학습 진행 정도를 파악하기 어렵다.
효율적 강의를 위해	사전 준비		• 교육자가 사전에 철저히 계획하고 준비해야 한다. • 교육내용에 대한 개요와 중요 요점을 사전에 설명해 준다. • 강의 주제에 대해서 대상자들이 얼마나 알고 있는지 강의 전에 알아 본다.
	참여 조장		• 대상자들이 질문할 수 있는 시간을 준다. • 다양한 교수매체, 보조자료 등을 적극적으로 활용한다. • 시선을 마주보면서 강의한다. • 목소리는 청중 전체가 들을 수 있도록 명확하고 크게 하여야 한다.
	평가 실시		• 중요 부분이 이해되었는지 평가해 본다(간단한 평가형식을 만들어서 활용하거나 질문을 통하여 교육결과를 파악해 본다). • 반드시 목적 도달 유무를 평가하도록 한다.

7 오수벨(Ausubel)의 유의미학습

기본 개념	새로 학습할 내용이 학습자의 인지구조 속에 존재하고 있는 기존의 개념과 어떤 연관을 지음으로써, 의미를 갖고 전이할 수 있도록 하는 데 목표를 두는 이론이다.

선행조직자 모델의 교수-학습 단계	단계	내용
	1단계: 선행조직자 제시	• 수업의 목적을 명료화시킨다. • 선행조직자를 제시한다. • 학습과제와 학습자의 경험과 지식을 연관시킨다.
	2단계: 학습과제 및 자료제시	• 자료를 제시한다. • 관심을 유지시킨다. • 조직화를 분명히 한다. • 학습과제를 논리적 순서로 제시한다.
	3단계: 인지적 조직화의 강화(요약·정리)	수업시간에 배운 내용이 학습자의 인지구조에 의미 있게 관련되었다는 가정 하에 중요부분을 강조하고 요점을 정리해 준다.

수업원리 6	① 점진적 분화	❍ 연역법 • 학습내용을 일반적인 것에서 특수한 것으로 제시해야 한다.
	② 통합적 조정	❍ 교육과정의 계열 • 새로운 개념이나 의미는 이미 학습된 내용과 일치되고 통합되어야 한다.
	③ 선행학습의 요약·정리	이전에 학습한 내용을 요약·정리해 줌으로써 학습을 촉진시킬 수 있다.
	④ 내용의 체계적 조직 원리	• 내용을 구체적으로 조직해야 한다. • 학습효과의 극대화를 위해서 학문의 내용이 계열적·체계적으로 조직되어야 한다.
	⑤ 선행조직자의 원리	인지구조를 조정하고 도입하는 단계에서 주어지는 언어적 설명이다.
	⑥ 학습준비도의 원리	발달의 수준을 고려해야 한다.

선행조직자	• 선행조직자란 새로운 학습과제보다 추상성·일반성·포괄성의 정도가 높은 자료로, 새로운 학습과제 제시에 앞서서 제시하는 자료이다. 즉, 새로운 학습내용을 이전에 배운 내용과 연결·통합하여 설명해 주는 것이다. • 구체적인 목표를 인식한 상태에서 교사가(선행조직자) 제시해야 한다. • 선행조직자는 학습 전에 제시하고 학습과제보다 높은 수준의 포괄성과 일반성이 있어야 한다.	
	선행지식 없을 때	설명조직자가 필요하다: 내용을 포괄할 수 있는 개념이나 일반적인 예를 제시하는 것이다(산 설명 후 숲, 나뭇가지 설명).

	선행지식 있을 때	비교조직자가 필요하다 : 기존 개념과 새로운 개념 간의 유사점과 차이점을 지적하면서 상호관계를 부각시켜, 새로운 개념을 명료하게 해주는 역할을 한다.
유의미학습을 위한 3대 조건	① 학습과제	실사성과 구속성이 높은 과제(학습과제가 논리적이어야 한다)여야 한다.
	② 지적능력	학습자가 그의 인지구조 내에 학습과제를 수용할 수 있어야(받아들일 수 있는 지적 능력) 한다.
	③ 동기	학습자의 학습의도 및 동기가 있어야 한다.
유의미강의 고려점	학습과제	학습자의 인지능력에 적합한 학습과제를 선택해야 한다.
	우호관계	학습자들과 우호적인 관계를 형성하는 것이 중요하다. 관심을 갖고 항상 시선이 일치해야 한다.
	동기부여	학습자들의 동기부여와 흥미 있게 강의가 전개될 수 있도록 노력해야 한다.
	참여조장	학습자의 수준에 맞는 교육매체 사용, 강의 도중에도 질문이나 과제부여로 교사와 학습자 간 상호작용을 하는 왕래식 강의로 진행해야 한다.
	질문	• 학습자에게 질문은 매우 다양한 목적과 용도로 이용될 수 있는 학습 방법이어야 한다. • 질문을 통해 학습자의 주의를 한 곳으로 모으고, 강의내용 중 중요 부분을 질문을 통해 강조해야 한다.
	명확한 설명	강의는 명확하고 효율적인 설명이 중요하다.
효과적인 설명방법	정의	정의 또는 일반적인 서술을 사용한다.
	비교형식	비교형식을 사용하여 설명한다.
	실제 사례	실례나 사실을 제시 혹은 지적하면서 설명한다.
	증명	증명을 사용해서 설명한다.
	통계	구체적인 통계를 사용하여 설명한다.
	교육매체	교육매체를 이용하여 설명한다.
	반복	중요 부분은 반복하여 설명한다.
포섭	정의	새로운 명제나 아이디어가 기존의 인지구조 속으로 동화 또는 일체화 되는 과정이다.
	분류	위적 포섭 / 병렬적 포섭 / 상관적 포섭 / 파생적 포섭
장점		• 쓸데 없이 많은 시간을 낭비하는 것을 방지한다. • 전이가가 높다는 것은 단순 암기된 것이 아니라, 기존 지식과 연결되어 전이가 용이하다는 것을 의미한다.
단점		• 지식을 무비판적으로 수용할 수 있다. • 학습과제에 의미를 부여하여 학습한 것처럼 보이지만, 실제로는 비판적인 능력이 없을 수 있다. 　－ 이때 오수벨 → 소크라테스식 문답법을 활용하면 보완이 가능하다.

8 토의

(1) 정의

공동학습	• 공동학습의 한 형태로 대상자들이 서로 의견을 교환하고 함께 생각하여 문제해결을 하도록 도와주는 방법이다. • 토의는 목적을 지닌 대화의 과정이다. 토의가 이루어지기 위해서는 목적 지향적이어야 하며 그 목적은 성취될 수 있는 것이라야 한다.
유의점	토의는 집단사고를 특징으로 하므로, 학습자가 참여할 수 있도록 인원수 및 기회의 균등을 배려해야 한다.
주요 주제	정의적 영역인 태도학습 효과 예 약물 남용 예방, 인터넷 중독 예방

(2) 토의단계 지도내용

계획	주제	구체적 주제	토의주제가 실제적·구체적 사실에 근거하지 않으면 흥미가 감소하고 공론으로 그친다.
		학습자 관심	• 대상자들에게 의미 있는 과제, 학습자 능력, 수준, 관심 정도이다. • 학습자들이 관심을 갖지 않고 문제의식을 느끼지 않는 주제는 효과적인 토의를 기대할 수 없다.
	목적		토의 목적, 내용을 명확하게 설정한다.
	토의 절차		이에 맞는 방식을 선정하여 능률적 시간 분배, 운영이 이루어지도록 시간을 계획하여 토의 절차를 알려준다.
	환경		• 원활한 대화를 위한 환경 조성으로, 토의하게 될 장소 크기·시설·좌석 배치를 미리 결정한다. • 좌석 배치는 토의 방식에 따라 구조화한다.
	시설, 자료		효과적 진행을 위해 다양한 시설, 자료들을 점검하고 활용한다.
	좌장, 서기		토의를 진행할 좌장과 토의 내용을 기록할 서기를 정한다.
전개	관계형성		참석자들을 서로 소개하여 관계를 형성시킨다. • ice breaking 방법
	목적, 방식 설명		토의 주제, 목적, 방식을 설명하여 토의를 촉진하고 방향을 제시한다.
	학습자 참여		토의는 집단사고가 특징으로, 모든 학습자가 참여하여 인원 수에 맞게 기회를 균등하게 한다.
			학습자 전원이 이해하여 적극적으로 반응한다.
			교사는 많은 의견을 발표하지 않고 학생들이 의견을 발표한다.
			집단구성원 전원이 골고루 발언하도록 발언기회를 제공한다.
			한 사람이 발언권을 독점하지 않는다.

02

	자유로운 분위기	개방적이고 자유로운 분위기 속에 서로 친밀감 있고 편안한 상태에서 참여한다.
	상호 존중	의견 차이가 있어도 상호 간 의견을 존중한다.
		토의는 논쟁보다 협조적으로 진행한다.
		타인의 말에 반대·비판·무안을 주지 않는다.
	주제지향	한 가지 주제가 끝나면 그 주제에 결론을 분명히 맺고 다음 주제를 진행하여 토의 중 주제에서 이탈되면 빨리 본래 주제로 돌아오도록 조정한다.
		토의진행 방해 요인들을 적절히 다룬다.
평가	결론 도출	이제까지 토의한 내용을 요약 정리하여 집단 의사결정, 결론 도출로 모든 사람이 납득하는 결론을 받아들인다.
	목적 달성 확인	토의의 목적 달성 여부를 확인하여 부족한 부분을 보충하여 목표에 도달하도록 한다.
	평가	토의 흐름을 나타내는 상황차트, 자료를 사용하여 토의 전 과정을 평가한다.
	할 일 제시	앞으로 학습자가 해야 할 일을 제시한다.

(3) 장점 [국시 2001]

능동적 참여	학습자가 교사에 의지하지 않고 학습자 중심의 자율적 수업으로 능동적 참여, 자율성, 자발적 역할이 높아짐으로 학습의욕 증가와 학습목표 도달
반성적 사고	다른 구성원과 비교가 가능하므로 반성적 사고능력
문제해결 능력	공동학습의 한 형태로 서로 의견을 교환하여 함께 생각하고 타인의 의견을 받아들여 문제를 해결하는 능력으로, 집단적 문제를 해결하는 협력적 과정
정의적 영역	정의적 영역인 태도학습 효과로 올바른 가치관 정립
의사소통 능력	대화를 통해 상호의견을 교환하여 타인 의견에 경청하고, 자유로운 의견 발표로 의사소통 기술이 높아져 의사전달 능력 배양으로 민주적 회의 능력·태도가 길러짐
집단의식	집단 속에서 자신의 기여, 책임감을 느낌으로써, 구성원으로서의 역할, 소속감, 연대의식, 공유능력 증가와 집단의식이 높아짐
사회성	상호 협동적으로 사회성 향상

(4) 단점

시간 소요	토의 자체	계획 단계, 진행과정에서 많은 시간 소요
	시간분배	토의과정에서 적절한 시간분배가 어려움
		주의 집중, 통제 위해 소요시간도 적지 않음
		철저한 사전준비, 체계적 관리에도 예측하지 못한 상황이 발생
전원 참여 어려움		지배적 참여자와 소극적 참여자가 있어, 학습자 전원이 적극적으로 참여하고 주도적 역할을 수행하기보다 몇몇에 의해 주도하고 나머지 학습자들은 방관, 무관심한 상태
예측하지 못한 상황		철저한 사전준비와 체계적인 관리에도 불구하고 예측하지 못한 상황이 발생할 수 있음
부담감		소심한 성격을 지닌 대상자는 의견 발표에 부담감을 가짐
준비 부족		참가자들의 준비가 없을 때 토론의 성과를 거둘 수 없고 무익
토의 기술 부족		교육자, 진행자, 좌장의 토론 진행 기술이 부족하면 초점을 벗어나고 시간 낭비에 그칠 수 있음
토의 주제 파악 부족		토의에 참여하는 학습자들이 토의 주제를 충분히 파악하지 못한다면 기대하는 효과에 도달하기 어려움
조절 부족		토의가 조절되지 않을 경우 관계없는 문제가 다루어질 수 있음

9 **분단 토의(buzz session)** [국시 2017 · 2002, 2018 · 2021 기출]

정의 [2021 기출]		집회에 참가자가 많은 경우, 전체 참가자를 제한된 시간 내에 소그룹(6~8명)으로 나누어 토론하게 한 뒤, 다시 전체 토의시간을 가져 의견을 상호교환하는 방법이다.
진행요령	조정관 (전체 사회자)	• 지시사항과 토의자료를 사전에 준비한다. • 조정관은 필요에 따라 또는 분단지도자의 요청에 따라서 각 분단을 순회 지도한다.
	분단 나누기	각 분단은 6~8명, 여러 분단으로 나누어 토의한다.
	분단 지도자	전체회의를 관할하는 조정관으로부터 지시사항과 토의자료를 받아서 자기 분단의 토의를 진행시킨다.
	분단 토의 끝	• 분단 사회자는 종합된 내용을 참가자 앞에서 낭독하여 의사전달에 착오가 없는지 확인토록 조치한다. • 분단 대표 보고자는 지도자나 서기뿐 아니라 참가자 중에서 선임될 수도 있다.

	전체 회의 (각 분단 보고 → 전체 회의 보고 → 토의 결과 결론 맺음)	• 다시 소집된 전체 회의에서 각 분단 대표에 의하여 각 분단의 토의 결론이 보고된다. • 각 분단의 보고가 끝난 후 전체의 의견을 종합하여 전체 회의 서기가 즉시 보고하도록 한다. • 전체 사회자는 각 분단의 보고가 끝난 후 토의 결과를 집결시켜 전체 의견을 통합하여 결론을 맺는다.
장점	참석자↑	참석 인원이 많아도 진행이 잘 되며 전체가 의견을 제시하고 교환할 수 있다.
	다각적 해결	협동하여 문제를 다각적으로 해결할 수 있다.
	반성적 사고 · 사회성	참가자들의 집단사고, 협동작업, 활동참가, 공동체험 등 반성적인 사고능력과 사회성이 함양된다.
단점	참여 부족	시간이 짧고 인원이 많으며, 시설 제한 등으로 참가자 전원의 참여가 어렵다.
	준비 부족	참여자들의 준비가 없으면 무익하고, 토론이 조절되지 않으면 관계 없는 문제가 다루어질 수 있다.
	시간 제한	시간 제한으로 인하여 그룹 구성원 중 한두 사람의 의견으로 결론지을 수 있다.
	부담	그룹 구성원 각자의 성격 차이로 토의시간이 부담스러운 토의자가 생긴다.

10 집단 토의(group discussion)

정의 [서울 2007, 1999 기출]		• 집단 토의는 10~20명이 모여서 서로의 의견을 솔직하게 교환하는 교육방법이다. • 참가자 전원이 의견을 진술하고 사회자는 전체의 의견을 종합하는 방법으로, 교육 효과는 사회자의 진행능력에 좌우된다. • 참가자의 수가 많을수록 참가자의 토론 참여 기회는 적어지므로 5~10명이 적당하다. • 사회자도 민주적 과정에 의해 선출된다.
사회자 유의사항	목표이해, 사전준비	• 토의를 통해 도달하여야 할 목표에 대해 분명히 이해되어야 한다. • 토의 내용이 창의성이 있고 새로운 발상이 나올 수 있도록 사전에 충분한 준비를 해야 한다.
	공통요구 파악	공통적인 요구와 관심을 파악한다.
	서기	토의를 이끌어 갈 사회자를 결정하도록 하며, 토의내용을 기록할 수 있는 기록자와 이에 따른 준비가 있어야 한다.
	조용한 장소	토의가 집중되도록 주위 환경이 조용한 장소로 결정한다.
	전원 참여	주어진 토의시간에 맞추어 끝내도록 하고 그룹 전원이 참여하여야 한다.
	전원 의사 표시	자유로운 분위기를 조성하여 참가자 전원이 기탄없이 의사 표시를 할 수 있도록 해야 한다.

	비판·무안 ×	남의 말에 대하여 비판을 하여 무안을 주지 않도록 한다.
	토의내용 확인	토의에서 종합한 내용은 서기가 참가자들에게 발표하도록 하여 의사전달에 이의가 없는지를 확인한다.
	협의적 토의	토의는 논쟁보다 협의적으로 진행돼야 한다.
	결론 맺기	한 가지 주제가 끝나면 그 주제에 대한 결론을 분명히 맺고 다음 주제로 넘어간다.
장점 [1999 기출]	능동적 참여	학습자들이 학습목표 도달 정도에 능동적으로 참여할 기회를 경험할 수 있다.
	의사전달 능력	자신들의 의사를 전달할 수 있는 의사전달 능력이 배양된다.
	반성적 사고	다른 사람들의 의견을 존중하고 반성적 사고능력이 생기게 된다.
	사회성 등	사회성 / 경청 능력 함양 / 민주적 능력 함양 / 능동적 참여로 인한 동기 부여 / 문제해결 능력 함양
단점	비경제적	소수에게만 적용할 수 있으므로 비경제적이다.
	방향성 상실	초점에서 벗어나는 경우가 많다.
	참여 부족	지배적인 참여자와 소극적인 참여자가 있을 수 있다.
	시간	시간이 많이 걸린다.

11 배심 토의(패널 토의, panel discussion) [1999·2007·2018 기출]

(1) 배심 토의와 집단 토의 비교 [1999 기출]

	배심 토의(panel discussion)	집단 토의(group discussion)
구성원	사회자, 4~7명 전문가(배심원), 청중	사회자, 10(15)명 내외의 참가자
진행	• 4~7명 전문가(배심원)가 토의될 주제에 다른 의견을 발표한다. • 사회자는 문제와 대립 의견을 청중에게 설명한다. • 토의 유도로 적당한 때에 청중을 토의에 참가시켜 질문과 발언의 기회를 제공한다.	10(15)명 내외의 참가자들이 주제에 대해 자유롭게 상호의견을 교환하고, 부족한 부분·요약을 교육자가 지원하여 결론을 내린다.

| 방법 | [경기 2004, 서울 2009, 2007 · 2018 기출]

구성원	청중	비전문가로 질문 · 발언
	사회자	–
	배심원	4~7명 전문가
배심원 토의		• 청중 앞에 마련된 단상에서 의장의 사회로 정해진 의제에 대하여, 여러 명의 전문가가 자유롭게 토론하는 것을 청중들이 그 내용을 듣고 보면서 배우는 방법이다. • 배심 토의는 4~7명 전문가인 배심원이 1회에 2~3분 이상 소요하지 않는 범위 내에서 토의될 주제에 다른 의견을 발표하고, 간결하게 의견 개진과 빈번 · 다양한 의견교환을 한다. • 전문가들은 사전에 토의계획을 면밀히 세워 토의내용이 중복되지 않도록 한 가지 주제를 다양한 측면으로 다룬다.

청중 발언		• 청중은 비전문가로 질문 · 발언한다.
		• 질문자 발언의 기회 제공으로 사회자는 토의 유도로 문제를 소개한다.
		  – 대립의견을 청중에게 설명한다.
		  – 적당한 때 청중을 토의에 참가시켜 질문 · 발언의 기회를 제공한다.

(2) 장점 [1999 기출]

연사, 청중 간 토의	발표자와 청중 간에 자유로운 의사교환이 가능하며 전문가와 청중이 함께 토의하므로, 연사와 청중이 서로 마음을 털어놓고 토의함으로써 문제의 해결책을 제시한다.
전문가 의견	• 문제에 해결책을 제시해 주며 훌륭한 전문가들의 의견을 들을 수 있다. • 청중은 주제에 대한 높은 수준의 토론을 경험한다.
다각적 이해 [경기 2007]	• 문제를 다각적으로 이해할 수 있다 • 주제에 대해 여러 측면으로 분석 · 해석하며 동기를 유발한다.
판단력	• 타인의 의견을 듣고 판단력과 분석력을 기를 수 있다. • 교육대상자들은 비판하는 능력이 생긴다.
흥미 유발	흥미 유발이 쉽다.

(3) 단점 [1999 기출]

전문가	토의 목적에 맞는 전문가 선정이 용이하지 않다.
비용	일정한 시간 안에 많은 수의 전문가 초빙으로 경제적 부담이 크다.
사회자	• 유능한 사회자를 구하기가 어렵다. • 사회자가 서툴거나 연사들이 산만하게 의견을 발표할 때 요약 없는 토의가 되기 쉽다.
청중 이해도	청중이 기존 지식이 없을 때 토론내용을 이해하기 힘들고 토론의 이해 속도를 따라가지 못한다.
청중 참여 제한	청중 참여가 제한되며, 전문가 발표시간 지연으로 각자의 의견발표로 그칠 가능성이 크다.
시간 통제	발표에 소요되는 시간을 통제하기 어렵다.

12 심포지엄(단상 토의, 강연식 토의, 공청회, symposium)

(1) 심포지엄

정의 [국시 2004, 서울 2004, 경남 2006]		동일한 주제에 대해 전문적 지식을 가진 몇 사람을 초청하여 주제에 대하여 의견을 발표하도록 한 후, 발표된 내용을 중심으로 사회자의 진행에 따라 전문가인 청중들과 질의와 응답을 주고받는 공개 토론이다.
특징 [2019 기출]		• 발표자(전문가) · 사회자(이 분야 최고 전문가) · 청중 모두가 주제에 대한 전문가이다. • 어떤 분야에 문제가 있다고 생각될 때, 해결방법 분석, 정책, 제도의 변화를 시도할 때 사용된다. • 발표자 · 사회자 · 청중 모두는 특정 토의 주제에 전문적인 지식 · 정보 · 경험을 갖고 있어 주제에 다양한 측면을 다룰 수 있다.
방법		• 2명 내지 5명의 전문가가 각자의 의견을 10여분 정도 발표하고, 사회자는 청중을 공개 토론의 형식으로 참여시키는 교육방법이다. • 사회자는 토론 분야의 최고 전문가여야 하고 사회자가 연사의 발표가 끝나면 내용을 짧게 요약해서 질문, 답변, 토론이 적당히 진행되도록 한다.
장점	깊은 접근	특별한 주제에 대한 밀도 있는 접근이 가능하다.
	다양한 접근	의사전달 능력 여하에 따라 강의가 다채롭고 창조적이고 변화 있게 진행된다.
	부분 이해	청중이 알고자 하는 문제의 전체적인 파악은 물론 부분적인 이해가 가능하다.
	흥미	연사가 계속 바뀌므로 무료하지 않고 흥미롭다.
단점	발표 중복	연사의 발표내용에 중복이 있을 수 있다.
	청중	청중에 주제에 대한 정확한 윤곽이 형성되지 못했을 때는 비효과적이다.
	청중 제한	청중의 질문시간이 3~4분으로 제한되고 질문에 극히 한정된 수의 청중만 참가한다.
	사전준비	전문가의 사전 준비가 부족할 경우 청중에게 실망감을 줄 수 있다.

(2) 배심 토의와 심포지엄 비교

공통 장점	전문가 의견	연사나 청중이 서로 마음을 털어놓고 친밀히 토의함으로써 문제에 해결을 제시해 주며, 제한된 시간에 훌륭한 전문가들의 의견을 들을 수 있다.
	비판 능력	교육대상자들은 다른 사람의 의견을 들음으로써 비판하는 능력이 생긴다.
	다각적 이해	• 문제를 다각적으로 이해할 수 있다. • 주제에 대해 여러 측면으로 분석 · 해석하며 동기를 유발시킨다.
공통 단점	전문가 선정	토의 목적에 맞는 전문가 선정이 용이하지 않다.
	청중 제한	청중 참여가 제한되며 전문가 발표시간 지연으로 각자의 의견발표로 그칠 가능성이 크다.
	비용	전문가 위촉 등 비용이 많이 든다.

차이점		배심 토의	심포지엄
	청중	청중은 비전문가로 질문과 발언한다.	발표자(연사)나 사회자, 청중 모두가 주제에 대한 전문지식이나 경험을 가진 전문가로 질문과 의견 진술한다.
	전문가	4~7명	2~3(4~5)명
		2~3분 동안 다양한 의견을 교환한다.	10~15분 동안 의견을 발표한다.

13 세미나

정의 [국시 2006]		• 선정된 문제를 과학적으로 분석하기 위해서 이용하는, 전문가나 연구자들로 구성된 집회 형태이다. • 특정 주제에 공식적인 보고와 함께 세미나 참가자들이 사전에 준비된 의견을 개진하거나 질의하는 형태로 토의를 진행한다.
방법	사전 연구	• 참가자 모두가 토의 주제에 권위 있는 전문가나 연구자들로 구성된 소수집단 형태이다. • 세미나 참가자는 사전에 충분한 지식을 가지며, 해당 주제에 관련된 지식 · 정보를 심도 있게 토의하기 위해 사전에 철저한 연구와 준비를 한다.
	연수나 훈련 기회	참가자들에게 특정 주제에 관한 전문적인 연수나 훈련 기회 제공을 목적으로 하며, 세미나에 적합한 문제의 선택은 교육 대상자들과 관련이 있다.
	자료	참가자 전원은 보고서 형식의 간단한 자료를 상호 간에 교환하여, 참가자들은 토의 또는 연구문제를 과학적으로 해결하는 방향으로 접근한다.
장점	전문성	토의 주제에 심층적 연구와 전문연구의 기회를 제공하며 높은 전문성이 필요하다.
	깊은 접근	참가자 전원이 해당 주제에 관련된 지식 · 정보를 체계적이고 깊이 있게 토의함으로써 비판적 사고를 키운다.
	흥미	다양한 발표와 토의를 통해 참석자들의 관심을 집중시키고, 흥미를 유발한다.
	능동적 참여	능동적 참여가 가능하다.
단점	선정과 시간 배분	참여자의 선정과 시간 배분에 신경을 써야 한다.
	전문적 지식	• 문제에 충분한 지식을 사전에 갖고 있어야 한다. • 해당 분야와 관련하여 전문적 식견과 정보 배경이 없는 사람들이 구성원이 되었을 경우에는 활용할 수 없다.

14 공개 토의(포럼, forum)

정의		• 1~3명의 전문가가 군중들 앞에서 연설(발표)을 하고 연설(발표)에 대한 질문을 하기 위한 회의가 열린다. • 의장이 사회를 담당하고 청중은 강연 내용에 대해서 질문하고 의견을 진술한다.
심포지엄과의 차이점	청중과 활발한 토의	공개토의는 전문가의 의견 발표 후 질문이 이어진다. 청중과 토론자 간에 의견교류가 매우 활발하게 이루어져 의견 충돌과 합의가 형성된다는 점에서 심포지엄과 차이가 있다. ㅡ 심포지엄은 청중과 제한된 토의를 한다.
	비전문가	공개 토의의 청중은 비전문가이고, 심포지엄의 청중들은 전문가이다.
방법 [공무원 2016]		1~3인 정도 전문가가 10~20분간 공개적인 연설을 한 후, 이를 중심으로 청중과 질의 응답하는 방식이다. 토의가 진행되면 청중이 직접 토의에 참가하여 연설자에게 질의를 할 수 있다.
장점		청중이 직접 토의에 참여하여 발표한 전문가에게 질문한 후 답변을 들을 수 있다.
단점		청중의 질문이 없는 경우 원활한 토의의 진행이 어렵다.

15 브레인스토밍(brainstorming)

정의		• 특별한 문제를 해결하기 위한 단체의 협동적인 토의 방법으로, 각자가 아이디어를 내놓아 최선책을 결정하는 창조능력 개발 방법이다. • 문제를 해결하기 위한 집단의 협동적 토의로, 문제의 여러 면을 검토하여 넓게 전개하는 방법 중의 하나이다.
진행요령	형식	• 6~7명, 12~15명이 한 집단을 이루어 10~15분 단기 토의한다. • 사회자, 서기 등을 선정한다.
	준비	학습자가 발표하는 것을 적을 수 있는 칠판이나 종이, 사인펜 등을 준비한다.
	서기	학습자의 이야기를 그대로 적도록 한다.
	전원 발표	학습자가 미리 준비된 내용을 다른 사람이 이야기하였을 때, 다음 사람이 발표하도록 하여 한 사람도 빠지는 일 없이 발표할 기회를 주어 반드시 모두 발표하도록 한다.
	정리	전원이 이야기할 것에 대한 공통내용을 찾아 서로 묶어서 정리한다.
	결론 맺기	• 묶어진 내용을 가지고 토의자의 의견을 종합하여 문제해결에 맞도록 결과를 도출한다. • 사회자는 도출된 결과를 토의자들에게 다시 한 번 간단히 설명하며 결론을 맺는다.

유의점	사회자 비판 금지 [국시 2004 · 2009 · 2018]	• 대상자들 간의 관계형성으로 상호 존중하는 분위기를 조성하여 모든 구성원들이 자유로운 분위기에서 우수하고 다양한 창의적인 의견이 나오도록 유도한다. • 사회자는 모든 구성원이 자유롭게 다양한 의견을 말하고 타인의 의견에 비판을 하지 않으며 질보다 양적인 발상을 장려하여 제시된 여러 의견을 조합하는 방법이다.
장점		• 재미있고 어떤 문제든지 토론의 주제로 삼을 수 있다. • 짧은 시간에 더 많고 좋은 아이디어를 생산한다. • 다른 사람의 아이디어에 자극을 받아 아이디어 생산의 연쇄반응을 일으킬 수 있다. • 경쟁이 아이디어 생산을 자극한다. • 즉시 강화의 효과가 있다.
단점		• 시간낭비로 끝날 수 있으므로 토론을 성공적으로 이끌기 위해서는 고도의 기술이 필요하다. • 아이디어를 찾는 것일 뿐 문제해결 과정이 아니다. • 지나친 기대를 가져서는 안된다. • 최종적 판단이나 답이 필요할 때는 적당하지 않다. • 간단하고 구체적인 문제이어야 한다. • 잘 운영하지 않으면 효과를 내기 어렵다.
원리(특징)		자유연상의 법칙 / 양산의 원리 / 비판금지의 원리 / 결합과 권장

16 토의 종류 비교

분단 토의 (buzz session)			'와글와글 학습법', 전체 참가자를 제한된 시간 내 소그룹으로 나누어 토론하고 다시 전체 토의 시간을 가져 의견을 종합 정리함
집단 토의 (group discussion)	구성원		• 사회자, 10~15명 내외의 참가자 • 참가자 수가 많을수록 토론의 참여기회가 적어지므로 참가자는 10~15명 내외가 적당 • 사회자도 민주적 과정에 의해 선출
	진행		10~15명 내외의 참가자들이 주제에 자유롭게 상호의견을 교환하고, 부족한 부분과 요약을 교육자가 지원하여 결론을 내림
배심 토의 (panel discussion)	구성원	청중	비전문가로 질문 · 발언
		사회자	—
		배심원	4~7명 전문가
	진행		4~7명 전문가(배심원)가 토의될 주제에 2~3분 다른 의견을 발표하고 다양한 의견을 교환하며 사회자는 문제의 소개와 대립의견을 청중에게 설명하여 토의를 유도하고 적당한 때 청중을 토의에 참가시켜 질문과 발언의 기회를 제공

심포지엄 (symposium), 단상 토의	정의	특정한 토의 주제에 권위 있는 전문가들 4~5명 선정하여 각기 다른의견을 10~15분 발표한 후 이를 중심으로 사회자의 진행에 따라 전문가인 청중들과 질의와 응답을 통해 공개 토론
	사회자	이 분야 최고 전문가
	배심원	2~3(4~5)명 전문가로 10~15분 발표
	청중	전문가로 질문과 의견 진술
공개 토의 (forum)		1~3인 정도 전문가가 10~20분간 공개적인 연설을 한 후, 이를 중심으로 청중과 질의 응답하는 방식으로 토의가 진행되며 청중이 직접 토의에 참가하여 연설자에게 질의를 할 수 있음
브레인스토밍 (brainstorming)		• 6~7(12~15)명이 한 집단을 이루어 10~15분 단기 토의로 사회자와 서기를 선정하여 모든 구성원들이 자유로운 분위기에서 우수하고 다양한 의견이 나오도록 유도하며 제시된 여러 의견을 조합 • 타인의 의견에 비판하지 않고 질보다 양적 발상 장려

17 토의의 장점, 단점 비교

		장점		단점
분단 토의 (buzz session) [국시 2002, 2021 기출]	많은 참석	참석 인원이 많아도 진행이 가능하여 전체가 의견을 제시하고 교환할 수 있다.	소수 참여	소수 의견이 집단 전체 의견이 될 수 있음
			소극적 참여	소심한 사람에게는 부담스러움
			참여자의 준비도	참여자의 준비가 없으면 효과가 없음
집단 토의 (group discussion) [1999 기출]	능동적 참여	모든 교육 대상자들이 능동적으로 참여할 수 있는 기회 제공	소수 참여	• 많은 대상자가 참여할 수 없으며 적은 수의 대상에게 적합 • 소수에게 적용하고 많은 대상자가 참여할 수 없어 경제적이지 못함

배심 토의 (panel discussion) [1999 기출]	수준 높은 토론	청중은 주제에 높은 수준의 토론 경험	전문가	• 전문가 위촉에 따르는 부담 • 주제에 맞는 전문가 위촉이 힘듦 • 일정한 시간 안에 많은 수의 전문가 초빙으로 경제적 부담이 큼	
	연사, 청중 간 토의	• 청중과 발표자 간에 자유로운 의사교환이 가능 • 전문가, 청중이 함께 토의함으로 문제해결 방안 제시 • 연사, 청중이 서로 마음을 털어놓고 토의함으로 문제의 해결책 제시			
			사회자	유능한 사회자를 구하기가 어려움	
	다각도 분석	특정 주제에 다각도로 분석하고 앞으로 예측	청중	청중이 기존 지식이 없을 때 토론 내용을 이해하기 힘들고 토론의 이해속도를 따르지 못함	
	판단력	타인의 의견을 듣고 판단력과 분석력을 기를 수 있음	시간 통제	발표에 소요되는 시간을 통제하기 어려움	
	흥미 유발	흥미유발이 쉬움			
심포지엄 (symposium), 단상 토의	다양한 지식	특정 주제에 대해 다양한 관점에서 청중이 알고자 하는 문제를 전체적으로 파악, 다양한 지식과 경험을 얻을 수 있음	준비 부족	전문가의 사전 준비가 부족할 경우 청중에게 실망감을 줄 수 있음	
	깊은 접근	깊이 있게 취급하며, 체계적이고 전문적인 정보와 지식에 심도 있는 접근이 가능함	중복	연사의 발표내용에 중복으로, 다른 분야의 토의를 진행하더라도 중복되는 이야기나 통상적 발표가 되기 쉬움	
	흥미	의사전달 능력에 따라 강의가 다채롭고 창조적·가변적으로 진행되며 연사가 계속 바뀌므로 무료하지 않고 흥미로움	청중	청중이 주제에 대한 정확한 윤곽이 형성되지 못했을 때 비효과적	
			제한	청중의 질문시간이 3~4분으로 제한되고 질문이 극히 한정된 수의 청중만 참가	

18 시범(demonstration) [2000 기출, 국시 2005 · 2020]

정의 [국시 2005 · 2020]		• 이론과 아울러 시각적으로 볼 수 있는 모든 실물을 사용하거나 실제 장면을 만들어내어 지도하는 교육방법 • 설정된 학습목표가 배워야 할 기술이나 절차 습득을 돕기 위한 것일 때 선정하면 좋은 교육방법(심리운동 영역인 언어로 설명하기 어려운 실기 학습의 기술교육에 적합) • 시청각적으로 효율적이며 절차나 과정 · 태도를 알려주기에 적합 • CPR, 응급처치법, 자가간호기술(유방검진 · 콘돔 사용법) 습득
유의점 [2000 기출, 국시 2005]	요구 부응	시범이 그 집단의 요구에 부응하는지 확인
	진보적, 실천 가능한 방법 선택	시범자는 시범을 보이는 동작과 절차 하나하나가 정확하고 가장 진보적인, 실천 가능한 방법을 선택
	사전 연습, 기구 점검	시범자는 사전에 충분한 연습을 통해서 익숙하게 진행할 수 있는 자신을 가져야 함
	장소	교육장소의 준비는 모두가 볼 수 있도록 교육대상자보다 약간 높은 위치로 선택
	반복	대상자들이 오류를 범하기 쉬운 어려운 동작이나, 기술이라고 생각되는 부분(강조할 점)을 반복해서 서서히 보여주도록 고려
	실습 기회	시범을 보인 후 실습 기회로 모든 대상자들이 실습 시간으로 도구, 물건을 가지고 절차를 수행할 때 시도를 반복
	피드백	교육자는 학습자의 실습 장면을 관찰하고 즉시 피드백을 주어 잘못된 점, 미숙한 부분을 교정
	재시범	교육자가 시범을 실시한 후에는 대상자들이 완전히 이해했는지 확인하기 위해 재시범을 실시하도록 하여 미숙한 부분을 교정
장점 [국시 2003 · 2014]	흥미	눈앞에 이루어지는 상황을 직접 봄으로써 학습을 흥미 있게 진행할 수 있는 첫째 조건인 흥미유발, 주의집중, 동기유발 용이
	실무 적용	전시, 작동, 설명으로 이론과 더불어 시각적으로 볼 수 있는 실물 실제 장면을 적용해 보임으로써 배운 내용을 실무에 적용하기가 용이
	학습목표 도달 용이 (감각 이용 → 학습효과↑)	대상자의 교육 수준이 일정하지 않고 학습하고자 하는 내용에 대한 경험이 없다 하더라도 눈으로 보고 배우는 것이므로 학습목표 도달 용이 → 시청각적인 면으로 효과가 큰 방법 → 보고, 듣고, 경험하는 감각을 이용하여 시범 → 인지적 · 정의적 · 조작적 학습이 함께 진행되어 효과적
	반복 가능	속도가 유동적이며 교사가 필요시 반복할 수 있음
	새로운 기술 습득	시범에 따른 실습 기회를 가져 대상자들이 새로운 기술 습득

단점	소수	다수에게 적용이 불가능하고 소수에게만 적용하여야 하므로 경제성이 없음
	비용↑	시범에 필요한 자료들이 비싸고 제한되거나 이동이 어려울 수 있음
	준비↑	교육자의 준비 정도에 따라 학습효과가 달라지므로 교육을 위하여 많은 시간의 준비가 필요

19 역할극(role play) [2001 · 2005 · 2021 기출]

정의 [2005 · 2022 기출]		교육대상자들이 직접 실제 상황 중의 한 인물로 등장하여 연기를 해 보임으로써, 실제 그 상황에 놓인 사람들의 입장이나 처지를 이해할 수 있으며 건강문제나 어떤 상황을 분석하고 해결방안을 모색하면서, 이를 통해 학습목표에 흥미 있게 도달할 수 있는 교육방법
목적	타인과의 관계 개선 방법 획득, 외부자원 획득	사람들이 자신들의 문제의 원인과 행동의 결과를 보다 확실하게 깨닫게 하며 타인과의 관계를 개선하는 방법을 모색하게 하고, 보다 건강하게 살아가는 데 있어서 외부의 지원을 획득하는 방법을 학습자 스스로 모색하게 하는 것
	의사결정 경험	학습자들에게 의사소통, 기획, 의사결정 등에 관한 경험을 제공하는 것
	태도, 가치관 재고	학습자들로 하여금 자신의 태도와 가치관을 재고할 수 있는 기회를 제공
진행요령	주제	역할극을 실시할 주제와 줄거리를 학습자에게 명확히 제시
	역할	학습자들 중에서 극중 인물 역할을 선택과 연습
	상황 만들기	보조자료 준비로 상황 만들기
	대본	출연자는 대본을 따라 행동하고 대화 → 교육자가 전체 상황만 제시하고 출연자는 대본 없이 자연스럽게 행동하고 대화

	토의	• 역할극이 끝난 다음 평가나 토의를 할 때 질문을 하면서 답변을 유도
		  – 맡은 역할에 어떻게 느꼈는가?
		  – 바람직한 결과를 가져오기 위해 어떻게 하는 것이 좋겠는가?
		• 출연자 · 관중이 함께, 전체가 참여하여 전체 토의를 진행
		• 역할극 상황을 분석하여 해결하고자 하는 문제의 결론을 찾을 수 있도록, 교육자는 토의를 통해 결과를 도출하여 최종 요약과 마무리

유의사항 [2001 기출]	주제	• 교육 요구를 파악하여 역할 학습 주제를 구체적으로 설정 • 역할극 시작 전 학생들에게 성취목표를 명확히 제시 • 문제 상황에 주의를 집중하여 역할 연기의 초점을 분명히 함
	소집단	• 역할극은 소집단으로 행하는 것이 좋음 • 학습자가 25명 이상일 때는 비효과적. 대개는 1~2명의 교육자와 4~5명의 학습자가 참여하는 것이 좋으며, 출연자가 많을수록 극의 초점이 흐려지고 시간의 제약으로 인해 깊이 있는 내용을 연출할 수 없게 됨
	역할 선택	• 역할극의 출연자들은 서로 잘 알고 있거나 인간관계가 좋아야 함 • 출연하지 않겠다는 사람을 억지로 출연시키거나, 맡지 않겠다는 역할을 강제로 맡기는 것을 피함 • 성격상 나서기를 꺼리는 사람은 참관만 시키는 것이 좋음
	역할 이해	출연자는 역할극 시행 전, 극 전체에 대한 흐름과 내용을 알고 맡은 역할이 어떤 부분을 차지하고 있는지 이해
	실제 적용력	• 간단한 실제의 시각적 보조 자료와 기구 준비로 실제 상황과 유사한 환경을 만듦 • 목표, 시설, 보조자료 등이 현실적인 것이어서 교육 후 실제 적용할 수 있는 것이어야 함
	충분한 시간	다른 교육방법보다 계획 및 준비시간이 많이 요구되므로 충분한 시간을 고려
	환경 조성	연기에 전념할 수 있는 환경을 조성
장점 [국시 2006, 기출 2001 · 2005]	능동적 참여	학습자의 직접 참여의 학습 기회에 의한 능동적 참여를 촉진
	흥미	대상자가 직접 참여함으로써 흥미와 동기유발이 용이
	실제 적용	• 역할을 분담하여 실제 연극으로 해보이므로 실제 활용 가능한 기술습득이 용이 • 역할극을 통해 배운 지식은 실생활에서 곧바로 적용할 수 있음
	목표 도달 용이	실제 상황과 유사하며 시각적 보조자료를 활용함으로써 목표 도달이 용이
	정의적 영역	대상자들의 가치관 · 태도의 이해 증진과 가치관 · 태도의 재고 기회 제공 • 청중은 역할극을 통하여 마치 그와 같은 어떤 상태에 있는 것 같이 느끼면서, 어떤 태도가 좋은가 또는 나쁜가를 비평하면서 배우게 됨
	심리적 정화	극중 역할을 통하여 심리적 정화를 경험하게 됨
	문제해결 · 이해도↑	• 문제해결에 대한 교육대상자들의 이해능력이 개발됨 • 문제에 대한 객관적인 관점이 넓어지고 해결방안 선택이 명료
	공감 사회성	• 서로의 비슷한 갈등에 공감하고 친근감이 생김 • 여러 사람이 참여함으로써 학습자들의 사회성이 개발될 수 있음

	교육기교 개발	역할극을 통해서 교육기교가 개발됨
	대상자 수↑	교육대상자 수가 많아도 적용이 가능한 교육방법에 속함
단점	비용↑ 시간↑	다른 교육방법보다 준비 시간과 비용이 많이 요구됨
	역할 선택	극중 인물 선택 시 어려움이 있을 수 있음
	사실성	극중 인물의 성격 및 배경, 주위환경 등이 사실과 거리감이 있을 때 효과가 떨어질 수 있음 • 역할극을 시행하는 인물이나 보조 및 주위환경이 사실과 거리감이 있을 때, 문제 속으로 학습자를 흡수하지 못하므로 교육목표에 도달하지 못하고 시간낭비만 가져오게 됨
	참여 제한	전체 학습자의 참여 불가능

20 모의실험극(시뮬레이션, simulation) [2005 기출]

정의 특성	실제 유사 상황		시뮬레이션은 학습자에게 실제와 유사한 상황을 제공하여, 실제에서 있음직한 위험 부담 없이 학습을 할 수 있는 환경을 의미한다. **예** 기도폐쇄의 중요한 요소만을 선별하여 기도폐쇄 상황과 동일하게 재현하므로, 학습자가 부담감 없이 안전하게 기도폐쇄 상황에 필요한 기술과 능력을 발휘한다.
	상호작용		• 시뮬레이션은 학습을 하는 학습자가 실제와 유사한 학습 환경에서 다른 학습자와 상호작용을 하거나, 학습 환경 내에 있는 어떠한 기기와 도구를 가지고 환경과 상호작용하면서 학습을 이끌어 나간다. • 시뮬레이션 교육 방법은 컴퓨터를 이용하여 수행될 수도 있고, 학생들끼리의 상호작용을 통하여 수행될 수도 있다.
	기술 · 지식 습득, 응용		• 시뮬레이션은 생생한 사례를 재생시킨 모의현장에서 참가자들이 새로 터득한 기술이나 지식을 응용한다. • 교육대상자가 어떤 기전을 다룰 수 있도록 실습시키기를 원하거나 어떠한 지역사회 건강문제를 해결하기를 원한다면 시뮬레이션 방법을 사용하는 것이 좋다.
	피드백		그들이 취한 행동의 적합성에 관해 피드백을 제공한다.
유의사항 (설계 시 주의점)	사실성과의 유사성	사실성 치우침	학습자체가 너무 복잡해져 학습자는 중요한 것이 무엇인지 파악을 못한다.
		사실성 결여	배우고 나서 실제 상황에 적용하기가 힘들다.
		집중설계	실제 상황에서 가장 필요한 부분이 무엇인지를 파악하고 이를 집중적으로 다루어야 한다.
	단순 명료화		실제 문제 상황을 단순 명료화시킨 모의상황으로, 기본적이고 중요한 요소를 선택하여 그 요소로 한정하여 교수 상황을 설정한다.

장점 [2005 기출]	흥미	대상자에게 흥미를 유발시켜 기꺼이 참여한다.
	기술 습득	상당한 기술을 배울 수 있다. 즉 질문기법과 의사결정에 도움이 된다.
	발견 학습	• 발견 학습이나 태도, 기술을 습득해야 하는 교육에 유용하다. • 실제와 유사한 상황에 몰입시켜 그 상황에서 개념, 규칙, 원리를 스스로 발견한다.
	실제 현장 경험	• 실제 현장과 거의 같은 여건 하에 안전하고 빠르게 현실을 경험한다. • 위험성이 적은 상태에서 특정 주제를 학습해 어려운 기술을 습득한다.
	실제 적용	다양한 상황을 통해 실생활에 실제 활용 가능한 태도, 기술 영역에 대한 학습을 동시에 할 수 있다.
	즉각적 피드백	학습자의 참여를 조장하고 즉각적인 회환을 줌으로써 교육을 활기있게 한다.
	단시간 습득	실제 현장과 거의 유사한 조건 하에서 장시간 동안 이루어지는 경험을 단시간 내 빠르고 안전하게 현실을 경험하고 연습한다.
	의사결정	실제 상황에서 일어날 수 있는 대응 반응을 유발하도록 인위적으로 고안된 상황을 통한 교육방법으로, 학습자의 의사결정을 개발하는 데 도움이 된다.
	사회성	실제 상황을 재연하는 역할극 같은 방법을 통해 대인관계, 다른 사람과 상호작용하는 방법을 익히기 쉽다.
단점	시간 비용	학습진행에 시간과 비용이 많이 소요된다.
	단순화↑, 실제적용력↓	실생활의 복잡성을 가진 상황 현실을 너무 단순하게 묘사한 시뮬레이션의 경우 실세계의 상황을 제대로 이해하지 못하고 현실을 왜곡시켜 오개념을 형성하고 실제 상황에 적용하기 힘들다.
	준비 부족	학습자가 교육목적을 인지하지 못하여 흥밋거리로 끝날 위험성도 있다 (단지 재미있는 놀잇감으로만 인지).
	교육자요인 (역량개발요구)	• 교육자가 훈련의 기회를 얻지 못해 익숙하지 못할 수 있다. • 사용 방법과 조작이 어려우므로 숙련된 교육자, 운영자, 평가자로서 역량 개발이 요구된다.

21 현장학습(견학)

정의	교육 장소를 실제 현장으로 옮겨, 직접관찰을 통한 학습을 유도하려는 교육방법
특징	관찰을 매개로 하는 교육활동 - 일정한 목적과 관점에 의해 현장을 해석하고 구조화 할 수 있도록 만들어 줌
장점	• 실물이나 실제상황을 직접관찰 가능(흥미와 동기유발) • 학습에 필요한 실제자료가 됨 • 사물을 관찰하는 능력 배양 • 풍부한 다각도의 경험, 태도변화 용이 - 실제상황에 적용할 수 있는 능력 갖게 됨
단점	• 시간과 경비가 많이 요구됨 • 장소에 따라 견학장소로 활용되기 어려움 • 경비투입에 비해 목적한 전체 상황을 볼 수 없는 경우가 많음 • 사전 계획 필요 • 견학장소와의 협조가 이루어 지지 않으면 노력 대비 효과 적음
유의사항	• 견학 전 견학목적 명확히 알려줌 - 교육 후 평가, 부족한 부분은 보충 • 한꺼번에 많은 인원이 견학장소에 들어가지 않도록 함

22 프로젝트법(구안법) [국시 2019, 2011 기출]

정의
[국시 2019,
2011 기출]
	• 교실 중심의 교육에서 벗어나 소집단별(개인별)로 학생들 스스로 현장을 방문하여 자료를 수집함
	• 이 과정에서 학생들은 전체 학습 과정을 스스로 계획하고 실행함
	• 현장 조사나 자료 수집 과정에서 학생들의 의사결정 능력과 관찰 능력이 함양됨
	• 어떤 문제를 해결하는 데 필요한 지식, 기술, 태도를 포괄적으로 습득하게 하여, 교육 후 즉시 활용할 수 있는 지식과 기술 적응 능력을 획득하게 하는 방법
	  - 팀 프로젝트를 하는 목적은 기존의 교실이나 강의실에서 하는 주입식 방법을 지양하고, 대상자 중심의 자발적 참여활동을 강화하기 위한 것
	  - 이 방법을 잘 수행하면 지식뿐만 아니라 대인관계 면접기술, 상담기술 등 다각적으로 능력개발이 용이하므로 포괄적인 적응능력이 향상됨

구안법 절차	1단계	2단계	3단계	4단계
	목적설정단계	계획단계	수행단계	비판(평가)단계
	과제선정/목표확인/ 과정 · 방법지도	계획서 작성/자료수집	자료 정리/보고서 작성	발표/평가

1단계	정의	• 흥미 있고 중요한 과제를 선정하고 문제해결을 위한 기본 지식 및 기술을 제고하여야 한다. • 자료수집 과정과 방법 등에 대한 지도가 선행되어야 한다. • 개인의 능력에 맞는 학습 과제를 선정하도록 한다.
	학생	• 프로젝트(project)를 선택하여 프로젝트에 대해 흥미와 관심을 갖는다(과제선정). • 학습자 자신이 학습목표를 선정한다(목표확인).
	교사	학생의 능력에 적절한 프로젝트가 선정되도록 조직한다(과정, 방법지도).
2단계	정의	• 학습활동의 성패가 이 단계에 달려 있으므로, 올바르고 치밀한 계획을 수립하도록 교사는 옆에서 유의하여 살펴야 한다. • 관련 있는 대상을 찾아 관찰, 인터뷰, 자료 수집, 설계 등을 실시한다.
	학생	• 교사의 지도 아래 학생이 스스로 계획을 수립한다(계획서 작성). • 관련있는 대상을 찾아 관찰, 인터뷰하여 자료를 수집한다(자료수집).
	교사	• 적합한 자료수집 안내를 한다. • 필요한 정보를 찾을 수 있는 자료(도서, 잡지)제공이나 인터넷 검색 등을 돕는다.
3단계	정의	• 계획내용을 단계별로 직접 교육한다(창의력 발휘, 자료정리, 보고서 작성). • 자료수집 후 해결방안을 창안해 내는 단계로 학습자들이 가장 의욕적이고 흥미가 집중되는 단계이다. • 가능한 창의력을 발휘하여 최선의 활동과 노력의 대가가 나오도록 유도한다.
	학생	• 프로젝트 계획대로 실제의 학습활동을 전개한다. • 실제 조사된 자료를 바탕으로 자료를 정리하여 문제해결방안을 만들어 보고서를 작성한다(자료정리, 보고서 작성).
	교사	학습이 원활하게 진행되도록 조력한다.
4단계	정의	• 학습자의 자가 평가, 학습자 상호간의 평가, 교사의 평가 순으로 평가가 이루어져야 하나, 가능하면 그들 스스로가 자신들의 취약점을 모두 찾아낼 수 있도록 교사는 평가를 지원해 주어야 한다. • 완성된 작품이나 활동결과에 대해서 학습자 자신이 반성하고, 평가하는 것을 원칙으로 한다. 이 때 교사는 비판적 평가보다는 조언이나 격려가 바람직하다. 전시 또는 보고의 형태로 결과를 학급전체에 발표하여 학생 상호간에 활발한 평가가 나오도록 한다.
	학생	• 학급 전체에 전시·보고·발표한다. • 학습의 결과를 스스로 평가(진단평가)한다. – 자가평가, 학습자 상호 간 평가, 교사평가 등
	교사	객관적 평가가 될 수 있도록 지도하여 비판적 태도를 기르도록 한다. 평가를 지원하여 조언, 격려로 스스로 자신들의 취약점을 찾아낸다.

장점 [2009 기출, 국시 2006]	동기유발	학생의 흥미에서 출발하므로 학습에 대해서 확실한 동기가 이루어진다.
	자기주도적 학습 능력	자신이 계획하고 실행하므로 학습을 통해 자주적 능동적 학습활동으로 자기주도적 학습능력과 책임감을 훈련시키는 데 도움이 된다.
	문제해결능력 강화	생활에 통해서 실제적인 문제해결의 기회를 주므로 학교생활과 실제생활을 결부시킨다.
	성취감	• 끝까지 작업수행을 요구하므로 학습에 대한 인내심이 함양되어 결과를 얻을 경우 성취감이 든다. • 개인의 노력, 창의성, 탐구능력 등에 따라 그 결과가 빨리, 포괄적으로 도달 될 수 있으며, 학습 동기와 인내심이 함양되어 결과를 얻을 경우 성취감이 든다.
	창의력 증진	창의성과 연구심을 중시하므로 창조적, 연구적 태도를 기르는 데에 적합하다.
	사회적 덕성	특히 집단적 구안법(구안학습)은 의사소통기술증진, 협동정신, 지도정신, 희생정신 등 많은 사회적 덕성을 함양시키는 데에 도움이 된다.
	관찰 능력	실제자료수집 과정에서 의사결정 능력과 관찰 능력이 함양된다.
	활용 가능한 능력	실제 상황에서 학습함으로써 즉시 활용 가능한 능력을 획득할 수 있다.
단점	시간 낭비	능력이 부족한 대상자인 경우 시간과 노력만 낭비하는 경향이 있다.
	자료 수집	자료수집이 불가능할 경우 결과가 미비하다.
	가시적 접근	기본이론을 무시하고 가시적인 접근만 시도하는 경우가 있을 수 있다.
	무질서	일관성 있는 진행이 어려워 학생활동 자유로 무질서하며, 수업활동이 어수선하다.
	능력 부족자	스스로 문제 접근, 해결할 능력이 부족한 대상자, 의존적, 수동적 학습에 익숙해진 학습자, 의욕이 부족한 대상자는 시간·노력만 낭비하는 경향으로 목표를 제대로 달성하기 어렵다.
	전통적 평가 어려움	보건교육 결과 평가방법의 명확한 표준과 준거설정이 어려워 평가의 신뢰도와 객관성이 결여된다.
특징		• 문제를 구체적이고 실천적으로 해결한다. • 문제는 학습자 자신이 목적을 가지고 계획에 의한 선택 및 수행을 한다. • 문제해결을 위하여 물질적 자료를 활용한다. • 개인차에 따른 활동을 가능케 한다.
지도 시 유의점		• 학습과정에서 제반 훈련이 경시되기 쉽다. 특히 교외에서의 연구작업·집단활동 등에 시간을 낭비하기 쉽고 또는 학생이 작업에 참가하지 않는 일도 있으므로 그 집단을 잘 조절할 수 있도록 노력한다. • 프로젝트의 선택은 모든 학생이 좋아하는 것을 택하도록 유의해야 한다. 개인 프로젝트의 경우에는 자기 능력으로 해결할 수 있는 것을 택하도록 조력하고 지도한다. • 구안법은 각 프로젝트씩 끊어서 단편적인 것으로 하기 쉽다. 따라서 연속적 과정으로서의 학습 발전을 곤란하게 하기 쉽다. 교사는 각 프로젝트 사이에 적절한 연결이 이루어지도록 지도해야 한다. • 프로젝트는 학교의 전체적인 교육계획과 조화를 이루어야 한다.

23 문제중심학습(문제기반학습, Problem-Based Learning; PBL) [2009 기출]

(1) 특징

정의	• 문제중심학습법은 구성주의적 학습원칙을 충실하게 반영하는 실천적 모형
	• 제시된 문제 해결을 위해 상호간에 공동문제해결방안 강구하는 개별학습, 협동학습을 통해 공통의 해결안 마련(팀 학습 + 자기주도적 학습)
	실제생활의 복잡성을 반영하는 문제를 중심으로 학습자가 주도적인 학습활동을 전개함으로써 ① 문제해결능력, ② 관련분야의 지식/기술습득, ③ 자신의 견해를 분명히 제시, 설명, 옹호, 반박할 수 있는 능력, ④ 협동학습 능력 등을 궁극적 목표로 하고 있음
진행요령	• 교육자가 학습자의 능력, 흥미, 자질을 고려하여 소그룹 수업으로 상황을 제시
	• 팀구성 : 5~20명
	① 사례 : 실제적 과제(사실 + 문제점) → ② 가설 설정 : 원인, 결과, 해결안 → ③ 할당, 의견교환 → ④ 문제해결법 나열 → ⑤ 평가

문제의 특징	많은 문제	가능한 많은 문제 상황을 접하도록 구성
	복잡한 문제	실제생활의 복잡성을 반영하는 복잡하고 비구조적인 문제를 중심으로 함
	실제적 문제	특정 상황에 기반하는 문제로 실제적 과제를 제시하고 그 제시된 문제의 해결안 마련으로 쉽게 활용할 수 있는 실제적 문제
	다양한 해결안	제시하는 해결안이 다양한 것
	깊이 있는 사고	학생들의 깊이 있는 사고, 탐색을 요구
	흥미	학습자의 능력, 흥미, 자질 고려

단계	1단계 문제 제시 (문제점을 발굴, 학습목표 설정)	• 학습목표 : 문제점을 발굴하여 학습목표 설정단계 − 문제 인식
		• 사회자 및 서기 선정 : 자율적 학습 분위기를 조정, 토론을 이끌어감
		• 사례의 학습도구 제시
		• 가설 설정 : 사례문제의 원인, 결과, 가능한 해결안
		• 학습내용 선정 : 가설을 뒷받침할 지식, 정보 수집을 위해 필요한 학습내용
		• 과제분담 : 학습내용을 체계적으로 분류 후 학생 스스로 할당
	2단계 문제 후속 (할당부분 연구)	❍ 정리단계(할당부분 연구)
		• 할당된 학습내용에 따라 관련 수기, 지식, 태도 등을 각자 공부하고 와서 다른 학생에게 발표하거나 가르침(개별학습 + 모둠활동)
		• 해결방안 연구 : 문제의 성질에 따라 집단별, 개인별 문제해결 방법이나 절차 연구
		• 자료수집 : 자료수집, 자료의 가치 확인
		• 해결실시 : 실제적 활동 전개, 의견교환, 재종합, 재설계

	3단계 문제 결론 (지식재조합)	❍ 발표, 토론으로 지식 재조합 • 발표 : 활동한 결과를 구두, 보고서, 제작물 등으로 발표 • 평가 : 자아평가, 학생 간 평가, 교육자에 의한 평가
장점	자립적, 자발적	• 학생들의 학습동기 유발에 효과적 • 학습자의 자율성과 능동성이 길러짐
	실제 상황 적용	• 모든 분야에서 얻은 이론적 지식 실제상황에서 적용시켜 볼 수 있음 • 실제 상황 속에서 문제를 찾고 연구 → 실천 가능한 해결방안 모색 가능 • 실제적 상황을 통하여 배우므로 문제해결능력이 강화되며 새로운 상황에 대한 효과적 대처 가능 • 문제를 해결을 통해 지식을 학습하게 되고 단순 암기에 비해 학습능률이 향상됨. 지식이 좀 더 융통성 있게 활용될 수 있음
	전인적 발달	• 학생이 필요한 지식, 기술, 태도, 사고와 판단, 의사소통기술 등을 동시에 배우게 됨 • 사고력과 창의력을 기를 수 있음 • 필요한 새로운 지식을 자율적으로 습득할 수 있는 능력을 함양할 수 있음 • 사고력, 창의력, 문제해결능력, 메타인지능력, 협동학습능력 신장
단점	참여 제한	한꺼번에 많은 대상이 참여할 수 없음
	학습자의 능력 부족 시	• 학습자의 사전준비 및 능력의 한계에 결과가 좌우됨 • 학습자의 경우 반드시 습득해야 할 지식이나 수기를 빠뜨리거나 불필요한 것을 학습할 수도 있음 • 충분한 기초학력 배양이 어려움 • 교육자의 경우 학생교육에 많은 시간을 할애해야 하며 사전교육과 준비가 필요 • 교과과정의 기획과 문제설계가 복잡함 • 충분하고 다양한 학습매체가 준비되어야 함
	지적 성장↓	노력에 비하여 학습 성취 효율이 낮음
	체계적 교육 불가능	• 학습의 누락, 교육의 방향 일관성을 잃게 될 가능성 • 교과과정의 기획과 문제설계가 복잡함 • 충분하고 다양한 학습매체가 준비되어야 함
	교육자 준비	• 적절한 가이드, 교육자의 많은 경험, 열정, 철저한 훈련, 사전준비 필요 • 평가방법에 대한 명확한 준거 설정 어려움
PBL활용 시 유의사항	문제 상황↑	가능한 한 많은 문제 상황을 접하도록 구성
	학습자 고려	문제 상황을 만들 때 학습자의 능력, 흥미, 자질 등을 고려해야 함
	자율 분위기	문제가 자주적으로 해결될 수 있는 자율적인 학습 분위기를 조성
	충분한 시간	충분한 시간과 기회를 주어 학습자가 충분한 사고를 할 수 있게 함

PBL활동을 위한 교사의 역할	비구조적	복잡하고 비구조적이며 특정 상황에 기반하는 문제를 만드는 것이며 '문제'의 적절성 여부는 다음과 같은 질문들을 통해 검토할 수 있음 • 학생들의 깊이 있는 사고와 탐색을 요구하는가 • 제시되는 해결안이 다양할 것인가
	팀구성	문제를 학생들에게 제시한 후에는 학생들로 하여금 팀을 구성하도록 하며, 팀내에서 서기, 리더를 각각 선정
	자료수집	주어진 과제해결에 도움이 될 학습자료를 수집하여 학생들에게 제시
	개별학습	팀활동을 통해 위의 여러 사항이 결정되고 나면, 학생들은 개별적인 학습시간을 갖도록 함
	수정보완	개별학습이나 팀 학습의 결과로서 맨 처음 결정된 '가설해결안'에 대한 수정이 필요한 경우 언제든지 수정 보완할 수 있도록 함
	발표	이런 과정을 몇 번 반복하는 동안 과제해결안이 도출되고, 팀 발표를 한 뒤 다른 팀으로부터 피드백 또는 결과물에 대한 논의 등 지식구성과 지식공유를 모두 경험하도록 함. 이때 평가의 경우에도 반드시 학생들의 참여가 전제되어야 함

(2) 프로젝트법과 문제중심학습 비교

	프로젝트법	문제중심학습
주제	학생의 요구, 능력, 흥미 있고 중요한 주제 선정	튜터가 학습자의 능력, 흥미, 자질을 고려하여 사례 제시
방법	목적 ↓ 계획 ↓ 수행 : 자료정리 ↓ 평가(보고서발표)	문제 제시 : 사례; 사실 + 문제점 ↓ 가설 : 원인, 결과, 해결안 ↓ 문제 후속 : 정리(할당부분연구) ↓ 발표와 평가 : 지식재조합

24 협동학습 [2006 기출]

(1) 특징

정의		협동학습이란 모든 학습자가 명확하게 할당된 공동과제에 참여할 수 있는 소집단에서 함께 학습하는 것으로, 학습능력이 서로 다른 학습자들이 주어진 학습과제나 학습목표를 향하여 소집단 내에서 함께 학습하는 활동을 의미
협동학습의 원리	이질적 집단	집단을 이질적으로 구성하여 모든 학생들에게 도움
	상호의존성	집단의 공동목표를 달성하기 위해 구성원 간 상호의존성이 전제
	개별책무성	구성원 각자의 목표와 집단의 목표로 목표 달성을 위해 과제에 대한 분업이 이루어져 역할을 분담하고 개인의 책무성 강조
	지도력 공유	개개인이 책무를 지니므로 능력이 뛰어난 일부 학생에 지도력이 주어지는 것이 아니라 집단이 공유
	교사의 적극 개입	구성원 간 상호작용을 통해 개인과 집단의 학습목표 달성을 위해 교사가 학습활동을 관찰하여 적극적 개입
유의사항		• 구성원 모두 똑같은 공헌을 할 수 있도록 협력 활동을 구조화해야 함 • 협동학습의 지도를 위해 교사의 철저한 지도계획이 필요하며, 교사지도에 대한 학생들의 훈련이 필요 • 협동학습지도는 개방적이고 창의적으로 이루어져야 하며, 각 단원에 알맞게 지도되어야 함 • 집단 구성 시 학생의 특성과 자질을 파악, 고려하여 구성하여야 함
장점 [2006 기출]	능동성	학생들이 학습활동을 스스로 통제할 기회 제공에 의해 학습의 능동성을 육성
	지식	교과에 대한 지식 증대로 혼자서 학습해서 얻은 지식보다 여러 사람이 협동해서 얻는 지식이 크고 논리적인 사고를 가능케 함
	도전	혼자서 시도하기 어려운 일도 여럿이 하면 자신감이 생겨, 함께 하여 도전하는 동기가 형성되어 과제에 도전하는 태도를 개발
	사회성	역할 분담을 소중히 여기고 협동심 효과 발생, 구성원 간 우정이 싹트며 사회성이 향상됨
	의사소통능력	학생 상호 간 의사소통능력이 향상됨
	구성원 통한 학습	구성원들을 통해 다른 사람의 기질, 태도, 능력, 시간 활용을 배움
	장점·약점	소집단 활동을 통해 자신에게 장점·약점과 다른 사람에게 장점·약점이 있다는 것 알게 되어 사람에 대한 이해가 확장됨

긍정적 효과		• 기본적인 기능과 문제해결, 사고력 등이 향상됨 • 상호작용을 통한 학습방법과 자원(시간, 에너지, 능력)의 관리와 통제 등 학습전략의 학습이 이루어짐 • 자기이해는 물론 타인이해의 폭을 넓히며, 협력적 태도와 교사 및 동료 학생에 대한 신뢰를 통한 인간관계의 개선효과가 있음 • 자신감을 갖고 적극적으로 학습에 임하려는 태도와 자아존중감의 형성 등에 긍정적인 효과가 있음
단점	집단 내 분쟁 가능성	구성원이 이질적이어서 학생의 능력, 선수학습 정도 등이 달라 집단내 분쟁 가능성이 있음
	응집성 강조	학습과제 수행보다 사회적 상호작용에만 치중할 우려가 있음(학습보다는 집단의 응집성을 강조할 수 있음)
	잘못 이해 (수업 질↓)	• 소집단이기 때문에 집단 구성원 전체가 잘못 이해하는 내용이 옳은 것인 양 그대로 굳어질 수 있음 • 수업의 질을 통제하기 어려움
	능력 부족 시	능력이 떨어지는 학생은 집단에서 불필요한 존재라고 느끼어 자아존중감 감소, 모멸감, 수치심
	소수 주도	• 몇몇 학생에 의해 학습활동이 주도될 수 있음 • 아무런 노력 없이 무임승차하는 학생이 있을 수 있음
부정적 효과	무임승객 효과	학습 능력이 낮은 학습자가 적극적으로 학습에 참여하지 않아도 학습능력이 높은 학습자의 노력으로, 학습능력이 높은 학습자의 성과를 공유하게 되는 것을 말함
	봉효과	• 학습 능력이 높은 학습자가 자기의 노력이 다른 학습자들에게 돌아가기 때문에 학습참여에 소극적이게 되는 부정적인 효과를 의미 • 사회적 빈둥거림은 학습 능력이 높은 학생의 학습의욕이 저하되는 것으로 자기의 노력이 다른 학습자에게 돌아가 소극적으로 학습에 참여

(2) 직소 I 모형

정의		• 팀 구성원 각자가 과제의 일부를 분담하여 책임지고 수행 • 팀 내의 역할분담 → 전문가 집단협의 → 팀 내 교수학습 등의 순서로 진행됨
구성절차	이질(소속)집단	5~6개의 이질집단으로 분류
	과제 분담	학습단원을 집단 구성원의 수에 맞도록 나누어 각 구성원에게 한 부분씩 할당
	전문가 집단	이질 집단의 같은 부분을 담당한 학생들이 전문가 집단을 형성하여 분담 내용을 토의 학습

	소속 집단	소속 집단으로 돌아와서 학습한 내용을 집단 구성원들에게 가르침
	시험, 점수	단원 학습 후 학생들은 시험을 보고 개인의 성적대로 점수를 받음(시험 점수는 개인등급에만 기여)
특징		• 직소 I 모형은 개인의 과제해결력에서의 상호의존성은 높으나 보상의 상호의존성은 낮음 • 집단 보상을 받지 못하므로 형식적인 집단 목표가 없음 • 각 집단 구성원의 행동이 다른 구성원들에게 보상받도록 도와주므로 협동적 보상 구조의 본질적 역동성이 존재 • 작업 분담 구조를 통해서 집단 구성원 간의 상호의존성과 협동심을 유발

(3) 직소 II 모형 [2006 기출]

이질적 집단 (소속집단)	집단은 5~6명의 이질적 집단으로 구성하고 학습단원을 집단 구성원의 수에 맞게 나눈 후 학습자의 흥미를 고려하여 학생들이 스스로 한 부분씩 할당하여 개별과제 부여
	학습자의 흥미를 고려하여, 학생들이 스스로 약물남용의 종류를 조사하기에는 중추신경억제제, 중추신경자극제, 마약제, 환각제, 흡입제 중 하나를 분담
전문가 집단	각 집단에서 같은 부분을 담당한 학생들끼리 모여 전문가 집단을 형성하여 분담된 내용을 탐구하며 토의하고 학습하며 정리
	각 집단에서 중추신경억제제, 중추신경자극제, 마약제, 환각제, 흡입제의 같은 부분을 담당한 학생들끼리 모여 전문가 집단을 형성하여 분담된 내용을 토의하고 학습
소속 집단	제각기 원 집단으로 돌아가 학습한 내용을 구성원들에게 서로 가르침
	제각기 원 소속 집단으로 돌아가 전문가 집단에서 학습한 중추신경억제제, 중추신경 자극제, 마약제, 환각제, 흡입제의 학습한 내용을 구성원들에게 가르침
향상 점수와 시험	학생들은 시험을 보고 개인별 성적을 냄
	학생들은 중추신경억제제, 중추신경자극제, 마약제, 환각제, 흡입제의 학습한 내용을 시험을 보고 개인별 성적을 냄
보상	개인별 향상점수와 팀 향상점수를 산출하여 그 결과에 따라 보상

(4) 직소 I 모형과 직소 II 모형의 비교

구분	직소 I 모형	직소 II 모형
학습내용의 제시	분활된 세부 내용을 각각 구분하여 개별적으로 제시	학습내용 전체를 모든 학습자에게 제시
세부 주제의 선택	교사가 제시	학생이 스스로 선택
보상	개인 점수만 산출	개인 향상 점수와 팀 점수를 산출, 그 결과에 따라 집단 보상 부여

(5) STAD 수업 과정

수업소개: 강의		• 수업이 시작되면 교사는 학습목표를 명확히 제시 • 선수학습내용 복습 • 학습목표와 관련된 학습내용 강조 • 이해 여부를 질문하고 이해 부족 시 구체적 예를 제시
소집단 활동		• 소집단은 성별이나 학업 능력을 고려하여 4~6명이 이질적으로 구성하여 팀을 구성하며 초기에 팀 이름, 팀 구호 제정으로 집단 내 신뢰감, 단결, 협동정신 형성 • 학생들은 주어진 과제의 학습지 교재로 1~2시간 동안 팀 동료 간 상호작용하며 서로 가르치고 배우며 학습과제 내용 해결 • 4~5주 지난 후 팀 재구성
시험		• 소집단 활동 후 학생들이 얻은 지식을 개별적 퀴즈 문제를 풀게 하므로 개별적 형성평가 실시 • 팀 구성원 간 서로 돕지 못하며 개인 점수로 학습의 책임성 강화
향상 점수	개인별 향상 점수	학생마다 기본 점수를 세우고 공부한 것을 퀴즈 문제 풀이를 통해 얼마만큼 향상되었는지 평가
	팀 향상 점수	팀 향상 점수는 팀원의 개별 향상 점수 총합의 평균 점수
보상	게시	개인별 향상 점수와 팀 향상 점수를 게시
	보상	• 우수한 소집단·개인에게 시상, 학습활동 사진, 사탕 등 보상 • 성적에 반영성적이 낮은 학생들은 능동적으로 배우려 함 • 성적이 높은 학생들은 팀의 향상 점수를 높이기 위해 팀의 구성원들을 이끌려는 의지

(6) 협동학습의 부정적 효과 지도방안

부익부 빈익빈	근거	학습능력이 높은 학생이 다른 학생들보다 도움을 주고받으며 많은 반응으로 소집단 장악과 학업 성취 향상
	구조화	구성원들이 전체가 참여하고 모두 똑같이 공헌하도록 협력활동을 구조화하여 과업을 골고루 배당
	각본 협동	각본을 통한 역할 분담으로 두 명의 학생이 짝을 지어 정해진 순서에 따라 교대로 자료를 요약하고 그 내용을 서로 점검·논평
자아존중감	근거	학업성적이 낮은 학생의 상호 작용 기회 상실로 학습 활동에 기여할 필요나 가치가 없다고 생각하여 자아존중감에 부정적 영향
	팀 응집성	팀의 응집성 강조로 소집단 구성원들이 다른 구성원을 돕는 이유, 다른 구성원을 걱정하고 성공하기를 원하도록 함

	협동기술	방법	• 번갈아하기 훈련 • 도움 주고받기 훈련 • 기다리기 훈련 • 청취하기 훈련 • 칭찬하기 훈련
		효과	협동기술 습득으로 학습참여와 자아존중감 상승
집단 간 편파	근거		• 자기가 속한 내집단 구성원에 호감 · 편애 • 다른 집단 구성원에 차별이나 적대감을 가짐
	편성		초등학교에서 과목별 소집단 편성
			주기적으로 4~5주 지난 후 소집단 재편성
	교류		집단 간 자연스런 교류 조절로 집단 간 지나친 경쟁심 초래가 없어짐
	근거		• 무임승객 효과 • 봉효과
	방법		• 집단보상과 개별보상을 병행 • 성적이 낮은 학생은 능동적으로 배우려 함 예 Jigsaw II, STAD

25 캠페인(campaign)

정의 [국시 2003]	비교적 짧은 기간 내에 건강에 관한 상식과 기술을 증진 시키거나, 특별한 문제에 대한 태도나 가치관을 증진시키기 위하여 집중적 반복과정을 통해 많은 사람이 교육내용을 알도록 하는 데 활용되는 방법 예 1주일간 환절기 건강관리의 중요성 집중적으로 반복 · 강조
특징	• 활용기간: 여러 일~한 달 • 교육매체: 포스터, 팸플릿, 라디오, TV • 표어를 공모하고 포스터를 제작하여 사내방송을 통하여 교육 실시
장점	• 새로운 지식과 정보를 가장 빠른 시일 내에 많은 사람에게 전달 가능 • 전달하는 정보내용은 지식의 축적 작용에 의해 효과를 나타냄 • 단기간 동안 건강에 관련된 지식과 기술을 증진시킴 • 넓은 활용범위: 학교, 병원, 산업장 등 지역사회 어디서나 활용 가능 • 보건에 대한 경각심을 줄 수 있음

단점	• 일방적 전달방식: 대상자가 자기에 유리한 쪽으로 해석하려는 경향 있음
	  - 본래 의미와 다른 의미로 인식
	• 전달하고자 하는 정보의 양이 많을수록 과실이 생길 수 있음
	  - 적절한 양의 조절 필요
	• 지속적인 관리 필요: 캠페인 종류 후 관심 저하

26 이러닝, 웹기반 교육(Web Based Instrutio; WBI)

정의	• 학습자의 지식이나 능력을 육성하기 위한 의도적인 상호작용을 웹을 통해 전달하는 활동 • 종류 : 현장검색형, 저장자료형, 교사제시형
장점	• 최신의 정보, 자료로 교육환경 제공 • 정보의 역동성과 상호작용 − 전 세계인들과의 즉석연결, 정보에 대한 전문가의 피드백 − 인터넷에 연결된 모든 학급과 토론, 질문, 학습에 효과적으로 사용 • 서적을 통해 불가능했던 시각적·청각적 정보 활용 → 학습자의 주의집중, 학습동기유발, 학습자의 이해도 향상 • 문제해결력 향상 : 인터넷을 통한 정보수집 및 분류, 정리 → 창의력 및 고등정신능력 신장 • 자기주도학습력 신장 − 학생의 창의성과 자율성 보장 − 수준별, 개별화 학습가능 • 방대한 정보원
단점	• 학습목표에 도달하지 못하고 혼란에 빠질 가능성 • 교과교육과 직접적으로 관련되는 내용 부족 • 많은 자금 필요 • 웹상 정보의 유용성은 책이나 잡지에 미치지 못함 • 정보전달 속도가 느림(찾아서 가공해야 함) • 실시간 상호작용가능하나 전화나 회상회의 수준의 상호작용 기대 어려움
유의사항	• 웹자료를 통한 간접 경험이 실제경험의 효과를 거두기 위한 구체적 방안 마련 필요 • 방대한 자료 중에 유용한 정보여부를 판단할 수 있어야 함 • 적절한 학습동기 부여하고 학습자가 비판적 사고를 할 수 있도록 훈련 필요 • 학습자가 타인과의 상호작용을 통한 효과적 정보이용 기반 조성 • 필요시 학습계획을 변화·개선시켜 나가는 융통성 발휘

27 웹기반학습

정의	• 학습자의 지식이나 능력을 육성하기 위한 의도적인 상호작용을 웹을 통해 전달하는 활동 • 종류: 현장검색형, 저장자료형, 교사제시형

장점	• 최신의 정보, 자료로 교육환경 제공
	• 정보의 역동성과 상호작용
	  − 전 세계인들과의 즉석연결, 정보에 대한 전문가의 피드백
	  − 인터넷에 연결된 모든 학급과 토론, 질문, 학습에 효과적으로 사용
	• 서적을 통해 불가능했던 시각적 · 청각적 정보 활용
	  → 학습자의 주의집중, 학습동기유발, 학습자의 이해도 향상
	• 문제해결력 향상: 인터넷을 통한 정보수집 및 분류, 정리
	  → 창의력 및 고등정신능력 신장
	• 자기주도 학습력 신장
	  − 학생의 창의성과 자율성 보장
	  − 수준별, 개별화 학습가능
	• 방대한 정보원

28 원격학습

정의	최첨단 텔레커뮤니케이션: 비디오 기법이나 녹음방법을 통해 건강교육 내용을 대상자에게 전달하는 교육방법 → 건강교육에 도입할 때 수요자의 요구에 따라 적절한 건강정보나 상담프로그램을 개발하여 많은 사람들이 이용할 수 있게 함
특징	• 직원교육, 보수교육, 학교건강교육에 적당 • 많은 사람이 이용 가능
장점	• 멀리 떨어져 있는 사람끼리 정보 얻을 수 있음 − 만나기 위한 시간적, 경제적 낭비 없음 • 대단위 청중에게 정보 전달: 상대적으로 저렴 • 다양한 지역에 있는 사람에게 최신정보 무료 제공 + 필요에 따라 만남의 기회 제공
단점	• 교육자와 대상자가 멀리 떨어져 있음 • 질의응답 가능하나 질문과 응답을 상호교환 할 수 없다면 효과적이지 않음 • 일반적 교수방법임

29 스마트교육

정의	지식정보사회와 스마트기기의 출현 등 다양한 매체와 기기의 탄생은 산업사회의 획일화, 표준화된 교육방식에서 점차 개인별 맞춤형 교육방식으로 교육패러다임의 변화가 추진되고 있고, 이러한 교육패러다임의 변화를 추구하는 방안이 스마트교육임 → 건강교육에 도입할 때 수요자의 요구에 따라 적절한 건강정보나 상담프로그램을 개발하여 많은 사람들이 이용할 수 있게 함
구성요소	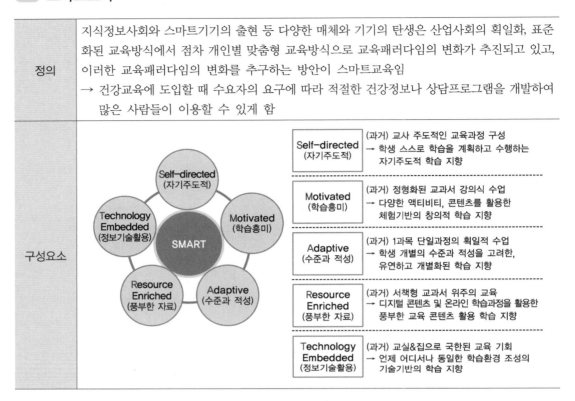

Self-directed (자기주도적)
(과거) 교사 주도적인 교육과정 구성
→ 학생 스스로 학습을 계획하고 수행하는 자기주도적 학습 지향

Motivated (학습흥미)
(과거) 정형화된 교과서 강의식 수업
→ 다양한 액티비티, 콘텐츠를 활용한 체험기반의 창의적 학습 지향

Adaptive (수준과 적성)
(과거) 1과목 단일과정의 획일적 수업
→ 학생 개별의 수준과 적성을 고려한, 유연하고 개별화된 학습 지향

Resource Enriched (풍부한 자료)
(과거) 서책형 교과서 위주의 교육
→ 디지털 콘텐츠 및 온라인 학습과정을 활용한 풍부한 교육 콘텐츠 활용 학습 지향

Technology Embedded (정보기술활용)
(과거) 교실&집으로 국한된 교육 기회
→ 언제 어디서나 동일한 학습환경 조성의 기술기반의 학습 지향

30 보건교육의 장단점

(1) 집단보건교육

방법	장점	단점
강의	• 단시간에 많은 양의 지식이나 정보 전달 • 많은 사람들을 교육할 수 있어 경제적 • 학습자의 긴장감이 적음 • 교육자가 자료를 조절하여 교육 • 학습자가 기본적 지식이 없어도 됨	• 학습자의 개인적 차이 고려할 수 없음 • 지식이나 정보의 양이 많아 충분한 학습이 어려움 • 학습자의 자발적인 참여가 없어 문제해결 능력을 기를 수 없음 • 학습자의 학습 수준과 진행 정도 파악이 어려움 • 일방적 교육

02

시범	• 흥미유발 가능 • 실무 적용이 용이함 • 대상자가 쉽게 배울 수 있음 • 개별화 가능 • 관련주제에 대한 기술 습득이 용이함	• 비용효과 면에서 비효율적임 • 교육자의 교육준비 시간 요함 • 장비의 구입, 유지 및 교체에 드는 비용 확보 • 교육자에 따라 학습효과 차이가 큼
집단 토의	• 학습자가 능동적으로 참여할 수 있는 기회 • 효과적인 의사소통능력 함양 • 반성적 사고와 태도 형성 • 선입견이나 편견 수정 가능 • 학습자의 자발적 참여로 자율성 향상 • 학습자의 참여로 학습의욕이 증가	• 시간이 많이 소요됨 • 토의 목적이나 초점에서 벗어나는 경우가 많음 • 지배적인 참여자와 소극적인 참여자가 있음 • 예측하지 못한 상황 발생 가능 • 토의 주제와 목적을 충분히 파악하지 못하면 목적달성이 어려움
분단 토의	• 토의참여자가 많아도 의견교환과 진행이 가능 • 모든 대상자들에게 참여기회 • 문제를 다각적으로 분석 · 해결 • 반성적 사고능력과 사회성 함양	• 참여자의 준비가 없으면 효과 없음 • 소수 의견이 집단 전체의 의견이 될 수 있음 • 소심한 사람에게는 부담스러움 • 관련이 없는 문제가 다루어질 수 있음
배심 토의	• 전문가들의 집단 토의를 통해 비교적 높은 수준의 토의와 문제해결 제시에 참여 • 주제를 다각도로 분석하고 예측하는 능력 배양 • 타인의 의견을 듣고 비판하는 능력 배양	• 여러 명의 전문가 초빙으로 경제적 부담이 큼 • 기존지식이 없을 경우 이해가 쉽지 않음 • 중복내용이 토의되거나 발표될 수도 있음
강연식 토의	• 특정주제에 대한 심도 있는 접근 가능 • 주제의 윤곽과 함께 세부적인 이해도 가능 • 전문가의 역량에 따라 다양한 발표 가능	• 주제에 대한 충분한 지식이 없을 경우 효과 적음 • 발표 내용이 중복될 수 있음 • 소수의 청중만이 질문에 참여할 수 있음
세미나	• 참석자들의 관심과 흥미유발 가능 • 참석자들의 참여를 통해 전문성 향상 유도	• 주제에 관심이나 흥미가 없을 경우 참여 저조 • 주제에 대한 전문적 지식이나 경험이 부족한 경우 비효과적
브레인스토밍	• 재미있으며 어떤 문제든지 다룰 수 있음 • 새로운 방법 모색 가능	• 고도의 기술이 필요 • 시간소모가 많음 • 사회자의 역량이 요구됨

실험	• 흥미와 동기유발 용이 • 주제와 관련한 변화나 현상을 직접 관찰 • 과학적 원리를 적용한 교육	• 계획과 사전준비 요구됨 • 시간이 많이 소요됨 • 수업 분위기가 산만해질 가능성 • 안전사고 발생할 위험 • 실험도구와 준비를 위한 비용 필요
현장학습/견학	• 사물과 상황에 대한 관찰능력 배양 • 학습자의 흥미와 동기유발 • 관련 주제에 대한 이해 증가 • 학습내용의 현장 적용 가능	• 체계적인 계획과 준비가 요구됨 • 투입된 노력에 비해 효과가 적을 수 있음 • 견학을 거부하거나 제한하는 상황이 있을 수 있음 • 시간과 경비가 많이 듦
역할극	• 실제 활용이 가능한 기술습득 용이 • 직접 참여를 통한 흥미와 동기유발 • 사회성 개발 • 심리적인 정화 경험 • 주제에 대한 학습자의 태도변화 용이	• 준비시간이 많이 요구됨 • 대상자 중에 극중 인물을 선택하는 것이 어려울 수 있음 • 역할극을 수행하는 사람이나 상황, 또는 환경이 사실과 거리감이 있을 때는 효과가 저하됨

(2) 개별보건교육

방법	장점	단점
연습/자율학습	• 학습자의 능력에 따른 교육 가능 • 학습자 스스로 학습속도 조절 • 단계적 학습으로 학습 기초 마련	• 학습자의 동기부여, 준비성 등 개인적 차이가 큼 • 적절한 평가와 피드백이 이루어지지 않을 경우 교육효과 저하
프로그램학습	• 학생의 능력에 따른 학습 가능 • 개인차를 고려한 개별학습 • 즉각적인 피드백과 강화	• 프로그램의 수정이 쉽지 않음 • 개발비가 많이 듦 • 학습자의 사회성 결여 가능성
프로젝트학습	• 동기유발이 용이함 • 자주성과 책임감 개발 • 심층적 연구 등 높은 수준의 학습에 유용 • 탐구능력, 의사결정능력, 문제해결능력 계발 • 주제에 대한 학습자의 태도 변화가 용이함 • 대상자의 적극적인 참여 촉진 • 집단 프로젝트를 통해 학습의 전이 유도 통해 지도력과 희생정신 함양	• 학습자의 학습에 대한 동기 및 의지가 요구됨 • 학습자 부담 • 세심한 계획과 평가기술 요구 • 능력과 의지가 부족한 경우 학습효과 저하 • 시간이 많이 소요됨 • 집단 역동에 어려움이 있을 수 있음

상담	• 대상자 이해가 용이함 • 별도의 공간 없이 건강관리실이나 클리닉 등에서도 실시 가능 • 대상자의 건강관련 문제에 집중하여 문제 해결을 유도하므로 집단교육에 비해 효과적 • 개인의 비밀이나 도덕적으로 회피하기 쉬운 주제도 교육 가능	• 경제성이 낮음 • 상담자의 역량에 따라 차이가 큼 • 타인과의 공감이나 비교 등을 통한 학습 기회 차단
문제해결학습 (problem solving learning)	• 학습자의 능동적 참여와 자율성 유도 • 실생활에서 일어나는 문제해결 기회 • 비판적 사고와 협동심 함양	• 지식을 학습하는 시간이 매우 오래 걸림 • 수업과정이 산만함 • 기초적 지식 함양은 불가능 함 • 노력에 비해 능률이 낮음
시뮬레이션학습 (simulation)	• 안전하고 신속한 상황파악과 적절한 의사 결정 경험 • 윤리적 문제의 발생소지 없음 • 학습자의 참여와 자발성 증진 • 적절한 피드백을 통한 효과적인 학습 유도 • 교육자의 학습 상황 유도나 통제 가능 • 임상기술에 대한 평가도구로 활용	• 시간과 비용이 많이 듦 • 학습자의 준비 없이는 효과 적음 • 교육과정의 설계, 조작, 통제를 위해 교육 자의 훈련과 준비가 요구됨 • 한 번에 학습할 수 있는 학습망이 제한 됨
모델링 (modeling)	• 주제와 관련한 기술 습득 촉진 • 학습자가 아동일 경우 효과적 • 학습효과가 강하게 오래 지속 • 주제에 대한 학습자의 태도변화가 용이함	• 교육자에 대한 신뢰 없이는 학습효과 없음 • 학습 내용의 명확한 확인이 어려움
컴퓨터활용교육 (CAI)	• 교수와 학습자간 계속적인 상호작용 가능 • 개별화된 교수−학습과정 • 학습자의 흥미를 유발 • 운영이 용이함 • 비용−효과적	• 비용부담이 큼 • 컴퓨터의 모니터 영상과 실제와의 차이 • 프로그램의 다양성 부족
멀티미디어학습 (WBI)	• 역동적인 진행 • 학습자의 자율성과 창의성이 보장 • 수준별 개별학습 가능 • 학습동기와 성취감 배양 • 실시간 상호작용이 가능	• 학습목표에 도달하지 못하고 혼란에 빠질 가능성 • 비용부담이 큼 • 교과내용과 직접 관련되는 교육 프로그램 부족 • 제한된 상호작용

03   보건교육 보조자료

1   교육매체의 분류

비투사자료	모형, 실물 등 자료를 제시할 때 다른 매체를 이용하지 않고, 제시방법도 광학적이나 전기적인 투사방법을 사용하지 않는다는 특징을 가지고 있음
시각매체	주로 광학적이나 전기적인 투사방법을 사용하는 것으로서 자료를 제시하기 위해 매체가 필요하며, 자료의 제시가 주로 시각적인 방법에 의존한다는 특징이 있음. 슬라이드, TP, OHP 등
청각매체	주로 청각적인 정보를 전달하는 것으로 라디오, 녹음기 등
시청각매체	시각과 청각적 정보를 동시에 활용하는 것으로 VCR, 영사기, TV방송 등
상호작용매체	주로 컴퓨터에 관련된 것들로서 CAI라고 불리는 컴퓨터 보조수업, 상호작용 비디오, 멀티미디어 등을 말함 • 컴퓨터, 멀티미디어, 인터넷 : CAI(컴퓨터 보조수업), CMI(컴퓨터 관리수업), CAT(컴퓨터 적응평가) • 컴퓨터 프레젠테이션 • 디지털 이미지 : CD-ROM, 사진 CD, 디지털 카메라, DVD-ROM • 상호작용 비디오, 쌍방향 텔레비전 등

2   데일(Dale)의 경험의 원추

이론의 특징	• 시청각 교육의 대표적 이론 • 개념형성 과정에 있어 '직접 경험'과 '언어적 경험'을 연결하여 줄 수 있는 '관찰에 의한 경험'을 강조 • 즉, 학습자의 학습 유형은 '행동에 의한 학습', '관찰에 의한 학습', '추상을 통한 학습'으로 분류, 학습자는 실제행동으로 경험하고, 매체를 통해 보고 들으며, 언어에 의한 상징화 과정을 통해 개념을 형성할 수 있다는 것 • 브루너의 지식의 표현 양식인 '행동적 표상양식 → 영상적 표상양식 → 상징적 표상양식'은 데일의 원추개념을 보완해 주고 있음 　→ 데일과 브루너의 차이점 : 브루너가 말한 행동적·언어적·상징적 학습의 개념은 학습자에게 제시되는 자극의 특성보다는 학습자의 정신적 조작의 특성을 강조한 것이었다는 점에서 데일의 개념과 구별

02

학습자 경험 [국시 2008]	상징적 단계	• 언어기호 • 시각기호
	영상적 단계	• 녹음, 라디오, 사진 • 영화 • 텔레비전
	행동적 단계	• 전시 • 견학 • 시범 • 극화된 경험 : 연극을 보거나 직접 출연함으로써 경험 • 구성된 경험(실물, 표본, 모형) : 사물의 복잡성을 단순화시켜 기본적인 요소만 제시 • 직접·목적적 경험 : 생활의 실제 경험을 통해 정보와 개념을 축적
데일의 '경험의 원추'와, 브루너의 '지식의 표상양식' 비교	 → 컴퓨터는 TV와 전시 사이에 위치. 왜냐하면 컴퓨터는 조작 가능하므로 더 구체적이기 때문	
교육효과 [공무원 2012]	• 직접 경험이 가장 구체적인 것으로 학습의 효과가 높음 • 언어는 추상적인 것으로 가장 교육효과가 낮음 • 행동적 단계, 영상적 단계, 상징적 단계로 진전되면서 개념 형성으로 구체적인 것에서 추상적인 것으로 개념 형성 강조 예 인지주의 학습 원칙 : 정보 자료를 구체적인 것에서 추상적인 것으로 조직화	

3 Kemp & Smellie가 제시한 교수매체의 기여도(교수매체활용의 의의) [1999 기출]

교수활동이 보다 표준화될 수 있음	• 모든 학습자는 같은 매체를 보고 듣게 되므로 동일한 메시지를 전달받게 됨 • 교사가 수업을 주도할 경우 주제의 내용은 다양한 방법을 통하여 전달될 수 있으나, 매체를 사용하게 되면 전달방법에 의해 초래되는 차이점은 없어짐
가르치는 것을 보다 재미있게 해 줌	매체는 주의력을 끄는 특성, 명료한 메시지, 변화 있는 상의 전개, 특수효과 등이 포함되어야 하고, 이는 학습자를 즐겁게, 깊이 생각하게, 동기유발이 되게끔 함
교수이론의 적용을 통하여 학습을 보다 상호작용적으로 만들어 줌	매체에 담긴 내용이 잘 조직되면 학습자를 잘 가르칠 수 있음 • 매체를 계획할 때는 학습자의 참여, 피드백, 강화 등을 고려하여 계속적인 상호작용을 유발함
교수에 소요되는 시간을 줄여 줌	많은 양의 정보가 짧은 시간 안에 전달, 흡수(교사 학습자 모두 효율)됨
학습의 질을 높여 줌	매체는 지식의 요인을 분명히 전달함
필요시 필요한 장소에서 교수활동이 일어날 수 있게 함	
긍정적인 태도를 갖게 해 줌	• 학생들은 배우는 것과 학습과정 자체에 대해 긍정적인 태도를 갖게 됨 • 학생들은 흔히 매체를 사용하는 것에 호감을 갖는데, 이유는 동기유발적이라는 것과 학습을 성공적으로 이끌 수 있다는 사실에 있음
교사의 역할이 긍정적인 방향으로 바뀔 수 있음	교사는 기술이나 내용을 반복설명해야 하는 부담을 덜 수 있으므로 과목의 주요부분에 주력

4 Heinich와 그의 동료들(1996)이 고안한 'ASSURE'

A (Analyze Learner Characteristics): 학습자의 특성 분석	일반특성	연령, 학년, 직업이나 지위 그리고 문화적 또는 사회경제적 요인과 같은 것들을 폭넓게 확인하는 것을 포함
	특별한 출발점 능력	학습자가 가지고 있거나 또는 부족한 지식과 기능을 의미
	학습양식	• 한 개인이 학습 환경을 지각하고 상호작용하고 정서적으로 반응하는 방식을 결정하는 일단의 심리적 특성 • 불안, 적성, 시각적 또는 청각적 선호, 동기 등과 같은 상이한 자극을 지각하고, 반응하는 방식에 영향을 주는 심리적 특성의 스펙트럼

02

S (State objectives): 목표 진술		• 대상자가 해야 할 것이 무엇인지 기술 • 대상자의 행동이 관찰가능한지 기술 • 행동이 나타날 수 있는 상황에 대해 기술 • 목표가 도달되었는지의 여부를 정의할 수 있는 표준 설정
	목표영역설정	목표가 지적 영역인지, 인지영역인지, 정의적 영역인지, 심동영역인지를 설정하고 우선순위영역을 정함
	적절한 전략선택	선택영역에 의사결정에 필요한 도구를 선택 예 인지영역: 확인하기, 명명하기, 기술하기, 순서화하기, 구조화하기 　　정의적 영역: 흥미, 동기화, 태도나 가치
S (Select, Modify or Disign Materials): 적절한 매체 선택		• 대상자의 언어능력, 시각 및 청취능력, 경험, 지능, 동기화, 성격 등을 고려하여 선택 • 목표에 적합한 자료가 없으면 기존의 자료를 수정, 재편성 • 허용되는 예산, 기간, 시설, 장비를 배려
	선택과정	• 주어진 학습과제를 위한 적당한 방법을 결정하기 • 방법을 수행하는 데 적당한 매체유형을 선택하기 • 그 매체 유형 내에서 특정자료를 선택하거나 수정하거나 설계하기
U (Utilize Materials): 교재 활용	자료에 대한 사전 검토하기 (preview the materials)	보건교육 자료(비디오)를 사전에 미리 보고 자료내용이 학습자와 목표에 적당한지 검토
	자료 준비하기 (prepare the materials)	• 교육자와 학습자들이 필요한 모든 자료와 기자재 모으기 • 어떤 순서로 그 자료나 매체를 사용할지 결정 • 대상자에게 필요한 자료 확보하기
	환경 준비하기 (prepare the environment)	• 매체와 자료를 사용하기에 알맞은 장소준비(편안한 의자, 적당한 조명과 환기, 분위기 조절 등) • 기자개가 잘 작동되는지 사전 점검해 보기 • 시설 및 자리 배열: 모든 학습자가 잘 볼 수 있고 들을 수 있도록 시설 배열, 학습자들이 어떤 주제에 대해 토론하길 원한다면 서로 마주볼 수 있도록 자리 배열
	학습자 준비시키기 (prepare the learners)	• 교육내용에 대한 전반적인 개요 제시 • 준비가 주제와 관련되는가에 대한 논리적 설명 • 주의집중 효과를 설명함으로써 동기적 진술 • 수업의 특별한 측면에 주의를 기울이도록 지시하는 단서
	학습경험 제공하기 (provide the learning experience)	교육자는 학습경험을 제공하고 학습에서 주의를 이끌 수 있어야 함

R (Require learner participation): 학습자 참여	반응에 대한 즉각적 강화가 제공될 때 학습이 증진됨
E (Evaluate): 매체의 평가	• 방법과 매체의 평가 • 수정

5 교육매체 선정에 영향을 미치는 요인 : 교육매체 선정 기준 [1999 기출]

교육대상자	• 학습자 특성으로 학습자 수, 연령, 신체적 조건, 지적 발달 정도, 학습양식(청각 선호), 대상자 흥미, 학습경험에 알맞은 교육매체를 선정 • 교육대상자가 대집단, 소집단, 개별수업인지에 따라 교육매체가 달라짐
학습목표	인지적 영역, 정의적 영역, 심동적 영역에 따라 교육매체가 다름 예 정의적 영역 : 약물 남용은 드라마(영화) 　심동적 영역 : CPR은 모형
학습내용	보건교육 내용 습득에 효과적 매체로, 충분한 연구 결과, 최근의 정보로 구성된 매체 선정
교육자	교육자의 학습설계 능력으로 교육매체 개발능력과 활용능력과 용이성
학습환경	학습환경으로 교육장소의 교육매체 활용을 위한 구조, 시설
교육매체	• 교육매체 구입의 용이성 • 교육매체 확보를 위한 예산은 적절하고 충분, 경제적 • 교육매체 활용의 유용성 • 교육매체 조작의 간편성 • 교육매체 보관·운반의 용이성

6 교육매체 활용 시 교육자의 역할(교육매체 활용 시 유의점) [국시 2000]

매체 확인	• 교육 시작 전 교육매체의 질은 좋은지, 교육매체의 내용이 적절한지, 수준은 적합한지, 비용은 적당한지, 즉각적으로 구할 수 있는 것인지 등을 고려하여 교육매체를 확인 • 비용을 절약하기 위하여 질적으로 불량하거나 부적절한 매체는 사용하지 말 것
통합	매체의 다양성에 기본적 지식으로 강의전략과 매체를 통합
보조적 수단	교육매체는 교육을 위한 보조적 수단으로 교육자를 대신하는 내용물이 아님
내용	내용보다 시청각적 테크닉에 더 중점을 두지는 말 것
사전 검사	교육자는 기자재 사용 전 기능에 대한 적절한 사전 검사 없이 사용하지 말 것
조작	교육자는 교육 기자재를 조작할 수 있어야 함

긍정적 태도	교육자는 기자재에 대한 긍정적 태도 전달
학습자	학습자들이 매체 사용에 적응하지 못하는 경우 사용하지 말 것

02

7 교육매체 사용 시 장단점 및 고려점

분류	시각	비투사 매체	표본, 실물, 모형, 그림, 파노라마, 차트, 사진, 그래프, 포스터, 융판, 칠판, 괘도, 인쇄물 등
		투사매체	필름 스트립, 슬라이드, 영화, OHP, 실물화상기
	청각 매체		카세트 테이프, 녹음기, 레코드 음반, 오디오, 카드, 라디오, CD
	시청각 매체		VCR, 영화, TV, 동영상
	컴퓨터 활용매체		멀티미디어, 양방향 TV, 상호작용 비디오, 인터넷

	장점	단점	고려할 점
실물모형	• 실제와 가까운 유사물 묘사 • 역동적 학습 가능	• 공간의 점유 • 이동의 불편 • 시간 소모 많고, 고비용	• 교육장소 내 배치 • 매체마다 설명 첨부
비디오 테이프	• 실제상황을 대비한 대리경험 • 구입 용이 • 재생 및 수정 가능 • 반복학습 가능	• 스크린의 크기를 고려한 대상자 수 조절 • 기술적 능력이 필요	• VTR 준비 • 테이프 제작 시 많은 시간과 경비 소요
영화	• 대상자의 높은 집중력 • 긍정적인 태도 형성 • 동작이나 시범하는 데 유익	• 고비용, 보관 불편 • 기술적 능력 필요 • 암막장치가 필수적	• 최신의 내용 선정 • 상영을 위한 지원체계 구성 • 영사기술 습득
슬라이드	• 제작, 개선, 저장, 재배치 용이 • 이해속도에 맞추어 활용 • 시간제한×, 확대 가능 • 개인 및 집단에 적합 • 색채감, 현실감	• 정적상태 • 암막 사용 • 색상의 변색 • 해설집의 작성 • 동적 매체와 함께 활용	• 그림과 해설의 일치 • 정확한 필름삽입 요령 습득
실물환등기	• 시청각 자료와 교재 활용 • 다양한 시청각 기기와 연결 사용 • 실물 그대로 원색 제시 • 확대 가능, 자료수장 가능	• 부피가 큼 • 암막장치가 필요함 – 주의 집중 저하, 졸음 • 보관 시 습기 유의 • 구입가격 비쌈 • 단면만 제시 • 투영하는 자료의 크기가 제한됨	• 사용법 사전 숙지 • 스크린과 매체 사이의 거리 조절

OHP	• 재사용 가능 • 대상자를 보면서 교육 가능 • 암막장치 불필요 • 다양한 기법 활용 가능	• 부피가 큼 • 전구의 소모가 큼 • 자료준비에 장시간 소요	• 투사용지(TP) 사용 시 주의점: 지문, 기름, 얼룩 • 네임펜 사용
게시판	• 다양한 정보제공	• 정리 및 정돈 필요 • 강력한 메시지 전달	• 생동감 있는 전시 • 정확한 메시지 전달
대중매체	• 시청각 효과 • 다양한 계층에게 정보전달 • 동시성	• 대상자 반응도에 관한 관찰 불가능 • 일반적인 정보 전달	• 정확한 정보 제공 • 다양한 계층이 이해할 수 있는 내용으로 정보 제공
소책자 전단	• 대규모 집단에 효과적 • 필요시 언제든 학습내용 볼 수 있음 • 다른 매체 보충하는 데 이용		

8 비투사 보건교육매체의 장단점

방법	장점	단점
실물	• 다차원적인 학습으로 학습목표 도달이 용이 • 교육 후 실생활에서 즉시 활용 • 실제 상황을 접하므로 학습의 효과가 증진 • 교육자와 학습자 간의 원활한 의사소통	• 학습목표에 맞는 실물이나 실제상황을 구하기가 어려움 • 실제 현장에 가서 직접 보려고 하는 경우 경제적 비용과 시간이 요구 • 상황과 환경에 따른 제약과 시간적 제한이 있음 • 보관이 어렵고 손상될 우려가 있음 • 소집단 교육에서 가능
모형	• 실물이나 실제상황과 거의 비슷한 효과 • 교육목적에 맞게 모형을 직접 제작 가능 • 반복적 사용 • 운반과 보관이 가능 • 직접 관찰하고 만지고 들으면서 학습활동이 이루어지므로 개념과 기술습득이 용이	• 경제적 비용부담이 큼 • 대상자가 많을 때에는 효과가 부적절 • 실물을 축소/확대시키거나 단면화하므로 세부적인 부분까지 실제로 볼 수는 없음 • 파손되기가 쉽고 보관 장소가 필요 • 실제 적용할 수 있는 기술 습득이 어려움 • 소집단 교육에서 가능
칠판	• 누구나 부담 없이 사용 가능 • 지우고 다시 쓸 수 있음 • 학습자의 참여를 이끌 수 있음 • 구입과 관리 및 유지 용이 • 다양한 방법으로 사용할 수 있음	• 많은 양의 내용을 한꺼번에 다룰 수 없고 쓰는 데 시간이 걸림 • 너무 많이 사용하면 흥미나 주의집중이 안 됨 • 교육 대상자가 많으면 부적절 • 세부적이고 복잡한 그림은 기술이 필요함 • 분필 가루가 날릴 수 있음

02

융판	• 경제적 • 자료제작이 쉬움 • 반복 사용 가능 • 어느 곳에서나 활용 가능 • 주의 집중이 잘 되어 흥미 유발이 가능 • 학습자의 반응에 따라 학습속도를 조절 가능 • 생략하거나 순서를 바꾸는 등 융통성이 있음	• 자세한 설명이 불가능함 • 대상자가 많을 때에는 사용하기 어려움 • 자료 제작 시 기술이 요구됨
게시판	• 지속적으로 사람에게 알릴 수 있음 • 준비하는 데 시간이 적게 들며 강사가 필요 없이 경제적 • 학습지를 따로 모으지 않아도 되어 활용이 용이함	• 정보전달 여부를 확인할 수 없음 • 학습자들의 관심을 끌기가 어려움 • 장기간 게시하거나 배치가 적절하지 않으면 교육효과 저하 • 글씨나 그림을 이해하지 못하는 사람에게는 효과가 없음 • 교육내용이 너무 많거나 복잡한 경우에는 적합하지 않음
포스터	• 보관이 용이하고 실내, 실외에서 활용 가능 • 여러 장을 만들어 여러 장소에서 사용 가능 • 장기간 부착할 수 있어 경제적임 • 교육내용을 상기시키기 용이함 • 일정 기간 많은 대상자의 관심과 시선을 집중시킬 수 있음	• 간략 명료하게 함축하기가 어려움 • 장기간 게시하거나 배치가 적절치 않으면 효과 저하
사진/그림	• 어느 정도 현장감을 가질 수 있음 • 자료를 구하기가 용이하고 경제적임 • 다양한 장소에서 활용 가능 • 손쉽게 사용할 수 있음 • 이동과 보관이 용이함	• 평면 자료로 입체성이 없음 • 대집단에서 사용하기는 어려움 • 대상자의 주의가 분산됨
차트	• 교육현장에서 작성 가능 • 학습자의 생각이나 의견을 직접 표현 가능 • 특별한 장비나 기자재 없이 어디서나 사용 가능 • 운반과 이동이 용이함 • 수업 전 준비하거나 수업 중에 이용할 수도 있음 • 특별한 기술을 요하지 않음 • 주의 집중에 효과적이고 흥미 유발 가능	• 많은 내용을 한꺼번에 다룰 수가 없음 • 장시간 사용하면 집중이 떨어질 수 있음 • 정밀하고 복잡한 그림은 작성이 어려움 • 적은 수의 집단에서만 사용 가능

전단/ 소책자	• 학습자의 수준을 고려하여 중요한 내용을 설명 • 장소의 제한을 받지 않음 • 반복 학습 가능 • 학습자 자신의 학습속도에 맞게 학습 가능 • 교육내용을 정리, 상기하여 강화 • 직접 고안하여 작성 가능	• 제작 시간 요함 • 내용을 요약하므로 추상적이 될 우려가 있음 • 대상자의 피드백을 즉각적으로 받을 수 없음 • 제한된 내용이나 견해만 제공 • 인지기능 저하 또는 시각장애인에게는 사용 불가

9 투사 보건교육매체의 장단점

방법	장점	단점
슬라이드 환등기	• 학습자의 수가 많은 집단에서도 활용 가능 • 쉽게 제작할 수 있고 보관이 용이 • 육안으로 볼 수 없는 세심한 부분까지 관찰 • 반복사용 가능 • 조작이 간편하고 제작 비용이 저렴 • 순서를 재배치하여 사용이 가능	• 전기와 암막을 사용해야 하므로 준비된 시설이 필요함 • 연속적인 과정을 교육시키는 데 어려움이 있음 • 주의집중이 어려움 • 제작에 시간이 소요되고 기술이 요구됨
투시환등기	• 밝은 장소에서도 영사가 가능 • 교육자와 학습자가 시선을 마주하면서 교육 • 사용이 간편하고 자료관리가 용이 • 짧은 거리에서도 확대된 화면을 보여줄 수 있음 • 투시용지(TP)를 다양하게 겹치면서 여러 자료를 표현할 수 있음 • 지우고 다시 쓸 수 있어 융통성이 있음 • 자료제작 비용이 경제적	• OHP 영사기의 크기 때문에 이동이 쉽지 않음 • 자료 준비를 위해 시간과 기술이 요구됨 • 움직임이 없는 평면적 상만을 제시하여 지루할 수 있음 • 오랜 시간 사용하면 열로 인해 전구가 타버릴 수 있음
실물환등기	• 자료준비에 소요되는 시간을 절약할 수 있음 • 실제 자료를 그대로 확대할 수 있음 • 조작이 용이함	• 반사광선을 이용하므로 실내에 암막 장치가 필요함 • 자료가 너무 큰 경우에는 투영할 수 없음 • 장시간 사용하면 자료가 훼손될 수 있음
실물화상기	• 암막 없이 활용 가능 • 확대가 가능하여 강당에서도 사용 가능 • 조작이 간편 • 여러 가지 시청각 기기와 연결하여 사용가능 • 마이크와 연결하여 사용 가능	비용이 비쌈

| 빔 프로젝터 | • 다른 추가 매체를 사용하지 않고도 활용 가능
• 그림이나 도표 등 다양한 자료 사용 가능
• 캠코더를 활용할 경우 실제 회의진행을 연결하여 그대로 볼수 있음
• 화면이 크고 선명함
• 많은 내용을 저장하여 보관하고 반복하여 볼 수 있음 | • 비용이 비쌈
• 스크린과 전기시설이 필요함
• 교수자의 사전 준비와 활용능력이 요구됨
• 자료준비 시간이 요구됨 |

10 시청각매체의 장단점

비디오	• 전 과정을 대화와 함께 보여주므로 실제와 가장 가깝게 접근 가능 • 시간적 · 공간적 제약 초월 • 학습자의 흥미와 편안함을 유지하면서 주의 집중 지속 • 교육목적에 맞게 재구성 가능 • 집단의 크기와 관계없이 사용 가능 • 이미 개발된 비디오테이프를 사용할 경우 경제적 • 학습자의 정서적 반응을 자극하고 토의를 유도 가능 • 보관과 이동이 용이	• 제작할 경우 비용이 많이 듦 • 시설과 장비가 필요함 • 일단 제작된 것은 내용을 고치기가 어려움
영화	• 집단의 크기와 관계없이 이용 가능 • 학습자의 흥미를 유지하면서 학습목적 달성	• 값이 비쌈 • 고온과 습기에 취약하고 필름이 파손되기 쉬움 • 반복 사용이 불편함 • 실제 교육현장에서 제작 활용은 어려움 • 어두운 방이 필요함

04 보건교육평가

1 평가도구 기준 [국시 2002 · 2007]

타당도	정의	평가도구가 측정하고자 했던 목적, 내용을 얼마나 정확하게 측정하고 있는가의 문제
	예	• 무엇을 측정하고 있느냐? • 측정하려는 것을 얼마나 충실히 측정하고 있느냐?
신뢰도	정의	• 평가도구의 정확성을 의미하는 것으로 그 도구가 측정을 반복할 때 측정 평가 결과의 안정성 정도 • 측정의 일관성 문제로 얼마나 사실과 가깝고 오차 없이 정확하고 일관되게 측정하느냐?
	타당도 관계	• 신뢰도는 타당도를 높이기 위한 필요조건이지 충분조건은 아님 • 신뢰도가 낮으면 타당도도 낮아지므로 신뢰도가 없는 타당도는 존재할 수 없음 • 신뢰도가 높다고 반드시(항상) 타당도가 높은 것은 아니며, 타당도를 높이기 위해 신뢰도가 높아야 함
타당도와 신뢰도 비교		 타당도　　　　　　　신뢰도
객관도	정의	• 평가자에 의해 발생하는 신뢰도로 점수의 일관성의 정도. 여러 평가자의 측정 결과가 일치된 평가로 어떻게 하면 평가자에 의한 오차를 최소화하느냐 • 평가 결과를 결정하는 사람에 의해 발생하는 오차로 평가자의 일관성 • 평가자가 주관적 편견 없이 얼마나 객관적으로 공정하게 채점하느냐의 문제
	방법	• 객관도를 높이기 위해서 평가자의 의도나 주관이 개입되지 않도록 함 • 객관도를 높이기 위해 평가 사이 주관이 개입되지 않도록 평가자의 자질을 향상시키고 평가기준을 명확히 설정 • 채점하는 사람에 따라 채점 결과가 심한 편차를 나타내지 않는 공정성 • 평가한 문항의 채점기준이 시간적 · 공간적 차이, 감정적 변화에 영향을 받지 않음
실용도	정의	평가방법이 평가자와 학습자에게 얼마나 쉽게 적용할 수 있느냐로 경비, 시간, 노력을 적게 들이고 목적 달성
	방법	채점하기 쉽고, 시간과 경비가 적게 드는 경제성
		• 다수 수험자의 채점과정에서 기계나 모범답안을 사용하여 신속 · 정확하게 측정 결과 확인 • 결과 해석에 어려움이 없음

2 신뢰도 영향 요인

시험문항 증가	• 시험문항이 많을수록 신뢰도는 높음 • 적은 수 문항으로 측정할 때보다 많은 수 문항으로 실시할 때 측정의 오차가 감소
문항 변별도 증가	• 문항이 잘하는 학생과 못하는 학생을 구분하는 능력인 문항 변별도 향상 • 신뢰도를 높이기 위해서 변별도가 높아야 함
시험시간 증가	• 충분한 시간이 부여될 때 응답의 안정성이 보장 • 신뢰도를 높이기 위해 속도검사보다 역량검사가 신뢰도에서 바람직함
시험실시 상황	부정행위 방지 상황과, 춥거나 더운 기온 등 시험환경의 부적절성으로 인한 오답 가능성을 배제하여 신뢰도가 높아짐
객관적 채점	객관적 채점방법 사용이 신뢰도를 높임
문항 난이도	• 검사가 너무 어렵거나 쉬우면 검사 불안 · 부주의 발생 • 일관성 있는 응답을 하지 못하여 신뢰도 저하
문항 대표성	평가하려는 내용을 전체 범위 내에서 골고루 표집해야 신뢰도가 높아짐
좁은 범위 출제	검사도구의 측정 내용을 좁히면 문항 간 동질성 유지로 신뢰도가 높아짐

3 절대 · 상대평가

(1) 규준지향평가(상대평가)

개념	학습자의 학습결과를 상대기준(미리 만들어 놓은 기준)에 비추어 높다/낮다를 판정하는 방법 • 상대평가란 한 학생이 받은 점수가 다른 학생들이 받은 점수에 의해 상대적으로 결정되는 평가 방식 • 이 경우 개개 학생들이 받은 점수는, 각 시험에서 그가 속한 집단이 취득한 평균점수(규준)를 기준으로 평가되기 때문에 규준지향평가, 또는 규준관련평가라고도 함 • 학생들이 획득한 평균점을 기준으로 개개 학생들의 성취도가 어느 위치에 있는지를 밝히고자 하는 것
특징	• 개인차의 인정 • 선발적 교육관 • 우수자 선발 • 평가도구의 신뢰도에 관심 • 정상분포를 기대 • 표준화검사, 표준점수, 백분위 점수도 상대평가에 의한 것 • 변환점수는 수, 우, 미, 양, 가의 표시방법이 많이 사용

장점	• 개인차 변별 가능 • 교사의 편견 배제 • 경쟁을 통한 외발적 동기 유발 가능 • 특정 학교, 학급 내에서의 객관적인 평가 가능 • 정상분포를 전제하고 있어 통계적으로 건전
단점	• 기준점이 그 집단 내부에서만 통할 뿐, 타 집단 간의 비교 불가능 • 참다운 학력의 평가 불가능 • 학생들 간의 경쟁의식을 지나치게 조장할 염려 • 학습 목표달성의 실패원인을 밝혀내기 어렵기 때문에 교수-학습의 개선기능을 약화시킬 우려 • 상대적 정보만 주기 때문에 학생 개인의 학습결손을 확인하고, 이에 대한 교정이나 보충학습을 실시할 수 없음 • 수업목표의 달성 여부와 관계없이 항상 일정한 비율의 실패자가 나오게 됨

(2) 준거지향평가(절대평가)

개념	미래에 도달할 목표를 설정해 놓고, 실시 후 목표도달 여부를 알아보는 평가법 • 준거지향평가란 학생들이 성취해야 할 교육목표에의 도달 여부와 그 정도를 확인하고자 하는 평가를 의미 • 주어진 학습목표를 준거로 하여 개개 학생들의 성취 수준을 판단하고자 하는 것이므로 준거지향평가, 또는 절대기준평가라고도 함
특징	• 발달적 교육관 • 교육평가의 목적 • 평가도구의 타당도에 관심 • 부적분포에 기대 • 특히 준거지향평가방법이 적용되어야 할 분야는 인간의 생명과 관계되는 자격증의 수여를 위한 평가, 학습의 위계성이 뚜렷한 수학이나 과학 등의 평가, 모든 학습의 기초과정에 대한 평가
장점	• 목표 달성도에 대한 정보 제공 • 평가와 교수-학습과정의 연결 • 완전학습의 기능 • 건전한 학습 분위기 조성 • 긍정적 자아개념 형성

단점	• 준거지향평가의 가장 큰 문제는 평가기준이 되는 수업목표의 성취기준을 설정하는 일 • 제대로 된 평가를 하기 위해서는 사전에 평가기준을 마련해 놓아야 하는데, 합의된 기준을 설정하기가 어려움 • 개인차를 변별할 수 없으며, 준거지향평가는 내발적 동기를 중요시하기 때문에 경쟁을 통한 외발적 동기 유발이 어려움 • 통계적 활용은 정상분포의 이론에서 가능하나, 절대평가에서는 이 정상분포를 부정하므로 절대평가의 점수를 활용할 수 없음

4 평가시기별 평가

(1) 진단평가

평가시기	• 프로그램 시작 전 일종의 요구사정 • 교육에 배정된 시간을 보다 효율적으로 활용하기 위한 평가		
평가기능	준비도 [국시 2004]	신체적(P)	–
		학습자의 정서적 준비도(E)	정서적 발달, 태도, 흥미, 동기부여
		학습자의 경험적 준비도(E)	새로운 학습을 위한 사전경험 정도
		지식수준(K)	교육 시작 시점의 지식수준으로, 학습에 필요한 선행지식을 확인하여 교육에 대한 이해 정도 파악
	수업 내용		무엇을 교육할 것인가, 교육 내용 선정으로 어떤 내용의 교육이 필요한가를 알기 위해 실시
	수업 방법		학습 전 학습자의 지식, 흥미, 능력을 평가하여 학습자의 개인차를 이해하고 이에 알맞은 교수-학습 방법 모색
	수업 진행		교수-학습 진행 중인 수업 도중에 대상자가 계속적 결함·무능력을 보일 경우, 신체적·정신적·문화적 환경 결함의 원인을 밝혀냄으로써 학습장애의 원인을 분석하여 교정
평가도구	◐ 사전에 준비한 평가도구, 관찰, 체크리스트 • 목표지향평가 : 평가의 기준을 교육 목표, 도착점 행동에 두는 목적지향적 평가 • 기준지향평가 : 학업 성취도를 학습자 상호 간 상대적 비교를 통해 해석		

(2) 형성평가

평가시기	교육 중	
평가기능 [국시 2014]	개별화 학습	• 개별화 학습으로 개인차를 찾아내도록 학습 진전 상황을 파악하여 현재의 위치를 개별적으로 알려줌으로써 학습보조를 맞추어 나감 • 형성평가를 통해 대상자의 주의집중과 학습의 동기유발을 증진시킬 수 있음
	목표달성	• 교육 활동 진행 중 교육 목표는 최저 성취수준으로 설정하여 교육목표 달성 정도 확인 • 학습자의 교육 결과를 알려주고 학습의 영향 요인들을 찾아 개선함으로써 설정된 목표에 용이하게 도달
	피드백	피드백을 주어 학습곤란, 결손부분을 진단하여 학습의 장애 정도를 파악하고 교정학습, 보충학습 기회 제공으로 교정
	교육내용, 방법 개선 [서울 2008, 국시 2019]	교수학습 활동이 진행되는 동안 주기적으로 학습의 진행정도를 파악하여 앞으로 남은 시간을 보다 유용하게 활용하기 위하여 교육방법, 내용의 개선을 시도
	동기유발	형성평가는 대상자의 주의집중으로 학습의 동기유발
평가도구	• 교육목표에 기초한 목표지향적 평가(절대평가) • 5문항 내외의 지필검사(진위형, 선다형, 서답형)	

(3) 총합평가(총괄평가, 최종평가)

평가시기	교육 후	
평가기능	목표달성	교과, 학기, 특정 프로그램이 끝나는 시점에서 일정한 교육이 끝난 후 사전에 설정한 교수 목표 달성 여부를 종합적으로 판단
	수업방법	프로그램의 종합적 성과 및 효율성을 다각적으로 판단하며 교수－학습과정의 장단점 평가로 교육자의 교수방법 개선에 활용
	동기유발	교육대상자에게 학습결과 통보로 학습동기 유발
	성적 비교	집단 간 성적결과 비교
	예측	다음 교육에서 학습자의 과제 성취 유무를 예측
평가도구	목표지향(절대평가), 필요시 기준지향(상대)평가	

(4) 요약

	진단평가	형성평가	총괄평가
평가시기	수업 전	수업 중	수업 후
목적	출발점 행동의 점검과 학습 준비	교수전략 개선을 통한 학습 증진	학업성취도 판정과 자격부여
평가방법	준거지향 평가에 주로 사용	준거지향 평가에 주로 사용	준거지향 또는 규준지향 평가 혼합
기능	• 출발점 행동의 확인 • 학습의 중복을 회피 • 학습곤란에 대한 사전 대책의 수립	• 학습활동의 조정 · 강화 • 학습동기 유발 • 학습곤란의 진단과 교정 • 교수학습방법의 개선 • 학습방향의 명시	• 성적의 결정 • 교수방법의 개선 • 다음 학습의 성공 예언 • 집단 간의 학습효과 비교

5 과정 · 영향 · 성과평가

과정평가	사업
	(교육)
			❍ 보건교육 프로그램이 어떻게 시행되었는가 평가
			• 교수방법의 적절성으로 평가
			   − 학습내용에 적합한 다양한 교수방법을 마련하여 보건교육에 활용하고 있는지
			   − 각 과정의 시간적 길이, 수업 시 교사의 목소리와 빠르기는 학생들이 학습내용을 이해하기에 적합한지
			   − 수업 시 학생들이 즐겁게 학습에 참여하도록 유도하는지

	자원	자료	팸플릿 · 포스터 · 서책 · 영화의 질로, 학습내용에 적합하고 다양한 학습자료를 마련하여 보건교육에 활용하고 있는지
		예산	예산의 확보, 활용
		장소	장소의 교육환경
	학습자		• 참석자 수, 대상자 참여율 • 학습자의 요구충족, 만족도
영향평가 [국시 2005]	단기 목표		• 교육의 단기 목표에 도달했는지 평가 • 프로그램을 투입한 즉각적 결과로 나타난 대상자의 지식, 태도, 기술의 변화 평가
		지식 정도를 측정하는 인지적 영역	• 건강에 관한 지식 • 건강 수칙에 대한 이해 • 건강증진에 필요한 종합적 사고력, 비판적 사고력, 판단력 → 질문지, 구두질문법

	태도 정도를 측정하는 정의적 영역	건강증진을 위한 실천 의지, 태도, 신념, 가치관 → 질문지, 관찰법, 평정법
	기술 정도를 측정하는 운동기술 영역	• 건강증진 행위 기술 • 문제 상황 대처 기술 • 실천양상 → 관찰법, 평정법, 시범
	예	음주에 관한 보건교육 프로그램의 단기적 영향 평가로 대상자의 알코올과 관련한 지식, 태도, 신념, 행동
결과평가 (성과평가) [국시 2005]	장기 목표	• 프로그램을 시행한 결과로 얻어진 건강, 사회적 요인의 개선점 평가 • 관심을 이환율, 사망률 등에 두고 보건교육이 이러한 지표에 영향을 주었는지에 대해 산출평가를 하기 위해서 장기목표달성에 초점을 두고 평가계획을 세움 • 발생률, 유병률, 치명률, 사망률, 평균수명, 삶의 질
	예	음주에 관한 보건교육 시행 결과로, 프로그램을 받은 대상자의 음주로 인한 이환율, 사망률 감소 평가

⑥ 보건교육 평가내용 : 체계 모형에 따른 평가, 투입 · 변환 · 산출 평가 [2005 기출]

투입된 노력에 대한 평가	인적 자원 평가	보건교육 요원 수, 지역사회 자원봉사자 수, 요원이 제공한 시간
	물적 자원 평가	• 교육용 물품, 기구, 자료 • 사업에 들어간 재정적 예산
사업진행에 대한 평가 [국시 2008]	계획	진행계획 기준으로 내용과 일정이 맞도록 수행되었는지, 잘 진행되고 있는지 파악
	원인 분석	계획에 차질이 있고 진행이 지나치게 느리거나 빠르다면 그 원인이 어디에 있는지 분석
	수정	그 원인이 제거 · 변경될 수 있는 것인지를 살펴보아 일정표를 조정해야 하는지 차기 계획의 수정 여부를 평가
목표달성 정도에 대한 평가 [지방 2009]	목표달성	• 학습목표는 지식(인지적), 태도(정의적), 행위(심동적) 영역으로 측정 가능한 용어와 숫자로 제시 • 설정된 목표가 제한된 기간 동안 학습목표에 어느 정도 달성되었는지 파악
	원인 분석 [국시 2005]	목표에 쉽게 도달했는지, 아주 어렵게 도달했는지, 도달하지 못하였는지 분석하여 목표별로 그 정도의 달성을 이루게 된 원인을 규명
		보건교육요구사정 단계에서의 잘못을 바탕으로 목표 설정
		목표설정을 지나치게 낮게 설정하거나 이룩하기 힘들게 설정

		목표달성을 위한 교육방법, 교육매체, 자료가 잘못되어 차질
		인력, 자원의 투입, 노력의 부족
	수정	차기 계획 수립에 참고하여 수정 여부를 평가
사업의 효율성에 대한 평가	정의	• 그 사업의 단위 목표량에 투입된 비용이 어느 정도인가 산출하며, 사업을 수행하는 데 투입된 노력인 인적 자원, 물적 자원의 비용을 환산 • 다른 목표량에 대한 비용 및 작년도의 효율과 비교하여 평가, 다른 학교의 효율과 비교하여 평가하며 최소 비용으로 최대 효과를 얻는 것이 바람직함
	공식	$$\frac{총 \ 소용비용 \ / \ 참여 \ 명 \ 수}{목표달성}$$
사업의 적합성에 대한 평가	정의	• 사업의 목표, 사업 자체나 사업 결과가 지역사회 요구와 적합한지 평가 • 교육에 투입된 노력의 결과인 실적 산출 자료와 대상자의 요구량 대비 비율 계산
	공식	$$\frac{교육 \ 자체나 \ 교육의 \ 결과}{요구량} \times 1,000$$
	사례	고혈압 관리 사업에 참여하는 주민이 100명이면 전 고혈압 대상자의 몇 %인가 산출

7 평가방법

(1) 평정척도의 종류

구분	정의	예
명목척도	• 측정대상의 속성을 두 개 이상의 상호배타적 범주로 나누어 분류 • 평가해야 할 사업의 내용을 각각 이름을 붙여 구분 짓는 것	• 혈액형(A, B, O, AB) • 인종(황인종, 백인종, 흑인종) • 성(남, 여)
서열척도	• 등급 간 상대적 순위를 표시하나 얼마나 다른지를 구분할 수 없음 • 보건교육사업의 내용, 결과를 양적 · 질적 측면에서 서열화	• 학생의 석차(1등, 2등, 3등) • 품질의 등급(상, 중, 하) • 인식이나 태도를 측정할 때 많이 사용되는 Likert 척도
등간척도	• 일정한 간격으로 평가기준을 설정하여 보건교육 사업의 각 범주에 적용 • 등급 간 간격이 같은 척도로 측정대상 속성에 따라 어떻게 다른지, 얼마나 다른지를 알 수 있는 척도	학생의 성적, 체온, 실내 온도
	절대 영점이 없음	국어시험에서 0점을 받았다고 해서 국어능력이 전혀 없다고 할 수 없음

	수치가 간격에 관한 정보만 알려주지 비율의 정보는 알려주지 못함	국어성적이 50점이고 100점일 경우 차이가 50점 난다고 할 수 있지만 국어 실력이 2배라고 할 수 없음
비율척도	보건교육사업의 결과를 평균점으로 산출하여 이를 기초로 표준편차를 구하고, 이 표준편차에 의한 간격으로 척도화	
	측정수준이 가장 높은 단계로 분류, 서열성, 등간성, 절대 영점, 비율성을 가짐	시간, 거리, 무게, 각도
	절대 영점을 갖는다는 점에서 등간척도와 구별	
	가감승제가 가능하므로 한 척도가 다른 척도의 몇 배에 해당된다는 표현을 씀	

(2) 질문지법

| 선택형 문항 |

진위형 : 어떤 내용을 제시한 후 옳고 그름을 표기하는 형태로 양자택일형	한 가지	한 문항에 한 가지 개념, 하나의 내용만 다룸
	중요	질문에 중요한 내용을 포함하고 일반화되지 않은 주장이나 이론의 옳고 그름은 묻지 않음
	간단	문장은 간결하고 간단하게 단문으로 질문하며, 복잡한 조건이 많이 첨가된 긴 문장은 피함
	명료	명료하게 함
	뚜렷	한 문제에 뚜렷이 맞고 틀리는 것으로 분류
	긍정문	문항의 질문형태는 부정문이나 이중부정을 사용하지 않고 긍정문을 사용
	무선적	정답의 유형이 고정되지 않고 무선적
	단서 ×	문항의 질문내용 중 답을 암시하는 단서가 포함되지 않음
	문장 그대로 ×	교과서에 있는 문장을 그대로 사용하여 질문하지 않음
배합형 : 문제·답가지의 내용 중 관련이 있는 것을 연결짓는 형태	위치	문제군의 문제들은 왼쪽에, 답지군의 답지들은 오른쪽에 배열하고 번호를 각기 달리함
	동질성	문제군, 답지군의 동질성 유지로 문제·답가지는 동질성이 높은 것끼리 배합하며 문항의 동질성을 잃을 경우 답을 찾기 쉬움
	문제 수 < 답지 수	답지군의 답지 수는 문제군의 문제 수보다 많음
	문자순, 연대순	문제군의 문제들과 답지군의 답지들을 배열할 때 문자순, 연대순으로 함

	한 가지	문항마다 질문의 내용이 하나의 사실을 물음
	중요	문항은 중요한 학습내용을 포함
	간단	문항 · 답지를 간단하게 작성
	명료	• 명확한 단어로 서술 • 사용되는 용어의 선택 시 혼용되는 용어는 피함
	용어 질문	용어의 정의 · 개념을 묻는 질문에서 용어를 질문하고 답지에 용어의 정의 · 개념을 나열
	긍정문	문항의 질문형태는 부정문이나 이중부정을 사용하지 않고 긍정문을 사용 예 진위형 문장: 부정문은 가능한 피함
선다형: • 질문을 명확히 제시한 후 제시된 답가지 중에서 정답을 하나 선택 • 단순한 사실, 개념, 용어의 암기부터 추리력, 판단력까지 평가 가능	무선순	정답의 번호가 일정 형태를 유지하지 않는 무선순을 사용
	단서 ×	• 문항의 질문내용 중 답을 암시하는 단서가 포함되지 않음 • 피험자에게 옳은 답을 선택하거나 틀린 답을 제거시키는 단서를 제공하지 않음
	매력적 오답	답지들 중 그럴듯하고 매력적인 틀린 답지를 의미
	최선의 답	답지들 중 정답이 두 개 이상이면 최선의 답을 선택하도록 환기해야 함을 의미
	독립적 답	답지들의 내용이 상호 독립적임을 의미
	답지 배열	• 답지의 길이를 가능하면 비슷하게 하고 다소 상이할 때 짧은 길이의 답지부터 배열 • 답지에 논리적 순서가 있다면 논리적 순서에 따라 배열
	그림, 도표	질문에 그림이나 도표 등을 포함할 경우 그림, 도표, 질문, 답지가 동일 페이지에 위치하도록 함
	×	답지 중 '모든 것이 정답', '정답 없음'이란 답지를 사용하지 않음
	반복 ×	각 답지에 똑같은 단어들의 반복이나 중복을 피함
	난이도	너무 쉽거나 너무 어려우면 안 되며, 적절한 난이도로 신뢰도를 유지

| 서답형 문항 |

정의		문두만 제시하고 응답자가 스스로 답을 생각해서 작성
단답형: 단순한 형태의 질문으로 간단한 단어, 숫자, 위치, 원인을 직접 답하는 형태	한 가지	간단한 응답이 되도록 질문하여 한 가지 뜻을 지닌 간단한 단어·어구·숫자로 대답
	명료	질문이 명료해야 함
	공간	답을 쓸 수 있는 공간을 적절히 조정
	여러 개 정답	정답은 가능한 한 가지, 부득이한 경우 2~3개가 가능하며 여러 개로 표현돼도 모두 정답으로 간주
	철자, 문법	내용을 묻는 문제에서 철자법·문법·문장표현은 채점대상에서 제외로, 철자가 틀리고 문법이 어긋나도 정답으로 간주
완결(완성)형: 질문하는 문장의 일부를 비워놓고 적절한 내용을 써넣음으로써 전체의 내용을 완성하는 형태	한 가지	한 공란에 한 개의 정답만 써서 단어·구로 간단한 응답이 됨
	중요	문장 중 의미 있고 중요한 내용을 공란으로 남김
	여러 개 정답	정답이 여러 개로 표현되면 모두 정답으로 간주
	공간	공간의 수·길이를 적절히 제한하며, 채점 시 공간 하나하나를 채점의 단위로 함
	단서 ×	문장 속에 정답의 단서가 포함되지 않음
	문장 그대로 ×	교과서·교재에 있는 문장을 그대로 사용하여 질문하지 않음
논술형: 일정한 형식이 없이 학습자의 능력에 따라 자유로이 반응하게 만든 것	명료	질문이 모호하고 일반적인 것이 단점. 문항이 요구하는 것을 구체화시켜 명료하고 쉽고 자세하게 질문
	채점기준	구조화된 채점기준을 사전에 마련하여 명확히 제시
	고등정신 능력	복잡한 학습내용 인지 여부, 분석·종합의 고등정신능력을 측정
	적절한 시간	분석·종합의 고등정신능력 측정으로 각 문항에 응답할 적절한 시간을 줌
	제한	답의 재량을 적절히 제한
	난이도 순	문항은 난이도 순으로 배열하며 쉬운 것부터 배열
	대상자 고려	대상자의 인지능력을 고려하여 질문 내용이 대상자의 인지능력에 적당하며 인지능력보다 난해하지 않아야 함

8 수행평가

정의			• 평가자가 학습자들의 학습과제 수행과정 · 결과를 직접 관찰, 그 결과를 전문적으로 판단하는 것 • 서술형, 논술형, 면접법, 구두 질문법, 토론법, 관찰법, 포트폴리오, 프로젝트법
구두 질문법	방법		• 교육자가 학습자의 이해 정보를 즉시 확인하거나 질문지에 기록된 응답을 확인 • 교육내용이나 배경지식을 이해했는지 관찰로는 어려워 구두질문을 통해 확인
	장점		교육자가 대상자의 이해 정도를 바로 파악할 수 있음
	단점		• 교육자와 대상자가 1 : 1 관계로 구두 질문법에 시간이 많이 소모됨 • 집단구성원이 많은 경우 구두 질문법이 적절하지 않음
자가 보고법	정의		• 특정 주제나 교수 학습 영역에서 대상자 자신이 행동목록표나 특정 양식에 따라 행위를 한 후, 자신의 행동을 판단해서 기록하는 자가 보고 · 자기 감시 방법 • 인지적 · 정의적, 심리운동기술 영역
	종류		• 행동목록표, Likert 척도법을 이용한 설문지 • 개방식 질문지(open-ended question) • 진술식의 보고서
포트폴리오			과제물, 작품, 연구 보고서, 자기평가 보고서를 체계적으로 꾸준히 모아둔 파일, 서류철, 개인별 작품집을 모아서 평가
연구 보고서법			• 각 교과별로나 통합교과적으로 여러 가지 연구주제 중에서 학생의 능력이나 흥미에 적합한 주제를 선택하되, 그 주제에 대해서 자기 나름대로 자료를 수집하고 분석 · 종합하여 연구보고서를 작성 · 제출하도록 하여 평가하는 것 • 연구의 주제나 범위에 따라 개인적으로 할 수도 있고, 관심 있는 학생들이 함께 모여서 단체로 할 수도 있음 • 구안법(프로젝트법)의 일종
관찰법	개념		• 관찰은 학생을 이해하고 평가하기 위한 가장 보편적인 방법 중의 하나 • 객관적이고 정확한 관찰을 하기 위해서는, 관찰대상을 있는 그대로 기술하는 일화기록법이나, 체크리스트나 평정척도를 이용하기도 함
	기록	일화기록법	일상생활이나 학습장면에서 일어나는 여러 가지 행동사례를 나타난 그대로 상세하게 기록하여 누적된 기록들을 분석함으로써, 피험자의 여러 성격 특성을 파악하려는 방법
		체크리스트법	관찰하려고 하는 행동단위를 미리 가능한 한 자세히 분류해서 표로 작성하고, 그것에 따라 체크하게 하는 법. 이 방법은 기록의 양적인 처리가 쉽다는 이점이 있으나, 행동단위를 의미 있게 조직적으로 분류하는 것이 어렵다는 단점도 있음

	평정기록법	관찰자가 관찰하는 대상을 일정한 척도(상, 중, 하)에 따라 분류하고 측정하는 방법
	행동기록법	개인의 행동을 일시에 순서 있게 관찰·기록

평정법 (평정척도)	• 측정하고자 하는 특성을 특정 기준에 따라 판단. 평정자, 관찰자가 평정받는 객체를 항목, 숫자의 연속체 위에 분류하는 측정도구. 리커트(Likert) 척도가 일반적으로 항목으로 사용됨 • 항목은 3~5가지로 부정에서 긍정까지의 척도 • 정의적 영역·운동 기술 영역에서 사용

리커트 (Likert) 척도 예	문항	전혀 그렇지 않다.	조금 그렇다.	보통이다.	매우 그렇다.
	1. 나는 마음이 차분하다.	1	2	3	4
	2. 나는 마음이 든든하다.	1	2	3	4
	3. 나는 긴장되어 있다.	1	2	3	4
	4. 나는 후회스럽다.	1	2	3	4
	5. 나는 마음이 편하다.	1	2	3	4

행동목록표 (check list)	정의		관찰하려는 행동 단위를 미리 자세하게 분류하여 이것을 기초로 예측한 행동이 나타났을 때 행동에 대한 관찰 내용을 체크·빈도로 표시
	적응증		정의적 영역의 태도평가·실기·실습의 행동적 영역에 활용
	작성과 평가 시 유의사항 [2006 기출]	전체 대표	관찰할 행동표본이 전체를 대표할 수 있어야 함
		배타적	서로 배타적으로 명료하게 만듦
		객관성	관찰자의 편견이나 선입견이 들어가지 않도록 객관성을 유지
		계획적	관찰자는 관찰 전에 충분한 계획을 세움. 어떤 행위를 언제, 어떤 기준에 의해 관찰하고 기록할 것인가를 구체적으로 사전에 계획
		기록방법	적절한 기록방법을 유지
		기록	관찰 시의 상황과 조건·돌발사건을 충분히 고려하여 기록으로 남김

9 평정척도 [2022 기출]

작성 시 주의점	구체적	• 구체적이고 측정 가능한 용어로 목표를 설정 • 측정오차의 감소를 위해 구체적인 용어를 사용하여 오해의 소지가 없도록 함
	중요한 요소	달성해야 하는 목표와 관련된 행동의 중요한 요소를 척도 안에 포함
	하부 기술	• 관찰하고자 하는 행동을 하부 행동으로 구분하여 척도를 만듦 • 행동이 복잡한 기술을 요하는 경우에 일련의 하부 기술들로 나누어 평가
	3~5단계	목표달성 정도를 측정하기 위한 행동군을 3~5단계로 구분하여 바람직한 것에서 바람직하지 않은 정도까지 순위에 해당하는 행동을 측정

평정법의 문제점 [2022 기출, 공무원 2011, 국시 2017 · 2020]		정의	보완법
	집중화 경향의 착오	평가자의 평가점수가 거의 중간치에 집중되어 우열의 차이가 나타나지 않는 경향(극단적인 판단을 꺼리는 인간의 심리로 인함)	• 평정척도 개념의 정립, 간격을 넓게 잡음 • 강제할당법, 서열법을 활용 • 고과자의 평가훈련의 강화(의식적으로 평정의 범위를 상하로 넓히려고 노력)
	표준의 착오	평가자가 평정의 표준을 어디에 두느냐에 따라 생기는 오류 예 7단계 평정에서 어떤 평가자는 3을 표준으로, 어떤 평가자는 5를 표준으로 삼을 수 있음	• 척도에 관한 개념 정립 • 평정항목에 관한 오차를 줄임
	인상의 착오 (후광효과, Halo effect) [2022 기출, 국시 2017]	답안 작성자 또는 피평가자에 대한 채점자의 인상이 채점이나 평정에 영향을 주는 것	• 모든 피험자를 한 번에 한 가지 특성만 평가 • 한 페이지에 한 가지 특성만을 평정 • 강제 선택법 사용
	관대의 착오 [국시 2020]	학과성적이 좋거나 인상이 좋은 학생은 평가결과와 관계없이 성적을 좋게 평가	
	엄격한 착오 인색의 오류 (혼 효과, Horn effect)	학과성적이 나쁘면 실습성적까지 나쁜 것으로 간주하여 실기평가 점수도 나쁘게 평가	
	논리적 오류	전혀 다른 두 가지 행동특성을 비슷한 것으로 평가하는 방법	
	대비의 착오	평가자인 교사가 자신의 기준을 학생들에게 적용하여 과대, 과소평가의 착오 예 교육자가 할 수 있는 것을 학습자가 했을 경우 높이 평가하지 않고, 교육자가 하지 못하는 것을 학습자가 했을 경우 높이 평가	
	근접의 착오	• 시간적 · 공간적으로 가깝게 평가하면 상관관계가 높게 나타남 • 유사한 항목들이 시간적으로나 공간적으로 가까이 있을 때 비슷하게 평가 • 비슷한 성질을 띤 측정은 시간적으로나 공간적으로 멀리 떨어지게 함으로써 오류를 줄임	

02

10 포트폴리오 평가

포트폴리오의 의미	• 포트폴리오는 한 개인의 기술, 아이디어, 흥미 및 성취물을 담아두는 용기로서 'folio'에서 나온 말 • 교육에서의 포트폴리오는 하나 이상의 분야에서 학습자의 관심, 능력, 진도, 성취, 성장 등의 증거를 보여주는 학생들의 작품을 의도적으로 모아 둔 작품집 혹은 모음집을 뜻함	

포트폴리오 평가와 전통적인 평가의 비교	포트폴리오의 평가	전통적인 평가
	주어진 내용영역에서 학생들의 활동을 다양하게 표현할 수 있도록 함	한정된 내용영역을 나타내며 학생들이 배운 것을 실제적으로 나타내지 못함
	자신의 평가와 자신의 목표설정을 통해 학생들로 하여금 참여를 높임	학생들의 투입이 거의 없는 기계적인 체점결과에 의존
	학생들의 개인차를 고려	같은 범위에 있는 모든 학생들을 동시에 검사
	교사와 학생 간의 협력이 이루어짐	교사와 학생 간의 협력체제가 없음
	학습에 평가와 교수가 연결	평가와 교사와 학생을 분리

포트폴리오 작성에 있어 학생의 역할	• 포트폴리오는 학생에게 자기 반성에 종사할 수 있는 기회를 제공해 주어야 함 • 그래서 학생들은 포트폴리오에 포함시킬 내용의 선택에 관여 • 포트폴리오에는 학생들의 활동과 포트폴리오를 만드는 의도가 나타나야 함 • 학생들은 자신의 포트폴리오를 개발하기 위하여, 다른 사람들의 모형과 과정에 대한 정보를 제공받아야 함
포트폴리오법의 이점	• 학생에 대한 다양한 학습정보를 제공해 줌 • 교수와 평가를 통합하여 수업을 이끌 수 있도록 해줌 • 학습과정 속에서 학생들의 성장과 변화를 발견할 수 있도록 해줌 • 교육과정과 실세계 삶의 경험을 일치시킬 수 있도록 도와줌 • 학생들을 개별화·자율화할 수 있도록 해주며, 이를 통해 적극적인 교수-학습이 이루어지도록 해줌

포트폴리오 평가방법	일반적으로 포트폴리오 평가에서는 총체적인 평가방법과 분석적인 평가방법이 있는데, 이들을 혼합하여 사용하는 것이 일반적	
	분석적 평가	학생의 작품이 지니고 있는 여러 가지 특성이나 차원에 따라 각각 점수를 할당하는 방법으로, 학생 포트폴리오에 대해 더 상세한 정보를 제공해 줌
	총체적 평가	학생의 포트폴리오를 전체로 이해하고 전반적인 것에 대해 점수를 부과

11 수행평가의 특징

특징	과정 중시	과정을 중시
	대상	특정한 산출물이나 구체적 활동(행동)을 평가의 대상으로 삼음
	평가 상황	실제 상황과 유사한 평가 상황을 만듦
	평가 시기	지속적으로 평가
수행평가의 특징 (백순근)	교사의 전문적인 판단에 의거하여 평가	타당성 중시, 상황과 맥락을 고려한 교사의 전문적 판단 중시
	학생 스스로 답을 작성하거나 행동으로 나타내도록 하는 평가방식	학생은 창의성, 문제해결력, 비판력 같은 고등사고기능을 기를 수 있으며, 수행평가는 이러한 고등사고기능 파악을 중시
	실제 상황 파악	추구하고자 하는 교육목표의 달성 여부를 가능한 실제 상황에서 파악하고자 하는 평가방식 예 실제 글 짓는 상황을 통하여 작문실력을 평가
	교수–학습의 결과뿐만 아니라 과정도 함께 중시하는 평가	학습하는 방법을 학습하는 것도 중요, 아는 것을 실제로 적용할 수 있는지 여부를 파악하는 것이 중요
	학생의 학습과정을 진단하고 개별학습을 촉진하려는 노력을 중시	지적 수준 진단, 학생의 이해수준을 높이며 개별학습 촉진
	개개인을 단위로 평가하기도 하지만 집단에 대한 평가도 중시	학생 상호 간의 협력을 유도하며, 나아가 학생들의 사회성을 신장시키는 데에도 기여
	종합적 평가	학생 개개인의 변화, 발달과정을 종합적으로 평가하기 위해 전체적이면서도 지속적으로 평가하는 것을 강조
	전인적 평가	학생의 지적인 영역뿐만 아니라 개개인의 행동발달상황이나 흥미, 태도 등 정의적인 영역, 그리고 운동기능 등 행동영역에 대한 종합적이고 전인적인 평가 중심

문제점	평가학생의 과다	수행평가는 다양한 학생들을 다양한 방법으로, 다양한 기준에 의해 평가하고자 하는 것이므로 많은 시간이 요구됨. 그런데 교사 1인당 담당해야 할 학생이 너무 많을 경우 수행평가가 형식적으로 흘러갈 가능성이 많아짐
	타당도와 신뢰도 및 객관도	수행평가는 다양한 학생들에게 다양한 방법으로 진행되기 때문에, 평가도구가 잘 제작되지 않을 경우 타당성과 신뢰성에 문제가 생길 수 있음
	채점결과에 대한 객관성	평가도구의 타당성과 신뢰성의 유지가 어렵다는 것은, 나아가 채점의 객관성에도 심각한 문제가 발생할 수 있다는 것을 의미

🖋 수행평가의 문제점
- 수행평가 도구 개발의 어려움이 있음
- 채점 기준, 즉 점수 부여 기준 설정이 용이하지 않음
- 채점자 내 신뢰도와 채점자 간 신뢰도 확보에 어려움이 있음
- 시간이 많이 소요됨(평가도구 개발, 점수 부여 등)
- 비용이 많이 듦
- 점수결과 활용에 어려움이 있음

| 전통적 평가체제와 대안적 평가체제의 특성 비교 |

구분	전통적 평가체제(예 선택형 시험)	대안적 평가체제(예 수행평가)
진리관	절대주의적 진리관	상대주의적 진리관
철학적 근거	합리론, 경험론	구성주의, 현상학, 해석학, 인류학 등
시대적 상황	• 산업화 시대 • 소품종 대량 생산	• 정보화 시대 • 다품종 소량 생산
학습관	• 직선적 · 위계적 · 연속적 과정 • 추상적 · 객관적 상황 중시 • 학습자의 기억 · 재생산 중시	• 인지구조의 계속적 변화 • 구체적 · 주관적 상황 중시 • 학습자의 이해 · 성장 중시
평가체제	• 상대평가 • 양적 평가 • 선발형 평가	• 절대평가 • 질적 평가 • 충고형 평가
평가목적	• 선발 · 분류 · 배치 • 한 줄 세우기	• 지도 · 조언 · 개선 • 여러 줄 세우기
평가내용	• 선언적 지식(내용적 지식) • 학습의 결과 중시 • 학문적 지능의 구성요소	• 절차적 지식(방법적 지식) • 학습의 과정 중시 • 실천적 지능의 구성요소
평가방법	• 선택형 평가 위주 • 표준화 검사 중시 • 대규모 평가 중시 • 일회적 · 부분적인 평가 • 객관성 · 일관성 · 공정성 강조	• 수행평가 위주 • 개별 교사에 의한 평가 중시 • 소규모 평가 중시 • 지속적 · 종합적인 평가 • 전문성 · 타당도 · 적합성 강조
평가시기	• 학습활동이 종료되는 시점 • 교수-학습과 평가활동 분리	• 학습활동의 모든 과정 • 교수-학습과 평가활동 통합
교사의 역할	지식의 전달자	학습의 안내자 · 촉진자
학생의 역할	• 수동적인 학습자 • 지식의 재생산자	• 능동적인 학습자 • 지식의 창조자
교과서의 역할	교수-학습-평가의 핵심내용	교수-학습-평가의 보조자료
교수-학습활동	• 교사 중심, 암기 위주 • 인지적 영역 중심 • 기본 학습능력 강조	• 학생 중심, 탐구 위주 • 지 · 정 · 체 모두 강조 • 창의성 등 고등사고기능 강조

04 보건교육이론

01 학습이론

- 행동주의자 : "학습은 환경에서 일어나는 행위변화가 관찰되는 상황에서 새로운 건강습관이 결정될 때 이루어진다."
- 인지주의자 : "학습은 내적인 과정으로서 관찰이 반드시 필수적인 것은 아니며, 개인의 인지구조에 의해 통합된다."
- 인본주의자 : '학습을 자아 지시적인 것'으로 설명하면서 "인지뿐만 아니라 정서적인 영역도 고려해야 한다."라고 강조

1 행동주의

(1) 개요

행동주의	사람들은 어떤 행동이나 그 결과에 대해 격려나 보상 및 처벌을 주느냐에 따라 그 행동을 지속하거나 멈추며, 행동을 유발할 수 있는 신념·태도·가치 같은 내적 변수 때문에 행동하는 것이 아니라, 사람의 외부자극이나 환경에 존재하는 사건이나 대상에 의해 학습이나 행위를 하게 된다고 보는 이론
스키너 (Skinner)	인간의 행동(반응) 대부분은 물리적 또는 사회적 환경으로부터 오는 강화물(자극제)에 의해 일정한 유형의 행동을 일으키는 조작적 조건으로 조건 형성을 설명
강화물	• 즉시 주어졌을 때 가장 효과적 • 지속적으로 주는 것보다는 간헐적으로 주어지는 강화물이 행동의 지속을 높임 • 본능적 강화물(음식·물 등), 상징적 강화물(토큰·상품권 등), 시각적인 강화물(그래프·누적점수 등), 자기 강화물(자기만족) 등

(2) 행동주의 이론

고전적 조건형성이론	파블로프(Pavlov) → 공복의 개에게 종소리를 들려주면서 고기를 주었는데, 나중에는 종소리만 듣고서도 고기를 먹었을 때와 같이 타액이 분비되는 것을 관찰	
	무조건 자극 (unconditioned stimulus)	정상적으로 주어진 자극
	무조건 반사 (unconditioned reflex)	무조건 자극에 수반하여 일어난 반사
	조건반사 형성, 조건화 (conditioning)	• 무조건 자극(고기)에 조건자극(종소리)을 연결시켜서 무조건 자극에 의한 무조건 반사와 똑같은 별개의 조건반사를 얻어낼 수 있게 된 것 • 반응을 일으키는 무조건 자극과 조건자극을 반복하여 제시함으로써 조건자극에 대한 반응이 무조건 자극에 대한 반응과 같은 반응을 얻게 되는 새로운 행동의 연합적 형성과정을 말함
	왓슨(Watson): 흰 토끼를 흰 쥐나 천둥소리와 연합하는 학습을 경험하게 된다고 하는 인간실험을 통해 조건형성과정을 설명 → 흰 토끼를 좋아하는 11개월 된 아기 앨버트에게 흰 토끼를 보여주어 놀라게 한 다음 흰 쥐를 보여주며 천둥소리와 같이 자극함. 그 후 앨버트는 흰색에 대한 공포증이 나타남	
자극-반응 결합설 (S-R bond theory)	손다이크 (Thorndike)	특정한 반응이 특정한 자극과 결합된다고 주장
	실험	굶긴 고양이를 상자 속에 넣고 고양이가 잘 볼 수 있는 곳에 생선을 놓아 상자 속에 장치된 페달을 누르거나 고리를 잡아당기면 문이 열려 생선을 먹을 수 있도록 함
	시행착오설	고양이는 시행착오(비효율적인 다양한 반응을 수없이 반복)를 겪다가, 시행을 거듭할수록 문제상자를 빠져나오는 시간이 점점 단축됨. 고양이는 생선을 먹게 됨에 따라 만족감과 성취감을 느끼고 학습행위가 강화됨
조작적 조건형성이론	스키너 (Skinner)	고전적 조건형성이론을 발전시켜 인간행동(반응)의 대부분은 물리적 또는 사회적 환경으로부터 오는 강화물(자극제)에 의해 일정한 유형의 행동(반응)을 일으킨다는 조작적 조건형성을 설명함

	실험	스키너 상자(특별히 고안한 실험용 상자)에 흰 쥐나 비둘기를 이용하여 학습과 행동에 대한 실험연구를 함 → 행동의 강화: 실험상자 안에서 흰 쥐의 지렛대 누르는 행동은 그 행동에 뒤따르는 음식에 의하여 강화됨. 일정한 자극상태(빨간 등이 켜 있을 때)에서만 일관성 있게 지속되며 결국 흰 쥐는 빨간 불에 반응하는 동물이 됨
	조작	쥐가 환경에 스스로 작용하여 어떤 결과를 만들어 내는 것
	조작적 조건화	조작의 절차로 학습되는 과정으로, 반응에 뒤따라 일어남
	강화	조작적 조건형성을 일으키는 데 결정적인 역할을 하며, 스키너 학습이론의 가장 중요한 개념 • 긍정적 강화(보상, 칭찬 등)와 부정적 강화(벌) • 부정적 강화의 비효과성을 특히 강조 • 행동 즉시 주어졌을 때 가장 효과적 • 지속적으로 주어지는 것보다 간헐적으로 주어지는 강화물이 행동의 지속을 높임(부분적 강화) • 점차 높은 차원의 강화물로 옮겨가도록 제공하는 것이 행동을 취하는 데 효과적 • 인간은 2차적 강화인 학습자에게 관심을 갖거나 공감하고 미소를 짓고 칭찬하는 교육자의 행위가 더욱 효과적
	이론의 비판	• 학습자를 상당히 수동적이며 쉽게 조작되는 존재로 봄 • 외부적 강화나 보상의 중요성을 강조하면서 인간의 내면적인 자발성이나 만족들은 약화되고 실제적으로 환경이 인간행동에 미치는 영향을 고려하지 못함

(3) 행동주의 학습과정이 성공적인 결과를 가져오기 위한 1차적 학습 법칙

연습의 법칙 (law of exercise) = 빈도의 법칙	• 반복되는 연습을 통해 자극과 반응의 결합이 더욱 견고해진다는 원리 • 보상 없는 단순한 반복은 피로, 분노 등 부정적 정서를 유발하므로 적절한 보상과 충분한 연습이 중요
준비의 법칙 (law of preparation)	학습자는 심신이 학습하기에 적합한 조건으로 준비되어야 만족을 느끼므로 사전에 적절한 심신의 성숙이 선행되어야 함
효과의 법칙 (law of effect)	✪ 가장 중요한 법칙 • 학습과정이나 결과가 만족스러운 상태에서는 결합이 강화되고, 불만족스러울 때는 결합이 약화됨 • 보건교사는 학습에 있어 벌보다 보상이 효과적임을 알고 적용해야 함

(4) 행동주의의 기본가정

연구초점	내적 과정 < 관찰 가능한 행동
인간은 통제되는 유기체	행동주의자들은 인간을 외부환경이 제공하는 자극에 의해 통제되는 수동적 유기체로 봄 • 인간은 환경적 자극으로부터 통제를 받는 수동적 존재 • 인간을 통제하는 법칙은 모든 자연환경을 통제하는 보편적 법칙과 동일 • 인간의 행동은 예언 가능하고 인간은 객관적·자연적이며 측정 가능한 세계 안에 살고 있음 • 인간은 정보를 전달할 능력은 있지만, 그것을 창조할 능력은 없는 것으로 가정 • 인간의 지능은 측정되거나 통제될 수 있으며, 이것을 반영하는 인간의 행동은 예언 가능하다는 것

(5) 행동주의의 학습

영속적 변화	학습이란 경험과 연습에 의하여 행동에 비교적 영속적 변화를 초래하는 과정
실천의 결과	학습이란 실천의 결과로서 이루어지는 행동의 변화
새로운 자극	학습과정은 유순하고 수동적인 유기체에 대한 새로운 자극
상호작용의 결과	학습은 유기체와 그들을 둘러싸고 있는 환경 사이의 상호작용을 통해서 이루어짐 → 즉, 학습의 핵심개념은 자극(stimulus)과 반응(response)
교육자의 역할	• 바람직한 행동이 일어날 수 있도록 학습 환경에 있어서 강화의 가능성을 배열하고 바람직하지 않은 행동을 제거하는 것 • 교육자는 환경 통제자, 혹은 바람직한 행동을 유발시키는 데 필요한 조건을 면밀하게 계획하는 행동적 기술자(behavioral engineer)
능력중심수업	• 학습자들의 행동변화를 가져오기 위해서 미리 행동목표를 설정할 것을 제안 • 능력중심수업은 수업을 통하여 도달해야 하는 목표와 학습경험, 그리고 미리 정해진 목표에 얼마나 도달했는지를 행동용어로 진술하기 위해 사용되는 평가방법을 구체화 • 능력중심수업은 학습의 과정보다는 결과, 상대평가보다는 절대평가를 강조(경쟁을 덜 강조)

(6) 보건교육으로의 접목

행동수정 원리	• 흥미유발을 통하여 동기유발이 가능하고 이로 인해 외부의 자극 또는 강화가 행동변화를 유발 • 목표행동을 구체적으로 제시
계열화, 작은 단위의 분절 과제	수업내용은 쉬운 것에서 어려운 것으로 점진적으로 제시
반복연습과 피드백	수업목표에서 진술된 행동은 반복해서 연습할 수 있는 기회가 주어져야 하고 계속적으로 평가되어야 하며, 그 결과에 따라 피드백이 제공되어 강화가 이루어져야 함
외재적 동기 강화	• 바람직한 행동 유발을 위해서 외적 강화를 강조. 즉, 교육과정을 통하여 성공을 경험하도록 하고 이로 인하여 외적 동기가 강화될 수 있도록 안내 • 목표행동이 향상되면 수정된 행동을 고착시키기 위하여 간헐적 강화를 제공함으로써 수정된 행동을 일반화할 수 있도록 함
변별력 있는 자극	• 구체적인 교육목표를 확인하고 그에 해당하는 행동을 정확히 유발할 수 있는 자극을 제공하여야 함 • 교육목표에 적합한 내용을 선정하고 연습을 통한 적절한 반복학습 기회를 제공하며 변별력 있는 평가 문항을 개발하여야 함

(7) 행동주의 학습원리

반복된 학습	특정한 자극과 특정한 반응의 연합이 이루어지기 위해 반복된 연습이 필요
새로운 자료를 간격을 두고 제시	학습자가 주어진 목표를 성취하기 위해서는 하위과제로부터 상위과제로 단계적으로 성취함으로써 최종 학습목표를 성취
정확하고 즉각적인 회환	어떤 행동이 일어난 직후이거나 그 행동이 일어나고 있는 상황에서 회환을 주는 것이 학습에 도움이 됨
각성은 주의집중에 영향	• 인간의 마음은 변화하는 것에 끌림 • 새로운 것 외에 강한 감각적 자극, 정서적 각성, 절절한 수준의 긴장은 주의를 집중하도록 만듦
충분한 연습	학습자의 행동결과에 상응하는 적절한 보상을 주면서 충분히 연습하도록 함
긍정적 보상	긍정적인 보상을 시간적 간격을 두고 적절하게 제공

2 인지주의 이론

(1) 개요

게슈탈트(Gestalt) 심리학자들이 창안	• 학습의 내적 역동을 매우 중요시(행동주의자의 회현적 행동의존을 비판) • 주요개념 : 지각(perception), 통찰력(insight), 의미(meaning) • 학습은 환경으로부터 오는 자극의 의미를 이해하기 위해 경험을 재조직하는 활동
접근 방식	인지적 요인(지식, 기술, 태도, 가치, 신념 등)을 변화시키도록 교육하거나 설득하는 접근 방식
사례	금연교육(자극제)을 실시하면 • (×) 금연교육으로 금연 행동을 유발(반응)하는 것이 아니라 • (○) 담배에 대한 지식과 금연에 대한 긍정적인 태도(유기체 내의 주관적 가치나 기대)에 의해 행동변화가 됨 → 금연을 하려는 것은 자신에게 도움이 될 것이라는 신념 때문이며, 금연 후 칭찬을 받거나 기분이 좋아서가 아니라고 생각 → 학습은 수용적 과정이 아니라 능동적이고 구성적인 과정
S-O-R 모형	자극(stimulus)−유기체(organism)−반응(response) 모형
인지	지각·사고·기억과 정보를 처리하고 구성하는 과정
교육자의 역할	학습자의 학습과정에 영향을 주어 다양한 인지들을 재구성하거나, 정보에 관한 사고의 방향을 교정할 수 있도록 도와줌

| 학습에 대한 학자들의 정의 |

대표학자	강조 내용
Piaget	내적 인지구조가 성숙의 방향으로 변화한다고 주장하였는데, 이러한 변화는 '신경계통의 성숙'과 '환경과의 상호작용에서 획득하고 축적된 경험'의 결과라고 설명
Asubel	• 의미 있는 학습과 기계적 학습(rote learning)을 구별 • 학습은 한 개인의 인지구조에 이미 존재하고 있는 개념과 관련될 때에 비로소 의미가 있다고 주장 • 기계적 학습은 개인의 인지구조와 관련되지 않기 때문에 이러한 학습을 통해 습득된 내용은 잊히기 쉽다는 것
Bruner	발견을 통한 학습을 강조
Gagné & Briggs	• '학습하는 방법에 대한 학습'의 중요성을 강조 • 교육자의 가르치는 행위보다 학습자에 의한 학습에 영향을 미치는 요인에 관심 • 학습자의 내적 과정과 아울러 매체를 포함한 각종 교수−학습자료와 교육방법을 체계적이고 조직적으로 통합한 일련의 계획적 과정을 중요시함

(2) 보건교육으로의 접목

사고과정과 탐구기능의 교육	학습자 스스로 문제를 해결하고 탐구해 나갈 수 있는 문제해결능력이나 창의력을 촉 진하도록 정보 제시(교육설계)
정보처리전략 (인지처리전략)	필요한 정보를 찾고 그것을 의미 있는 형태로 조직화하여 필요할 때 적절하게 정보 를 활용할 수 있는 기술을 교육
내적 학습동기	학습자의 자발적 의지(학습에 흥미, 학습의 필요성)에 의해 이루어져야 함
학습평가	◐ 학습의 과정적 측면평가 •(×) 학습자의 행동의 결과 •(○) 학습자의 인지과정(문제 탐구능력, 문제발견능력)에 초점

(3) 인지주의 이론

	학습은 손다이크의 주장과 같이 시행착오에 의해 성립되는 것이 아니라 통찰에 의해 이루어짐	
통찰이론 (Insight theory): 퀼러(Köhler)	인지적 불균형 상태	우리에 갇힌 원숭이가 바나나를 따려는 목적을 달성할 수 없을 때 경험하게 되며, 이러한 불균형은 행위를 계속해서 하는 '동 기'로 작용
	통찰의 경험	원숭이는 바나나를 따려는 목적을 달성하기 위해 우리 안에 있는 장대나 상자를 수단으로 이용하고, 이때 원숭이는 '아하' 하는 것을 경험함. 즉, 주어진 형태에 맞게 목적과 수단을 연결시키는 통찰을 경험하게 됨
	통찰학습	이런 상황을 결정하는 것이 곧 '학습'이며, 통찰에 의해 이루어 지므로 '통찰학습'이라고 함
	통찰학습의 특징	•상황을 어떻게 지각하여 통찰하는가가 문제를 해결하는 데 필수적이고, 또한 그 해결이 즉각적이며 완전할 수 있다고 보 는 것 •통찰에 의한 답은 반복될 수 있고, 상당 기간 동안 유지되고 새로운 사태에 적용
	통찰학습의 과정 (Bigge & Hunt, 1968)	

02

장이론 (field theory) : 레윈(Lewin)	인간의 행동은 심리적 경험에 영향을 받으므로 심리적 사실(상황)이 변하면 전체 생활공간이 재배치되고 행동은 역동적으로 변화됨		
	학습	• 생활공간(장, filed)에 대한 인지구조의 변화과정 • 인지구조의 변화(성립)는 분화 · 종합 · 재구조화의 세 단계를 거치며, 이 속에서 가장 중요한 의미를 지니는 것은 학습자의 동기임	
	생활공간: 장 (filed)	• 행위공식 B(behavior) = f{P(person) · E(environment)}의 f(P · E)를 의미 • 동일한 환경에 처해 있더라도 심리적 장은 그 사람의 욕구에 따라 전혀 다를 수 있음	
	인지	• 통찰 혹은 이해와 같은 의미 • 장을 이해하고 있는 상태 또는 사태를 지각하는 방식 • 생활공간의 인지구조는 언어 · 정서 · 활동 · 사회적 교호관계의 발달에 따라 변화됨	
	생활공간으로서의 장 (박인학, 1995에서 인용)		
정보처리이론 (information processing theory)	인간	감각기관을 통하여 생활 속에 있는 정보들을 습득하고, 이를 정보로 저장하였다가 필요시 인출하여 사용하는 정보처리의 존재	
	학습	정신적인 조작으로 정보를 처리하는 과정	
	기억	❖ 정보처리 모형 • 기억은 경험한 내용을 보존하는 과정, 파지는 기억된 것 • 그러나 시간이 경과함에 따라 많은 양의 정보는 망각	
		감각기억	오감에 의해 제시된 정보를 약 1초 동안 보유하는 것. 조건이 좋으면 약 2초가량 지속
		단기기억	• 보존할 수 있는 양과 기간이 제한적인 기억 • 1회에 5~6개의 정보가 20~30초간 저장되고 반복적인 연습이 이루어져야 기억이 지속되지만, 주의가 산만하면 재빨리 사라짐
		장기기억	• 일상생활에서 흔히 기억이라고 말하는 것으로, 기억시간은 몇 분에서 몇 년까지도 저장됨. 저장되는 정보의 양이 제한적이지 않고, 오랫동안 기억됨 • 장기기억은 의미, 이름, 모양, 향기 등 어떤 단서와 연결된 채 저장되어 필요시 정보를 꺼내어 쓸 수 있음

	정보처리 모형	
정보처리의 일반적 과정	투입요인	• 정보에의 접근 용이성, 들어오는 정보의 양, 적합성, 타당성 등 질에 관련되는 요인 • 학습자가 주체와 관련하여 이미 가지고 있는 인지구조 등과 같은, 학습이 시작되기 전의 '학습 전 변인'
	과정요인	• 개인차로 나타나는 선택과 결정 및 통제에 관련된 요인 • 통제능력 등은 개인차를 보이는데, 학습에서 다루어야 하는 특정 과제와는 상관없이 전 생애에 걸쳐서 누적적으로 변화됨
	산출요인	• 관찰된 수행의 형태 및 질, 인지구조의 변화 등을 말함 • 이는 개인에 따라 다양성, 융통성, 독창성을 보이기 때문에 개인차를 나타냄
사회학습이론: 반두라(Bandura)		다른 사람의 행동을 보는 것만으로도 행동의 변화가 일어난다는 대리경험의 학습을 제시
	학습	• 내적 요인과 외적 요인의 상호작용 또는 개인적 요인과 환경·행위 간의 상호작용에 의해 일어남 • 관찰을 통해 모델의 행동을 주의 깊게 관찰하고 파악하여 실제적으로 모방할 수 있어야 하며, 이를 위해 적절한 강화와 동기화가 필요
심리역동 학습이론: 에릭슨(Erikson)	생의 8단계	각각의 단계에서 과업을 달성하지 못하면 다음 단계로 계속되는 인성의 발달이 어렵고, 이에 따라 위기가 초래됨 → 교육자는 학습자의 감정, 무의식적인 행동, 심리적인 성장 및 발달을 주목해야 학습자 개개인이 위기를 극복하고 인성이 바람직한 방향으로 발달될 수 있도록 도울 수 있음

(4) 인지주의 학습원리

주의집중	주의를 집중함으로써 행동이나 정보의 사실적 혹은 분석적 표상이 형성되고 기억의 단계로 갈 수 있는 것
정보의 조직화	• 배운 정보를 조직하여 장기기억에 저장 • 연대순으로 조직하거나, 부분에서 일반화로 통합하는 순서로, 혹은 쉬운 것에서 어렵고 복잡한 것으로 조직하는 것이 효과적
정보의 관련지음	새로운 정보를 기존 지식과 관련지음으로써 학습이 용이해짐

신기함, 새로움 (파지↑)	특별한 자극은 사람을 매혹하여 주의를 집중하도록 만듦
우선적인 것 (파지↑)	• 학습활동의 처음과 마지막 몇 가지를 더 잘 기억 • 첫 부분은 주의를 기울이게 되고, 끝 부분은 강의 후 시간의 흐름이 짧은, 즉 최근의 지식이기 때문
다양한 학습유형	언어, 시각, 청각, 근육운동의 경험을 같이 할 때 효과적
모방	• 가치 있다고 여기는 모델을 관찰 • 모방함으로써 학습이 이루어짐

3 인본주의 이론

개요		인간은 본성적으로 성장과 성취를 추구하는 경향이 있으며 자아실현을 성취하기 위해 학습
주요개념	전제	인간은 스스로 자신의 삶을 결정할 수 있고, 자신의 잠재력을 충분히 발달시킬 수 있는 자아실현적 존재
	중심개념	• 자아개념(self-concept) • 개인이 지닌 견해나 몸소 체험한 경험의 통합이 핵심
	학습	학습자의 느낌이나 판단에 따라 학습자 중심으로 이루어져야 하고, 학습자 개개인의 특성에 적합한 개별화된 형태의 수업이 필요함
매슬로우 (Maslow)	자아실현	학습을 최대한의 자발적인 자아실현을 위한 경험으로 보고, 즐거운 학습경험이 되도록 친근하고 개방적이어야 함
	욕구의 위계	하위위계의 생물학적 및 사회적 요구가 먼저 충족되어야 상위의 요구를 자유롭게 추구하여 자아실현에 이르게 됨
로저스 (Rogers)	비지시적 모형	자신의 경험을 통해 비지시적 또는 인간중심의 상담이 보건교육에도 성공할 수 있음
	심리치료	'학습자 중심학습'을 개념화함
	긍정적 인간관계	긍정적인 인간관계가 인간을 성장하도록 하므로 교육자는 과제의 개념이나 사고과정이 아닌 인간관계의 개념에 근거해서 교육이 이루어져야 함
	교육자	촉진자(facilitator)의 역할로 학습자들이 자신의 인생, 학업, 다른 사람들과의 관계에 대한 새로운 생각을 탐색하도록 도와줌(비지시적 교육모형은 학습을 '촉진'하는 데 중점을 둠)

| 인본주의 학습원리 |

건강한 신체	• 신체적 건강상태는 개인의 집중능력과 에너지 수준에 영향을 줌 • 학습자의 생물·심리·사회적 및 문화적 현실은 학습자의 지각에 영향
학습과정의 자율적 조절	• 학습은 학습자를 전인으로 보고 학습자 중심으로 이루어져야 하며, 학습자의 자율성을 존중 • 학습자가 자신의 학습과정을 조절할 때 학습이 증가
적극적 참여	학습자가 학습을 주도하고 교육자는 촉진자와 조력자의 역할을 할 때 학습이 증대
동기화	• 동기화는 학습을 강화시킴 • 투입된 노력의 결과·이익이 예상되거나 목적을 성취할 수 있을 때, 정보와 새로운 기술의 습득과 함께 태도의 변화가 훨씬 용이
통합실행	학습자로 하여금 자신의 감정을 표현하고 통찰과 행동을 통한 새로운 통합을 실행함으로써 자신의 문제를 해결하는 학습경험을 제공

4 구성주의 이론

지식이 인식의 주체인 인간과 별개로 외부에 존재한다고 주장하는 객관주의와는 상반되는 인식. 즉, 아는 것은 인간의 사전 경험을 바탕으로 개개인의 마음에 구성되는 것이라 주장하는 이론임

(1) 특징

특징	지식은 학습자가 외부세계와 상호작용하는 과정에서 개인적으로 구성됨 • 개인의 인지작용과 사회구성원들 간의 사회적 상호작용을 통해서 이루어진다는 상대주의적 인식론에 기초 • 교수학습과정에서 다양한 학습 환경의 중요성 등 학습자 중심의 능동적 학습을 강조		
비교	구분	객관주의	구성주의
	지식의 정의	고정되어 있고 확인될 수 있는 현상, 개체	개인의 사회적 경험에 바탕한 개별적 의미의 형성
	최종목표	진리추구	적합성/타당성(viability)
	교육목표	진리와 일치되는 지식 습득	개인에 의한 개별적 의미형성의 사회적 적합성과 융화성
	주요 용어	발견	창조와 구성
	지식의 특성	초역사적·우주적·초공간적	상황적·사회적·문화적·역사적
	현실의 특성	규칙과 방법으로 규명될 수 있고 통제와 예언이 가능	불확실성, 복잡성, 독특성, 가치들 간의 충돌

(2) 구성주의 이론의 학습 관련 기본관점

학습자 중심의 학습 강조	학습이란 객관적 지식 전달이 아니라 개인의 경험에 의해 구성되는 과정임을 강조
교육자의 역할 변화	• 지식의 전수자, 과제 관리자라는 역할 대신 이해를 촉진시키는 코치나 인도자로서의 역할 • 학습자가 처한 문화적 · 역사적 · 사회적 상황으로 인하여 서로 독특한 형태로 존재하고 있는 개인의 경험적 지식의 가치가 반영될 수 있는 학습과제를 제시하여 의미구성을 촉진하는 역할
'협동학습'의 활용	• 구성주의 지식을 구성하기 위해서는 사회적 상호작용이 필수적 • 협동학습은 여러 사람의 협동을 요구하며, 현실의 여러 문제들과 직면했을 때 잘 해결할 수 있는 능력을 배양
상황적 학습	교육설계자나 교육자가 학습목표나 평가를 미리 정하는 것이 아니라, 학습자들이 과제를 가지고 문제를 해결해 나가는 과정 중에 학습자 스스로 그 목표를 설정하게 됨

(3) 구성주의에 입각한 교수설계 원리

구성주의적 학습원칙	세부내용
체험적 학습 제공	• 학습자로 하여금 깊이 생각하고, 탐색하고, 성찰할 수 있는 학습환경을 제공 • 학습에 대한 평가도 결과 중심적 관점에서 과정 중심적 관점으로 전환
자기성찰적 학습 (= 자기주도적 학습)	• 메타인지(학습하는 방법을 배우는 것)의 습득 및 활용이 가능한 환경 • 학습자의 기존 지식과 개념을 활용할 수 있는 학습환경 • 주어진 과제나 문제를 규명하고, 해결과정과 방안을 모색하며, 해결안에 대한 평가를 포함하는 주도적 역할을 수행하도록 함
협동학습	• 학습자들이 다른 사람과 상호작용함으로써 개인적 인지구조에 일종의 혼란을 일으키고 따라서 새로운 인지구조를 구성하고 공유할 수 있는 학습환경(기회 제공) • 학습자들 간의 토론, 대화, 상호작용을 통해 성찰적 학습기회를 촉진
실제적(authentic) 성격의 과제 제시	구체적인 상황이나 맥락에 기반하는 과제를 통한 학습을 강조하되, 주어지는 과제가 실세계의 것과 유사하도록 복잡하고, 비구조적이고, 구체적인 상황을 포함하도록 함
교사로서의 역할: 촉진자, 안내자	교육자는 지식전달자, 유일한 정보공급자의 역할에서 벗어나, 학습자들이 자신의 학습 전 과정에서 주도적 역할을 할 때, 학습의 촉진자(facilitator, scaffolder), 안내자, 멘토로서의 역할을 하도록 함

(4) 보건교육으로의 접목

학습자 중심의 학습 환경 강조	학습자	능동적으로 학습과정에 참여하여 경험의 의미를 구성할 때 학습이 됨
	교육자	실제와 같은 복잡하고 역동적인 상황이나 문제를 제시하고, 다양한 관점을 개발할 수 있는 기회와 학습에 대한 안내를 할 수 있는 학습 환경을 제공
실제적 과제와 맥락 강조	유의미한 학습	지식이 실제로 사용될 수 있는 맥락과 함께 제공되어야 함
	실제상황과 유사한 맥락	학습자는 실제적 과제를 다루어봄으로써 자신의 경험을 정확하게 이해하고 그 의미를 구성하여 지식을 적용할 수 있게 됨
문제 중심의 학습	• 문제 상황에서 관련 정보를 회상하고, 문제해결과정에 집중하며 전문가들이 실세계의 문제해결과정에서 경험하는 사고력을 촉진하고자 문제 상황을 제공함 • 문제 상황은 학습자의 동기를 유발하고, 관련지식을 점검하거나 습득하게 하고, 지식을 문제해결에 적용하도록 함	
교육자 역할	흥미유발	질문을 유도하고, 지속적인 피드백과 지지를 통해서 학습자의 의미구성과정을 촉진
	동기유발	협동학습을 조장하고 개인의 요구를 수시로 파악하여 그에 부응하는 학습 환경을 조성
협동학습 강조	아이디어 공유	학습자는 공동체 내에서 다른 사람들과 아이디어를 공유하고 다양한 관점을 접촉할 수 있음
	반성적 사고	자신의 사고가 공동체와 모순되거나 불일치함을 경험하면서 반성적 사고를 통해서 자신의 관점을 재해석하거나 변형하는 등, 자신의 경험을 조직할 때 조정이 가능하고 공동체와 공유된 의미를 갖고자 노력함
평가개념	• 평가는 학습자가 문제를 해결하는 과정에서 지식과 기능을 새로운 상황에 전이할 수 있는 능력에 초점을 두고 이루어져야 함 • 학습이나 행동의 변화는 지적 영역뿐 아니라 정의적 영역에서도 이루어져야 함	

5 학습이론별 학습원리

이론	학습원리
행동주의	• 반복은 학습을 증진시킴 • 새로운 자료를 간격을 두고 제시함으로써 학습을 도움 • 정확하고 즉각적인 회환은 학습을 향상시킴 • 각성은 주의집중에 영향을 줌
인지주의	• 주의집중은 학습을 증진시킴 • 정보자료를 조직화할 때 학습을 증진시킴 • 정보를 관련지음으로써 학습을 증진시킴 • 신기함이나 새로움은 파지에 영향을 줌 • 우선적인 것은 파지에 영향을 줌 • 각 사람들의 학습유형은 다양함 • 새로이 학습한 내용을 다양한 배경에서 적용하는 것은 그 학습의 일반화를 도와줌 • 모방은 하나의 학습방법임
인본주의	• 학습자의 생물·심리·사회적 및 문화적 현실은 학습경험에 대한 학습자의 지각을 형성함 • 학습자가 자신의 학습과정을 조절할 때 학습이 증가함 • 학습에는 적극적인 참여가 필요함 • 동기화는 학습을 강화시킴
구성주의	• 항상 구체적인 상황을 배경으로 한 지식을 제공함 • 현실의 복잡함을 그대로 제시하여 인지적 도전을 유도함 • 모든 지식과 과제는 항상 실제 상황을 전제로 하고, 다루는 과제는 실제로 사회에서 대면하게 될 특성을 지닌 것으로 채택함

6 학습이론의 특성 비교

구분	행동주의	인지주의	인본주의	구성주의
이론가	Skinner, Pavlov, Thorndike	Lewin, Köhler, Tolman	Maslow, Rogers, Allport	Piaget, Vygotsky, Bartlett, Bruner, Dewey
학습목표	지식과 기능 중점의 능력 습득	인지기능의 최적 발달	자아성장과 자아실현	학습자의 이해 구성
교육내용	지식과 기능의 습득이 가능한 내용	감각운동·언어·인지적 발달을 촉진시키는 내용	사회적 발달을 촉진시킬 수 있는 통합적 내용	개인에게 의미 있고 타당하며 적합한 모든 내용

학습	외현적 행동의 변화, 새로운 연합의 획득	인지구조의 변화	개인의 성장, 의미 있는 학습, 잠재능력 개발	학습자 중심 학습
학습자관	외부 자극에 반응하는 수동적 학습자	내적으로 정보처리 하는 능동적 학습자	자기주도적인 학습자	환경과 상호작용하여 의미를 구성하는 능동적 학습자
교육방법	교육자 중심, 지식 정보의 전달, 지식 · 기능의 발달을 위한 구체적 방법과 교육공학의 활용, 외적 보상에 의한 동기 유발, 과제부과 · 훈련 · 보상의 개별화 강조, 학습자의 수동적 참여 · 기계적 학습 강조	학습자 중심, 지식과 정보의 전달 또는 발견, 인지기능 발달을 촉진시키는 방법, 내적 보상에 의한 동기 유발, 지적 호기심 만족, 학습자 발달 수준에 토대를 둔 개별화 강조, 학생의 능동적 참여 · 이해와 통찰 강조	학습자 중심, 통합된 프로젝트에 의한 접근, 내적 보상에 의한 동기유발, 학습자의 개성 · 욕구에 기초한 개별화 강조, 학생의 능동적 참여 · 자기주도적 학습 강조	학습자 중심, 다양한 자료에 근거한 구성 활동 강조, 개인적 이해를 위한 사고 안내, 지식의 공동 구성, 학습자가 생활에서 학습의 필요성을 느끼면 스스로 지식 · 의미를 추구하게 됨
교육자 역할	관리자, 감독자	정보처리 활성자	촉진자	자료와 학습환경 제공자, 촉진자, 안내자, 조언자, 공동 참여자
학습자 역할	정보의 수동적 수용자, 청취자, 추종자	정보의 능동적 처리자	개인의 성장과 발달에 동기화되는 자기주도적 존재	의미의 능동적 공동 구성자, 산출자, 설명자, 해석자, 학습 주체자
학습전략	연습과 피드백	정보처리 전략	동기화를 통한 학습 강화	풍부한 학습 기회를 학습자와 공동으로 구성하는 협동학습
교육평가	암기력 평가, 수행평가, 지식 · 기능의 양적 평가, 상대평가 위주, 객관적 평가 중시	사고력, 탐구력 평가, 문제해결능력에 관한 질적 평가, 절대평가 위주, 주관적 평가 중시	학생 특성 · 주위세계에 대한 평가, 인지평가 및 정의평가, 질적 평가, 절대평가 위주, 주관적 평가 중시	학생 본인 · 동료학생 · 교사, 수업하는 과정 중에서 계속 수행, 다양한 형태(객관식 · 주관식 · 관찰 · 포트폴리오 · 프로젝트 · 저널 등)

02 수업이론

1 글레이저(Glaser)의 수업이론

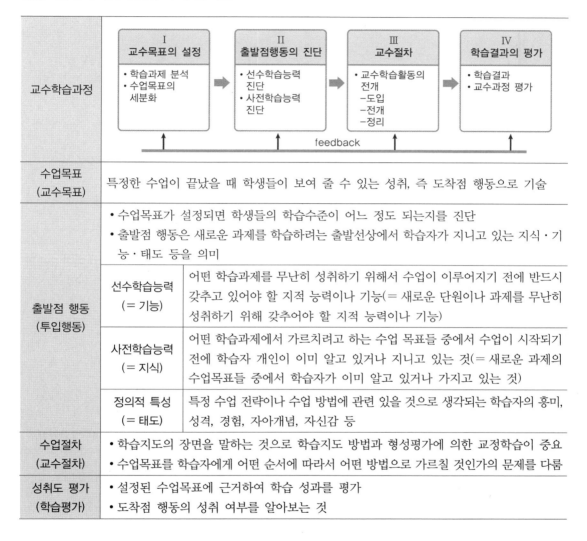

교수학습과정	(diagram)

수업목표 (교수목표)	특정한 수업이 끝났을 때 학생들이 보여 줄 수 있는 성취, 즉 도착점 행동으로 기술	
출발점 행동 (투입행동)	• 수업목표가 설정되면 학생들의 학습수준이 어느 정도 되는지를 진단 • 출발점 행동은 새로운 과제를 학습하려는 출발선상에서 학습자가 지니고 있는 지식 · 기능 · 태도 등을 의미	
	선수학습능력 (= 기능)	어떤 학습과제를 무난히 성취하기 위해서 수업이 이루어지기 전에 반드시 갖추고 있어야 할 지적 능력이나 기능(= 새로운 단원이나 과제를 무난히 성취하기 위해 갖추어야 할 지적 능력이나 기능)
	사전학습능력 (= 지식)	어떤 학습과제에서 가르치려고 하는 수업 목표들 중에서 수업이 시작되기 전에 학습자 개인이 이미 알고 있거나 지니고 있는 것(= 새로운 과제의 수업목표들 중에서 학습자가 이미 알고 있거나 가지고 있는 것)
	정의적 특성 (= 태도)	특정 수업 전략이나 수업 방법에 관련 있을 것으로 생각되는 학습자의 흥미, 성격, 경험, 자아개념, 자신감 등
수업절차 (교수절차)	• 학습지도의 장면을 말하는 것으로 학습지도 방법과 형성평가에 의한 교정학습이 중요 • 수업목표를 학습자에게 어떤 순서에 따라서 어떤 방법으로 가르칠 것인가의 문제를 다룸	
성취도 평가 (학습평가)	• 설정된 수업목표에 근거하여 학습 성과를 평가 • 도착점 행동의 성취 여부를 알아보는 것	

2 브루너(Jerome Bruner)의 발견적 교수학습이론

브루너 교수이론의 주요 요소	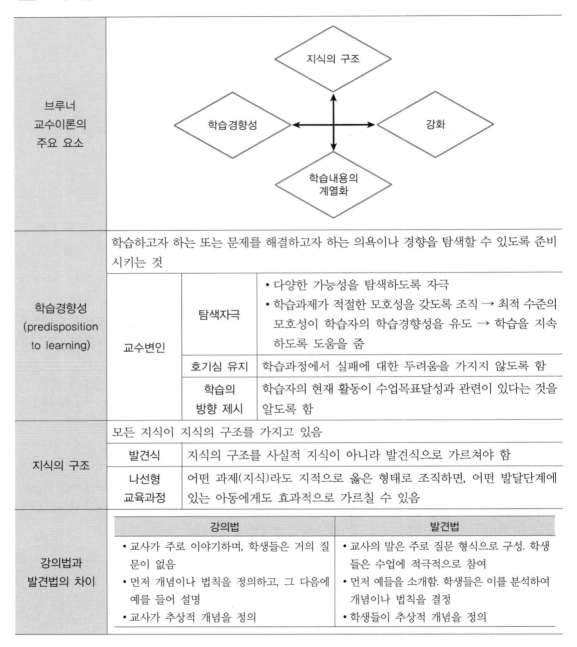		
학습경향성 (predisposition to learning)	학습하고자 하는 또는 문제를 해결하고자 하는 의욕이나 경향을 탐색할 수 있도록 준비 시키는 것		
	교수변인	탐색자극	• 다양한 가능성을 탐색하도록 자극 • 학습과제가 적절한 모호성을 갖도록 조직 → 최적 수준의 모호성이 학습자의 학습경향성을 유도 → 학습을 지속하도록 도움을 줌
		호기심 유지	학습과정에서 실패에 대한 두려움을 가지지 않도록 함
		학습의 방향 제시	학습자의 현재 활동이 수업목표달성과 관련이 있다는 것을 알도록 함
지식의 구조	모든 지식이 지식의 구조를 가지고 있음		
	발견식	지식의 구조를 사실적 지식이 아니라 발견식으로 가르쳐야 함	
	나선형 교육과정	어떤 과제(지식)라도 지적으로 옳은 형태로 조직하면, 어떤 발달단계에 있는 아동에게도 효과적으로 가르칠 수 있음	

강의법과 발견법의 차이	강의법	발견법
	• 교사가 주로 이야기하며, 학생들은 거의 질문이 없음 • 먼저 개념이나 법칙을 정의하고, 그 다음에 예를 들어 설명 • 교사가 추상적 개념을 정의	• 교사의 말은 주로 질문 형식으로 구성. 학생들은 수업에 적극적으로 참여 • 먼저 예들을 소개함. 학생들은 이를 분석하여 개념이나 법칙을 결정 • 학생들이 추상적 개념을 정의

학습내용의 계열화 (sequence)	학습의 계열이란 학습되어야 할 자료를 학습자들이 이해 · 변형 · 전이하는 데 도움이 되도록 순서대로 조직하여 제시하여야 한다는 것임	
	계열화의 다양성	• 모든 학습자에게 맞는 최적의 계열화란 있을 수 없음 • 학습자의 배경, 발달단계, 이전의 학습 정도, 자료의 성격, 개인차 등에 따라 학습계열은 달라짐
	귀납적 과정의 적용	• 지식체의 구조화를 개념적으로 파악하고 여러 상황에 쉽게 적용하게 하기 위해서 특정사실을 기초로 하여 귀납적 과정을 적용하는 것이 효과적 • 개념적 관계를 이해하도록 하는 상징적 표현에 너무 일찍 의존한다면, 학습자가 상징과 실제 사물 간의 관계를 파악하지 못하는 결과가 초래될 수도 있음
	계열화의 단계와 간격의 크기	계열화의 단계와 그 간격의 크기는 달성하고자 하는 교육목표의 성격과 학습자의 능력에 따라 달라질 수 있음
강화 (reinforcement)	강화의 역할	학습자에게 교정적 정보를 줌
	보상과 벌	학습과 수업과정에서 적용될 보상과 벌의 성격과 그 적용 방법, 적용의 빈도 및 간격 등을 명시할 수 있어야 함
	동기유발	외재적 동기에서 내재적 동기로 바뀌는 것이 바람직함
비계 설정	발견학습의 교수원리인 학습의 경향성, 지식의 구조, 학습내용의 계열화, 강화를 충족하기 위해서는 비계 설정(scaffolding)이 중요	
	비계	발판 또는 뼈대
	비계 설정	교육자가 학습자에게 학습을 위한 도움을 제공하다가 도움을 제거하고 마침내 학습자가 혼자서 학습과제를 수행하게 만드는 비형식적 교수전략
보건교육으로의 접목	방향 제시	새로운 교육방향 제시
	교과중심 교육과정	생활(학문)중심 교육과정에 대비되는 의미
	학습자의 탐구학습 유도	학습자가 주어진 맥락 속에서 탐구과제를 찾고, 발견하도록 하는 데 초점을 두는 것으로, 대부분의 전통적 교수방법에 비해 보다 의미 있는 학습추구를 할 수 있음

3 가네(Gagné)의 학습된 능력별 교수학습이론

이론의 구성요소	학습된 능력	학습의 성과로 얻어지는 것
	학습의 내적 과정	학습자 내부에서 정보가 처리되는 과정
	학습조건	학습내적과정에 적합하게 외부에서 부여되는 수업활동
학습영향요인	지적 기능	• 읽기, 쓰기, 셈하기 등과 같은 상징(숫자·문자·단어·그림·도표)이나 기호를 사용하는 능력 • (성취행동) → 상징을 사용하여 환경과 상호작용 예 삼각형의 면적 계산하기
	인지전략	• 학습자의 기억력, 사고력을 통제하는 기능 • (성취행동) → 개념과 규칙을 활용하고 조정 예 기말과제를 작성하기 위해 목록카드를 개발하는 것
	언어정보	• 자신의 생각을 언어로 표현할 수 있는 학습된 능력 • (성취행동) → 사물의 명칭이나 사실의 진위를 진술 또는 전달 예 애국심의 정의를 의역하는 것
	운동기능	• 신체움직임을 수행하기 위한 능력 • 장기간 반복하여 연습함으로써 습득 • (성취행동) → 신체적 계열이나 행위를 시범 보이기 예 구두끈을 묶거나 배영을 시범 보이는 것
	태도	• 대상이 사물에 대해 좋고 싫음, 찬성/반대 등의 선택하는 내적인 경향성 • (성취행동) → 어떤 대상, 사건, 사람에 대해 가까이 하거나 멀리하려는 개인적 행위 선택 예 록 콘서트에 가는 대신 미술관에 가는 것을 선택
학습의 내적 과정		• 학습자에게서 나타나는 일련의 정보처리과정 • 학습의 내적 조건을 의미함
	학습의 내적 과정 9단계	① 주의 ② 기대 ③ 작동기억으로 재생 ④ 선택적 지각 ⑤ 의미의 부호화 ⑥ 반응 ⑦ 강화 ⑧ 재생단서 ⑨ 일반화의 순서

학습의 외적 조건 (가네, Gagné)의 9가지 수업사태	교사의 수업을 의미	학습자의 학습을 내적으로 도와주는 기능
	9가지 수업사태	① 주의 집중시키기 ② 목표 제시 ③ 사전 학습 재생 ④ 자료 제시 ⑤ 학습안내 ⑥ 수행유도 ⑦ 피드백 제공 ⑧ 평가 ⑨ 전이촉진

```
┌─────────────────────────────┐        ┌─────────────────────┐
│     학습의 외적 조건           │        │                     │
│   • 강화의 원리               │        │     학습 성과         │
│   • 접근의 원리               │        │                     │
│   • 연습의 원리               │   ➡    │   • 언어 정보         │
│─────────────────────────────│        │   • 지적 기능         │
│     학습의 내적 조건           │        │   • 인지 전략         │
│   • 선행학습                 │        │   • 운동 기능         │
│   • 학습동기                 │        │   • 태도             │
│   • 자아개념                 │        │                     │
│   • 주의력                  │        │                     │
└─────────────────────────────┘        └─────────────────────┘
```

| 학습과정과 교수사태 간의 관계 |

학습과정	교수사태
주의	주의 획득하기
동기화	학습자에게 수업목표 알리기
선택적 지각	선수학습 회상 자극하기, 자극 제시하기
의미적 부호화 장기기억에 저장	학습 안내 제시하기
탐색과 회상 수행	수행 유도하기
피드백	• 피드백 제공하기, 수행평가하기 • 파지와 전이 높이기

| 9가지 교수사태의 적용사례 : 교통 표지판 읽기 |

교수사태	수업 활동
1. 주의 획득	자가용과 열차가 건널목에서 부딪쳐 두 사람이 죽었다는 신문기사를 읽어주고, 이 비극은 운전사가 표지판의 모양에 주의를 기울였다면 피할 수 있었을 것이라고 이야기함
2. 학습목표 제시	이 경우에는 여러 개의 목표가 있을 수 있지만, 학생들에게 다음과 같이 목표를 알려줄 수 있음 → "여러분은 이 수업에서 표지판의 모양이 도로의 어떤 상황을 나타내는지를 학습하게 될 것입니다."
3. 선수지식의 회상	선수지식은 표지판의 형태를 변별하는 것. 이것은 이미 오래 전에 충분히 학습하였을 것. 만약 그렇지 않다면, 학습자에게 그 형태를 변별할 수 있도록 하는 자료를 제공해야 함
4. 자극의 제시	가르칠 표지판의 모양과 각각의 개념적 의미를 나타내는 명칭(멈춤, 위험, 철길, 양보 등)을 함께 제시. 이때 표지판을 하나하나 따로 제시하지 않고, 짝을 지워 제시함으로써 독특한 특징에 주의를 기울이도록 함. 계속해서 한 번에 두 개씩 비교하면서 각 모양의 이름을 알려줌. '위험'의 경우에는 마름모 모양을 지닌 몇 가지 다른 유형의 표지판을 보여줌
5. 학습안내 제공	두 가지 다른 표지판이 들어 있는 여러 개의 화면을 제시함. 맞거나 틀린 명칭과 함께 표지판의 모양을 무작위로 제시하고, 학습자로 하여금 모양과 명칭이 맞는지, 틀리는지를 지적하도록 함. 또는 학습자가 표지판의 모양을 보고 그 밑에 이름을 써넣도록 함. 이때 학습안내 목적은 모양을 적절히 부호화하도록 돕는 것이며, 이는 개념의 이름과 함께 대조되는 모양들을 확인하는 연습의 기회를 제공함으로써 이루어짐
6. 수행 유도	"여러분이 멈추어야 하는 표지판은 어느 것입니까?"와 같은 질문을 통해 반응을 이끌어냄
7. 피드백 제공	결과에 대한 정보를 제공함. 반응이 맞았을 경우 "맞습니다!"와 같은 피드백을 제시할 수 있으며, 틀렸을 경우에는 "틀렸습니다."와 같은 문구와 함께 틀린 이유에 대한 설명을 제시하는 구체적인 교정 자료를 함께 제시할 수 있음
8. 수행의 평가	여러 모양의 표지판을 보이고, 그중 어떤 것이 질문한 표지판의 의미와 같은지를 찾아내도록 함. 예를 들면, 학생들에게 멈춤 표지판에는 동그라미를, 철도 표지판에는 네모를, 위험 표지판에는 선으로 표시하도록 함
9. 전이와 파지증진	적절한 용어가 여러 개 활용된 다양한 모양의 표지판을 다양한 상황에서 제공하고, 그 개념을 확인하는 연습의 기회를 계속 제공함

4 캐롤(J. B. Caroll)의 학교학습모형

(1) 모형의 구성요소

주요 요소	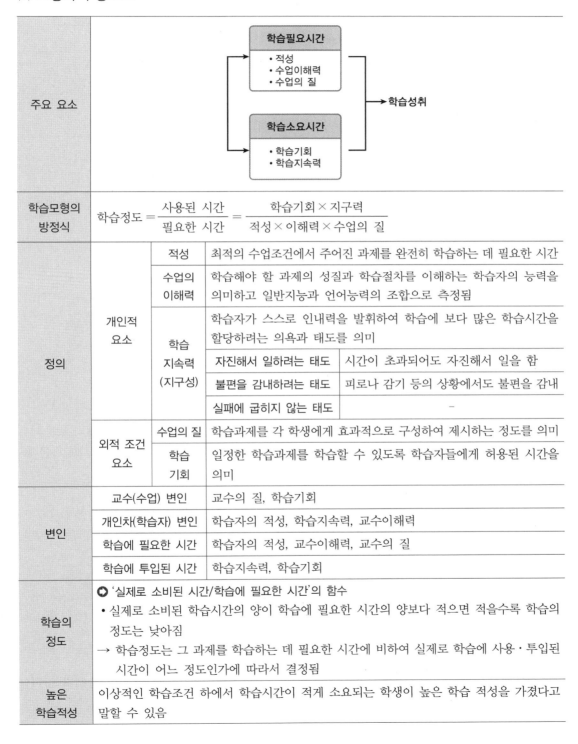
학습모형의 방정식	$$\text{학습정도} = \frac{\text{사용된 시간}}{\text{필요한 시간}} = \frac{\text{학습기회} \times \text{지구력}}{\text{적성} \times \text{이해력} \times \text{수업의 질}}$$

정의	개인적 요소	적성	최적의 수업조건에서 주어진 과제를 완전히 학습하는 데 필요한 시간
		수업의 이해력	학습해야 할 과제의 성질과 학습절차를 이해하는 학습자의 능력을 의미하고 일반지능과 언어능력의 조합으로 측정됨
		학습 지속력 (지구성)	학습자가 스스로 인내력을 발휘하여 학습에 보다 많은 학습시간을 할당하려는 의욕과 태도를 의미
			자진해서 일하려는 태도 — 시간이 초과되어도 자진해서 일을 함
			불편을 감내하려는 태도 — 피로나 감기 등의 상황에서도 불편을 감내
			실패에 굽히지 않는 태도 — –
	외적 조건 요소	수업의 질	학습과제를 각 학생에게 효과적으로 구성하여 제시하는 정도를 의미
		학습 기회	일정한 학습과제를 학습할 수 있도록 학습자들에게 허용된 시간을 의미

변인	교수(수업) 변인	교수의 질, 학습기회
	개인차(학습자) 변인	학습자의 적성, 학습지속력, 교수이해력
	학습에 필요한 시간	학습자의 적성, 교수이해력, 교수의 질
	학습에 투입된 시간	학습지속력, 학습기회

학습의
정도
	❖ '실제로 소비된 시간/학습에 필요한 시간'의 함수
	• 실제로 소비된 학습시간의 양이 학습에 필요한 시간의 양보다 적으면 적을수록 학습의
	  정도는 낮아짐
	→ 학습정도는 그 과제를 학습하는 데 필요한 시간에 비하여 실제로 학습에 사용·투입된
	  시간이 어느 정도인가에 따라서 결정됨

높은 학습적성	이상적인 학습조건 하에서 학습시간이 적게 소요되는 학생이 높은 학습 적성을 가졌다고 말할 수 있음

(2) 학교학습모형의 요약

변인	구분	정의	필요시간	소요시간
학습자변인	적성	최적의 수업조건에서 주어진 과제를 완전히 학습하는 데 필요한 시간	○	
	학습지속력	동기와 유사한 개념으로 학습자가 과제해결을 위해 계속 정력을 쏟고자 하는 시간		○
	수업의 이해력	일반지능과 언어능력에 관련되는 보편적 요인으로 교육자의 교수내용을 이해하는 능력	○	
수업변인	교육자의 질	학습과제와 학습단계를 포함한 교수방법의 질	○	
	학습기회	특정학습을 위해서 학생에게 실제로 주어지는 시간, 외부조건		○

5 블룸(B. S. Bloom)의 숙달학습모형

(1) 모형의 구성요소

주요 요소	학생 특성 수업 학습 성과
	
	인지적 투입행동 ──┐ ┌→ 성취의 수준 및 유형
	              ├→ [학습과제] ──┼→ 학습 속도
	정의적 투입행동 ──┘ └→ 정의적 성과
	
	         ↑
	     수업의 질

숙달학습   숙달학습의 기본 요지는 학습에 사용한 시간의 연장과 학습에 필요한 시간의 감소라는 두 가지 접근을 통합한 것이며, 학교학습을 보다 더 효과적으로 조직함으로써 학교교육의 향상을 꾀하려는 것임
인지적 출발점 행동   학습과제의 선행학습요소를 이미 학습한 정도   • 학교에서의 교육과 학습은 주로 인지적 성격을 가진 사전학습 위에서 이루어지는데, 각각의 학습과제에는 학습자가 그 과제를 숙달하기 위해 필요한 선행학습이 있으며, 이것이 인지적 투입행동임
정의적 출발점 행동   학습과정에 참여하려고 동기화된 정도   • 학습과제나 교과, 학교와 학교학습에 대한 관심과 태도의 복합체이며, 이 안에는 심층적인 자아개념과 성격특성이 포함되어 있음. 이러한 구성요소는 가변적인 것도 있으나 대부분 변하지 않는 불변적 성격이며, 연령과 과거경험의 함수관계를 나타냄
학습과제   학습단원, 교과서의 장이나 하나의 주제 등을 말함   • 하나의 학습 과제는 대개 1시간 내지 10시간까지의 학습시간을 필요로 하며, 다양한 교육내용, 여러 행동적 학습과정도 포함함

02

수업의 질	수업의 질은 제공될 수업이 학습자에게 적절한 정도를 말함 • 학습자에게 제시해야 할 단서나 지시, 학습자의 학습활동참여, 학습자가 얻는 강화, 피드백 및 교정절차 등이 포함됨 • 단서는 학습할 내용이나 학습과정에서 해야 할 일에 대해 교사가 단서를 제공하는 것임 • 강화는 학습과정에서 교사가 적절한 보상을 하는 것임 • 참여는 학생이 자신의 학습에 적극적으로 참여한 정도임 • 피드백 및 교정절차는 학습자의 수행에 대해 교사가 적절한 피드백을 제공하고 교정해 주는 것임

(2) 수업전략 및 절차

숙달학습계획	학습단원과 학생참여방식이 제시되어야 하고, 각 단원 끝에 단원목표에 대한 형성평가도구의 구성 및 소집단 학습, 개인교수, 다른 교재, 시청각자료, 재교수법 등이 포함되도록 함
수업진행	오리엔테이션을 가진 뒤에 계획된 교수법에 의해 가르치고, 수업이 끝나면 형성평가를 실시함. 평가결과에 따라 성취한 학생은 인정을 하고, 성취하지 못한 학생에 대해서는 적절한 교정절차를 가지는데, 전체 단원에 모두 적용함
숙달학습의 평가	교사가 최종적으로 총합평가를 실시하고, 일정 수준 이상을 성취한 학생은 유사한 등급을 주고, 성취수준에 도달하지 못한 학생에게는 다른 등급을 주면서 숙달학습 프로그램의 효율성을 검토함

🖉 **숙달학습모형의 적용**
• 숙달학습모형의 적용전략은 내적 타당도 측면에서 학습능력이나 적성의 결핍이 학습부진이나 실패의 직접적 원인이 아니라는 것이며, 외적 타당도 측면에서 학생 대 교사의 비율이 20 : 1, 30 : 1이 넘는 교실에서도 성공적으로 활용됨
• 숙달학습은 정의적 측면에서 학생들의 학습방법을 도우며 학업성취영역, 자아개념, 태도 등에서 모두 효과가 나타났고, 효과의 핵심인 피드백과 교정절차의 전략은 교사에게 만족감을 주기는 하지만 교사의 시간과 노력이 많이 들어 교사부담이 증가한다고 보고되고 있음. 또한 경제적인 측면에서 다른 수업방식보다 많은 비용이 드나, 투입비용 당 효과를 같이 감안한 효율 측면에서 성과는 높음

03 반두라(A. Bandura)의 사회인지학습이론

1 이론의 개요

행동과학이론	• 건강행위와 행위변화의 증진방법에 모두 영향을 미치는 심리사회적 역동성을 설명함 • 개인의 행동과 인지가 앞으로의 행동에 영향을 준다는 점을 강조함
상호결정론 (reciprocal determinism)	• 인간의 행동을 인지를 포함하는 개인요소와 행동의 세 요소가 서로 영향을 미치는 결과로 만들어진 역동적이고 상호적인 것으로 봄 • 개인의 행동은 그의 인지적 특성이 주어진 환경과의 상호작용에 따라 독특하게 결정된 다는 것임 • 한 가지 요소의 변화는 다른 두 가지 요소에 자연히 영향을 미치게 됨 • 개인, 환경, 행동의 특성이 변화하면 전체 상황이 변화하므로 행동, 환경, 개인이 재평가 되어야 함
사례	김 군은 늘 앉아서 컴퓨터게임을 즐기는 좌식생활을 하면서 운동을 꺼려함. 또한 운동할 수 있는 운동장이나 체육관을 회피함으로써 운동에 대한 기대를 부정적으로 강화시킴. 그 러나 어느 날 가까운 가족이 심장마비로 사망하고 심장마비 원인이 좌식생활에 의한 것이 라는 얘기를 들었을 때, 그는 자신이 지금까지 유지해 오던 좌식생활을 중단하고 운동을 시작하겠다고 결심하게 됨. 그러나 좌식생활을 즐기는 친구가 계속 운동하지 않아도 된다고 설득하여, 이 친구의 부정적 설득에 대처하려고 새로운 행동(운동)을 하도록 지지해 주는 새로운 친구(사회적 환경)를 사귀게 됨(상호적 효과). 이러한 변화는 거꾸로 좌식생활을 하는 친구가 운동하도록 동기화시키게 되고(친구에 대한 상호 효과), 그 친구가 운동하지 않는 다른 친구들의 습관을 변화시키거나 운동에 관심 있는 새 친구를 갖게 할 것임. 이와 같은 행동변화는 건강전문가들로 하여금 단순하게 변화의 한 가지 측면만 생각하지 않도록 하는 것이 얼마나 중요한지를 강조함
관찰학습	• 사회인지이론에서 환경은 행동에 대한 모델을 제시해 준다는 점에서 중요함 • 사람들은 다른 사람들로부터 강화를 받을 뿐 아니라 관찰을 함으로써 학습을 할 수 있음 • 관찰학습은 개인이 다른 사람의 행동을 관찰하고 그가 강화 받는 것을 볼 때 이루어지며, 이를 대리경험과 대리강화라고 함

2 주요 요소

(1) 개인적 요소

결과기대	정의	어떤 행동으로 특정의 결과가 초래될 것이라고 믿는 것 • 긍정적 모델 제시로 그 바람직한 행동에 대한 기대를 하고 행동 결과를 발전시킴 • 어떤 행동의 부정적 기대로 그 행동을 하지 않음
	사례	• 흡연의 부정적·사회적 결과(결과기대)에 대한 변화가 있음 • 흡연의 부정적 결과를 토론을 통해 배울 수 있음
결과기대치 (유인)	정의	특정결과에 개인이 중요하게 생각하는 가치, 즉 유인가 • 기대치는 긍정적·부정적으로 양적인 크기를 가질 수 있어 연속선상의 값으로 나타낼 수 있음
	비만	비만학생에게 체중감소 기술 교육에 긍정적 가치를 부여할 수 있는 결과에 대한 정보를 제공 예 체중감소에 따른 신체적 매력, 건강함 강조, 체중감소에 대한 보상 등
	흡연	청소년의 흡연예방교육에서 단기적 기대치 강조가 성공적임 예 암, 심장병으로 인한 이환율, 사망률 감소 같은 금연의 장기적 기대치보다는 혐오감을 주는 냄새나 매력 상실 예방 같은 단기적 기대치를 강조했을 때 성공적 → 금연의 긍정적 기대치는 금연 시도의 성공을 예측할 수 있다.

(2) 자기효능감

정의	자신감	어떠한 행동을 하면 기대한 결과를 얻을 수 있다는 능력에 대한 확신
	중요 요소	❍ 자기효능감은 행위의 중요한 요소 • 지식과 기술만으로는 수행하는 것이 불충분하기 때문 • 자신의 능력을 어떻게 판단하고 효능에 대한 지각이 어떠한지가 동기화 및 행위에 중요하기 때문
자기효능감 증진 방법	성공적 성취감	• 가장 강력한 자기효능의 자원 • 일정수준의 행위를 성공적으로 수행함으로써 자신감을 갖게 되는 직접적인 경험의 결과
	대리경험	비슷한 상황에 놓인 타인들의 성공적 행동을 관찰하여 자신의 상황을 관리할 수 있는 간접적 경험
	언어적 설득	자신이 소유한 능력을 긍정적으로 믿을 수 있도록 하여 추구하려는 것을 성취하도록 이끄는 것
	정서적 각성상태 조절	자신의 능력을 판단하는 데 있어 신체적 정보인 생리적 상태와 정서적 반응에 의존하기도 함

성공적 성취감	방법	목표	성공적으로 경험하도록 현실적으로 성취 가능한 목표 설정
			당뇨 관리를 성공적으로 경험하도록 현실적으로 성취 가능한 목표 설정
		단계	목표 달성의 방법을 여러 단계로 나누어 교육하여 각 단계에서 자신감을 가지면, 각 단계를 점차 연결하여서 전체 과제에서 자기효능감 형성
			당뇨 관리의 성공을 위하여 인슐린 주사에서 여러 단계로 나누어 교육하여 각 단계에서 자신감을 가지면, 각 단계를 점차 연결하여서 전체 과제에서 자기효능감 형성
		반복 연습	행위실천 성공을 위하여 각 단계에서 반복해서 학습하도록 과제를 반복 연습
			당뇨 관리의 각 단계를 실행하는 데 자기효능이 형성되도록, 행위실천 성공을 위하여 반복해서 학습하도록 과제를 반복 연습
		효과	수행에 대한 성공의 반복된 경험 축적이 자기효능의 자원으로, 그 과제에 대한 성공적 기대를 향상시켜 행동 변화를 증진시키고 실패의 경험은 자기효능을 낮춤
		사례	당뇨병 환자들에게 자가주사법 훈련 적용
			목표: 인슐린 자가주사법을 정확하게 혼자 실시
			여러 단계로 나누어 교육: 인슐린의 정확한 양을 주사기에 재기, 주사 도구를 멸균상태로 다루기, 주사기에 공기방울 있는지 확인하기, 약물을 주사기 눈금에 맞게 정확하게 넣기
대리경험 (대리학습)	방법	모델 선정	모델과의 유사성으로 학생과 비슷한 연령, 성, 학습능력을 가진 대상을 모델로 선정하여 관찰
			준영이와 비슷한 연령·성·학습능력을 가진 대상을 모델로 선정하여 관찰
		행위 관찰	비슷한 상황에 있는 사람들의 성공적 행위를 관찰하여 다른 사람의 성공적 행위를 모델링하여 보는 기회 제공
			준영이와 같이 당뇨병 1형을 가진 비슷한 또래의 성공적 행위를 관찰하는 기회 제공 → 당뇨병 1형을 가진 비슷한 또래의 성공적 행위를 모델링하여 보는 기회
	효과		자신의 상황을 관리하는 간접적 경험인 대리경험으로 자기효능감이 증진됨
언어적 설득	방법		자신의 능력에 대한 평가를 할 때 평가능력이 있는 타인에게 의존하므로 설득적 의사소통 기술을 적용 → 자신이 소유한 능력을 긍정적으로 믿도록 하여 추구하는 것을 성취
			자신의 능력에 대한 평가를 할 때 평가능력이 있는 타인에게 의존하므로, 당뇨관리에 설득적 의사소통 기술을 적용하여 자신이 소유한 능력을 긍정적으로 믿도록 하여 추구하는 것을 성취

	효과		• 대인관계의 언어적 설득을 통해 자신감 지지 • 개인의 능력에 대한 의구심 감소로 당뇨 관리에 스스로 노력하도록 제시
정서적, 신체적 상태	기전		• 정서적 · 신체적 상태가 자기효능에 영향을 줌 • 정서적 상태로 불안, 긴장과 피로, 아픔, 질병의 신체적 상태가 자신의 능력에 대한 자신감에 영향을 미침
	방법		불안, 스트레스를 조절하도록 도와주는 심리적 지지(정서), 명상, 호흡법 실시

02

(3) 환경 : 관찰학습

관찰학습	정의		• 다른 사람의 행동과 그 사람이 받는 강화를 관찰함으로써 배울 수 있음 • 타인의 행동과 그 결과에 대한 관찰을 통해 배움 • 수행 방법에 시범이나 동영상을 통해 학습을 촉진
	방법	주의 집중 과정	모방이나 관찰 학습이 일어나기 위해서는 모델의 행동에 주의 집중
		파지 과정	• 기억은 부호화나 연습 과정을 포함하며, 한 사건을 내면화 • 상징적인 형태로 모델의 행동을 기억하기 위한 방법이 필요
		운동 재생 과정	성공적인 모방을 하기 위해서 학습자가 이 모든 행동을 하나하나 수행해야 함 예 축구공을 차기 위해서는 축구공을 보고, 정확한 각도와 속도 및 힘을 주어 공을 차야 함
		동기 과정	• 동기 유발은 자기 강화, 직접 강화, 대리 강화의 형태를 취함 • 자기 강화는 행동을 성공적으로 재생하고 강화 받음 • 직접 강화는 자신이 다른 사람으로부터 어떤 강화를 받았는지에 따라 수행 여부를 판단 • 대리 강화는 학습자가 모델이 강화 받는 행동을 관찰하고 자신도 그러한 행동을 취함
강화	긍정적 강화		긍정적 격려, 칭찬, 보상으로 특정행동의 재발 가능성 증가 예 활발한 운동행위에 칭찬
	부정적 (부적) 강화		부정적 · 혐오적 자극을 제거해 줌으로써 바람직한 행동을 만듦 예 비만아동에게 지루하게 앉아 있는 시간 감소로 운동을 증진

(4) 행동요소 : 자기조절행동(자기 통제)

방법	자기관찰	자기행동을 관찰
	자기평가	자기행동의 자기평가적 기준으로 좋은 일인지 나쁜 일인지 평가
	자기반응	자기행동을 관찰하고 평가한 후 보상을 주거나 처벌

3 사회인지학습 이론의 구성요소(행동에 영향을 미치는 중요한 개인요소)

개념(concept)	정의(definition)	적용(implications)
환경	개인의 물리적 외적 요소	기회와 사회적 지지의 제공
상황	개인의 환경에 대한 지각	잘못된 지각을 교정하고 건강한 규범을 증진
행동능력	특정 행동수행에 필요한 지식과 기술의 정도	기술 훈련을 통한 숙달된 학습 능력의 증진
결과기대	특정 행동의 예상된 결과	건강행위에 대한 모델의 긍정적 결과 제시
결과기대치	주어진 결과에 주어지는 개인의 가치나 유인가	기능적 의미를 갖는 행동변화의 결과 제시
자기통제	개인의 목표 지향적 행동이나 수행의 조절 능력	자기감시, 목표수립, 문제해결, 자기보상의 기회제공
관찰학습	다른 사람의 행동이나 결과를 관찰함으로써 이루어지는 행동 획득	목표행동을 위한 신뢰성 있는 역할모델 관찰
강화	재발 가능성을 증가 또는 감소시켜 주는 개인 행동에 대한 반응	자기주도적 보상과 외적 유인물의 증진
자기 효능	특정 행동의 수행을 증가시키는 개인의 자신감	• 성공을 가능하게 하는 세분화된 행동변화 시도 • 행동변화 특성에 따른 효능증진 방법 제시
정서적 대처	행동에 동반되는 정서적 자극을 처리하기 위해 개인이 사용하는 전략이나 방책	• 문제해결과 스트레스를 관리하는 훈련제공 • 정서적 반응이 발생되는 상황을 처리하는 수행 기술 포함
상호결정론	행동수행에 관련된 개인, 행동, 환경의 역동적 상호작용	환경, 기술, 개인의 변화를 포함한 행동 변화의 여러 가지 방안 고려

'92학년도	눈의 천공상 외상, 화상, 히스테리 실신
'93학년도	화상, 일산화탄소 중독, 화상 합병증(궤양), 2·3도 화상
'94학년도	응급 환자의 우선순위, 뇌빈혈, 심폐소생술, 열·한냉손상의 응급처치
'95학년도	안구전방출혈, 쇼크 응급처치, 안구 내 이물질(산), 화상, 한냉손상
'96학년도	만성 재발성 복통, 외상처치, 응급처치 방법
'97학년도	심폐소생술
'98학년도	화상 환자 즉시 후송의 적응
'99학년도	
후 '99학년도	쇼크 증상·응급처치
2000학년도	복통의 신체사정 방법 5가지, 복통 완화를 위해 실시할 수 있는 간호중재 6가지
2001학년도	하지골절 시 증상과 처치방법, 상처의 치유과정과 합병증
2002학년도	발작 시 대처
2003학년도	
2004학년도	열중증 쇼크 처치
2005학년도	상기도의 완전폐쇄 시 의식상실 전에 나타나는 증상, 하임리히법 시행방법 4단계, 두통 발생 시 간호중재, 뇌압 상승이 원인이 되어 나타나는 두통의 생리적 기전, 실신 시 조치
2006학년도	부목의 효과, 발목 염좌 시 간호중재
2007학년도	실신 시 응급처치, 비출혈 시 응급처치
2008학년도	외상으로 인한 치아 적출 사고 시 응급처치
2009학년도	쇼크, 골절, 응급 환자 분류, 심폐소생술, 화상, 호흡곤란, 중독, 치아 손상, 척추 골절
2010학년도	심폐소생술, 기도이물 폐색 시 응급처치, 안구 이물 응급처치
2011학년도	기도폐쇄 시 응급처치, 열중증 응급치료, 벌자상 알레르기 응급치료
2012학년도	염좌 시 처치, 열중증 처치
2013학년도	간질 발작 시 처치, 외출혈 시 응급처치
2014학년도	
2015학년도	
2016학년도	재난 발생 시 환자 분류-START(Simple Triage And Rapid Treatment) 알고리듬
2017학년도	심폐소생술 가이드라인 순서
2018학년도	
2019학년도	기흉
2020학년도	발작 시 측위의 이유, 영아를 위한 기본소생술
2021학년도	
2022학년도	경추 손상 시 처치(턱 들어올리기, 통나무 굴리기법)
2023학년도	CPR비율, AED 사용순서(패드부착)

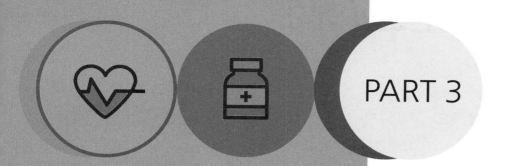

PART 3

응급
의료체계

신희원
보건교사 길라잡이
❷ 학교보건·응급

01 응급관리의 개요

1 응급의 개념

응급의료	응급환자가 발생한 때부터 생명의 위험에서 회복되거나 심신상의 중대한 위해가 제거되기까지의 과정에서 응급환자를 위하여 하는 상담·구조·이송·응급처치 및 진료 등의 조치를 말한다(응급의료에 관한 법률 제1장 제2조).
응급처치	응급의료행위의 하나로서 응급환자의 기도를 확보하고 심장박동의 회복, 그 밖에 생명의 위험이나 증상의 현저한 악화를 방지하기 위하여 긴급히 필요로 하는 처치를 말한다(응급의료에 관한 법률 제1장 제2조).
응급환자	질병, 분만, 각종 사고 및 재해로 인한 부상이나 그 밖의 위급한 상태로 인하여 즉시 필요한 응급처치를 받지 아니하면 생명을 보존할 수 없거나 심신에 중대한 위해가 발생할 가능성이 있는 환자 또는 이에 준하는 사람으로서 보건복지부령으로 정하는 사람을 말한다(응급의료에 관한 법률 제1장 제2조). ❍ 보건복지부령에서 정하는 응급환자(응급의료에 관한 법률 시행규칙) • 응급증상 및 이에 준하는 증상에 해당하는 자(응급의료에 관한 법률 참조) • 제1호의 증상으로 진행될 가능성이 있다고 응급의료종사자가 판단하는 증상에 해당하는 자 → 학교보건법시행령 제23조 3항에 의하여 간호사면허를 가진 보건교사는 의료인으로서 응급을 요하는 자에 대한 응급처치를 제공할 의무가 있으며 응급환자를 판단할 수 있다.
응급의료 관리체계	현장 응급처치, 이송, 병원 치료 등 각 단계에서 필요한 구성 요소를 조직하고 유기적으로 연결시키는 통합적인 체계이다.
응급관리 목적	생명유지, 악화방지, 회복촉진 등을 목적으로 한다. • 생명을 유지한다. • 진단에 근거한 치료가 이루어지기 전에 상태의 악화를 방지한다. • 의미 있는 삶을 회복시키기 위함이다. • 무의식 상태에서 개인을 보호하기 위함이다.

응급상황에서 환자사정	• 일차평가는 종종 'ABCDE'로 불린다. • 일차평가의 목적은 생명의 즉각적인 위협을 감지해 내는 것이다. • 의식 확인 → 기도유지 확인(Airway) → 호흡 확인(Breathing) → 순환 확인(Circulation) 　→ 무능력 확인(Disability) → 노출(Expose) 　− A : 기도유지 및 경추고정(Airway) 　− B : 호흡유지(Breathing) 　− C : 순환유지(Circulation) 　− D : 의식상태(Disability-AVPU method) 　− E : 개방 및 지속적인 심폐소생술(Expose and continue resuscitation)
무능력 (의식수준 − AVPU)	• 손상된 정신 상태를 의미한다. • 의식의 수준을 기술하는 여러 방법들이 있다. • 의식수준 분류 : AVPU로 제시되었다. 　− 의식이 명료한지(A : alert) 　− 언어지시에 반응하는지(V : response to verbal order) 　− 통증 자극에 반응하는지(P : response to pain) 　− 통증에도 무반응인지(U : unresponsive)
노출	• 신속한 조사를 수행하기 위해 신체를 노출시키는 것을 말한다. • 외상에 있어서 중요한 출혈, 잠재적인 호흡이상, 생명을 위협하는 손상들을 조사하기 위해 목, 가슴, 복부, 골반, 사지의 순으로 노출시킨다.
화급을 다투는 상황하의 신체사정 순서	의식 확인 → 기도유지 확인(Airway) → 호흡 확인(Breathing) → 순환 확인(Circulation) → Quick Head to Toe 사정(심한 출혈, 흉부조사) → 골절조사

03

| 신경학적 검사 및 외상사정 도구 |

AVPU	A	명료(A : alert) : 눈을 뜰 수 있고 질문에 정확히 대답할 수 있음
	V	소리에 반응(V : response to verbal order) : 소리(지시)에 반응
	P	통증에 반응(P : response to pain) : 눈을 뜨지 못하고 질문에 답하지도 못하나 피부를 꼬집거나 통증에 반응을 보임
	U	무반응(U : unresponse) : 눈을 뜨지 않고 피부를 꼬집어도 반응이 없음
지남력 사정		◐ 사람, 장소, 시간과 사건에 대한 지남력 사정 • 혼미 : 사고능력이 저하되고 지남력이 상실되어 판단과 결정에 손상 • 간이 정신 상태검사 : 지남력, 기억등록, 주의집중 및 계산, 언어기능, 기억회상, 이해 및 판단
LOC 의식 수준	alert(명료)	정상적 의식 상태
	drowsy(기면)	• 졸음이 오는 상태 • 자극에 대한 반응 느림 • 간단한 지시, 질문, 통증(pain)에 반응을 보이나, 자극을 주지 않으면 수면 상태
	stupor(혼미)	• 강한 자극이나 큰 소리, 밝은 광선에 의식회복 • 통증을 피하려는 반응
	semi-coma (반혼수)	표재성 반응 외에 자발적 근육운동이 거의 없는 상태
	coma(혼수)	심한 자극에도 의식이 돌아오지 않음

GCS	눈뜨기(4)	4	자발적으로 눈을 뜸
		3	말을 듣고 눈을 뜸
		2	통증 자극에 눈을 뜸
		1	반응 없음 : 어떤 자극에도 눈을 뜨지 않음
	언어반응(5)	5	지남력 있음
		4	혼돈 – 하나 이상 영역의 지남력 상실
		3	부적절한 단어, 대황지 부족
		2	이해할 수 없는 소리
		1	반응 없음 : 통증 자극에도 반응 없음
	운동반사(6)	6	명령에 따름
		5	통증의 국소적 반응 보임
		4	자극에 움츠림 – 회피성 굴곡
		3	이상 굴절 반응
		2	이상 신전 반응
		1	전혀 없음

◐ 판정
• 정상의식상태 : 15점
• 혼수상태 : 8점 이하
• 혼수, 심한 뇌손상 : 3~7점

2 Triage의 분류(재난 시 응급분류) [2009 기출]

긴급환자 (emergent, 적색) [2016 기출, 국시 2002 · 2019]	• 생명을 위협하는 응급 상태 • 즉각적 응급 처치를 요함 • 생명을 잃을 가능성이 있음	A	상기도폐색
		B	• 호흡곤란이나 청색증을 동반한 흉통, 호흡정지 • 개방성 흉부열상(가슴열상), 긴장성 기흉(긴장·공기 가슴증), 연가양 흉곽(동요 가슴·역행성 호흡운동) • 지속적 천식 • 분당 호흡수 10회 이하 34회 이상, 산소포화도 86% 이하
		C	• 심장마비, 쇼크(shock)를 일으킬 수 있는 손상 • 수축기 혈압이 80mmHg 이하인 쇼크 • 즉각적인 지혈을 요하는 출혈, 대량 출혈 • 다발성 외상, 개방성 복부 열상, 골반골절을 동반한 복부 손상 • 주요화상(20~60% 체표면 화상, 50% 이상 2~3도 화상)
		D	• 혼수상태의 중증 두부 손상 • 경추 손상이 의심되는 경우
		기타	• 갑작스러운 시력 상실, drug intoxication • 심각한 내과적 문제(심장병, 저체온증, 지속적 천식/ 경련, 인슐린 쇼크 저혈당)
응급환자 (immediate, 황색)	• 수 시간 내에 치료를 요함 • 생명을 잃거나 치명적인 합병증이 발생할 수 있 는 응급 상태	폐쇄성 뇌손상	
		• 중증의 출혈 • 경추 이외의 척추골절 • 다발성 골절, 움직일 수 없는 폐쇄성 골절	
		• 중증 화상 • 50% 미만의 화상, 감전 화상(심부 조직에 손상이 심함)	
		내장 손상: 위장관 천공, 췌장과 담낭계의 손상, 비뇨생식기의 손상, 질식을 동반하지 않은 흉부 손상	
비응급환자 (녹색, non−emergent)	• 구급 처치 수준의 치료 요함 • 경한 질환, 손상으로 수 시간 · 수일 후에 치료 하여도 생명에 지장이 없는 환자	• 소량의 출혈 • 감압(압력을 줄이는)을 요하는 척추 손상 단순 골절, 탈골, 연조직 상해, 피부 손상, 경증의 타박상, 열상 동상 • 경증의 화상 정신과적 장애	
지연환자 (deceased, 검은색)	사망하였거나 생존의 가 능성이 없는 환자	• 20분 이상 호흡이나 맥박이 없는 환자 • 두부나 몸체가 절단된 경우 • 심폐소생술을 시행하여도 효과가 없다고 판단되는 경우	

03

3 START(Simple Triage And Rapid Treatment) 체계 [2016 기출]

절차	◆ routine multiple casualty triage • 분류평가는 60초 이내에 시행한다. • START 개념하의 분류는 현장에서 처음 도착한 구조자가 걸을 수 있는 환자의 경우에 지정된 장소로 이동하라고 말함으로써 부상자를 명확히 한다. • 분류 시 임상적 목표는 Respiration, Perfusion, Mental status(RPM)으로 평가 • 적색(immediate · 긴급), 황색(delayed · 응급), 녹색(minor · 비응급), 흑색(deceased · 지연)으로 분류한다.
START 체계 [2016 기출]	

4 학교 응급처치 체계

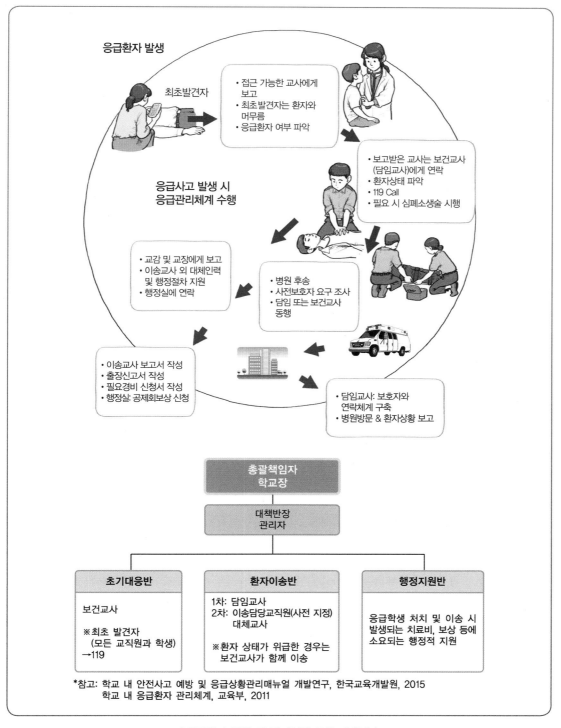

응급환자 발생

최초발견자

• 접근 가능한 교사에게 보고
• 최초발견자는 환자와 머무름
• 응급환자 여부 파악

• 보고받은 교사는 보건교사 (담임교사)에게 연락
• 환자상태 파악
• 119 Call
• 필요 시 심폐소생술 시행

응급사고 발생 시 응급관리체계 수행

• 교감 및 교장에게 보고
• 이송교사 외 대체인력 및 행정절차 지원
• 행정실에 연락

• 병원 후송
• 사전보호자 요구 조사
• 담임 또는 보건교사 동행

• 이송교사 보고서 작성
• 출장신고서 작성
• 필요경비 신청서 작성
• 행정실: 공제회보상 신청

• 담임교사: 보호자와 연락체계 구축
• 병원방문 & 환자상황 보고

총괄책임자 학교장

대책반장 관리자

초기대응반	환자이송반	행정지원반
보건교사 ※최초 발견자 (모든 교직원과 학생) →119	1차: 담임교사 2차: 이송담당교직원(사전 지정) 대체교사 ※환자 상태가 위급한 경우는 보건교사가 함께 이송	응급학생 처치 및 이송 시 발생되는 치료비, 보상 등에 소요되는 행정적 지원

*참고: 학교 내 안전사고 예방 및 응급상황관리매뉴얼 개발연구, 한국교육개발원, 2015
학교 내 응급환자 관리체계, 교육부, 2011

| 응급환자 발생 시 관리인력 구성도(예시) |

5 응급사고 발생 시 대처요령

	CHECK → CALL → CARE

응급환자 발생 시 Check(상황판단), Call(도움요청), Care(응급처치)의 단계로 응급처리를 시행

CHECK!	• 응급상황 여부 확인하기 – 일차적인 환자의 응급상태 파악 – 환자 수, 주변위험물 파악, 처치할 수 있는 자원 파악 – 최초발견자는 즉시 보건교사에게 연락을 취하고, 보건교사가 배치되어 있지 않은 학교에서는 보건업무담당교사나 교직원에게 연락(응급인 경우 보고와 119 도움요청이 동시에 취해져야 함) • 환자상태 파악하기 – 보건교사가 배치되어 있는 경우는 보건교사에게 즉시 연락을 취하거나 학교 응급사고 신고지침에 명시되어 있는 보건업무담당교사에게 연락 – 보건교사는 활력징후를 측정하고, 응급처치 및 이송 준비 – 보건교사가 없는 학교에는 「초・중등교육법」 제20조의 규정에 따라 교무를 통합하고, 소속 교직원을 지도・감독하는 학교장의 사무분장 권한에 의거해 보건업무담당교사를 지정, 업무 담당자는 환자상태를 판단하기 어려운 경우 119나 1339에 도움 요청
CALL!	• 응급구조 요청하기 : 환자의 상태가 위급하다고 판단되는 경우는 119 도움 요청 • 응급환자 관리체계 가동하기 – 응급환자 발견, 보고체계, 환자관리, 담당자 역할관리 및 보호자 연락 등 '응급환자 관리체계' 지침에 준수하여 응급처치와 관리를 수행 – 학교 안전사고 피해자를 교원이 긴급 이송하다 사고가 발생할 경우는 공무상 재해에 해당 → 「공무원연금법」 제34조, 「사립학교교직원 연금법」 제42조의 규정에 따라 보상 조치
CARE!	• 안전한 장소로 환자 옮기기 : 가능한 경우 환자를 안전한 장소로 옮기되, 무리한 움직임을 피하고, 전문가의 응급처치 요령에 따름(척추손상 등 중증의 부상자는 2차 손상을 예방하기 위해 무리한 이동은 삼가) • 응급처치 시행하기 – 구급차가 현장에 도착하기까지의 시간 동안 응급처치가 필요한 경우는 1339 '응급의료정보센터'에 연락하여 도움을 요청하고, 전화상담원의 지시에 따름(추후 문제발생 시 응급처치 수행에 대한 증빙 자료를 '응급의료정보센터'에 요구하여 법적 보호를 받을 수 있음) – 119 구조대가 오기 전에 생명에 위험이 초래될 것으로 판단되는 경우, 보건교사 및 심폐소생술 가능자가 응급처치 실시

- 병원으로 환자 이송하기
  - 증상에 따라 학교에서 가까운 응급의료센터 및 학교 협약 병원 또는 사전에 파악된 보호자가 원하는 병원으로 환자를 안전하게 이송
  - 학교 자체 처치: 간단한 상해는 보건실 방문(귀가 조치: 장시간 안정을 요하는 경우 부모에게 연락 후 귀가 조치)
- 기록 및 추후 결과 확인하기: 전문가 인계 및 병원 이송까지의 과정을 육하원칙에 따라 '응급환자 기록지'에 기록 · 보관

6 응급환자 신고 및 보고체계

✒ 응급환자 발생 시 신고 및 보고체계(예시)

- 최초발견자
- 담임교사 → 학부모, 교감 → 교장
- 보건(업무담당)교사

☀ 응급사고 시 보고체계 및 담당자 연락처를 모든 교실 및 학교 공공장소에 부착

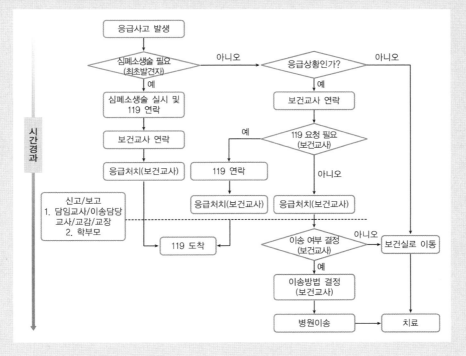

| 응급환자 발생 시 교직원 행동 강령 | [2011 기출]

안전사정 (Check)	침착하게 안전사고 상황을 관찰하여 상황이 안전한지 확인한다. 특히 감전, 가스 누출, 화재, 건물붕괴, 폭력사고의 경우 주의를 요한다.	
환자 사정	보건교사는 신속하게 환자의 활력증상을 포함하여 사정한다.	
119 신고 (Call)	상황이 급박한 응급상황에 119 구급대에 연락하여 구조요청하고 병원에 후송한다.	
응급처치 (Care)	• 보건교사는 전문적 지식·태도로 신속하고 자신감 있게 증상에 따른 응급처치를 한다. • 구조요청과 동시에 신속하게 응급처치인 심폐소생술, 기도유지, 인공호흡, 지혈을 한다. • 응급상황에서 물, 약물 등 경구 투여는 삼간다.	
이동	• 불가피한 경우를 제외하고 중증의 부상이나 아픈 학생은 이동시키지 않는다. • 2차 손상을 예방하기 위하여 꼭 이동이 필요한 경우 척추 손상 예방을 위해 '목과 등'에 응급처치 방법대로 처치 후 이동한다.	
구두 보고	상황을 판단하여 위급한 경우 전문 의료기관으로 즉시 후송되도록 학교 관리자인 학교장에게 구두로 보고한다.	
학부모 연락	• 가능한 빨리 학부모에게 연락하고 학부모에게 연락이 되지 않을 경우, 학부모 권한 대행자에게 연락하고 의료기관에 후송한다. • 교직원은 학부모에게 인계하기 전까지 의료기관에서 학생의 상태를 관찰한다.	
후송	2명 이상	일반차량(승용차)으로 후송 시에는 운전자와 관찰자 등 최소 2명 이상이 후송한다.
	운전	보건교사 동행의 경우 환자 관찰 및 처치를 위하여 보건교사는 운전하지 않는다.
기록	환자의 활력 증상과 응급 처치 상황을 육하원칙에 의하여 보건일지 또는 응급환자 기록지에 기록하고 학교장에게 보고한다.	
재발방지 대책	상황조사를 하여 사고발생 원인에 따른 재발방지 대책을 마련한다.	

| 응급환자 신고 및 보고체계 |

최초발견자 ▶ 보건(업무담당)교사 및 담임교사 ▶ 학부모, 교감 ▶ 교장
☼ 응급사고 시 보고체계 및 담당자 연락처를 모든 교실 및 학교 공공장소에 부착

① 최초발견자는 보건 (업무담당)교사와 담임교사에게 연락	• 응급환자 최초발견자는 일차적으로 보건(업무담당)교사와 담임교사에게 연락 • 보건(업무담당)교사가 현장에 도착할 때까지 현장관리, 초기 상황을 보건(업무담당)교사에게 설명하고 적절한 조치를 할 수 있도록 협조 • 발견 시 환자 상태가 심정지, 호흡 의식이 없는 경우에는 신속히 119 요청
② 보건(업무담당)교사는 응급환자 관리체계 가동	• 보건(업무담당)교사는 응급환자 관리체계 가동 • 보건(업무담당)교사는 환자의 상태를 파악·조치하고, 상태에 따라 신속한 응급구조 요청 ☼ 심폐소생술 연수 이수교사는 보건(업무담당)교사를 도와 응급처치에 참여
③ 담임교사는 학부모에게 연락	담임교사는 응급상황을 보호자에게 알리고 즉시 학교나 이송병원으로 오도록 하며 계속적인 연락을 취함
④ 담임교사(보건교사)는 교감(학교장)에게 상황보고 후 현장 보조	• 담임교사(보건교사)는 환자발생 상황에 대해 교감에게 보고하고, 교감은 응급환자 발생에 따른 역할분담·인력지원 등 행정적 지원체계를 지휘하고, 학교장에게 상황을 보고 • 교장은 행정지원반에 필요한 조치를 진행하도록 하고, 보건교사 및 담임교사의 부재에 따른 조치 • 담임교사는 응급현장의 보건교사를 보조하고, 보호자 및 학교담당자와 연락을 유지하며 이송병원 및 환자상태 변화 등에 대해 상황 전달
⑤ 병원이송	• 구급차에 인계하여 환자 이송 • 담임교사(또는 학년부장교사)는 의료기관까지 동행하여 학부모에게 인계 전까지 의료기관에서 보호자 역할을 대행 ☼ 환자 상태가 위급한 경우에는 반드시 보건(업무담당)교사 동행
⑥ 병원이송까지의 과정 기록 및 보고	• 보건교사는 응급처치 상황을 응급환자 기록지에 따라 자세히 기록·보관 • 사고발생 최초발견교사(담임, 현장임장교사 등)가 사안 발생 관련 내용 기록

02 심폐소생술(cardio-pulmonary resuscitation) [1997 · 1999 · 2006 · 2009 · 2017 · 2020 · 2023 기출]

1 심폐소생술 적응

정의	호흡이나 심정지 시 영구적인 뇌손상이 오기 전에 중추 신경계에 산소를 공급할 목적으로 시행되는 응급 처치술이다.	
심폐소생술 적용	1세 이하	영아 심폐소생술 가이드라인
	1세 이상 8세 이하 (25kg 이하, 신장 127cm 이하)	소아 심폐소생술 가이드라인
	만 8세 이상부터	성인 심폐소생술 가이드라인
심폐소생술의 필요성	• 심정지 후 4~6분만 지나면 뇌 조직에 불가역적인 손상을 주어 사망에 이를 수 있다. 따라서 심폐소생술은 심정지 후 적어도 3~4분 내 실시하여야 한다. • 심장압박 위치, 압박 횟수, 호흡수 대 심장 압박수의 비율, 압박 깊이, 압박 요령을 모두 정확히 알고 시행한다 해도 정상 심박출량의 40%만 공급 가능하므로, 기본적인 뇌 관류량을 위해서는 정확한 지식이 필수적이다.	
심정지 증후	• 심음이 안 들린다. • 의식이 없다. • 동공이 산대되어 있다. • 혈압을 잴 수 없다. • 맥박을 만질 수 없다.	

2 기본 심폐소생술 [1999 · 2006 · 2009 · 2017 · 2020 기출]

심폐소생술	수행과정	
① 반응 확인	• 주변이 안전한지 확인하고 딱딱하고 편평한 바닥에 눕힌다. • 어깨를 두드리면서 "괜찮으세요?"라고 소리치면서 환자의 반응을 살핀다. • 환자의 반응을 살피면서 환자의 호흡이 있는지, 비정상적인 호흡(심장정지 호흡: gasping)인지 확인한다.	
	심장정지 호흡은 환기 효과는 없으면서 느리고 불규칙하게 헐떡거리는 양상이 특징이다. 일반적으로 비정상, 코골이, 헐떡임, 간신히 혹은 가끔 호흡함, 신음, 힘들어 보이는 호흡 등으로 표현된다.	출처 ▶ 질병관리본부

② 응급의료체계 (119)에 신고	• 반응이 없으며 호흡이 없거나 비정상적 호흡을 하는 경우 즉시 119에 신고를 한다. • 주변에 다른 사람이 있다면 한 사람을 지목하여 "119에 신고 해주시고 '자동심장충격기'도 가져와 달라고 해주세요"라고 말한다. • 구조자는 119 전화상담원의 지시에 따른다.	 **출처 ▶** 질병관리본부
③ 호흡과 맥박 확인	**❍ 호흡 확인** 일반인은 환자의 반응을 확인 후 반응이 없으면 119에 신고 후 응급의료상담원의 안내에 따라 호흡의 유무 및 비정상 여부를 판별해야 하며, 호흡이 없거나 비정상이라고 판단되면 즉시 가슴압박을 시작(의료인이면 맥박 확인 : 경동맥을 촉지하고 확인, 소요시간이 10초가 초과되지 않도록)한다. **❍ 영아인 경우** [2020 기출] 위팔동맥에서 맥박 촉지 목이 매우 짧고 지방이 많아 목동맥을 촉지하기가 어렵다.	
④ 가슴압박 (30회 시행)	**❍ 가슴압박점과 압박방법** • 환자를 딱딱한 바닥에 등을 대고 눕히거나 등에 단단한 판을 깔아준다. • 가슴의 중앙인 복장뼈(흉골)의 아래쪽 1/2 부위(환자의 유두연결선이 흉골과 만나는 지점)를 강하게 규칙적으로, 빠르게(100~120회/분) 압박한다. • 가슴 압박 깊이는 5cm가 되어야 하며 6cm를 넘지 않아야 한다. • 가슴 압박의 속도는 분당 100~120회를 유지한다. • 가슴압박 이후 가슴의 이완을 최대로 한다(가슴압박 이후 다음 가슴압박을 위한 혈류가 심장으로 충분히 채워지도록). → 가슴압박이 최대한으로 이루어지기 위해 가슴압박이 중단되는 기간과 빈도를 최소한으로 줄여야 한다. **❍ 압박자세** • 구조자의 한쪽 손바닥 두덩(heel)을 압박위치에 대고 그 위에 다른 손바닥을 평행하게 겹쳐 두 손으로 압박한다. 손가락은 펴거나 깍지를 끼며 가슴에 닿지 않도록 한다. • 팔꿈치를 펴고 팔이 바닥과 수직을 이룬 상태에서 체중을 이용하여 압박한다. 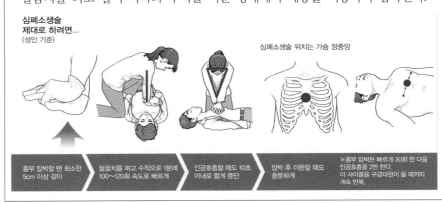	

	○ 소아 한 손 손바닥 저부 또는 성인과 같은 방법 **○ 영아** [2020 기출] • 1인 구조자 : 두 손가락 압박(검지와 중지)을 시행한다. • 2인 구조자 : 가슴을 두 손으로 감싼 후 양손의 엄지로 환자의 복장뼈를 압박한다. • 두 손가락으로 복장뼈 하반부를 4cm 깊이로 압박한다(엄지 압박법). • 양손 감싼 두 엄지 가슴압박법의 장점은 두 손가락 가슴압박법보다 심장동맥 관류압을 증가시키고, 적절한 압박 깊이와 힘을 일관되게 유지할 수 있으며 수축기압과 이완기압을 더 높게 생성할 수 있다. • 소아, 영아는 1인 구조 시 30 : 2로 하고, 2인 구조 시 15 : 2로 한다.
⑤ 기도 유지	**○ 머리 기울임－턱 들어 올림(head tilt–chin lift)** 구조자의 한 손은 환자의 이마에 대고 손바닥으로 압력을 가하여 환자의 머리가 뒤로 기울어지게 하면서, 다른 손의 손가락으로 아래턱의 뼈 부분을 머리 쪽으로 당겨 턱을 받쳐주어 머리를 뒤 기울임 방법으로 기도를 개방한다. 
	○ 경추손상이 있는 경우에는 턱 밀기법(하악 견인법, jaw-thrust maneuver) 구조자가 환자의 머리 쪽에 위치하여 두 손으로 환자의 하악골을 받쳐주면서 하악골을 전방으로 미는 방법으로 기도를 개방한다. 
	이물에 의한 기도폐쇄 환자와 기침을 효과적으로 하지 못하는 환자에게 우선적인 처치로 등 두드리기를 권고한다.
⑥ 인공호흡 (2회 시행)	• 인공호흡: 기도개방을 유지하며 이마에 얹은 손의 엄지와 검지로 코를 막고 환자의 입 언저리에 입술을 밀착시키고 두 번 충분히 숨을 불어 넣으면서 환자 가슴의 오르내림을 관찰(1초 동안 가슴이 올라올 정도로 2회 불어 넣는다)한다. • 인공호흡 지침 　－ 1초에 걸쳐 인공호흡을 실시한다. 　－ 가슴상승이 눈으로 확인될 정도의 1회 호흡량으로 호흡한다. 　－ 2인 구조자 상황에서 전문 기도기(기관 튜브, 후두 마스크 기도기 등)가 삽관된 경우에는 6초마다 1회의 인공호흡(10회/분)을 시행한다. | 성인	분당 10~12회 인공호흡(5~6초 당 1회) | |---|---| | 영아, 소아 | 분당 12~20회 인공호흡(3~5초 당 1회) | • 가슴압박 동안에 인공호흡이 동시에 이루어지지 않도록 주의한다. • 인공호흡을 과도하게 하여 과환기를 유발하지 않도록 주의한다. • 심폐소생술 교육을 받지 않은 사람, 자신 없다고 생각하는 사람의 경우 흉부압박만 시행한다.

	• 교육받은 사람, 의료종사자 → 흉부압박과 인공호흡을 같이 시행(30 : 2)한다. • 다만, 익수 혹은 약물중독으로 인한 질식성 심정지(asphyxia arrest), 심정지로부터 시간이 경과한 경우에는 심폐소생술 과정에서 인공호흡이 필수적으로 병행되어야 한다.
⑦ 가슴압박(30회)과 인공호흡(2회)의 반복	• 30회의 흉부압박과 2회의 인공호흡을 119 구급대원이 현장에 도착할 때까지 반복해서 시행한다. • 심폐소생술 시작 1.5~3분 사이부터 가슴압박의 깊이가 얕아지므로 2분마다 가슴압박을 교대해 주는 것이 구조자의 피로도를 줄이고 고품질의 심폐소생술을 제공하는 데에 도움이 될 수 있다.

03

| 기본소생술의 요점정리 |

심정지의 확인	• 무반응 • 무호흡 혹은 심정지 호흡 • 10초 이내 확인된 무맥박(의료인만 해당)
심폐소생술의 순서	가슴압박 – 기도유지 – 인공호흡
가슴압박 속도	최저 분당 100회 이상(최고 120회 미만)
가슴압박 깊이	최소 5cm 이상(최대 6cm)
가슴이완	가슴압박 사이에는 완전한 가슴이완
기도 유지	머리 기울임 – 턱 들어 올림(head tilt-chin lift)
가슴압박 대 인공호흡 비율	30 : 2
심폐소생술 교육을 받지 않았거나 할 수 없는 일반인 구조자	'가슴압박 소생술' 시행

3 고품질 가슴압박 조건

압박 위치	가슴의 중앙인 복장뼈(흉골)의 아래쪽 절반 부위(환자의 유두연결선이 흉골과 만나는 지점)
압박 속도 (횟수)	• 분당 100~120회 • 강하게 규칙적으로, 빠르게 압박한다.
압박 깊이	성인에서 약 5~6cm를 넘지 말 것(영아 4cm, 소아4~5cm, 성인 약 5cm)
압박 비율	30 : 2
압박 자세	• 구조자의 한쪽 손바닥 두덩(heel)을 압박위치에 대고 그 위에 다른 손바닥을 평행하게 겹쳐 두 손으로 압박한다. 손가락은 펴거나 깍지를 끼며 가슴에 닿지 않도록 한다. • 팔꿈치를 펴고 팔이 바닥에 수직을 이룬 상태에서 체중을 이용하여 압박한다.
압박 시 주의점	• 가슴압박 이후 다음 가슴압박을 위한 혈류가 심장으로 충분히 채워지도록 각각의 가슴압박 이후 가슴의 이완을 최대로 한다. • 가슴압박이 최대한으로 이루어지기 위해 가슴압박이 중단되는 기간과 빈도를 최소한으로 줄여야 한다. • 심폐소생술 시작 1.5~3분 사이부터 가슴압박의 깊이가 얕아지므로 2분마다 가슴압박을 교대해 주는 것이 구조자의 피로도를 줄이고 고품질의 심폐소생술을 제공하는 데에 도움이 될 수 있다.
	◆ 고품질 가슴압박 • 분당 100~120회의 가슴압박 속도 • 약 5cm의 가슴압박 깊이 • 완전한 가슴이완 • 30회 가슴압박 • 가슴압박 중단의 최소화 소아의 가슴압박법

| 성인 – 소아 – 영아 심폐소생술 요약 |

연령대		성인(만 8세부터)	소아(1~8세 미만)	영아(1세 미만)
심폐소생술 순서 [2017 기출]		• 가슴압박(C) – 기도유지(A) – 인공호흡(B) • 신생아와 익수 환자는 질식성 심정지로 ABC 권고		
심정지 확인		• 무반응 • 10초 이내 확인된 무호흡/심정지 호흡과 무맥박(의료인만 해당)		
순환 : 맥박확인	일반인	확인 안 함	확인 안 함	확인 안 함
	의료인	경동맥	경동맥 또는 대퇴동맥	상완동맥
가슴압박 속도		분당 100~120회		
가슴압박 위치		흉골 아래쪽 중앙의 절반 부위		유두선의 바로 아래 유두선과 흉골이 만나는 직하부
가슴압박 깊이		약 5cm – 최대 6cm는 넘지 말 것	가슴 깊이 1/3 – 4~5cm	가슴 깊이 1/3 – 4cm
가슴압박 방법		두 손	한 손 또는 성인과 같은 방법	• 1인 구조자 : 두 손가락 • 2인 구조자 : 양손 감싼 두 엄지 가슴압박법
가슴이완		가슴압박 사이에 완전한 가슴이완		
가슴압박 중단		가슴압박 중단은 최소화(불가피한 중단 시 10초 이내)		
기도유지		머리 젖히기 – 턱 올리기(head tilt-chin lift)		
호흡 : 첫 인공호흡		2회 인공호흡 (1초/1호흡)	입 – 입 인공호흡	입 – 입 인공호흡 또는 입 – 코 인공호흡 방법
가슴압박 대 인공호흡 비율		30 : 2	30 : 2(1인 구조자)	
			15 : 2(2인 의료구조자)	
심폐소생술을 교육받지 않았거나 할 수 없는 일반인 구조자		'가슴압박 소생술' 시행		
이물에 의한 기도폐쇄		• 등 두드리기 • 복부압박(배밀어내기)		• 등 두드리기 • 흉부압박(가슴밀어내기)

03

4 영아의 심폐소생술 시 가슴압박법 [2020 기출]

맥박확인 [2020 기출]	순환상태 사정 시 상완동맥 측정 → 영아는 목이 매우 짧고 연조직이 많아 경동맥의 맥박을 확인하기가 어렵기 때문	
흉부압박 [2020 기출]	1명 구조자: '두 손가락 가슴압박법'	두 손가락으로 젖꼭지 연결선 바로 아래의 흉골을 압박: 4cm
	2명 구조자: '양손 감싼 두 엄지 가슴압박법'	구조자가 2인 이상이면 두 손으로 환자의 흉곽을 감싸 쥐고 두 손의 엄지손가락으로 흉골을 압박하는 양손 감싼 두 엄지 가슴 압박법을 시행
인공호흡	• 호흡을 불어넣을 때 가슴이 올라오는 것을 확인해야 하며 각 호흡은 1초에 걸쳐 실시 • 영아에게 인공호흡을 할 때 입과 코로 한꺼번에 호흡을 불어넣음 • 입-코 호흡이 어려운 경우에는 입-입 또는 입-코 인공호흡을 할 수 있음	

| 소아 기본소생술 |

치료 내용	소생술이 필요한 호흡: 호흡이 없거나 심장정지 호흡(헐떡임)을 보일 경우
호흡과 맥박 확인	10초 이내에 무호흡(또는 비정상 호흡)과 맥박을 동시에 확인
가슴압박	• 영아에 대하여 구조자가 1인: 두 손가락 가슴압박법 • 영아에 대하여 구조자가 2인 이상: 두 손 감싼 두 엄지 가슴압박법 • 소아에 대하여 한 손 또는 두 손 손뒤꿈치 가슴압박법
압박 위치	영아는 젖꼭지 연결선 바로 아래의 흉골, 소아는 흉골 아래쪽 1/2
압박 깊이	가슴 전후 두께의 최소 1/3 이상 압박(영아: 4cm, 소아: 4~5cm)
압박 속도	분당 100~120회
가슴압박과 인공호흡비율	• (구조자가 1인인 경우) 가슴압박 : 인공호흡 = 30 : 2 • (구조자가 2인 이상인 경우) 가슴압박 : 인공호흡 = 15 : 2
자발순환회복 후 인공호흡	맥박이 60회 이상이고 관류 상태가 양호한 경우 분당 12~20회(매 3~5초에 1회)
전문기도 유지술 후 인공호흡	가슴압박과 무관하게 분당 10회(매 6초에 1회) 시행
심장 리듬 분석	가슴압박을 중단한 상태에서 시행
제세동 후	심폐소생술 제세동 후 즉시 가슴압박을 다시 시작

5 임산부(20주 이상) 심폐소생술

자세 (자궁을 좌측으로)	한 손이나 양손으로 자궁을 좌측으로 밀어주거나 편평하고 단단한 판을 이용하여 30도 좌로 기울어지도록 체위를 변경하여 심폐소생술을 시행한다.	
근거 (앙와위, 저혈압 예방)	바로 누운 자세에서 자궁이 대동맥과 하대 정맥을 압박하여 정맥혈이 심장으로 돌아오는 것을 방해하면 심박출량 감소에 의해 앙와위성 저혈압이 발생한다.	
압박 위치	• 흉부압박은 흉골의 중간 부위에서 시행한다. • 자궁이 횡격막의 위치를 높게 할 만큼 커져 있을 경우, 일반 성인의 가슴압박 위치 보다 약간 위인 흉골의 아래쪽 절반이 아닌 흉골의 중간 부위에서 시행한다.	
근거	커지는 자궁의 영향으로 심장의 위치도 머리쪽으로 밀려 올라오게 된다. • 그러므로 일반 성인의 가슴압박위치보다 더 위쪽을 압박해야 한다.	 흉부 압박 시 손위치

6 자동심장충격기(Automated External Defibrillator: AED)

(1) 자동심장충격기(자동제세동기)의 정의, 기전, 적응증, 사용의 중요성

정의	심정지가 발생한 환자에게 심정지의 발생 초기에 심장이 정상적인 수축을 하지 않는 심실세동을 진단하고, 생명을 위협하는 세동을 제거하여 동성 리듬을 되찾기 위해 심장에 전류를 전달하는 응급시술이다.
기전	제세동은 흉벽에 전극 패드(paddles)를 올려놓고 적절한 전압을 심장에 통과시켜 전기충격을 주는 순간, 심근 전체가 탈분극 되고 완전한 불응기에 빠지면 가장 우세한 심장 박동기인 동방 결절(SA node)이 회복되어 심장 작용을 정상으로 회복시킨다.

적응증	심실세동 : 맥박이 없고 무의식인 심실빈맥	
	심실빈맥 (V tach)	• 심실기 외 수축이 3회 이상 • 140~250회/분 • QRS : 규칙적, 넓어진다(0.12초 이상).

사용의 중요성	• 갑자기 발생된 심정지의 대부분은 심실세동에 의해 유발되며, 심실세동의 가장 중요한 치료는 전기적 제세동(electrical defibrillation)이다. • 제세동 성공률은 심실세동 발생 직후부터 1분마다 7~10%씩 감소되므로, 제세동은 심정지 현장에서 신속하게 시행되어야 한다. • 자동심장충격기(자동제세동기)는 의료지식을 갖추지 못한 일반인이나 의료인들이 사용할 수 있도록 환자의 심전도를 자동으로 판독하여 제세동이 필요한 심정지를 구분해 준다. - 자동심장충격기는 신속하게 사용될 수 있도록 많은 사람들이 이용하는 공공장소에 상시적으로 설치되어야 하며, 심정지 환자를 발견한 사람은 누구라도 지체 없이 자동제세동기를 환자에게 사용해야 한다. • 우리나라에서도 공공보건의료기관, 구급차, 여객 항공기 및 공항, 철도객차, 20톤 이상의 선박, 다중이용시설 등에 자동심장충격기를 설치할 것을 법률(응급의료에 관한 법률 제47조 2항)로 규정하고 있다.

(2) 자동심장충격기 사용 방법 [2023 기출]

AED	사용방법	
① 전원 켜기	자동심장충격기(자동제세동기)는 반응과 정상적인 호흡이 없는 심정지 환자에게만 사용하여야 하며, 심폐소생술에 방해가 되지 않는 위치에 놓은 뒤에 전원 버튼을 누름	① 전원을 켠다.
② 두 개의 패드 부착	• 패드 1: 오른쪽 빗장뼈 바로 아래 부착(우측 쇄골의 바로 아래에 위치) • 패드 2: 왼쪽 젖꼭지 옆 겨드랑이에 부착. 패드와 제세동기 본체가 분리되어 있는 경우에는 연결(좌측 유두의 왼쪽으로 액와중앙선에 부착)	② 두 개의 패드 부착
③ 심장리듬 분석	• "분석 중…"이라는 음성 지시가 나오면, 심폐소생술을 멈추고 환자에게서 손을 뗌 • 심전도를 분석하는 동안 혼선을 주지 않기 위해 환자와의 접촉을 피하고, 환자의 몸이 움직이지 않도록 함 • 제세동이 필요 없는 경우에는 "환자의 상태를 확인하고, 심폐소생술을 계속하십시오"라는 음성 지시가 나오면 즉시 심폐소생술을 다시 시작	③ 심장리듬 분석
④ 제세동 시행	• 제세동이 필요한 경우라면 "제세동이 필요합니다"라는 음성 또는 화면 메시지와 함께 스스로 제세동 에너지를 충전 • 이후에 "제세동 버튼을 누르세요"라는 음성 또는 화면지시가 나오면, 안전을 위하여 심장정지 환자와 접촉한 사람이 없음을 확인한 뒤에 제세동 버튼을 누름 • 200J로 제세동을 시행	④ 제세동 시행
⑤ 즉시 심폐소생술 다시 시행	제세동을 시행한 뒤에는 즉시 가슴압박과 인공호흡 비율을 30 : 2로 심폐소생술을 다시 시작	⑤ 즉시 심폐소생술 다시 시행

7 **인공호흡법**

구강 대 구강법	적용	제일 효과적이고 간편하여 가장 많이 시행한다.
	방법	• 기도유지 및 이물질을 제거한다. • 환자의 코를 엄지로 막는다. • 숨을 크게 들이쉬고 처치자의 입을 환자의 입에 밀착시킨다. • 매회 1.5~2초간 10ml/kg(700~1000ml) 정도의 숨을 천천히 불어넣는다. 　－ 2~3초간 입을 뗀다. • 속도 : 어른은 12~15회/분, 소아는 20회/분 • 환자의 흉부를 관찰하여 공기가 들어가는지를 확인한다.
	강점	• 일회 환기량이 크다. • 기도 상태를 동시에 확인할 수 있어 효과적이다. • 처치자가 쉽게 지치지 않는다. • 특별한 기구 없이 용이하게 시행이 가능하다.
	주의점	공기가 위로 역류될 우려가 있다(그러므로 기도 확보자세에서 코를 막고 실시해야 한다).
	금기	중독으로 입이 오염된 상태, 심한 안면 손상 시, 구토를 자주 하는 경우 등에는 금지한다.
구강 대 비강법	적용	구강 대 구강법이 불가능할 때(구강의 오염, 구강의 심한 상처, 심한 안면상처, 심한 구토 등) 시행한다.
	방법	기도확보 자세에서 대상자의 입을 막고 실시한다.
흉부압박상지 거상법	적용	주위환경이 오염되었을 때 하는 간접호흡법이다.
	방법	환자의 양손을 잡아 늑골하부에 두고 압박 뒤 손을 머리 쪽으로 올려 인위적으로 횡격막 운동을 시킨다.

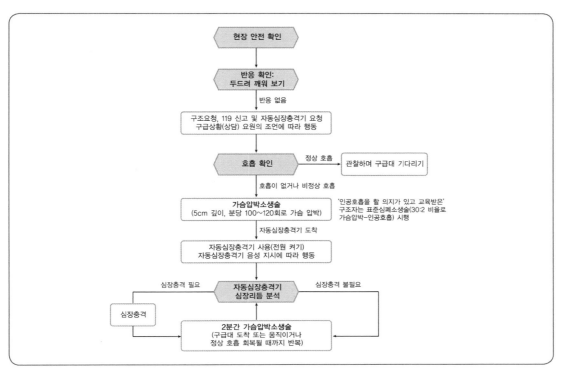

| 병원 밖 심장정지 기본소생술 순서(일반인 구조자용) |

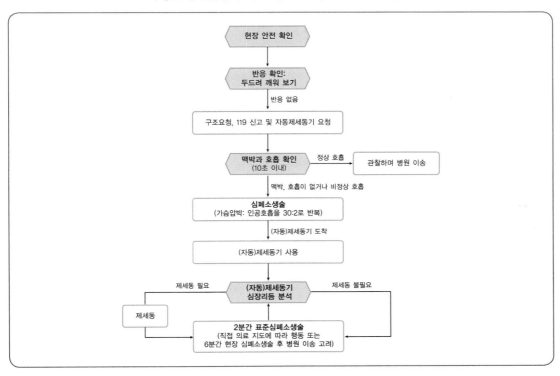

| 병원 밖 심장정지 기본소생술 순서(의료종사자용) |

8 심폐소생술 이후 회복 자세

목적	회복 자세는 혀나 구토물로 인해 기도가 막히는 것을 예방하고 흡인의 위험성을 줄이는 방법이다.
자세를 취해주는 방법	몸 앞쪽으로 한쪽 팔을 바닥에 대고 다른 쪽 팔과 다리를 구부린 채로 환자를 옆으로 돌려 눕힌다.
이상적인 자세	환자를 옆으로 눕혀 머리의 위치는 낮게 하고, 호흡을 방해할 수 있는 압력이 가슴에 가해지지 않아야 한다.
척추 손상 의심 시	한쪽 팔을 위로 펴고 머리를 팔에 댄 상태로 양 다리를 함께 구부린 자세가 더욱 적합하다.

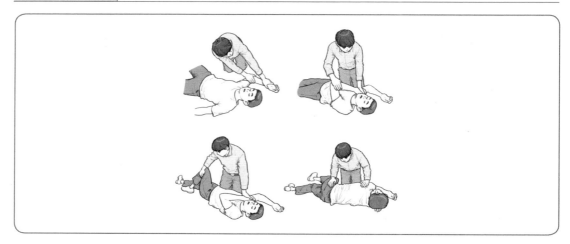

9 심폐소생술의 합병증 [2006 기출]

가슴압박 [2006 기출]	흉곽	• 늑골 골절, 흉골 골절 유발 • 늑골 골절로 인한 기흉 또한 유발될 수 있음
	심장	심장 타박상, 심장 압전, 심낭 또는 흉강으로 출혈
	장 손상	간, 비장의 파열
인공호흡	폐 과다팽창	과도한 압력과 빠른 호흡으로 폐의 과다팽창 → 흉곽내압 상승 → 심장으로 정맥혈 귀환 감소 → 심박출량 감소
	위 과다팽창	과도한 압력과 빠른 인공호흡으로 위에 공기 유입 → 위 팽창 → 위 내용물의 역류 → 기도 폐쇄나 폐로 흡인 → 흡인성 폐렴

Chapter 02 의식장애

01 상기도 완전 폐색 [2005 · 2010 · 2011]

1 상기도의 완전 폐색 시 의식상실 전에 나타나는 증상 [2005 기출]

기침(−)	기도 폐쇄가 진행될수록 기침을 할 수 없음
말(−)	말하기가 불가능
소리(−)	소리를 내는 것이 불가능
청색증(+)	천명음이 들리며 청색증이 진행됨(점차 얼굴이 새파래지며 목의 정맥이 확장되어 뚜렷이 보임)
호흡곤란(+)	호흡이 어려워지고 안절부절 못하고 흥분
촉킹−싸인 Choking−sign (+)	 양손이나 한 손으로 목을 움켜쥔다.
동공산대	동공산대가 일어나며 눈을 부릅뜨고 눈에 충혈
무의식	기도 전체가 폐쇄되면 질식과 뇌에 영향으로 무의식 상태나 사망

2 이물질에 의한 폐색일 경우 응급간호

기도폐색	응급간호
기침법	부분적 폐색인 경우에는 어느 정도 호흡이 가능하므로 강하게 기침을 시킨다.
등 두드리기 (back slaps)	등 두드리기를 5회 연속 시행한다.
복부 밀어내기 (abdominal thrust, 하임리히법)	• 5회 복부 밀어내기(abdominal thrust, 하임리히법)를 시행한다. • 1세 미만의 영아는 복강 내 장기손상이 우려되기 때문에 복부압박이 권고되지 않는다.
가슴 밀어내기 (chest thrust)	임산부나 고도 비만 환자의 경우에는 등 두드리기를 시행한 후 이물이 제거되지 않으면, 복부 밀어내기 대신 가슴 밀어내기(chest thrust)를 시행한다.
손가락으로 이물질 제거 (finger sweep)	이 방법은 무의식 환자에게만 적용되며 의식이 있는 경우는 연하반사로 이물질이 더욱 깊숙이 들어갈 수 있으므로 금한다.

 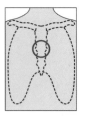 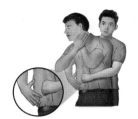 

복부 압박 시 손위치	흉부 압박 시 손위치	의식이 있는 경우 구조자의 손 모양

3 영아 기도폐색 시 응급간호 [2011 기출]

 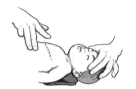

1. 5회 등 두드리기	2. 5회 가슴압박

119 신고		주위 사람에게 119 신고를 요청한다.
등 두드리기	영아 자세	영아의 얼굴을 밑으로 향하여 턱을 잡고 머리는 몸통보다 낮추고 구조자의 아래 팔(전박) 위에 놓으며 지지한다.
	두드리기	구조자의 손바닥 끝(손꿈치)으로 영아의 견갑골 사이를 힘주어 5회 두드린다(어른에게 가해지는 힘보다 작은 힘 사용).
돌리기		구조자가 영아의 머리를 몸통보다 낮춘 자세로 지지를 계속하면서 한 손으로 영아의 머리와 목을 받치고 다른 손의 엄지와 손가락으로 턱을 잡은 다음에 영아의 얼굴이 위를 향하도록 뒤집어 구조자의 넓적다리에 앙와위로 눕힌다.
가슴압박		• 영아의 머리가 가슴보다 아래로 향하도록 기울인 채 • 영아의 젖꼭지 정중앙 바로 아래 흉골 부위[양 젖꼭지를 이은 가상선과 흉골이 만나는 지점 바로 아래(가슴 직하부)]에 • 가슴두께의 1/3 깊이로 가슴압박을 빠르게 5회 시행한다. • 이물질이 제거될 때까지 이 절차를 반복한다. • 영아의 의식이 없어지면 영아 심폐소생술을 시작한다. ☺ 영아: 영아는 간이 상대적으로 커서 복부 밀어내기는 간 손상 위험이 있다.
입안 확인		가슴압박법을 시행한 후 입 안을 확인하여 이물이 보이면 제거한다.

4 하임리히법(= 복부 밀어내기) [2005 기출]

기전		횡격막을 들어 올림으로 폐안에 남아 있던 공기가 한꺼번에 밀려나오면서 폐 안의 공기가 기도의 이물질을 밀어 올리도록 복부 밀어내기를 한다.
방법	0단계 / 119 신고	• "목이 막혔니?"라고 물어보며 기도폐쇄를 확인한다. • 기도폐쇄가 의심되는 환자를 발견하면 즉시 응급의료체계로 도움을 요청한다. • 긴급 환자 : A 상기도 폐쇄
	1단계 / 등 두드리기	등 두드리기를 5회 연속 시행한다.
	2단계 / 처치자 자세	환자의 등 뒤에서 환자의 다리 사이로 처치자의 다리를 넣어 환자의 체중을 지지한다. 양팔을 환자의 겨드랑이 밑으로 넣어 허리를 팔로 감싼다.
	3단계 / 손 위치	• 처치자의 오른손은 주먹을 쥐어 한쪽 손을 말아 쥐고 환자의 검상돌기와 배꼽의 중간(배꼽 위 흉곽 아래 상복부)에 댄다. • 흉부압박법 [2010 기출] : 임산부, 비만한 사람은 흉골 중간에 놓고 압박한다.
	4단계 / 복부압박 [2010 기출]	• 1초에 1회씩 구조자 방향으로 상복부를 후상방으로 강하고 빠르게 밀쳐 올림을 반복한다. • 이물질이 나올 때까지, 환자가 의식을 잃기 전까지 반복 의식 소실 상태가 되면 심폐소생술을 시행한다.
	4단계 / 주의	• 내부 장기의 손상을 예방하기 위해서 구조자의 손이 흉골의 검상돌기나 하부늑골 가장자리를 건드려서는 안 된다. • 흉곽을 짓누르면 안 되고 밀어 올리는 손에만 힘을 준다.
	5단계 / 입 안 확인	• 복부압박법을 시행한 후 입안을 확인하여 이물이 보이면 제거한다. • 이물이 제거되면 기도를 열린 상태로 유지시키고 필요하면 구강 대 구강 인공호흡을 시행한다.

5 흉부 밀어내기(= 흉부압박) [2010 기출]

압박대상	임산부, 복부 비만자 기도폐쇄 확인	
흉부압박	1단계 등 두드리기	등 두드리기 5회 연속 시행
	2단계 처치자 자세	환자 등 뒤에서 양팔을 겨드랑이 밑으로 넣어 흉부 감싸기
	3단계 손 위치	주먹 쥔 오른손의 엄지와 시지를 흉부 중앙에 두고 그 위에 왼손 감싸기
	4단계 흉부압박	흉골 중앙을 후방으로 강하게 압박, 이물배출 때까지 반복
	5단계 이물 제거	이물 제거 후 구강 대 구강 호흡 또는 구강 대 비강 호흡

6 무의식 시 하임리히법(= 복부압박법)

기도 폐쇄 확인	어깨를 가볍게 두드리거나 조심스럽게 흔들면서 "괜찮니?"라고 묻는다.	
119연락과 CPR	• 환자가 의식을 잃고 반응이 없을 때 다른 사람이 응급시스템에 연락하고 환자를 바닥에 눕히고 즉시 심폐소생술을 시행한다. • 30회의 가슴압박을 시행한 후, 인공호흡을 시도할 때 육안으로 입 속을 관찰하여 이물질이 나왔는지 확인한다. • 입 안에 이물질이 발견되면 손가락으로 이물질을 제거한다. • 이물질이 보이지 않으면 인공호흡을 시도한다. • 인공호흡이 불가능하면 기도 유지 조작을 다시 한 번 정확히 시행한 후, 인공호흡을 다시 1~2회 시도한다. • 인공호흡이 계속 불가능하면 기도가 폐쇄된 것으로 판단한다. • 신생아와 익수 환자는 질식성 심정지로 ABC가 권고된다.	
하임리히법	앙와위	대상자의 머리, 목을 지지해 등과 동시에 움직여 바닥에 오도록 하여 앙와위로 눕힌다.
	처치자 자세	환아의 엉덩이나 양쪽 허벅지 바깥쪽으로 무릎을 꿇고 앉아 처치자의 엉덩이를 든다.
	손위치	환자 흉골의 V자 부분과 배꼽 사이에 한 손의 손바닥을 대고 손을 겹쳐 손가락을 깍지 끼고 처치 시 손바닥의 손목 쪽 부분을 복부에 밀착시킨다. • 흉부압박법 : 임산부, 비만한 사람은 흉골 중간을 강하게 압박하여 밀어낸다.
	복부 압박	• 체중을 이용하여 상복부를 빠르게 안으로 밀면서 후상방으로 올린다. • 이물질이 나올 때까지 반복 시행한다. • 이물질이 배출되면 심폐소생술을 시행한다.

입 안 확인	• 복부압박법을 시행한 후 입 안을 확인하여 이물이 보이면 제거한다. • 이물이 제거되면 기도를 열린 상태로 유지시키고 필요하면 구강 대 구강 인공 호흡을 시행한다.

7 혼자 있을 때 하임리히법(Heimlich maneuver)

압박위치	주먹을 쥐고 엄지를 배꼽 위 흉곽 아래 상복부에 댄다.
복부압박	다른 손으로 주먹을 감싼 후 상복부를 빠르게 위로 밀어 올린다.
반복	• 이물질이 나올 때까지 5회 반복한다. • 이물질이 나온 후 즉시 병원에 간다.
혹은	고정된 물건(책상, 의자, 난간)에 상복부를 갖다 대고 빠르게 위로 밀어 올려도 된다.
방법	

02 기도 이물(Airway foreign body)

| 기도 이물 | [2005 · 2010 기출]

기도(Airway)	비강에서부터 폐에 이르기까지의 호흡 경로
기도 이물 부위	 구강, 인두 이물 하인두 후두 이물 (기도와 식도의 분기점) 성대 시도입구 이물 시도상부 사탕 이물 기관 이물
비강 이물	대개 일측성이고, 일측성 비폐색, 악취, 비루(rhinorrhea)의 증상을 보이며, 호흡곤란을 일 으킬 정도의 응급상황은 거의 없음

하인두·후두 이물	• 이물이 후두에 들어가 성문부에 걸렸을 경우 • 소리의 변동이 있고 목 쉰 소리 • 대개는 떡, 고무풍선, 비교적 큰 껌 등으로 흡기성 호흡곤란, 호흡불능으로 인해 cyanosis가 오며 대단히 괴로워하게 됨 → 응급조치(하임리히법) 실시
식도 이물	• 사탕, 생선가시 등이 걸렸을 때, 손가락을 넣어 이물질을 토하게 함 • 식도 입구보다 아래쪽에 이물이 걸리면, 이 부분은 식도와 기관이 서로 맞닿아 있기 때문에 기관이 뒤로부터 압박을 받아 좁아지게 되어, 목소리는 나오지만 숨이 막혀 함 → 등을 두드려 주거나 엉덩방아를 찧게 하면 대개 이물질은 밑으로 내려가게 되고 숨도 쉴 수 있게 됨
기관 이물 (trachea foreign body)	• 기도에 가장 많이 걸리는 이물은 콩 종류(특히 땅콩)이며, 바늘과 못, 옷핀, 장난감, 연필뚜껑 등 입에 물고 있던 물체를 삼키는 경우가 많음 • 이물이 기관 내로 들어가면, 발작적인 기침(spasmodic cough)이 있고 종종 청색증이 동반되기도 함 • 기침은 약 30분간 지속된 후 안정되며, 이때 이물은 기도 내 여기저기로 이동할 수 있는데, 최종적으로 우측 기관지에 주로 위치하게 됨 • 심하게 기침을 하고 숨이 막혀 괴로워할 때는, 이물질이 기관 내로 들어갔다는 판단을 하고, 위쪽으로 되돌려서 빼내려는 시도보다는, 반대로 아래쪽으로 내려가도록 하여야 함 • 환자의 뒤로부터 양쪽 겨드랑이 밑으로 손을 넣고 안아 올려 방바닥에 부딪치듯 엉덩방아를 찧게 하면, 기관 안에 있던 이물질은 좌·우 어느 쪽의 기관지로든 빠지게 되고, 한쪽 폐로 숨을 쉴 수 있게 되므로, 호흡도 편해지고 이물질도 기관지 안에서 움직이지 않게 됨 • 이상의 처치 후에, 합병증의 예방을 위해 전문의의 진찰을 받게 하고, 기관절개술, X선 촬영 등 충분한 검사로 이물질을 확인하여 제거하여야 함 • 땅콩과 같은 식물성 이물은 매우 심한 염증반응을 일으켜서 24시간이 지나면 화농성 객담과 기침·열을 동반하는 폐렴(피너츠 폐렴)을 유발하는 반면, 금속성이나 플라스틱 물질은 비교적 오랜 기간 염증 없이 존재하기도 함 이동성 기관이물

03 실신(syncope) [2005·2007 기출]과 현기증

1 혈관미주신경성 실신

정의	심장 자체에는 아무 이상이 없으나 일시적으로 자율신경계에 불균형이 초래되어 심박수가 느려지고 혈압이 떨어져서 의식을 잃고 쓰러진다.
기전	어떤 원인(예 혈액저류, 정맥회귀감소 등)에 의해 교감신경계 항진 → 충만이 덜 된 심장수축이 촉진 (심실의 강력한 수축) → 심실에 혈액이 불충분하게 채워짐 → 심실 벽에 존재하는 기계자극수용체 (mechanoreceptor)를 자극 → 연수에서 부교감신경계를 활성화 → 혈관의 확장과 심장서맥과 저혈압 초래 → 실신
예	• 피를 보면 실신하는 사람을 예를 들어 설명하자면 피를 보는 자극이 맥박을 갑작스럽게 감소시키고, 동시에 하지 혈관을 이완시켜 혈압이 낮아지는 것 • 낮아진 혈압으로 인해 뇌로 가는 혈류가 감소하고 일시적으로 의식이 떨어지면서 실신 • 움직이지 않고 오래 서 있거나 불안의 감정적 자극으로 교감신경 지배를 받는 혈관들이 확장되었을 때, 이에 따른 보상 작용이 일어나지 않아 혈압이 떨어져 뇌의 산소와 포도당 감소로 발생 • 이어서 미주 신경의 활성화가 나타나 서맥, 혈압 하강, 연동운동 증가, 오심, 입에 침이 고이고 발한
원인	• 여러 가지 유발 요인에 의해 심장 박동수와 혈압을 조절하는 신경계에 비정상적인 반응이 일어나기 때문인데, 극심한 신체적 스트레스와 감정적 긴장을 일으키는 일들이 원인이 됨 • 오래 서 있을 때, 감정적 스트레스, 매우 덥거나 혼잡한 환경, 고열에 노출, 피를 보는 것, 신체손상에 대한 두려움, 대소변을 과도하게 참는 것, 정맥 채혈이나 주사 등
증상		
	눈	앞이 캄캄해짐, 눈이 잘 안 보임
	심혈관계	심계항진, 빈맥을 느끼다가 서맥, BP 감소
	소화기계	연동운동 증가, 오심, 메스꺼움, 입에 침이 고임
	피부	창백한 피부, 손이 차가워짐, 발한(교감신경작용)
	의식소실	• 잠시 동안 의식소실, 기절, 어지러움, 허약감 • 뇌혈류 감소로 쓰러지며 의식은 1분 내에 회복
치료	• 원인 제거 : 혈관미주신경실신을 촉발하는 유발인자, 예를 들면 덥고 습한 환경, 오래 동안 서 있기, 부족한 수분 섭취 등을 피하도록 함 • 실내 환경을 쾌적하게 하고 환자의 심리적 불안을 최소화 • 약물복용 　－ 베타 차단제인 메토프롤롤(metoprolol) 　－ 선택적 세로토닌 재흡수 억제제(SSRI)계열 항우울제 　－ 항콜린제 : 이소피라미드(disopyramide), 스토폴라민(scopolamine) 　－ 티오필린(theophylline)

관리	• 진정제 등으로 불안과 통증을 완화시킴 • 다른 질병소견 없이 미주신경성 실신이라면 대체로 특별한 치료 없이 회복됨. 단, 쓰러지면서 주위 환경에 의해 부상을 당할 수 있음 • 실내 환경을 쾌적하게 하고 환자의 심리적 불안을 최소화 • 탄력 스타킹을 착용하거나 혈압을 상승시키지 않는 범위 내에서 염분 섭취를 늘리는 것을 권유 받을 수 있음 • 장기간 서 있는 것을 피하고, 수분을 충분히 섭취하는 것이 도움이 될 수 있음 • 아찔함과 함께 실신할 것 같은 느낌이 들면 앉거나 눕고, 다리를 몸보다 높이 올려 놓는 것이 좋음. 이런 자세는 혈압이 낮아져 뇌로 가는 혈류량이 감소하는 것을 막아줌. 만약 누울 수 없는 상황이라면 무릎을 세우고 쪼그려 앉아 머리를 양쪽 무릎 사이에 두고 그런 증상이 사라질 때까지 기다려 보는 것도 좋음 • 전구 증상 발생 시 즉시 주먹을 꽉 쥐고 팔에 힘을 주는 방법이나, 서 있는 상태에서 다리를 서로 교차하여 압박을 주면서, 다리·복부·엉덩이 근육에 힘을 주는 방법을 통하여 혈압을 상승시켜 실신 방지 • 미주신경성 실신을 자주 경험하는 환자는 운전을 조심해야 할 필요가 있음

② 기타 실신

기립성 저혈압		• 누웠다 일어나는 순간에, 또는 운동장 등에 오래 서 있을 때 갑자기 뇌빈혈로 어지러워 쓰러지는 일이 반복될 때는 기립성 저혈압을 의심하게 된다. • 누운 상태에서 측정한 안정 시 혈압에 비해 일어선 직후 3분 이내 바로 측정한 혈압에서 수축기혈압 > 20, 이완기혈압 > 10mmHg 이상 떨어지는 경우를 뜻한다. • 증상을 느끼는 즉시 자세를 낮추거나 주변에 몸을 의지하여 몸의 안정을 꾀하거나 일어나기 전에 다리를 주무르고 일어나는 것도 효과가 있다.
과호흡증후군 [2005 기출]	정의	• 몸 속의 산소와 이산화탄소의 불균형으로 일어나는 현상으로, 갑자기 과도한 스트레스를 받거나 운동 중 호흡을 빨리 하면서 일어나는 현상이다. • 심하게 놀라거나 정신적인 충격을 받거나, 과도하게 운동한 뒤거나 심한 스트레스를 받아 숨을 매우 가쁘게 쉬게 되면 발생한다. - 유명 가수의 콘서트장에서 열광적으로 환호하는 관객에게도 나타난다.
	근거	이처럼 급격한 과호흡은 폐포 내에 유입하는 공기의 양을 급격하게 늘린다. 그렇게 되면 혈액 내 산소 양은 늘어나고 이산화탄소 분압은 감소한다. 이어 혈액 내 이산화탄소가 부족하면 알칼리성으로 변함에 따라 ph가 상승하고, 혈중 칼슘이온이 저하된다. 또한 뇌혈관이 수축하여 뇌혈류 감소로 몸에 이상반응이 생기게 된다.

03

	증상	불과 수 분 이내에 호흡이 빨라지고, 적은 양의 호흡이 매우 힘들게 이루어지며, 신경 근육계와 뇌파상에 변화가 오고, 의식 저하 및 어지러움 · 실신 · 시력 장애가 발생한다. 수족근의 경축이 일어나 팔 다리가 저리며, 경기를 일으키는 것처럼 뒤틀리는 경우도 흔히 나타난다. 위의 증상이 지속되어 호흡이 빨라지면, 혈액이 점점 알칼리화 되므로 심장에 맥박이 불규칙하게 되는 부정맥이 발생하며, 심근 허혈 증상이 나타날 수도 있다.
	대처	• 즉시 안정을 시키고 안전한 곳으로 옮기거나 병원으로 이송해야 한다. • 비닐봉지를 코와 입에 대고 호흡하게 한다. 또는 손을 오므려서 코와 입에 대고 호흡을 하도록 한다. • 주의할 점은, 질식시킬 정도로 비닐봉지를 코와 입 주변에 밀착시켜서는 안 된다. • 환자를 따뜻하게 해주고, 다리를 조금 들어 눕힌다. • 허리띠나 꽉 끼는 옷을 입었을 경우 느슨하게 해서 혈액 순환과 호흡이 원활하게 이뤄지도록 한다.
심장성 실신		심인성 실신은 급작스런 피부색의 변화, 쓰러질 때 몸을 가누려는 동작 등을 보인다. 기립 상태에 있지 않더라도 나타나며 누워있는 동안이나 어떠한 자세로도 발생 가능하다. • 실신 심부정맥, 전도장애(아담스 스톡증후군), 좌심실 부전, 심장 압전, 승모판 탈출증 등
신경 정신증성 실신 (히스테리성 실신, hysteria) [1992 기출]		• 흔히 사춘기 이후의 여자에게 나타난다. • hysteria로 오는 발작은 반드시 사람이 있는 곳에서 일어나고 극적인 상황에서 발생하며 외상의 위험을 피하여 쓰러져 아프지 않고 상처를 남기지 않는다. • 전구증상(구역질, 창백, 발한)을 동반하지 않는다. • 불규칙한 경련 운동, 전신 연축이 있다. • 강직 경련에서는 특유한 후궁반장(활처럼 뒤로 젖혀지는 것)이 나타나기도 하고, 1회의 발작이 대체로 지속이 길고, 주위 사람들을 놀라게 하며, 부축하려고 손을 내밀면 더욱 심하게 경련을 하는데, cyanosis나 요실금, 동공산대 등의 증상이 나타나지 않는 특징이 있어 간질발작과는 감별된다.
기면증 (narcolepsy)	정의	심한 주간졸음증(excessive daytime sleepiness)과 렘수면의 이상으로 환자의 일상생활에 심각한 문제를 유발하는 비교적 흔한 신경계 질환이다.
	4대 증상	심한 주간졸음증 (sleep paralysis)	• 밤잠을 충분히 잤음에도 낮에 심하게 졸리다고 호소하며 일상생활을 하다가 갑자기 잠에 빠져버리는 수면발작을 종종 경험한다. • 예상치 못한 상황들, 예를 들어 대화 중이거나 식사 도중에 또는, 서 있다가도 잠이 든다. 치료를 받지 않은 기면증 환자들은 집중하기 어렵고 기억력이 떨어지며 물체가 이중으로 보이거나 시야가 흐려 보인다고(double vision, blurred vision) 호소한다. 이런 증상들은 수면과 각성의 조절에 문제가 생겨 각성 중에 수면이 부적절하게 끼어들기 때문이다.

	탈력발작 (cataplexy)	• 웃거나, 울거나, 화를 내거나, 기뻐하거나, 좋아하는 것 등의 감정 변화가 있을 때 몸의 전체 또는 일부의 힘이 갑자기 없어지는 현상이다. • 서 있다가 쓰러지거나 무릎이 갑자기 풀리거나 턱이나 얼굴 근육의 힘이 빠지는 증상이다. 지속시간은 수초에서 수분 내로 짧으며 곧 완전하게 회복된다. 의식은 유지되며 다 기억할 수 있다.
	수면마비	가위눌림으로 알려져 있는 현상으로, 잠이 들 때나 깰 때 수초에서 수 분간 움직일 수 없는 상태를 말한다. 이 때 환자는 머리는 깨어있지만, 사지를 움직일 수 없게 되어 불안과 공포심을 느끼게 되고 무서운 환상이 보이기도 한다. 수면마비는 저절로 끝나거나 약간의 자극에 의해 소실된다.
	입면환각 (hypnagogic hallucination)	• 각성에서 잠이 들려고 할 때 또는 잠에서 깨려(hypnagogic)고 하는 중간단계에서 꿈이 현실로 이행되거나(hypnopompic), 환상이 보이거나, 환청이 들리는 현상이며 이상한 감각이 느껴지기도 한다. • 5, 10 입면 시 환각은 대부분 무섭거나 기분 나쁜 내용이다. 환각상태에 있지만 의식이 유지되고 주위의 상황을 다 인지할 수 있다.
	렘수면 (Rapid Eye Movement sleep; REM sleep)	기면증 환자들은 밤잠 중에 자주 깬다. 이로 인하여 깊은 잠이 적어지고 옅은 잠이 늘어나는 수면의 질 저하가 동반될 수 있다.
경동맥동성 실신 (carotid Sinus Syncope)		

3 실신 시 응급처치 [2007 기출]

실신(syncope)	응급처치
머리를 낮추는 자세, 변형된 트랜델렌버그 (trendelenburg)자세	다리를 20~30cm로 상승하고, 무릎은 곧게 뻗고 상체는 수평을 유지한다.
측위 및 고개를 옆으로	구토하거나 구토할 것 같으면 구토에 의해 흡인되지 않도록 분비물 제거를 위해 고개를 한쪽으로 돌리거나 옆으로 눕힌다. 혀와 턱을 내밀고 분비물을 배액시킨다.
옷을 느슨하게	조이는 옷을 느슨하게 하여 전체적 순환을 증진시킨다.
금식과 설탕물	• 의식이 완전히 회복되기 전에는 아무것도 먹이지 않는다(연하 반사 상실로 기도 흡인 가능성이 있다). • 의식이 있고 먹을 수 있으면 앉아서 당분이 있는 설탕물이나 시원한 음료수를 마신다.
환기	창문을 열어 신선한 공기를 흡입하게 한다(폐 환기 증진).
얼굴 · 손발 차게	• 머리는 덥게, 손발은 차게 한다(뇌혈류량 증진). • 이마, 얼굴에 찬 물수건을 대주면 회복에 도움이 된다.
부상 부위 확인	쓰러지면서 생긴 다른 부상부위(외상이나 상처)를 사정한다.
선행 원인 확인	• 심장성 또는 비심장성(미주신경성실신, 기립성저혈압 등)의 원인을 감별한다.
병원 후송	• 증상이 완화되지 않으면 병원으로 후송한다. • 앉거나 누워 있는 중 의식을 잃었을 때는 심장성 실신을 의심한다.

④ 현기증

정의	신체평형을 맡은 미로 → 전정신경 → 전정핵 → 소뇌에 이르는 전정기관의 흥분 내지 탈락 상태와, 실제 신체 공간에 있어서 위치감각과의 차이에 의하여 느껴지는 가성 운동		
유형	**말초성 현기증** 이성 현기증 – 눈의 동요로 시작	**중추성 현기증** • 뇌질환(소뇌, 간뇌)의 질환 • 증상의 기복이 적고 고정되어 있는 경우가 많음	**멀미** 승용물의 속도와 동요에 자기 몸을 부합시키기 위해 삼반규관이 순응되지 못하는 상태가 가속도병으로 나타남
증상	• 자기 주위가 빙빙 도는 것 같은 느낌 • 천장이나 벽이 빙빙 도는 것 같은 느낌 • 주위 물건을 움직이는 것 같은 느낌 • 엘리베이터를 타고 오르락 내리락 하고 있는 듯한 느낌 • 증상이 심하면 누워서도 눈알이 돌고 있는 것 같고 구역, 귀울림 수반	☼ 급성 뇌빈혈에 의한 경우가 흔함 • 핑 돌거나 눈앞이 캄캄 또는 희미해짐 • 식은땀, 창백 • 구토, 구역질	
간호중재	• 진정제, 수면제 복용 • 조용히 눕혀두기 • 전문의 진찰 권고	머리를 낮게 하여 눕히기	진정제, 멀미약을 승차하기 30분 전에 내복, 첩포제 도포
응급처치	• 원인 : 명백한 현기증 – 원인질환 치료 　– 화농성 내이질환 : 뇌막, 뇌에 파급 가능 – 중이 근처 수술 　– 기립에 의한 기립성 뇌빈혈 : 뇌간혈관 장애에 의한 것 　　→ 머리의 위치 주의, 자세의 급격한 변화, 뜨거운 입욕 피하기 　– 중추성 현기의 원인요법 : 빈혈, 저혈압, 고혈압성 갑상선기능저하, 저혈당 교정 • 급성 발작 시에는 눕는 자세가 절대적으로 필요 : 뇌혈관 순환량 증가 • 만성 지속성, 반복성 현기증 　– 과도한 피로를 금하고 성인이 되어서도 과도한 음주, 흡연 금하도록 교육 　– 변비 시에는 하제를 사용 조절하여 변비가 생기지 않도록 함 　– 여학생의 경우 월경 중에 현기증을 일으킬 수도 있음을 설명		

04 쇼크(쇽, shock) [1995 · 1999후 · 2004 · 2009 · 2022 기출]

1 쇼크

정의	쇼크는 급성 순환 장애에 의해 조직 혈류가 감소하여 조직 세포의 정상기능 및 생존에 필요한 여러 가지 물질이 공급되지 못하고 세포의 각종 대사산물이 제거되지 못하는 상태를 말하는데, 이러한 상태가 오래 지속되면 결국 세포가 파괴되므로 신속한 처치를 필요로 함
병태생리	• 모세혈관 내 순환혈액 감소 → 세포손상 및 파괴 • 신경호르몬 반응: 스트레스 사건 → 신경 및 내분비계 반응자극 → 교감신경계 활성화, 부신피질 호르몬 분비 및 항이뇨 호르몬 분비 촉진 • 대사성 반응: 쇼크 → 탄수화물, 지방의 비정상 대사 → 카테콜아민, 에피네프린, 코르티졸 분비 증가

쇼크 단계	초기 단계	MAP(평균동맥압)이 5~10mmHg 이내로 감소되었을 때 발생 • 심맥관계 보상으로 중재 없이 항상성을 유지 • 생명유지에 필수적인 기관(뇌, 심장, 신장, 간)에 우선적으로 혈류공급 • 피부 등의 저산소증을 오래 견딜 수 있는 기관에는 혈류공급 저하 • 교감신경계 흥분: 혈관 수축(기저선보다 약간 높은 이완기 혈압), 심박동 증가(맥박 수 증가), 약간 높은 호흡 수
	비진행성 보상 단계	MAP(평균동맥압)이 10~15mmHg 이내로 감소되었을 때 발생 • 심맥관계 외 신장과 내분비, 생화학적 보상기전 등 신체의 생리적 기전 작동 • 교감신경자극: 중정도의 혈관수축 → 혈압유지, 심박수 증가, 맥압 감소 　- 중추신경계, 심장 혈액은 신속히 공급되고 피부나 신장 혈액은 서서히 공급 • 신장 레닌 & 알도스테론 분비(수분재흡수 + 혈관수축) • 뇌하수체 후엽 ADH 분비: 소변배설량 ↓, 갈증반사의 자극 • 화학적 보상: 비주요기관의 혐기성대사로 산증 및 경미한 고칼륨혈증 • 혈액농축으로 고혈당증, 저산소혈증, 동맥혈 이산화탄소 농도 감소로 인한 저탄산증 • 쇼크 발생 1~2시간 내에 원인 교정하면 영구적인 손상은 발생하지 않음
	진행 단계 (보상부전)	• MAP(평균동맥압)이 20mmHg 이내로 감소되었을 때 발생 　→ 보상기전 실패 • 전반적인 혐기성 대사: 중정도의 산증 · 고칼륨혈증, 조직허혈 　→ 주요기관의 저산소증, 비주요기관의 무산소증, 부적절한 산소공급과 독성 　　대사물 축적으로 세포의 광범위한 손상과 necrosis 초래 　→ 이산화탄소 농도감소와 pH 상승으로 인한 호흡성 염기증 • 세동맥과 전 모세혈관 괄약근 수축: 혈액이 모세혈관 내 머묾 　→ 정수압 증가, 히스타민 분비 　→ 주변 조직 내로 체액과 단백질 유출, 체액상실 지속 • 진행단계 시작된 지 1시간 이내에 원인을 교정하여야 생명 유지

	비가역적 단계	허혈과 괴사를 동반하는 심한 조직 저산소증 → 광범위한 세포나 조직의 necrosis → 신체가 치료에 반응(−), 쇼크증상 지속
	다기관 기능부전 증후군	다량의 독성 대사산물과 효소를 분비하여 세포손상이 계속 진행되는 것 • 손상이 시작되면 더 많은 세포 파괴 → 많은 독성물질 배출 • 독성물질 → 미세한 혈전형성(microthrombus) → 조직산소공급 차단 → 조직 손상 더 악화 → 심기능부전, 미세순환장애, 산재성 혈관 내 응고증, 간이나 근육 장내 독성노폐물, 장기화된 혈관수축으로 내장장애로 조직의 괴사와 세포 사멸

2 쇼크의 대분류

심인성 쇼크
(cardiogenic shock)

심장이 손상되어
펌프로서의 역할을
제대로 할 수 없는 경우

저혈량성 쇼크
(hypovolemic shock)

혈액이 소실되어 심혈
관계의 혈액량이
충분하지 못한 경우

신경성 쇼크
(neurogenic shock)

혈액량은 충분하지만
혈관이 갑자기 확장되어
환류가 충분히 안 되는 경우

저혈량성 쇼크 [국시 2001·2002]	기전 (혈량부족)		• 출혈, 탈수, 화상으로 혈액·체액의 손실로 전신 동맥압이 낮아져 조직의 관류가 감소된다. 인체 대사 과정에 필요한 요구량에 비해 혈액량이 부족한 상태 • 혈관 내 혈량 저하 → 우심방, 폐동맥, 좌심방, 좌심실이 차례로 혈액으로 채워지지 못함 → 좌심실의 1회 박출량 감소 → 전신동맥혈압 감소 → 조직의 관류 저하
	출혈성 쇼크		전혈을 다량 손실(혈액량의 10~25% 손실)
	탈수성 쇼크		많은 체액이 유실되는 경우로 구강 섭취 저하와 지속적 구토, 심한 설사, 과다한 발한, 다량의 소변 배출, 당뇨병성 쇼크로 인한 혈당의 증가로 혈장 삼투압이 증가하여 수분을 끌어내고 신장 세뇨관에서 수분의 재흡수가 되지 않아서 옴
	화상성 쇼크	불감응성 소실	손상된 피부에서 수분 증발로 발생하는 불감응성 소실
		모세혈관 벽 투과성	• 모세혈관 벽의 투과성이 증가하여 알부민, 나트륨, 물이 혈관 밖인 간질 공간과 주변 조직으로 이동 • 혈관 내 단백질 감소로 교질삼투압이 감소되어 많은 체액이 혈관으로부터 간질 공간으로 이동을 증가시켜 부종이 생기고 혈액량이 감소

심인성 쇼크 [국시 2016 · 2018]	기전		• 심장의 펌프기능 감소로 심장 박출량이 감소하여 조직의 관류가 감소되어 인체 대사 과정에 필요한 요구량에 비해 혈액량이 부족한 상태 • 심박출량 저하 → 전신 혈관저항 증가 → 정맥 귀환압력의 증가 → 말초 조직의 부종 및 관류의 저하
	원인 [국시 2019]		• 심근경색증, 판막 부전증, 심장 부정맥, 심근 비대로 심장의 펌프기능 장애 • 심장의 박출력이 부진하면 전신에 필요한 혈액을 충분히 공급하지 못하고 대사산물의 배설이 곤란함
폐쇄성 쇼크	기전		• 긴장성 기흉, 혈흉, 심장압전, 폐혈전 색전증으로 인한 이완기 오른쪽 심방 압력의 증가에 의한 것 • 정맥 혈류가 심장 내로 들어가지 못하여 심박출량의 저하로 쇼크가 발생
	원인	심장 압전증	심낭에 혈액, 체액이 축적되어 심장 압박
		긴장성 기흉	• 손상된 폐조직으로부터 흉막강 내로 공기가 들어감 • 흉막강 내 압력이 증가하여 종격동이 변위되고 대혈관을 눌러 심장으로 돌아오는 혈류 장애 • 종격동: 흉골 뒤에 위치하며 식도 기관, 대혈관, 심장이 있음
분배성 쇼크: 혈관 확장성	신경성 쇼크	기전	• 혈관의 평활근을 조절하는 교감신경계자극이 감소하여 혈관의 평활근이 이완되고 혈액이 정체되며 순환 혈량이 감소하여 조직 관류가 감소 • 동맥과 정맥의 혈관 운동긴장성의 상실 → 혈관이완에 의한 정맥의 혈액 보유량 증가 → 따뜻하고 건조한 사지 → 순환 혈량의 감소 → 조직 관류의 저하
		척수 마취, [국시 2018] 척수 손상	척수 손상으로 교감신경계의 기능이 차단되면 혈관이 이완되어 혈압 저하
	아나필락틱 쇼크 (화학적 쇼크)	기전	• 제1형 즉시형 과민성 반응. 과민 반응의 결과로 히스타민, 브라디키닌, 프로스타글란딘이 유리됨. 혈관 확장, 모세혈관 투과성 증가로 체액이 모세혈관으로부터 간질 공간으로 이동함에 따라 순환 혈류량이 감소하여 혈압, 말초 혈류, 조직 관류의 감소 • 혈관 활성물질에 의해 광범한 혈관이완과 모세혈관 투과도의 증가 → 체액이 모세혈관으로부터 간질공간으로 이동 → 말초 혈류와 조직관류의 감소

패혈성 쇼크 [국시 06]	정의		박테리아가 생성한 다량의 독소가 혈관 내에서 전신성 염증 반응
	기전		• 세균에서 유리된 독소가 혈관 내로 들어가 전신의 혈관을 확장시키고 모세혈관 투과도를 증가시켜 간질 공간으로 수분 이동으로 혈압이 저하되어 쇼크 발생 • 광범위한 혈관 이완 → 말초 저항의 감소 → 정맥 귀환량 감소 → 심장의 이완기 충만압 감소와 더불어 모세혈관 투과도 증가, 선택적 혈관 수축, 혈관폐색으로 간질 공간과 세포 내로 수분과 단백질 이동 → 순환 혈량 감소 및 혈액 점도 증가 → 조직 관류 저하
	증상		과도한 혈관이완으로 피부는 따뜻, 홍조, 건조

3 쇼크(shock) 환자의 일반적 증상 및 생리기전 [1999 · 2022 기출]

빠르고 얕은 호흡	교감신경의 자극, 혈액의 산소운반능력 저하, 탄산가스 농도 증가		
빠르고 약한 맥박	교감신경의 자극, 표피 말초 정맥 허탈		
혈압 저하	• 순환혈류량 부족, 심장의 수축 부족 • 수축기혈압이 적어도 60~70mmHg 유지되어야 관상동맥 혈액순환 유지		
피부변화 : 차고 축축, 창백, 발한	차고 축축하며 창백한 피부, 발한, 청색증(교감신경의 자극 · 산소 공급부족)		
	발한	초기	교감신경자극으로 발한이 있음
		후기	신장을 통해 수분, 나트륨 배설이 안돼 한선을 통해 배설하기 때문에 발한이 있음
	차고 축축함 [국시 2014]		피부가 축축한 것은 혈액, 혈장이 급작스럽게 손실되고 체액 보존을 위해 찬 피부에서 증발이 안 되기 때문임
	창백		교감신경자극(α수용기)으로 인한 말초혈관 수축으로 피부는 창백
	청색증		혈류량 감소로 산소 공급 부족
	모세혈관 충만 시간지연		• 관류 감소로 손톱 부위 모세혈관 충만 시간이 지연됨 • 정상 : 2초 이내
	경정맥압 감소		경정맥의 압력은 우심방의 압력을 반영하여 순환 혈류량이 감소할 때 경정맥압이 감소
체온 하강	심한 쇼크 상태에서 뇌의 열조절중추의 손상으로 체온 하강(대사과정이 정상진행되어 열이 생성됨에도 불구하고 심한 쇼크 시에는 체온 하강)		

03

의식 변화	• 갑작스런 쇼크 시 뇌혈관 공급이 충분하지 못해 어지러움, 현기증, 실신 또는 무의식 상태 • 교감신경 자극으로 불안, 안절부절, 초조 • 심박출량 감소로 교감신경자극으로 동공이 산대 • 산소결핍에 매우 민감한 뇌의 신경세포에 에너지원인 당질이 충분히 공급되지 못해 의식 　변화, 어지러움, 현기증, 실신, 무의식, 동공의 빛 반사가 느림
요량 감소 : 요비중 증가	• 심박출량 감소로 신동맥압이 감소하고 사구체의 혈류량이 감소하여 사구체 여과감소와 　R-A-A기전 및 항이뇨호르몬의 활성화로 소변량(U·O)이 감소 • 요비중이 증가(정상 : 1.010~1.030)
대사성 산독증	산소 공급이 원활하지 않아 세포대사 부전으로 젖산 등의 물질이 생기고 축적
장음↓, 오심, 구토	• 교감신경 자극으로 위장관 기능 저하 • 심박출량 감소로 위장관 조직 관류 감소로 위장기능 변화로 장음은 감소, 오심·구토
갈증 호소	탈수로 시상하부의 갈증 중추를 자극

❶ 눈앞이 깜깜해지고 얼굴과 입술이
창백하며 식은땀이 난다.

❷ 하품이 나오고 속이 매스껍고
동공이 커진다.

❸ 맥박이 빠르면서 약해지거나
잘 잡히지 않는다.

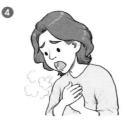

❹ 호흡이 불규칙해지면서 점점
약해진다.

✎ **저혈량성 쇼크의 보상기전(compensatory mechanism)** [2004 기출]
• 반사성 교감신경 자극 : 혈량이 감소되면 세정맥수축, 심박동과 호흡횟수가 항진되어 혈류량이 보상적으로
　회복된다.
• renin-angiotensin mechanism [국시 2007] : 신장혈류가 감소되면 angiotesin I, II가 활성화되어 신세뇨관으
　로부터 sodium의 재흡수가 항진되고 혈관 내 혈류를 정체시킨다.
• 항이뇨 호르몬 : 뇌하수체 전엽에서 ADH가 분비되어 신세뇨관에서 수분의 재흡수가 증가된다. 결과적으로
　혈관 내 혈류량, 심박출량, 정맥 환류량이 증가된다.
• 수액 이동 : 조직 내 세포성분이 혈관으로 빠져나간다.

4 **쇼크 시 주요기관의 상태**

심장	심장 펌프기능의 저하로 관상동맥의 관류가 저하된다. → 박동량과 혈압 하강
뇌	산소와 여러 가지 영양소 공급이 감소되면서 뇌의 기능이 저하된다.
폐	혈량이 감소되면 산소분압이 낮아져 가스교환이 모세혈관막에서 일어나지 않는다.
간	순환 내 에피네프린(epinephrine)의 과다로 글리코겐 저장이 고갈된다. 또한 정상적으로 간에서 해독된 대사성 산물이 산독증의 원인이 된다.
신장	심박출량의 저하는 신장을 통과하는 혈류 저하의 원인이 된다. 소변배설량이 감소되므로 신부전이 진행된다.

5 **쇼크의 일반적 응급처치** [1999 · 2009 기출]

변형된 트렌델렌버그 (trendelenburg) 자세		머리에는 가벼운 베개 하나, 몸통은 수평, 엉덩이부터 45도 상승(발치를 20~30cm 상승)
	체위의 이점	사지로부터 혈류 귀환을 돕고, 뇌의 충혈을 막고, 심장의 혈류량을 증가시켜 심박출량 증가 → 뇌혈류를 증가시켜 뇌손상과 의식장애를 최소한으로 억제
	체위의 제외	흉부손상, 호흡곤란, 두부손상 시 제외
	금기 체위	• trendelenburg position • 하지를 30cm 이상 상승시키거나 머리를 아래로 위치시키는 자세
	근거	뇌의 충혈, 대사적 반사작용으로 인한 혈관수축이 일어나고 복강 내 장기가 횡격막 쪽으로 밀려 호흡장애 유발
원인 처치	골절	• 개방골절 시 뼈에 혈관이 많아 외상의 결과 많은 양의 혈액 소실로 발생 • 골절 시 환부를 고정하여 통증과 출혈을 감소 • 골절된 부위보다 넓고 긴 부목을 사용하고, 부목적용 시 골절된 부위를 피려고 하지 말고, 정복하려고 하지도 말고, 골절편을 제거하려고 하지도 말고 발견된 그대로 둠
	출혈	주요 혈관의 손상으로 출혈이 있을 경우 출혈 부위에 소독거즈, 깨끗한 천을 대고 직접 압박하여 지혈. 튀어나온 뼈끝에는 손상 위험으로 직접 압박하지 않음. 출혈 부위에 압박으로 응괴형성을 돕고 출혈부위를 상승시켜 지혈시킴

심신의 안정	심한 불안은 상태를 악화시키므로 안심시키고 조용히 쉬게 해 줌		
옷 느슨	꼭 조이는 옷은 느슨하게 하여 혈액 순환을 도모		
보온	• 직접적인 열을 사용하면 안 됨(혈류가 정체, 대사가 촉진되어 산소 소모량을 증가) • 더 이상의 Shock의 진행을 막기 위해 보온은 중요함. 특히 수족의 보온에 유의하며, 적당한 한도 내에서 담요 등을 덮어 보온 • 심한 오한을 호소할 때 수족의 보온에 유의하여 모포와 시트로 전신을 싸 줌. 절대로 땀을 낼 정도로 덮지 않음		
	근거	체온	환자의 체온의 손실을 막고 체온을 보존
		혈액 순환	보온으로 혈액 순환을 증가시켜 더 이상의 쇼크 진행을 막음
국소 열 금기	체온 조절을 위해 열을 이용하지 않음		
	근거	말초혈관 이완	말초혈관을 이완시켜 혈류정체를 가져옴
		대사작용↑	대사작용을 촉진시켜 조직의 산소와 영양소의 요구량을 증가시켜 심장의 부담이 커짐
국소 냉 금기	체온이 심하게 상승된다고 해도 저체온법을 사용하지 않음		
	근거	• 혈액 점도를 증가시켜 혈액순환이 느려져 미세순환을 방해 • 체온을 저하시킴	
금식	갈증을 호소하더라도 목을 축이게 하는 정도 외에는 금식시키는 것이 좋음		
	근거	구토로 인하여 질식 또는 흡인성 폐렴(Aspiration Pneumonia)이 발생하는 것을 예방하기 위함	
	의식 명료 시	의식이 명료하다면 예방을 위해 음료수를 줄 수도 있음	
병원 후송	• 맥박 · 혈압 · 소변량 · 의식 상태를 주시하며 병원에 후송 • pH, CBC, BUN, 혈당치, 동맥혈 가스 분석(ABGA) 등을 시행하고 환자의 상태를 파악		

약물투여	혈관수축제, Sodium bicarbonate(산중교정), 스테로이드, 강심제, 항부정맥제 등
	• 스테로이드 : 척수부종 감소, 항염증반응, 에너지 효율 증가, 과민성 쇽의 후기 재발 방지
	• 에피네프린 : 과민성 쇼크 응급치료
	    − 혈관 수축 · 기관지 이완
	    − 칼슘 : 정상적 신경기능과 심혈관계 기능 및 혈액 응고 위해 필요		

6 아나필락시스 응급처치 [2012 기출]

에피네프린	❍ 즉각적인 adrenaline(epinephrine) 투여	
	• Aqueous adrenaline 1 : 1000, 0.01ml/kg(maximum 0.5ml)를 즉각 근육(피하)주사	
	• 증상이 경한 경우에 피하주사	
	• 증상의 호전이 없는 경우 약 20분 이내에 다시 주사(최대 3회까지 가능)	
	근거	혈관을 수축시키고 기관지 평활근을 이완
호흡지지	• 기도 유지와 기도 개방	
	• 끼는 옷이나 가슴 브래지어 등을 풀어 줌	
	• 호흡이 너무 약하거나 없으면 인공호흡	
	• 환기가 잘되는 곳에 학생을 눕힘	
	• 혈압을 잼	
체위	❍ 변형된 트렌델렌버그 자세	
	• 하지 45도 정도 상승, 무릎 곧게 뻗고 몸통 수평	
	• 머리는 가슴과 같은 수준이거나 다소 높게	
병원 후송	의식저하가 진행되면 즉시 병원으로 후송	

7 쇼크에 대한 학교에서의 응급처치

기도	분비물이나 토물로 기도가 막히는 것을 방지하기 위해 고개를 한쪽으로 돌려서 기도를 확보한다.
원인 해결	출혈이 있으면 지혈을 도모(원인 해결)한다.
자세	변형된 트렌델렌버그 자세(몸통을 수평, 다리 45° 상승)를 취한다. 뇌손상・호흡곤란 환자는 금기한다.
조인 옷	꼭 조이는 옷은 느슨하게 풀어준다.
보온	• 찬 바람을 막아주고 보온시킨다. • 국소적인 냉・온은 하지 않는다. • 더이상의 쇼크 진행을 막기 위해 보온은 중요하다. 특히 수족의 보온에 유의하며, 적당한 한도 내에서 담요 등을 덮어 보온한다.
안정	심신의 안정을 도모한다.
금식	의식이 있고 갈증을 호소하며 삼킬 수 있다면 마실 것을 주되(소금물・설탕물), 의식이 없거나 심한 출혈이 있다면 절대 입으로 주는 것을 피한다(금식).
병원	계속 활력증상과 의식 상태를 파악해 가면서 병원으로 후송한다.
쇼크 환자 관리 흐름도	호흡과 출혈을 확인하고 그에 따라 처치한다 → 체온을 보존한다 → (머리 손상 또는 호흡곤란 있고, 척추 손상 의심되지 않으면) → 머리를 올려준다 → (머리 손상 또는 호흡 곤란이 없고, 척추 손상 의심도 없으면) → 다리를 15~30cm 올려준다

05 **간질** [1992 · 1995 · 1996 · 1999 지방, 2002 · 2013 기출]

1 간질(epilepsy = seizure = convulsion = attack)

간질	간질(epilepsy = seizure = convulsion = attack)은 돌발적 의식장애와 심한 경련현상으로 절박한 인상을 주기도 하지만, 합병증이 없는 경우 1회의 발작으로 인해 사망하거나, 급성 쇠약에 빠지는 일은 거의 없음
유발인자	신체활동 증가, 정서적 긴장, 심한 피로, 알코올이나 카페인 남용, 특정 음식과 화학물질 등 이며 항경련제 약물을 복용하는 대상자가 처방대로 복용하지 않거나 중단하면 위험 증가
대간질 발작 4단계	**전조기** — 의식 상실은 없고 발작이 시작될 것이라는 주관적인 반응의 경고, 무감각, 저린 느낌, 두통의 증상
	강직기 — 갑작스런 의식 상실, 모든 골격근의 강직과 경련, 피부색은 검푸른 색으로 변경, 20~30초간 지속, 혈압상승, 동공확대, 심계항진, 건반사와 각막반사가 소실됨
	간헐기 — 40초간 지속, 근육의 수축과 이완이 반복됨 • 간대성 경련이 일어나 호흡이 다시 시작되고 거무스레한 얼굴빛은 사라지고 창백해짐 • 전신의 근육이 뒤틀리는 것이 특징 − 눈은 보통 위로 굴리며 환자의 입안에 거품, 기도가 막혀 질식 가능성 • 혀를 깨물 수도 있음 • 방광이나 직장의 괄약근의 통제력 상실로 소변 실금
	경련후기 (혼수기) — 잠시 의식이 돌아오고 다시 깊은 수면에 빠짐

2 간질환자의 일반적인 응급처치 [2002 · 2013 · 2020 기출]

발작 시	처치자는 냉정 · 침착하게 행동한다. • 눕히고 조용히 곁에서 지켜본다. • 경련상태를 억제하려고 시도하거나 환자를 이동시키지 않는다. 머리는 바닥에 부딪혀 다치지 않도록 타월이나 담요를 받혀 안전한 환경을 만들어 주며 주위에 부딪힐 만한 것은 제거한다. • 기도유지와 적절한 호흡을 위해 의복은 느슨히 풀어준다(특히 목, 허리 등). • 대상자를 옆으로 돌려 눕힌다. 측위로 눕혀 분비물이 흡인되지 않도록 하며 혀가 뒤로 넘어가 기도를 폐쇄하지 않도록 한다. 경련하는 동안 피부색이 변화되는 경우에는 산소를 제공한다. • 혀를 깨물지 않도록 설압자를 거즈에 싸서 물려주거나 손수건 등을 꽉 말아서 치아 사이에 끼워준다.

	• 그러나 이미 경련이 시작되어 입을 다문 상태에서는 입을 억지로 벌리지 말고 입안으로 어떤 것도 넣지 않는다(설압자, 음식, 물). • 경련하는 동안 억제하면 손상을 받을 수 있으므로 발작 중에 대상자를 억제하지 않는다. 발작하는 사람의 동작을 멈추지 않는다. 움직이지 못하도록 붙잡거나 주무르기 또는 손가락을 따는 등의 행동은 하지 않는다.
발작 후	• 경련이 끝나면 이완상태가 되며 반응이 없어지기도 한다. • 발작이 끝난 후 기도 개방 여부를 확인하고, 발작 동안 다른 부위의 외상이 없는지 전신 상태를 확인한다. • 측위로 안전하고 편안하게 눕히며 보온해 주고 의식이 명료해질 때까지 유지시키며 자주 상태를 관찰한다. • 자존감을 손상시키지 않도록 배려한다.

발작양상
기록
	• 발작의 발생 빈도
	   − 발작한 날짜, 시간, 기간
	• 발작의 특성
	   − 긴장성, 간대성
	   − 뭔가에 홀린 듯한 응시, 깜빡거림(blinking)
	   − 자동행동
	• 한 가지 이상의 발작 발생 유무, 발작 진행의 후유증
	   − 발작을 시작한 장소
	   − 처음 침범 받은 신체 부위
	• 발작 동안 관찰
	   − 동공 크기의 변화와 안구 편위
	   − 의식수준, 무호흡, 청색증, 타액 분비
	   − 발작 동안 요실금, 변실금
	   − 눈 떨림, 운동성 활동의 움직임과 진행
	   − 입술 빨기, 자동행동, 혀 혹은 입술 깨물기
	• 발작의 지속 시간
	• 마지막 발작이 일어나는 시간
	• 발작의 전조증상 유무
	• 발작 후 양상
	   − 어지럼증, 허약감, 무감각, 시각장애, 미각이나 청각장애 유무
	   − 정상 행동 유무
	   − 발작 인지 유무
	• 발작 전 상태로 회복하는 데 걸리는 시간

3 간질 발작 시 응급처치

기도 유지	• 발작하는 동안 절대로 환자의 입에 손을 넣지 않도록 한다. 가능하면 비인두기(naso-pharyngeal way)를 사용하도록 한다. • 조여진 옷은 느슨하게 풀어주고 호흡을 용이하게 하기 위해 환자를 옆으로 돌린다. • 구강 내 분비물을 제거함으로써 흡인을 방지하도록 한다.
기도개방처치	• 단단한 바닥에 눕히고 수건으로 싼 압설자를 끼운다. 단, 억지로 하지 않는다. • 침이나 거품 등 분비물이 있을 때는 고개를 옆으로 돌려 흡인을 방지한다. • 옷을 느슨하게 하여 호흡을 돕는다. • 구강으로 아무것도 투여하지 않는다.
손상예방처치	• 외상을 입지 않도록 주위에서 위험 물건을 제거하여 안전한 환경을 제공한다. • 발작 중에는 될 수 있는 대로 만지지 말아야 한다. • 기계적 접촉을 시도하거나 몸을 꽉 붙잡고 찍어 누르면 오히려 경련을 지속시키게 되므로, 발작 중 환자를 억제하지 않는다. • 환자가 주위 환경에 대해 완전한 반응을 보일 때까지 환자 옆에 남아 있는다.
잠재적 위험성	• 바닥으로 쓰러지거나 벽에 부딪힘으로써 일어나는 손상(특히 뇌손상 주의) • 혀로 인한 기도 폐색 • 침, 구토물 흡인으로 인한 질식 • 간질 중첩 발작

03

Chapter

03 학교에서의 흔한 증상 처치

1 구토

구역·구토 초래 질환	• 과식, 식중독, 약의 부작용, 멀미 등과 같이 원인이 뚜렷한 것 외에도 급성 복증이나 뇌출혈, 뇌종양, 뇌막염 등의 위험한 질환도 있다. • 구역질, 구토는 위·장·간장 등의 소화기 질환에는 물론이고, 뇌의 질환, 혹은 약물의 부작용, 입덧, 멀미 등 여러 가지 원인으로 생긴다.
문진	• 음식물 섭취 상황 • 복통 유무 • 배변 상황, 변성(便性) • 구토물 관찰, 출혈 유무 • 발열 두통의 유무
간호중재	• 식사와의 관계, 복통이나 설사의 유무, 발열, 두통의 유무 등을 관찰하며 근본 원인을 찾아 교정하도록 한다. • 중독의 의심이 있을 때는 손가락을 목구멍에 넣어서 토하게 한다. • 의복을 느슨하게 해주고, 환자의 얼굴을 모로 돌려서 토물이 흡인되지 않도록 주의시킨다. • 환자가 편안해 하는 자세를 취해 주되, 구토물이 흡인되지 않도록 측와위나 복와위를 취하게 한다. • 냉수로 양치질을 하게 한다. 양치질을 한 후 얼음조각을 물고 있도록 한다. • 구토가 계속될 때는 위부에 빙낭 등을 대주면 구역질이나 구토를 진정시키는 데 좋다. • 구토가 심하면 금식하고, 심하지 않으면 자극이 적고 소화가 잘 되는 것을 조금씩 먹게 한다. 수분은 반드시 조금씩 제공한다. • 구토가 심할 때는 탈수에 유의하며 수분과 전해질을 보급해 주기도 한다.
탈수증상 관찰 [2009·2010 기출]	갈증 및 구강점막 건조, 피부긴장도 감소, 소변량 감소 및 뇨농축, 체중감소, 빈맥, 저혈압, 경련, 기력이 떨어지고 활동이 저하된다.
체액 부족 시 기본 간호 [2004 기출]	• 수분전해질 공급 • 섭취배설량 측정 • 체중 측정 • 금식, 당분간 자극적 음식 제한 • 구강간호 • 지사제 사용은 주의해서 투약

응급상황	• 뇌압의 상승으로 인하여 토하는 경우 • 중독이 의심되고 급성복통을 수반하는 구토 • 구토의 반복으로 탈수에 빠질 가능성이 있는 경우 　→ 연령이 낮을수록 주의 • 급성 복증이 동반될 때

2　설사(diarrhea)

정의			일반적으로 무형변을 하루에 여러 번 배출하는 것을 말하며, 점액이나 혈액이 혼입된 경우도 있다(3~4회 이상).
발병기전	분비성 설사		전해질이 과도분비되고 흡수가 저하된 상태로서, 대변이 물과 같이 묽다(대표적 질환으로는 콜레라, 담즙산에 의한 설사 등에서 위장관 호르몬의 과다분비로 인한 설사 등).
	삼출성 설사		장관벽에 염증으로 점액과 혈액이 섞인 대변을 배설하는 것이 특징이다(대표적 질환으로는 궤양성 대장염, 세균성 이질, 아메바성 이질, 결핵성 대장염 등).
	흡수장애	삼투성	장관에서 흡수가 잘 되지 않는 물질을 다량 섭취한 경우에 맑은 설사를 일으킨다($Mg2^+$을 많이 포함한 완화제를 많이 사용한 경우 등).
		구조 이상	해부학적으로 흡수면적이 감소하여 생기는 설사이다(대장아전절제술, 위결장 누공형성 등).
		운동성 이상	음식물이 장점막과 접촉하는 시간이 적어서 흡수에 지장을 일으키는 경우로, 대체로 장의 운동이 촉진되는 경우에 일어난다(갑상선 기능항진증, 과민성 대장증후군 등).
급성 설사			갑자기 설사를 일으키는 경우이다. • virus, 세균, 원충 등의 감염에 의한 경우가 많고, 그 정도가 심하며 구역, 구토, 복통을 동반하는 경우가 많다.
급성 설사로 인해 나타나는 증상			• 탈수 • 전해질 불균형 • 영양장애 • 대사성 산증
만성 설사			천천히 증상이 나타나 오랫동안 서서히 진행하면서 계속되는 경우로 대개 운동성 이상이나 흡수면적 부족으로 인한 설사가 만성 경과를 취한다.

일반적 처치	• 문진을 통해 대변의 양상을 유의해서 관찰한다. • 스트레스는 피하고 안정과 휴식을 취한다. • 심한 설사로 탈수에 빠지는 경우 염분이 있는 음식과 수분을 먹이거나 포도당, 식염수 용액을 마시게 한다. • 복통이 심한 경우 진경성 진통제(항콜린제 : 부스코판)를 사용할 수 있다. • 심한 설사가 잘 멎지 않으면 마약성 지사제(코데인, 로페린 등)를 사용할 수 있으나 습관성을 일으킬 수 있으므로 조심하여야 한다. • 복부에 온찜질을 한다. • 원인이 무엇이든 첫날은 금식이나 유동식을 준다. • 당분간 자극적 음식, 섬유질이 많은 음식은 피한다. • 장관에 한랭자극을 주지 않도록 찬 음식물, 한기 등은 피하도록 한다. • 만성 설사 시 항문 주위의 불편감의 치료 및 예방 : 비누, 화장지, 목욕수건의 사용은 삼가고 따뜻한 물로 적신 흡수천으로 부드럽게 닦는다. • 세균성 이질, 아메바성 이질의 경우에는 항생제나 항균제를 사용하나 일반적 식중독의 경우 항생제를 오래 사용하면 위막성 대장염 등과 같은 합병증을 유발할 수 있음을 유의한다. • 설사가 오랫동안 계속되는 경우 다양한 원인에 의해 올 수 있으므로 원인 질환 파악을 한다. • 심한 갈증을 호소하고, 늘어지거나, 쇠약감 등을 보이는 경우 병원으로 보내 진료 받도록 한다.
응급	• 급성 설사의 대부분으로 설사에 동반되는 구역, 구토, 복통, 발열, 쇠약감 등의 증상이 심한 경우가 응급에 해당한다. • 심한 탈수 상태인 경우 : 분비성 설사와 삼출성 설사 또한 응급에 해당한다.

3 변비

원인	• 자율신경계와 정신신경계의 중추 및 말초의 이상이다. 　－ 일상생활의 큰 변화, 즉 여행을 하거나 다른 곳에서 자게 되면 경한 일시적인 변비증이 발생할 수 있다. 　－ 감정의 긴장이나 장기간의 침상에서 안정시키는 경우 변비가 발생할 수 있다. 　－ 배변의 장소나 배변의 위치가 부적합할 때이다. 　－ 직장 및 항문 주위의 병변으로 배변 시 통증이 올 때이다. • 장 자체의 질환 때문이다. • 갑상선 기능저하증, 부갑상선 기능고진증, 고칼슘혈증, 연중독, 경피증(硬皮症) 등의 전신 질환이나 임신이 원인일 수 있다. • 교감신경 차단제, 신경안정제, 비흡수성 제산제 등의 복용 등이 원인일 수 있다.

증상		• 배변 곤란과 복부 불쾌감을 동반한다. − 보통 곧 없어지지만 직장에 변이 오래 머물게 되면 하복부에 심한 복통이 오고 굳은 변 주위에 갈색의 물 같은 변이 묻은 자발적 설사를 하게 된다. • 식욕감퇴, 권태감, 트림, 가스배출, 두통, 전신무력증 등을 유발한다.
종류 및 특징	이완성 변비	대장운동 저하가 원인이며 노인들에게서 자주 나타난다. 변의 성상은 수분이 적고 크고 딱딱하게 굳은 것이 특징이다.
	경련성 변비	이완성과는 반대로 대장운동 고진에 따라 경련성 수축을 일으켜서 장 내용물의 진행이 방해되어 일어나는 것이며 변이 토끼똥 같은 염주 모양의 변이 나온다.
	습관성 변비	변의를 억지로 참아 직장의 배변반사가 마비되어 일어나는 변비이다. • 설사약이나 관장 없이는 배변할 수 없는 경우도 있다.
	이완성 변비	• 장운동의 부족으로 오는 것으로 대개 비만자, 노인, 임신부에게 올 수 있다. • 아침에 일어나서 시원한 우유, 주스, 냉수나 따끈한 우유, 꿀차 등을 마셔서 온도의 자극을 이용하도록 한다. • 고섬유소 식품으로서 과일, 채소 등을 먹고 흰밥보다는 잡곡밥, 보리밥을 먹도록 한다. • 물의 섭취는 하루에 8~10컵 정도로 증가시킨다. • 변의가 없어도 일정한 시간, 특히 조반 후 변소에 10분 이상 가는 습관을 붙인다. • 전신운동이나 복부의 마사지, 목욕 등도 효과가 있다. 이는 혈액 순환이 잘 되어 대장의 운동이 촉진되기 때문이다.
	경련성 변비	• 정서의 혼란, 연속되는 긴장으로 장이 불규칙적으로 수축함으로써 올 수 있다. • 커피나 홍차, 거친 음식을 먹지 않도록 한다. 소화가 잘 되는 것으로 섭취하고 장에 자극이 없도록 해 주어야 한다. 또한 지나친 흡연은 삼간다. • 장관에 자극이 되지 않도록 우유, 달걀, 치즈, 빵, 기름, 잘 갈은 고기와 같은 무섬유소나 저섬유소 식사를 하도록 한다. • 정신적인 안정이 필요하며 신경안정제가 필요할 때도 있다.
변비로 인한 복통이 생긴 경우		• 배꼽 주위 전체를 시계방향으로 손바닥으로 마사지해서 배변을 촉진한다. • 시판하는 관장액으로 관장한다(학교에서는 실시하지 않는다). • 관장으로도 나오지 않는 경우 적변시킨다. 손에 고무장갑을 끼고 집게 손가락에 글리세린을 묻혀 항문에 삽입하고 항문 가까이에 막혀있는 변을 천천히 긁어낸다(학교에서는 실시하지 않는다). • 습관성인 경우 장의 연동을 촉진하는 섬유소가 많은 음식을 섭취하도록 지도한다. • 다이어트 등으로 음식물 섭취가 극단적으로 적어지지 않았는지 주의한다.

4 **발열의 일반적 응급처치**

일반처치	• 원칙적으로 발열을 일으키는 원인질환에 대한 치료가 필요하다. • 38℃ 이하의 발열이면, 경과 관찰만으로도 충분하다. • 38℃ 이상일 때는 물, 냉수, 알코올 스펀지나 얼음으로 체표면을 식혀주는 것이 좋기는 하나, 발열환자가 한기를 느끼거나 싫어하면 이를 중단하여야 한다. • 오한(한기)을 수반할 경우에는 모포 등으로 싸서 보온해 주고, 열이 더 이상 오르지 않으면 식혀주기 시작한다. • 해열제의 사용 : 발열만으로 환자의 생명이 위험하게 되는 일은 없으므로 함부로 해열제를 써서 원인감별진단에 혼돈이 되지 않도록 유의해야 한다. • 안정 : 특히 오한이 심할 때는 신체에 급격한 변화가 생기므로 안정을 취할 필요가 있고, 운동, 입욕, 음주 등은 좋지 않다. • 발열 외의 증상(기침, 가래, 흉통, 설사, 복통, 구토 등)에 유의하며 정확한 체온, 맥박, 호흡 수를 측정하여 두면 진단에 도움이 된다. • 수분, 비타민, 소화가 잘 되는 음식물을 충분히 섭취한다. • 열이 떨어지지 않으면 병원으로 후송한다. • 환자의 유행성 질환의 기왕력, 예방접종 이력, 최근에 있는 형제 간의 감염증 이환 여부, 학교에서의 열성 질환의 유행 유무를 확인해서 가능성이 높다면 빨리 의사의 진료를 받도록 권한다.
응급상황 판단	• 의식장애 • 경련 • 순환장애(안색창백, 청색증) • 심한 두통 • 심한 복통 • 호흡곤란

Chapter 04 통증

01 통증의 개요

1 통증의 이해

통증의 정의	통증은 실제적 혹은 잠재적 조직 손상과 관련된 불쾌한 감각적 그리고 정서적 경험(국제통증연구협회)	
	손상자극 전달감각	• 신체에 가해진 유해자극에 대한 위험신호를 전달(생존을 위해서 매우 중요한 감각) • 손상 자극으로부터 신체를 보호하기 위한 필수적인 신경활동
	감각경험	유해자극의 강도, 지속시간, 부위 질(quality) 등의 식별요소와 연관되는 감각 경험
	정서경험	괴로움, 불안, 우울과 같은 정서반응 및 근육 수축, 순환 반응, 호르몬의 변화를 포함하는 반사활동과 연관된 정서 경험
통증 특징	• 주관적이고 개인적인 경험 • 객관적으로 측정될 수 없음 : 대상자의 말과 행동에 의존 • 생리적 방어기전이며 조직손상의 경고	
통증 유발 요인	• 기계적, 물리적 상해 • 과다한 열 및 화학물질 • 혈관허혈, 근육경련 • 조직손상, 질병, 염증 등이 있을 때 히스타민, 브라디키닌, 세로토닌, 프로스타글란딘, 아세틸콜린, 등의 화학물질이 분비되어 통각수용기를 활성화시킴	
통증 영향 요소	• 신체적 요소 : 연령, 피로, 유전인자, 신경계 기능 • 사회적 요소 : 집중, 과거의 경험, 가족과 사회적 지지 • 영적 요소 : 종교적인 믿음을 초월한 통증의 의미 • 심리적 요소 : 불안, 대응 형태 • 문화적 요소 : 통증의 의미, 민족적 배경(문화적 신념)	

오류	사실
'진짜 통증'은 확실한 원인이 있다.	통증의 원인이 있기는 하지만 불분명하고, 주의 깊게 사정해야 한다. 심리적 원인의 통증도 생리적 원인의 통증과 마찬가지로 '진짜 통증'이다.
통증은 예측 가능하다. 모든 사람들은 일정한 자극에 의해 예측 가능한 양의 통증을 느낀다.	통증은 개인차가 심하다. 특정 자극에 의해 생기는 표준 통증이란 없다. 똑같은 수술절개를 하여도 사람마다 느끼는 통증은 다르다.
의료인은 대상자의 통증에 대한 전문가이다. 의료인은 대상자가 통증을 어느 정도 느끼는지 어떻게 통증을 치료하면 되는지를 알고 있다.	통증을 경험하고 있는 사람이 그 통증에 대한 전문가이고 어떻게 해야 통증이 감소되는지 알고 있다.
간호사는 자신의 통증 정의, 통증에 대한 문화적 신념과 가치를 사용하여 통증을 가장 잘 사정할 수 있다.	자신의 가치와 신념으로 다른 사람의 통증을 사정하는 것은 잘못이다. 대상자의 통증을 이해하는 유일한 방법은 대상자의 호소를 경청하는 것이다.
사람들은 통증 내인성을 증가시킬 수 있으며, 통증이 지속되면 통증 내인성도 증가된다.	통증 내인성이 높다는 것은 의미가 없다. 통증을 참아야 할 필요가 없다. 통증이 지속되면 통증 내인성은 다시 낮아진다.
잠을 잘 수 있다면 통증이 있는 것이 아니다.	통증으로 피로해지면 아픈데도 불구하고 잠을 잘 수 있다. 심하거나 지속적인 통증이 있는 사람은 탈진해서 잠을 자게 된다.
만성 통증이 있는 사람은 정신적인 문제가 있다.	치료되지 않는 통증을 가진 대상자는 우울과 불안을 겪게 된다. 통증이 지속되면 다른 증상도 나타나게 된다. 이는 통증 때문에 생긴 것이다.
관심 전환이나 기타 비침습적 통증 완화법으로 통증이 완화되면 그것은 '진짜 통증'이 아니다.	비침습적 통증완화법도 급성·만성 통증완화에 효과적인 방법이다.

통증에 대한 일반적인 오해 (위 표 왼쪽 병합 제목)

통증 내인성에 영향을 미치는 요인
- 증가 요인 − 알코올, 약물, 최면술, 따뜻함, 문지르기, 관심 전환, 믿음, 강력한 신념
- 감소 요인 − 피로, 분노, 지겨움, 불안, 지속적인 통증, 스트레스, 우울

② 통증 경험의 구성요소(통증기전)

수용	수용(reception) 자극 → receptor → 척수 → 뇌	
	자극요인	• 화학적, 온도적, 기계적 자극에 반응 • 조직손상, 세포손상, 부산물 방출, 염증매개인자는 통각수용체를 활성화시키거나 감작
	자극화학물질	• 정상적으로 생체 내에 존재하는 것, 농도가 크게 증가하였을 때 감수체를 자극 • 아세틸콜린, 세로토닌, 히스타민, 수소이온, K^+이온, 브라디키닌 및 단백질 분해 효소 등의 혼합 자극에 의해서 유해자극감수체가 반응

03

	• 물질이 유해자극 수용기를 민감하게 함 → 수용기 활성화 → 활동전위 일으킴 • 프로스타글란딘(prostaglandins) : 중추신경계에 통증 자극 보내는 호르몬과 비슷한 물질 • P물질(substance P) : 국소조직이나 통증 수용기에 자극을 줌 • 브라디키닌(bradykinin) : 손상 부위의 화학적 작용에 중요한 역할, 히스타민을 방출하게 함, 히스타민과 결합하여 발적, 부종, 염증을 일으켜 통증 유발 → 수용기를 활성화하여 신경충동을 유발
nociceptor : 통각 수용기	통각 수용기(유해자극에 민감한 수용기)
통증 전달	pain impulse(thermal, mechanical, chemical, electrical agents) → pain receptor(nociceptor : 통각 수용기) → 말초신경(A-delta, C섬유) → 척수 → 측척수 시상로 → 대뇌피질A-delta섬유 : 매우 크고 충동을 빨리 전달 · 국소화시킴 　C섬유 : 작고 충동을 서서히 전달, 충동을 확산 · 지연시킴
자극 전달	• 유해감수체(nociceptor)에서 발생된 전기적 흥분 → 중추신경계로 전도 → 척수와 삼차 신경핵의 신경회로를 활성화 → 유해자극정보를 뇌간, 시상, 대뇌피질로 전도 　- 체성감각피질 : 자극을 신체적 감각을 인지하고 해석 　- 변연계 : 자극에 대한 감정적 반응을 나타냄 　- 전두엽 : 통증의 생각, 이유, 지각 담당 • A-delta섬유와 C섬유는 통증 유해자극 수용기에 의하여 자극을 받아 활동전위를 일으켜서 신경을 따라서 척수후각으로 이동 빠른 통각(fast pain) / 지연성 통각(slow pain) 수초화 섬유(A-delta(δ)-섬유) / 비수초성 소섬유(C섬유) • initial pain(초기 통각) • 지연성 통각, 오래 지속 • 속도 20~30m/s • 속도 2.0~2.5m/s • 경계가 분명한 경고성 통증 • 둔하고 타는 듯한 통각 • 자극을 매우 빠른 속도로 전달(보통 급성통증, 날카로운 통증) • 퍼지는 듯한 감각이나 경미하고 쑤시는 통증과 연관 됨 척수후각 → 시상 → A-delta섬유(날카롭고, 국한된 통증으로 지각) → C섬유(분산되고, 둔하고, 타는 듯하거나 아리는 통증)
지각 (perception)	• 대뇌피질에서 지각 : 자신의 경험을 토대로 통합과 해석 • 전달된 자극의 신경적 반응을 해석하며, 통증을 감각으로 인지 • 불쾌한 감각, 부정적 정서를 표현함. 이때 대뇌피질과 변연계가 관여함 → 체성감각피질에서는 통증 부위, 강도, 특성에 관한 정보 인지하고, 변연계에서는 통증에 대한 감정 표현 • 과거의 통증 경험, 통증에 대한 가치관, 개인의 정서상태가 영향 요인 • 생리적 요소 : endorphin, enkephalins, norepinephrine

반응 (reaction)	생리적 반응	통증 자극 전달 후 자율신경계 반응(fight or flight)
	행위적 반응	• 통증에 대한 내성이 각각 다름 – 표정, 자세, 우는 소리, 신음소리 등의 표현 • 간호사는 질병에 대한 지식을 참고하여 통증유형을 예견
	뇌는 감각정보를 버리거나 저장함 – 가장 의미 있거나 중요한 자극에만 반응	
조절	• 엔돌핀: substance P 신경전달 물질의 유리를 억제하기 위해 시냅스 전에 작용 혹은 통증 자극의 전도를 억제하기 위해 시냅스 후에 작용함으로써 통증을 억제함 • 하행성 척수전도로: 통각수용의 억제자극으로 작용 – 세로토인: 이러한 억제 자극을 지지하는 신경전달물질 • 내인성 하행통증 억제체제: A-delta 섬유에 의해 전달되는 침해자극에 의해 효과적으로 활성화됨 예 TENS(전기자극이 아편성 진통제를 활성화)와 침술(아편제의 전도로 사용)	
감작	• 통증에 대한 감작은 말초성 또는 중추성으로 나타남 • 말초감작: 통증 자극에 지속적으로 노출되어 발생. 그 결과 통증의 역치를 낮게 하고 통각과민성과 이질통증을 나타냄 • 중추감작: 척수신경 과잉 흥분과 함께 통증 자극에 지속적으로 노출되어 발생. 지속적인 통증과 연관통 및 통각과민증과 이질통증을 야기함	

3 관문통제이론

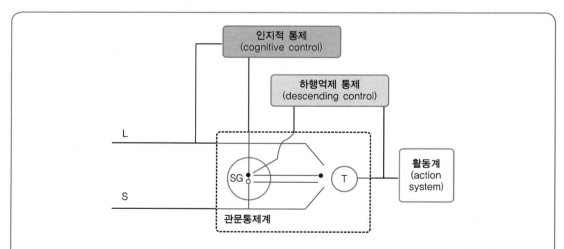

• 통증 자극은 전달을 허락하거나 혹은 금지하는 척수후각에 있는 교양질의 관문통제 기능에 의해 조절을 받는다.
• 관문통제 요인은 신경전도의 속도가 빠른가 아니면 느린가 하는 정도와 뇌간과 대뇌피질로부터 내려온 하행정보 등이다.
또한 척수 수준의 관문통제계, 대뇌의 특정 부위에 따른 감각 식별 영역, 동기유발 정의 영역 및 중추조절 기전 그리고
반응으로 나타나는 운동 기전으로 나누어 설명할 수 있다.

관문통제계	• 통증 충동은 척수후각(교양질) 관문처럼 작용하여 통증을 조절함 • 관문을 열고 닫는 능력은 자극, 정서, 불안, 주의분산, 감각, 기억에 의해 영향 받음 • 대직경(large-diameter faster fiber)은 통각, 촉각 정보를 전달하는 반면, 소신경 섬유는 통각 혹은 통증 신호를 전달 • 자극이 있을 때 대섬유는 뇌로 가는 관문 혹은 경로를 닫음으로써 통증 자극의 전달을 막거나 방해 • 신경조절물질의 예로 serotonin, endorphins, enkephalins, dynorphin 등		
	A-delta섬유와 C섬유 자극	자극 전이 (관문 열기)	척수후각에 있는 교양질의 활동을 금지하여 자극을 전이 전이세포로 전달(관문 열기) : 자극이 전이세포로 다량 전달되어 통증 감지 많아짐
	대섬유 Aα와 Aβ섬유가 자극	자극 차단 (관문 닫기)	척수 교양질을 활성화 시켜 자극전달물질의 방출을 차단하여 자극이 전이세포에 전달되지 못하게 함(관문 닫기 : 통증감지 억제) → 통증 완화
		근거	소섬유의 자극 전달 속도보다 빨리 척수에 도달하여 자극전달물질의 방출을 차단 → 자극이 전이세포에 전달되지 못함
감각 식별 영역 (뇌간)	감각 식별 영역은 자극이 척수에서 대뇌피질의 체성감각중추에 전해져서 통증의 기간, 위치, 정도 등을 평가하는 것		
동기유발 정의 영역 (대뇌피질)	• 자극이 척수에서 망상계와 변연계에 이르러 그 부위를 활성화시키면 강력한 동기유발과 불쾌감이 나타나게 됨 • 망상체는 투입되는 신호를 조절하거나 적응하여 감각투입이 지나치면 억제신호를 척수로 투시하여 관문을 닫아 통각이 대뇌피질에 도달하지 못하게 하여 통증을 느끼지 못하게 함		

	부위	관문 닫기(전달차단)	관문 열기(전달허용)	통증 완화법
관문 조절	신경섬유	• 크고 빠르고 수초성인 Aβ, Aα 신경섬유를 통해 자극 전달 • 손상없는 피부부위 자극 (마사지)	• 느리고 작은 A delta, C 신경섬유를 통해 자극 • 손상 입은 피부부위 자극 (일광화상 입은 피부)	마사지, 열/냉요법, 허브연고 도포, TENS, 침술
	뇌간	• endorphin 효과 • 충분한 감각자극 유입 (관심 전환)	• endorphin 효과 없음 • 불충분한 감각자극 유입 (단조로움)	• 음악, 게임, 최면 • 율동적 호흡법, 유도심상법
	대뇌피질	• 과거 경험 • 통증조절감	• 과거 경험 • 불안	정보제공, 교육

상행전도 조절	• 척수에서 통증 관문은 상행전도 조절과 하행전도 조절을 통해서 닫힐 수 있음 • 굵은 감각신경섬유 자극: 마사지, 온·냉적용, TENS사용, 침술, 박하연고제 도포 등 • 마약성 진통제의 투약: 말초신경계와 중추신경계내의 수용기와 결합하여 통증 자극을 방해

하행전도
조절
	• 엔돌핀과 엔카팔린의 분비: 생화학적으로 통증 자극 하행을 방해
	• 인지적 재해석(인지행동적 접근)
	  → 교육이나 정서적 지지로 불안이나 공포 완화
	  → 이완요법, 유도된 심상요법, 최면술 사용 → 통증 경험의 지각이나 해석을 변화
	• 변연계에서의 감정을 조절하는 방법: 정서적 불쾌감 조절
	  − TV 시청, 음악감상, 노래부르기, 게임과 같이 통증으로부터 관심을 돌리는 전환 행동

4 통각의 종류에 따른 통증 발생기전

표면통각 (표재성, superficial pain)	통증 자극이 주어지면(예를 들면, 뜨거운 물에 손을 담글 때) 먼저 예리한 통증[찌르는 듯한 통증(pricking pain)]이 느껴지고, 1~2초 후부터는 무겁고 참기 힘든 통증[화끈거리는 통증(burning pain)]이 느껴진다.
심부통각 (체강성, deep pain)	• 둔하고 한계가 분명치 않으며 주위로 퍼지는 성질이다. • 체강 내에 있는 기관에 생기는 체성 통증(somatic pain) • 서서히 발생, 타는 듯한 성질 • 근막통, 골관절염통
장기통각	• 둔하고 경계가 불분명, 자율신경반사를 수반한다. • 공동기관(hollow orgin)이 신속하고 심하게 신전되거나 평활근이 지속적으로 수축할 때 일어나며, 특히 국소 혈류량이 감소하면 통각은 더욱 심해진다. − 뻐근한 감각(협심증)/작열감(위궤양)/급성충수돌기염, 담낭염, 늑막염/신장 및 요관 산통 등을 수반한다.
급성 통증	발병이 빠르고(수초에서 6개월) 강도가 다양 원인이 분명하며 손상부위가 치유되면 해소 불안, 창백, 발한, 빈맥, 혈압상승 등이다.

만성 통증	정의	임의적이지만 3~6개월 이상 지속되는 통증, 재발되는 통증이다.
	특징	학습·기억 과정에 관여, 대부분 신경병의 증상, 심리사회적 상태에 의존한다.

비교	구분	급성 통증		만성 통증	
	생리적 반응	• 혈압상승 혹은 저하 • 맥압상승 • 동공확대	• 호흡수 증가 • 발한	• 혈압정상 • 호흡정상 • 피부건조	• 맥박정상 • 정상동공
	행동적 반응	• 불안정 • 두려움 • 통증 부위 보호	• 집중저하 • 불편감	• 부동 • 위축	• 신체운동 불가 • 절망

5 특수통각(통증의 이상 현상)

이중통	사실상 정상 현상	
	초기 통증 (initial Pain)	Aδ 통각수용기, 날카롭고 경계가 명확
	지연 통증 (delayed Pain)	C-다류성 통각수용기, 경계가 불분명
연관통 (referred Pain)	실제 내장조직의 손상으로 인한 통증을 피부 등의 다른 지점에서 느끼는 증상 예 대동맥이 아프다는 감각 대신 등이 결리는 것으로 인식(빈도의 문제)	
	폭주투사설 (convergence- projection theory)	내장과 피부절(dermatome)은 척수상에 같은 지점으로 신경이 수렴하기 때문에 해당 내장과 연결된 피부절에서 통증을 느끼는 것
투사통	말초의 통각감수체가 직접 자극을 받지 않아도 구심성 신경섬유가 어느 곳에서든 흥분을 일으키게 되면 흥분은 중추신경계 해당 구심성 신경의 지배영역에 전달되고, 주관적 통각은 흥분한 구심성 신경의 말초지배영역에 투사되는데 이를 투사통(projected pain)이라고 함	
환지통 (환지통, phantom Limb)	절단되어 없어진 신체 부위에서 통증을 느끼는 것	
	기전	절단 부위 신경이 일부 절단되었으나 남아있는 신경단위가 전과 같이 같은 부위에 계속적인 자극을 보내기 때문에 생김
통각과민 (hyperalgesia)	작은 통증을 지나치게 확대해서 느끼는 것	
	일차 통각과민	손상부위, 기계적 및 열통각과민, 말초감작
	이차 통각과민	주변부, 기계적 통각과민, 중추감작
	기전	Aβ 수용기의 2개 이상의 뉴런과 시냅스를 이뤄 신호가 2배 이상으로 증폭되는 것[예 피부홍통증(erythromelalgia)]
성장통	밤중이나 오후에 통증이 심해지고 아침에는 나타나지 않음. 움직일 때는 통증이 없고 아픈 부위를 확실히 지적하지 못함. 주물러 주면 시원해하고 좋아함	

6 통증의 반응 사정

교감신경계 반응	• 경증~중등도 통증이나 단기간의 심한 표재성 통증 시 발생 • 피부의 창백감, 차고 축축함 • 활력징후의 변화(혈압, 맥박, 호흡의 상승) • 발한 • 동공의 확대	
부교감신경계 반응	• 심한 통증과 장기간 혹은 심부통증 시 발생 • 피부의 창백함 • 활력징후의 변화(혈압, 맥박 감소) • 오심과 구토 • 허약, 실신, 좌절 • 의식소실	
통증사정 (PQRST) [2013 기출]	Provoke 혹은 Palliate 통증의 유발 요인 (완화 요인)	• 식전에 아픈가 혹은 식후에 아픈가? • 다리를 펴면 더 아픈가? • 우유를 마시면 통증이 완화되는가?
	Quality : 통증의 질	뚫리는 것 같은 아픔, 쏘는 듯함, 찌르는 듯함, 날카로움, 묵직함 등
	Region : 통증의 부위	통증 부위 지적
	Severity : 통증의 강도	경한, 중등도, 심함, 몹시 고통스러움
	Timing : 시간 및 기간	• 언제 시작되는지, 얼마나 자주 발생하는지, 하루 중 언제인지 • 얼마나 오랫동안 지속되는지, 지속적인지 혹은 간헐적인지
통증 내인성에 영향 요인	증가 요인	알코올, 약물, 최면술, 따뜻함, 문지르기, 관심전환, 믿음, 강력한 신념
	감소 요인	피로, 분노, 지겨움, 불안, 지속적인 통증, 스트레스, 우울
신체검진	방법	통증이 없는 부위를 먼저 검진한 후 통증 부위를 검진하여야 함
	근거	통증 부위를 먼저 촉진했을 때 더욱 통증을 유발하여 검사 자체를 어렵게 하거나 다른 중요한 자료를 놓칠 우려가 있기 때문
생리적 측정	• 급성 통증 시 자율신경계가 자극되어 호흡이 얕고 빨라지며, 혈압이 높아지고, 맥박이 빨라지며, 손이 차고 축축해지는 경향이 있음 • 만성 통증 시는 생리적 변화가 별로 나타나지 않음	

7 통증 간호

(1) 비약물적 통증 관리 : 통증 완화, 기능 최대화, 부작용 최소화

기본적 관리	안위 도모	• 근육긴장을 감소시키기 위해 체위변경 • 적절한 신체자세 유지 • 통증 부위 부동 · 상승 • 부드러운 등 마사지 제공
	환경적 배려	• 해로운 자극 제거(지나치게 밝은 빛, 소음 등) • 조용하고 부드러운 환경 조성
	대상자 교육	• 통증 원인, 진행과정 등을 설명하여 공포감 완화 • 가능한 통증 완화법에 대한 정보를 제고하여 통증을 자가조절 할 수 있다는 느낌 증진
	정서적 지지	• 대상자와 좋은 인간관계 수립 • 대상자와 함께 있어 줌
	유해자극 감소	손상 받은 부위를 자극을 받지 않도록 조심스럽게 다룸

특징		• 장점
		  - 진통제에 비해 부작용의 위험 부담 적음
		  - 침습적인 방법에 비해 시행 시 불편감이 적음
		  - 보건교사가 독자적으로 시행 가능한 것들이 많음
		• 종류
		  - 표피마사지, 열과 냉의 적용, 관심전환, 유도심상법, 정보제공, 이완술, 행동수정, 최면술, 치료적 접촉, 경피신경자극, 생리적 회환법

(2) 비침습적 통증 관리법

정의/목표		• 물리적 요소인 열, 물, 운동 및 전기역학적인 기구를 이용하여 질환이나 장애를 치료
		• 목표
		  - 관절의 운동성, 기민성, 근력의 유지 및 증진
		  - 근육경련 감소
		  - 동통과 부종의 감소
		  - 활동저하와 관련된 합병증 예방
		  - 자가간호와 보행기술 교육

마사지	기전	피부의 대섬유를 자극하여 척수의 통증관문을 닫게 함 → 근육이완, 진정작용(예 근육통, 등의 동통, 경부동통)
	방법	• 손은 따뜻하게, 오일이나 로션을 사용하여 마찰을 줄이고 이완되도록 함 • 마사지를 받는 대상자가 안정되게 편안한 자세를 취하도록 함 • 실내온도를 따뜻하게 하고 너무 밝지 않은 조명, 조용한 환경과 부드러운 음악

		• 옷은 느슨하게 하고, 필요한 부분만 노출시키고 그 외 부분은 홑이불 등으로 덮어 주어 보온과 프라이버시 유지 • 간호사는 편안하고 안정된 기립자세로 불필요한 동작은 피하고 힘보다는 숙련된 기술로 일정한 리듬·빈도·압력으로 실시
	효과	• 과다한 조직간질액 또는 관절액의 감소 • 마비근육의 혈액순환 증진 • 경축근육의 정상 근 길이 회복 • 유착 완화 • 통증 완화 • 국소적 전신적 이완 • 정신적 안정 효과

열요법	기전	• 손상 부위의 말초혈관 확장, 혈액순환 촉진
		  → 염증산물제거(히스타민, 브라디키닌, 프로스타글란딘) → 통증 감소
		• 피부의 대섬유를 자극하여 척수의 통증관문을 닫게 함
		  → 근육이완, 긴장과 불안 완화 → 통증 감소

	효과	• 혈액순환 촉진: 체온이 상승되어 혈관이 이완되고 혈액순환이 증가됨 • 상처치유 효과: 영양소 운반 증가, 노폐물 제거 증진, 혈액 내 식균 작용 증가, 염증완화 • 부종 감소, 심리적 안정 도모 • 통증 감소 / 관절강직 감소 / 근경련 완화 / 근이완 / 결체조직의 신장도 증가
	주의	• 열을 적용하는 부위의 발적·조직손상·불편감 등을 자주 관찰 • 화상 위험: 박하 함유된 제품 사용 금기, 천이나 타월로 감싸기 • 금기증: 악성종양, 개방상처 및 급성염증, 외상 후 24시간 이내, 방사선 조사 부위
	적용	근육경련성 통증, 관절염 통증
	금기	• 외상 후 처음 24시간(출혈과 부종을 야기) • 출혈(혈관 이완으로 출혈 증가) • 급성 염증(예 뇌충수염) – 부종 증가, 화농된 충수돌기·국소적 악성종양(순환증가로 악성종양의 전이 촉진)

	방법	• 습열이 건열보다 침투력이 좋음
		  - 습열: 온습포, 파라핀욕
		  - 건열: 온찜질, 온포, 더운 물주머니 등
		• 파라핀욕: 만성 관절염 환자(류마티스 관절염 환자)나 건이식 수술환자에게 효과적. 적용 직후 치료적 운동 실시
		• 열에 노출하는 시간은 사용하는 방법에 따라 다르나 약 15~20분

03

냉요법 [1998 기출]	기전	• 신경전달속도를 느리게 하여 대뇌에 도달하는 통증 자극량 줄임 • 냉각이 지각적으로 우세하여 통증을 낮춤 • 피부의 대섬유를 자극하여 척수의 통증관문을 닫게 함

	효과	• 출혈/부종 조절 : 혈관수축과 대사활동의 감소로 혈류량을 더 감소시킴, 활액의
		  점성도 증가, 염증반응감소, 발열억제
		• 통증 감소, 근육경련 감소 : 근경련 통증 시 근육에 전달되는 신경말단부의 활동을
		  저하시킴
		• 결체조직의 유연성 감소

	주의	• 천/타월 감싸기, 방사선 조사부위 및 아픈 부위에 직접 적용이 어려운 경우 활용 • 금기 : 혈관부전, 열린 상처, 말초순환장애, 부종 환자
	금기	• 열린 상처(혈류감소로 조직손상 초래) • 말초순환장애(조직의 혈액 공급을 더욱 감소) • 부종 환자(순환악화로 간질액 흡수를 막음)
	적용	• 상처에 따르는 연조직의 손상에 따른 급성통증 완화 • 관절염, 근경련, 외상직후(염좌, 타박, 골절 등), 화상 및 수술부위

	방법	• 간접적 방법 : 냉포, 냉찜질, 얼음주머니, 얼음칼라, 냉각담요
		• 직접적 방법 : 찬물 목욕, 찬물 스폰지욕, 알코올 스폰지, 얼음적용, 얼음물 침수,
		  에어로졸 분무
		• 10분 동안 실시, 30분 초과 × − 처음에는 혈관이 수축되나 계속 적용하면 혈관이
		  확장됨 → 다시 실시하려면 30~60분 정도 휴식 후 실시함

운동요법		• 근력 유지 및 강화 • 관절 가동범위 증진 • 기형 예방 • 지구력 강화 • 협동운동 증진 & 속도 향상 • 경련성 · 강직성 운동장애 개선
전기적 자극장치		• 큰 감각 섬유의 자극에 의해서 통증 자극을 막는 것 • 경피적 전기적 신경자극 TENS, 경피적으로 척추에 삽입된 전기적 자극 물질, 척수의 배측 자기극 등이 있음
신경외과적		신경절단술, 신경근절단술, 전측척수신경전달술
신경차단		• 대증적인 통증경감에 사용 • 신경위의 자극전도 차단 − 신경근처에 국소마취제 or 신경용해제 같은 물질 주입
침술		직경이 큰 신경섬유의 바늘에 의한 국소자극 : 통증에 대한 문을 닫게 함

(3) 인지행동적 접근

호흡요법	기분전환, 이완, 단순한 바이오피드 모드의 구심점이 되어 심상법의 구성 요인이 됨
바이오피드백	기계를 이용하여 신체 내부의 변화를 외부에서 관찰하는 방법으로 이를 이용해 이완과 같은 스트레스 관리 방법들을 연습할 수 있음
전환요법	• 통증에서 벗어나 다른 어떤 것에 초점을 맞추는 것 • 음악, 독서, TV 시청 등을 하면서 기분을 전환해 통증을 무시하거나 잊는 것
명상	교감신경계를 진정시켜 신진대사를 억제하고 이완반응을 유도하는 방법으로, 편안한 자세에서 눈을 감고 관심을 두고 있는 단어를 조용히 반복하는 것
심상요법	• 이완과 심상에 집중하는 과정을 포함하는 요법 • 아동이 좋아하는 장소와 그곳의 소리, 광경, 냄새를 상상하도록 격려 • 호흡법: 이완, 즐거운 생각을 하는 동안 천천히 깊이 호흡하도록 지시
생체회환	• 생리적 변화가 발생하는 시각적, 청각적 징후들을 제공함 • 아동에게 즉각적인 반응을 제공하여 흥미를 유지하게 할 수 있음 • 급성 통증보다는 만성 통증에 더 유용함
점진적 이완요법	• 신체의 각 부분의 점진적이며 체계적이고 의도적인 이완을 유도함 • 보통 팔에서 시작하여 신체 아래로 옮기면서 특정 근육을 이완하고 긴장시키는 것 • 비교적 좀 더 나이가 든 아동에게 적용할 수 있는 기술
최면술	일정한 상태에 집중하는 형태로 종종 이완을 동반하여 의식상황을 변화시키거나 최면상태에 빠지게 하는 것 → 암이나 화상, 겸상적혈구 질환과 같은 고통스러운 치료를 받거나 수술 아동들의 통증과 증상 감소에 효과적

(4) 약물적 통증관리

	작용	대뇌억제 – 중등도 이상의 심한 통증을 완화시키는 데 가장 효과적임
아편성 진통제	부작용	변비, 구토, 오심, 진정작용과 졸림, 호흡 억제
	중독	• 중독: 강박적인 약물 사용 행동양상은 드묾 • 의존성: 증상을 예방하기 위해서 약물의 지속적 사용 필요
	종류	• 코데인: 중등도의 통증에 가장 흔히 사용, 아세타미노펜 또는 아스피린과 함께 투여, 변비나 오심구토, 소양증 등을 일으킬 수 있음 • 몰핀: 무통각과 함께 진정작용, 호흡 억제가 발생할 수 있으므로 주의할 것 • 메페리딘(데메롤): 알레르기/다른 마약에 내성이 있는 아동의 단기 통증 관리 　－ 몰핀의 이점을 가지나 진통시간이 모르핀에 비해 짧음 　－ 경련/환각/흥분 등을 유발할 수 있으므로 최소한으로 사용할 것

		• PCA(자가조절통증조절) : 5세의 영아에게도 사용 가능 — 정해진 아편제의 일정 용량을 방출시키고자 환자가 버튼을 누름에 의해 작용 — 수술 후 통증, 급성 통증, 암 통증 • 척수 내 진통제의 주입 : 중추신경계기능을 감소시키지 않고 고통을 경감 — 뇌척수액 유출, 삽입부위의 혈종, 변비, 오심, 구토, 소변정체, 감각운동 차단, 운동중추 차단 등을 관찰할 것		
	아세트 아미노펜	• 작용 : 불명, 항염증 효과 ×, 진통효과는 아스피린과 비슷함 • 적응증 : 경증 통증 혹은 발열 — 아스피린 알레르기 있는 사람, 위궤양으로 아스피린이 금기인 사람에게 유용 • 부작용 : 다량 & 장기 복용하면 간독성, 신장독성 위험(위장장애, 항혈소판 부작용 없음) • 금기 : 빈혈, 간질환 환자, 류마티스 관절염이나 류마티스성 질환을 앓는 12세 아동에게 사용 주의 • 간호 : 장기투약 시 간기능, 신장기능, 조혈기능 검사를 규칙적으로 시행할 것 — 아동 5일, 성인 10일 이상 복용 시 의사에게 문의		
비아편성 진통제	NSAIDs	작용기전	NSAID제제로 사이클로옥시나아제 아라키돈산 과정에서 Cox-1과 Cox-2를 차단하여 염증매개물질인 prostaglandin의 합성을 저해하여 소염, 해열, 진통작용을 나타냄 ☀ 프로스타글란딘 : 통증, 부종, 염증의 원인물질 + 위와 신장에 대한 보호작용	
		종류	아스피린, ibuprofen, diclofenac 등	
		부작용	Cox-1 억제로 위장관궤양, 출혈	
			위장관 출혈, 위궤양	• 위벽을 보호하는 prostaglandin 합성 억제로 염산으로부터 위내층을 보호하는 점막의 능력을 감소시키고 위속의 염산 분비를 증가시켜 소화성 궤양에 걸릴 가능성이 높아 위장관 출혈이 발생 • 위 속에서 prostaglandin = 점액 생성, HC03 − 분비 자극, 위산 생성 억제
			혈소판 응집 억제	항혈소판 제제로 혈소판 응집을 억제하여 출혈을 일으킴
			Cox-2를 차단으로 심혈관계 혈전 반응, 심근경색증 및 뇌졸중의 위험을 증가시킬 수 있으며, 이는 치명적일 수 있음	
		Cox-1 기능	혈전 형성, 위장점막 보호(위액분비억제제, 위점액분비촉진), 신장 혈류 개선	
		Cox-2 기능	염증 반응, 신생물 형성	

| | | 간호 | • 천장효과 존재 : 약물의 일정 용량 이상에서는 진통 작용이 더 상승하지 않고 부작용만 증가
→ 여러 종류의 NSAIDs 투여 ×, 최대투여량 이상 ×
• 감염관찰 : 항염증 작용 − 감염의 징후가 가려짐
• 위장관 부작용 감소 : 음식/우유/제산제와 함께 복용, 식후에 복용
• 위장관 출혈 관찰(흑색변, 혈변, 비정상적 출혈), 즉시 보고
• 금기 : 혈소판 감소로 인한 출혈 위험 − 소화성 궤양, 출혈 경향, 항응고제 복용
• 검사 : 신기능, 간기능, CBC, 혈소판 검사
• 라이 증후군 : 수두, 인플루엔자의 바이러스성 질환 시 아스피린 투여 금기 |
| | | ibu-
profen | • 적응증 : 만성 대증성 류마티스 관절염, 골관절염
• 금기 : 다른 NASAIDs로 두드러기, 심한 비염, 기관지 경련, 혈관부종, 비강 폴립이 있는 아동, 활동성 위궤양, 출혈 이상
• 간호 : 식사 1시간 전이나 2시간 후 공복 시, 위장관 문제 있을 경우 식사와 함께 제공 |

02 복통 [2000 기출]

1 복통의 정의

정의	• 복통은 누구나 체험할 정도로 흔한 증상이며, 대개의 경우 과음·과식 혹은 경한 식체 등 그다지 중대하지 않은 경우가 대부분 • 외과적으로 수술하지 않으면 생명에 위험을 줄 수도 있는 복부의 질환 급성 복증(acute abdomen)은 일반 복통과 구별 필요 − 장천공, 천공성 복막염, 충수염, 장폐색, 자궁 외 임신의 파열 및 복부 내 출혈, 장간막 동맥의 폐색, 급성 췌장염, 담낭염, 담석증, 신뇨관결석 등이 이에 속함
유형	**특징**
발작 복통	• 간헐적이고 집중적으로 발생 : 50%에서 서서히 시작해서 1시간 이내 끝남 → 지속적인 통증은 10%에 불과 • 90% 환아에서 통증은 배꼽 주위 또는 심와부 중앙에서 나타남 • 통증이 나타나면 일상생활에 지장을 초래하고, 몸을 구부리면 얼굴을 찡그리면서 울거나 이를 악물고 배를 움켜쥐는 행동을 보임

비궤양 소화 불량증	• 주로 심와부, 우상복부 또는 좌상복부에서 발생 • 나이가 어릴수록 배꼽 주위에 나타나는 경향이 있음 • 구토가 흔하며 식후 통증이 흔함 • 소화궤양, 담도질환, 췌장질환과 증상 유사, 오심, 가슴앓이, 역류증, 조기포만감, 고창, 복부팽만, 가스 방출 등이 자주 동반됨
과민성 장 증후군	• 사춘기에 흔함 • 통증양상 : 발작복통과 유사 • 복통은 배변으로 소실되나 대변의 굵기, 배변의 급박감 또는 참을성, 배변의 만족도, 점액 배출, 고창, 복부팽만 등의 불규칙한 배변 형태를 보이는 것이 보통임
급성 복통	• 생후 3개월 이하 : 영아산통 • 생후 3개월 이후 : 급성위장염, 장중첩증, 감돈탈장, 장축염전증 • 학령전기 및 학령기 : 급성충수염, 요로감염증, 급성위장염, 외상, 변비 • 사춘기 : 급성 위장염, 과민성 장 증후군, 만성 염증질환, 소화궤양, 부인과적 질환
만성 재발성 복통	• 정의 : 3개월에 3회 이상 반복적으로 발생, 일상생활에 지장을 초래하는 복통 • 역학 : 4~16세 사이 소아에서 많이 나타남, 여아가 남아보다 1.5배 많이 나타남 − 전체 소아의 약 10~15%(이중 5~10% 기질적 원인, 90~95% 기능반복 복통) • 주요 원인 : 정신 · 사회적 스트레스(학교생활에서 선생님, 친구 간에 문제가 있기도 하고, 부모별거, 이혼 등 가정 내에 문제가 있기도 함) → 통증 유발의 가능성이 있는 스트레스를 환아의 주위 환경에서 찾아내어 개선시키고 정상적인 학교생활을 할 수 있도록 도와주어야 함
만성 재발성 복통에서 기질적 질환의 가능성이 높은 경우	• 혈변, 설사, 구토, 체중감소나 빈혈이 동반되는 경우 등의 증상이 동반될 때 • 통증으로 인한 수면장애 • 통증의 부위가 배꼽 주위에서 멀리 떨어져 있으면서 일정한 부위가 지속적으로 아플 때 • 발병 연령이 만 5세이하 또는 만 14세 이상 • 성장 저하 • 기타 : 열이 자주 동반, 통증이 등이나 어깨로 뻗칠 때, 가족력(십이지장궤양, 염증성 장질환, 결핵)

2 **복통의 원인을 감별하기 위한 자료수집 내용**

복통의 유발 요인 (완화 요인) : Provoke 혹은 Palliate	• 음식섭취, 공복, 스트레스 • 식전에 아픈가? 혹은 식후에 아픈가? • 다리를 펴면 더 아픈가? • 우유를 마시면 통증이 완화되는가?
복통의 질 특성 (Quality)	수축성, 지속성, 찌르는 듯함, 베는 듯함
복통의 부위 (Region)	• 심복부통, 우상복부통, 좌상복부통, 우하복부통, 좌하복부통, 전체 복부통증 • 복부 전체의 통증 : 복막염(배가 판자처럼 딱딱), 장폐색(가스차고 오심·구토 증상) • 상복부의 통증 : 위(배꼽의 위중앙부분에서 통증 유발), 췌장(왼쪽 옆구리 통증), 담낭 (오른쪽 옆구리 통증 유발), 신장(좌우 옆구리 통증) • 하복부 통증 : 충수염일 때는 우하복부 또는 하복부의 중앙에서 통증 유발 • 상복부 명치에 타격을 입으면 신경에 충격을 주어 호흡곤란 유발
복통의 강도 (Severity)	약한 동통, 중정도, 심한 동통
시간 및 기간 (Timing)	• 언제 시작되는지, 얼마나 자주 발생하는지, 하루 중 언제인지 • 얼마나 오랫동안 지속되는지, 지속적인지 혹은 간헐적인지
관련증상	구토, 설사, 열, 변비, 가스팽만, 트림, 황달, 허탈, 복부둘레의 변화, 복성간질, 기생충증, 학교 공포증, 부모의 애정 변화, 긴장, 수면장애, 식사문제, 불안증, 학교 공부장애, 가족력(가족 중 복통)

3 **복부 신체검진 내용** [1997 · 2000 기출]

검진 전 대상자준비	• 방광을 비웠는지 확인 • 앙와위로 편안한 자세 유지, 팔은 옆에 가지런히 놓거나 가슴에 포개도록 함 • 촉진적 대상자에게 아픈 부위를 가리켜 보도록 하고, 그 부위는 마지막에 검진 • 손과 청진기를 따뜻하게 하여 사용 • 필요하다면 이야기나 질문으로 대상자의 주의를 끌고, 대상자가 촉진 시 무서워하거나 간지러워 하면 대상자의 손을 밑에 놓고 촉진을 시작하고 조금 후에 직접 촉진
문진	주호소, 현병력, 가족력, 과거력, 개인, 사회문화
시진	• 전반적인 복부 윤곽, 피부 통합성, 제와의 몽우리, 눈에 띄는 박동 등에 유의 • 정상인 경우 : 피부에 흉터, 반점, 줄무늬가 없고 전반적인 외형과 대칭성이 일정하며 육안 적으로 관찰되는 연동 운동, 대동맥의 박동, 탈장(제대탈장, 절개탈장, 서혜탈장)이 없음 • 피부 : 상흔, 발진, 점상출혈, 피부혈관종(문맥압항진증, 간질환), 치유화 된 화상, 수술 상처 (위치, 상처 길이 cm으로 표시)

03

	• 복부 윤곽선의 대칭선을 확인, 비대칭성 혹은 국소적 돌출의 유무, 오목한 부분 확인 : 눈에 띄는 오목한 부분은 영양결핍에 의함 • 혈관 변화 : 정상적으로 복부에는 정맥망 有 – 두드러지게 팽창된 정맥여부 확인 → 정맥류 – 문맥압 항진증 – 대정맥폐쇄 또는 간경변증 복수 의미 • 탈장(제대 및 절개탈장), 팽만, 제대, 호흡운동, 연동운동 확인 • 대상자의 얼굴표정과 자세 관찰
청진	• 장음 또는 연동음, 혈관음, 복막 마찰음, 복수의 유무 및 복수량 측정 • 타진과 촉진에 의해 장운동과 장음에 변화를 줄 수 있으므로 타진·촉진 전에 시행하도록 함 • 대상자의 복부를 시진한 후에 청진기를 사용하여 장음과 혈관음 청진 • 장음의 빈도, 음의 고저, 간격 청진 • 우상복부, 우하복부, 좌상복부, 좌하복부, 심와부의 순서로 장음을 청진 • 청진은 장운동과 복부 아래의 혈관이나 기관에 관한 정보를 제공 • 정상인 경우 : 복부 대동맥, 신동맥, 장골동맥, 대퇴동맥에서의 잡음이 들리지 않음
타진	• 복부 전체를 가볍게 타진 • 복부 타진은 복부 내에 존재하는 기관의 크기와 위치를 측정하고, 가스와 액체가 과다하게 축적되었는지를 발견하기 위해 사용 • 이 방법을 사용할 때는 타진하는 주위에 있는 기관들을 염두에 두면서 복부의 모든 부분을 타진 • 정상음 : 위장관내로 삼켜진 공기 때문에 고음 • 과다한 공명음, 탁음 : 가스로 인해 복부가 팽창됐을 때 발생 • 좌상복부의 아홉 번째 늑간에서부터는 고음이 들려야 함 : 비장이나 좌측신장이 비대해지면 이 부위에서 소리가 나지 않거나 탁음이 남
촉진	• 위를 보고 눕게 하고 무릎을 세운 다음 따뜻한 손으로 고통이 없는 곳부터 만지고 증상에 대한 성상을 확인하면서 실시(누르면 어떻게 되는가 등). 복벽의 긴장을 풀기 위해서 천천히 호흡하게 함 • 압통위치를 확인하고 압통이 자발통과 일치하는가를 판단. 눌러서 근육이 딱딱하게 저항하는가를 확인. 천천히 깊게 누른 다음 손가락을 급히 떼었을 때에 오는 통증이 있는가를 확인 • 간, 신장, 비장, 자궁, 방광 등이 비대한지, 복부 덩어리의 특성이 어떤지, 민감성, 근육의 경직, 압통이 있는지 촉진 • 촉진하였을 때 팽창된 복부가 단단한지(수분과 가스가 축적되어 실제로 폐쇄된 경우) 부드러운지(해결할 수 있는 폐쇄 증상인지 또한 정상 소견인지) 구분하여야 함 • 우측 하복부 심한 통증 : 충수염 – 반동압통, 로브싱 징후, 요근징후, 전자근 징후 등 • 신장압통의 사정 : 복부검진 중 압통 관찰, 양쪽 늑골척추각에서 압통 관찰

급성 복증의 증상	웅크린 새우자세	환자가 심한 복통 때문에 앙와위로 눕지 못하고, 진땀을 흘리면서 뒹굴고 혹은 새우처럼 몸을 굽혀 웅크림. 마약 이외의 일반 진통제로는 통증이 멎지 않음
	쇼크 증상	심한 동통 때문에 의식이 몽롱해지고, 얼굴이 창백하며, 식은땀을 흘리고, 맥박이 약해서 쇼크 상태가 됨
	판자 같은 복근	복부가 복근의 긴장 때문(일종의 내장운동반사)에 판자처럼 단단해짐. 급성 복막염 시 복부 전체에, 충수염 시 우하복부에 복근의 긴장이 생김
	구토	일반적으로 잦은 구토가 있고, 대변이 안 나오는 상태인 경우가 많음(잦은 설사를 동반하는 복통으로 긴급수술을 요하는 경우는 오히려 없음)
즉시 의료기관에 의뢰해야 할 경우		• 충수염 : 진통제, 변비완화제 ×, 금식, 병원에 후송 • 복막염, 장폐색 같은 질환이 의심되는 경우 • 식중독 : 빨리 판단하여 병원에서 진찰·치료 받도록 담임교사 및 학부모에게 통지 • 장기간 계속되는 격통

4 복통 완화를 위한 일반적인 처치 [2000 기출]

금식		–
복압 감소	옷느슨	의복을 느슨하게 해주어 복압을 감소시킨다.
	구부림	체위 : 무릎을 구부려 복압을 낮춘다(생리통 시 슬흉위).
적용과 유의 (금기구분)	복부마사지	–
	국소열적용	무조건 복부를 따뜻하게 해주는 것은 위험하다. 복부장기의 염증이나 출혈 시는 위험하기 때문이다.
	진통제	강한 진통제나 진정제를 자주 투여해서는 안 되며, 장시간 계속되는 격통 시는 위험한 복통이 많으므로 서둘러 전문의의 진찰을 받게 하는 것이 현명하다.
	관장	관장으로 통증이 경감되는 경우가 있으나, 화농성질환(충수염, 장폐색등)진행시 복막염의 원인이 될 수 있다.
	완화제 및 지사제	구토나 배변으로 복통 완화를 도모할 수 있으나 억지로 유도하지 않도록 한다. 완화제 및 지사제를 함부로 투여해서는 안 된다.
안정		통증이 있는 환자는 여러 자극에 민감하므로 조용한 실내에서 안정을 유지하도록 한다.
식이		위산과다로 인한 복통의 경우 우유나 알칼리성 식품을 섭취한다.
기타증상		발열의 유무, 맥박·호흡상태, 병력 등을 확인해 두는 것은 의사의 진단에 도움이 된다.
학교에서의 관리		• 반복되는 복통은 원인질환을 알아내기 위해 진료 받도록 권고한다. • 일상생활 상태나 식사/배변 등 규칙적인 생활하도록 지도한다. • 체중 감소가 없는지 관찰한다.

5 복통의 원인에 따른 처치

변비	• 배꼽주위를 시계방향으로 손바닥으로 마사지 • 필요시 변 완화제를 투여 • 습관성 변비인 경우에는 식사 내용을 검토 : 섬유소가 많은 음식 섭취, 규칙적인 식습관 및 생활 습관과 운동을 권장, 충분한 수분 섭취
기질적 · 기능적 원인	• 학부모에게 연락해서 병원에서 검진을 받도록 조치 • 반복적 만성복통인 경우 감별 중요
정서적 문제	담임교사, 학부모, 정신과 의사의 도움을 받아 상담 및 심리검사를 받도록 함
공복	• 속이 쓰리거나 배가 뒤틀린다는 표현을 주로 함 • 따뜻한 물을 마시게 하거나 미지근한 우유 섭취
비궤양성 소화불량증 : 식후 발생	체한 경우가 많음, 오심/구토 동반하는 경우 대부분 구토가 있으면 토하게 하고, 소화제를 복용시킨 후 안정
식후 갑자기 운동	• 공기흡입으로 인한 복부팽창이나 과대 연동운동 긴장으로 인함 • 반듯하게 눕게 한 후 복부에 더운물 주머니 → 가스 나오면 복통 해소
생리통	안정, 배를 따뜻하게, 심한 통증 지속 시 진통제
과민성 장 증후군	• 통증을 유발시키는 원인을 감소시킬 수 있도록 교육 • 자극적인 음식섭취를 삼가 • 스트레스의 근원이 되는 주위환경을 개선하도록 함

6 복통에 사용하는 약물

정장제	• 기전 : 장에 생존하는 유익한 세균 　→ 유해세균의 침입 방어, 음식물 찌꺼기 발효시켜 장내환경 조절 　→ 장내 유해세균의 침착 방지, 소화되지 않은 탄수화물을 발효시켜 나오는 지방산을 장내 pH 낮추어 세균발생 억제 • 적용 : 과민성 대장증상이나 설사 예방과 치료 • 소아용 : 메디락 베베, 미야리산아이지, 비오비타
항콜린제제	• 장운동을 촉진하는 부교감신경 차단 → 장운동 감소 • 부작용 : 구갈, 구역, 구통, 변비
소화관 운동 기능 조절제	• 장운동 원활하게 함 • 적용 　− 상복부에 주로 작용 : tiopride(ganaton) 　− 상하복부, 변비 : mosaprode(gasmotin) 　− 대장 : dicetel(pinaverium), duspatarin(mebeverine)
산분비 억제제	적용 : 역류성 식도염, 위십이지장염, 궤양, 기능성 위장장애

03 두통 [1992 · 2005 기출]

1 두통의 정의 및 분류

두통			머리에 느끼는 통증이나 머리 이외의 기관, 예를 들면 눈, 귀, 치아 등에서 발생하는 통증을 말하며 넓게는 목 뒤를 포함한 머리 전체의 동통뿐 아니라 두중감, 불쾌감도 포함
원인별	1차성		편두통, 긴장성 두통, 군집성 두통
	급성두통	발열(+)	감기 · 인플루엔자 등, 뇌염 · 수막염(구토, 의식장애, 경련 수반)
		발열(−)	두개 내 출혈(구토 · 의식장애 · 경련을 흔히 수반)
		두부외상	의식장애, 오심 · 구토, 현기증 수반, 두통이 점점 심해지면 주의
	뇌종양		강도나 지속시간이 계속 증가, 구토 등의 증상 동반, 두통과 발열, 4개월 이내 보행장애, 자세를 바꾸거나 기침 혹은 긴장에 의해 더 심해짐
	지주막 (거미막) 출혈		• 동맥류나 동정맥 기형의 파열 등으로 뇌막의 자극, 혈관 주위 조직의 긴장 • 눈 뒤, 후두부 혹은 머리 한 편, 머리 전체 두통, 돌발적인 격심한 두통과 함께 구역질, 구토, 의식장애, 발열, 경부강직 및 신경증상을 수반
	고혈압		두드리는 듯한 후두부의 둔한 두통, 아침에 잠에서 깨어났을 때 심하며 낮에는 점차 사라지는 경향이 있음
	녹내장		오심 · 구토를 동반한 두통, 심한 안구통과 함께 두통

문진			• 주호소, 과거력(간질, 암, 외상, 두개감염, 스트레스, 생리, 약물)
			 • 현병력
			   − 두통시기: 언제 시작되는가? (아침기상직후, 외상 후 두통, 등교직전, 월경, 조경, 사춘기)
			   − 두통기간: 만성, 급성
			   − 두통강도: 점점 증가하는가?
			   − 두통부위: 머리 한 쪽, 후두, 전두
			 • 관련 질환 및 증상: 발열 유무, 오심, 구토, 이명, 의식장애, 경련, 현기증, 식은땀, 창백, 두부외상 후, 가족력, 시력문제, 축농증, 비염, 비폴립, 뇌종양, 뇌막염, 감염

신체검진			안면마비, 양팔의 근력차이, 어눌한 말, 동공크기와 동공반사 확인 • 뇌종양: 뇌압상승(유두부종, 머리둘레 측정), 통증 부위, 뇌신경 및 운동신경이상 • 뇌막자극증상, 뇌종양이 원인이라면 아동의 95%는 4개월 이하일 것
즉시 의료기관 의뢰			• 뒷목이 뻣뻣해지면서 의식을 잃을 정도의 두통인 경우 • 만성 두통인데도 과거와 달리 통증이 심하고 발작적이면서 구토가 일어나는 경우 • 구토를 동반하거나, 머리를 움직일 때, 기침이나 재채기를 하면 더욱 심해지는 경우 • 시력이 나빠지고 체중이 줄거나 마비 증상이 나타나는 경우 • 심한 고열과 경련이 수반되는 경우 • 칼로 베이거나 감전된 듯한 짜릿한 통증이 수초 또는 수분간 계속되는 경우

병원진료	• 갑자기 발생한 극심한 두통 • 경련이 동반되는 두통 • 혼미나 의식소실을 동반한 두통 • 머리에 타박상을 입은 후 발생한 두통 • 눈이나 귀 주위의 통증과 관계된 두통 • 전에 전혀 두통이 없던 사람이 두통이 지속되는 경우 • 소아에서 반복되는 두통 • 열, 구토, 경직이 있는 두통 • 정상생활을 할 수 없을 정도의 두통 • 두통의 성질이 갑자기 변할 때 • 점점 통증이 심해질 때

2 두통의 일반적 처치 [2005 기출]

원인 처치	원인을 알고 원인별로 처치
편한 자세	안정(조용하고 어두운 방) : 본인이 편안한 자세로 눕되, 편두통 등에서는 아픈 쪽을 위로 하여 눕는 것이 대체로 편하며, 더울 때는 서늘한 곳에, 추울 때는 따뜻한 곳에서 쉬게 하는 것이 좋음
느슨한 옷	• 의복과 목둘레를 느슨하게 해 줌 • 뇌의 순환을 돕고 뇌압을 내려 줌
마사지	두피 마사지 : 뇌의 순환 증진 • 엄지손가락으로 두개골의 기저를 마사지 : 머리뒤쪽의 중앙에서 귀 쪽으로 문지르고, 측두도 부드럽게 문지름
두부냉각	두통이 심할 경우에는 전두부, 후두부, 후경부 등에 차가운 물수건을 대고 식혀 줌. 특히 혈관의 확장이 원인이 되는 혈관성 두통 시에는 효과가 있음
이완요법	이완요법을 이용(명상, 심호흡, 조용한 풍경 보기 등)
진통제	진통제 투여(습관적으로 두통약을 복용하지 않도록 함. 증상 은폐로 진단 감별이 어려움)
바른자세	바른 자세와 적당한 운동
환기	환기(특히 가스중독 등에서 중요) : 신선한 공기 제공
병원후송	응급을 요하는 환자는 병원 후송

3 두통 증상 해소법

규칙적 수면	많은 긴장형 두통들은 숙면을 취하면 경감됨		
규칙적 식사	• 끼니를 거르면 잠을 안 잔 것만큼이나 머리가 아픔 • 신체에 에너지원이 부족하면 신경계를 활성화시켜 신체에 있는 근육의 긴장도를 증가시킴		
두통 유발 음식 제거	두통 악화 유발 음식 섭취하지 않기: 두통 2~3시간 전에 먹은 음식과 관련될 가능성이 있음 예 알코올, 카페인 음료, 숙성된 치즈, 조리된 육류, 피클, 초콜릿, 견과류, 피자, 적포도주, 커피, 흡연 등		
규칙적 운동	규칙적인 운동과 유산소 운동을 꾸준히 함 → 뇌 혈류량 개선, 스트레스를 해소		
금연 · 금주	–		
바른 자세	같은 자세로 너무 오래 앉지 않도록 하고 항상 올바른 자세를 취함		
카페인↓	카페인이 든 음료는 가급적 피함		
더운 찜질	더운 찜질 등의 물리요법: 매일 15~20분씩 목과 어깨에 더운 찜질을 함 → 긴장형 두통의 빈도를 줄여줌		
스트레스↓	스트레스는 수시로 해소하도록 노력 → 바이오피드백이나 요가 연상법 등이 두통 제거에 유용		
약물	진통 해열제, 두통약을 너무 오남용하면 오히려 두통을 유발시키므로 주의		
	비마약성 진통제	• 아스피린, 아세타미노펜, 이부프로펜 • (근거) 프로스타글란딘 분비↑ → 통각 수용기 활성화 → 통증 야기 ∴ 프로스타글란딘 합성 억제	
	세로토닌 수용체 항진제	• triptan 제제: 선택적 세로토닌 수용체 5-HT 작용 • (근거)세로토닌은 두 개 내 혈관수축에 작용 → 급성 편두통 완화, 편두통과 관련된 통증, 오심/구토 조절	
	혈관수축제 Ergot	에르고트타민 타트레이트 • 발작시에 확장된 혈관 수축으로 두 개 동맥의 박동 감소 작용 • 편두통 증상 시작되자마자 복용해야 효과적	
	항우울제	이미프라민(tofranil) → 혈관 수축 • 세로토닌 활성도 증가 • 노르에피네프린의 시냅스 내 농도를 증가시키는 기전	
원인 감별	해소되지 않는 두통 또는 갈수록 심해지는 두통 등은 반드시 원인 진찰을 받아보도록 함		

4 긴장성 두통(tension type headache)

특징(양상)	• 스트레스나 과로, 긴장 등으로 두경부의 지속적 근수축성 두통(muscle contraction headache), 긴장성 두통(tension headache), 심인성 두통(psychogenic headache) • 양측의 전두부나 후두부 또는 두정 측두부에 지속적인 중압감, 조이는 불쾌감 • 오전보다는 오후에 심하고, 저녁나절엔 좋아지는 일중 변동을 보이며, 매일 반복되는 경향
병태생리기전	스트레스를 많이 받는 사람에게서 과도한 긴장이 생기고, 이로 인해 두부근육의 지속적인 경련으로 허혈현상(ischemia)이 생겨 두통이 발생
증상	• 목과 두피근육의 경련 • 지속적 압박감이 있고 전두와 측두 목덜미에서 시작하여 머리 한쪽 혹은 전체로 퍼짐 • 압박감 또는 조이는 느낌, 점점 심해져 가는 증상, 신체활동 저하, 양측성 두통 증상이 적어도 두 개 이상(국제두통협회진단) • 오심과 구토는 없으나 불빛, 소음에 자극 받음 • 수주, 수달, 수년 지속

두통 완화	긴장감 완화	긴장감 및 불안 완화 • 수면부족, 과로, 스트레스 등에 대한 조절을 통하여 두통을 완화
	혈액순환 증진	–
	이완	근육의 긴장을 풀어주기 위해서 목과 어깨근육, 안면근육, 턱, 눈, 이마 그리고 전신근육의 이완 운동
	열요법	치료 습열, 건열
	자세 및 운동	좋은 자세(눕는 자세보다 앉거나 선 자세), 신전운동 및 관절범위 운동, 지압술, 바이오피드백
	약물요법	진통제–아스피린, 페나세틴, 코데인
		근육이완제, 정온제

5 편두통(migrain)

특징	❍ 뇌혈관경련과 관련되어 주기적으로 나타나는 심한 두통 • 주기적 전두–측두엽의 편측성 박동성 두통 • 종종 같은 쪽의 눈과 귀 뒤쪽으로 악화 • 두피에 있는 혈관이 확장하여 발생 • 주기적인 박동이 특징이며 오른쪽과 왼쪽에 번갈아 나타남 • 두통 발생 전 메스꺼움, 구토, 광선과민성 등의 전조증상이 나타남 • 여성에게서 월경주기와 연관되어 나타나는 경우가 많고 폐경 이후에는 줄어드는 경우가 많음 • 확실치 않으나 65% 정도의 가족력

기전 (세로토닌의 비정상분비)		• 뇌의 기능적인 변화, 신경전달물질 농도의 변화 및 삼차신경과 그 주변 혈관의 염증반응을 중요한 편두통의 발병기전으로 연구되고 있음 • 전조기 : 세로토닌 증가 → 혈관 수축 • 발작기 : MAO효소 증가(세로토인 대사) → 세로토닌 급격하게 제거 • 염증기 : 신경말단에서 염증산물 분비
	삼차신경 혈관계이론	두개강 통증에 예민한 동맥 정맥동은 삼차신경절이 지배 → 내외의 여러 자극(대뇌피질, 시상을 통한 자극)에 의해서 신경말단에 있는 다양한 신경전달물질 분비 → 세로토닌의 불균형(세로토닌이라는 신경전달물질이 비정상적으로 분비) 　→ 뇌피질의 혈관 수축, 경련 : 국소허혈의 전조증상 발현 → 이후 신경혈관성 염증이나 혈관확장으로 박동성 두통 발현
	긴장	정신적 감정이나 긴장 지속 → 반사적으로 머리의 동맥 중 일부에 지속성 혈관 경련 → 산소부족 현상(국소빈혈)을 유발 → 심한 산소부족으로 혈관이 신장되고 강하게 맥동하여 동맥벽이 과도하게 신전
유발인자	여자	여자(16~25%)에서 많음, 생리/임신 같은 호르몬 변동
	가족력	가족력 65% : 유전적 경향이 높음
	정신적 긴장	정신적 긴장이 두개 내의 혈관 경련을 일으켜 뇌 피질에 국소허혈
	유발 요인	정서적 스트레스, 수면부족, 피로, 소음, 생리
	유발 음식	치즈, 소세지, 햄, 베이컨, 초콜릿, 카페인 함유 음식, 술, MSG, 발효음식
	약물	항고혈압제(니트로글리세린), 제산제(시메티딘), 진통소염제, 에스트로겐 등
	심리적 요인	완벽을 추구하는 성향
가족력	소화계	매스꺼움, 구토, 설사
전조증상	시각	눈부심, 시야혼탁
	정신증상	우울, 짜증, 불안
	감각증상	손발 저림, 냄새 혐오증, 소음 혐오증(음성공포증)
	현기증, 실조	어지러움증, 운동실조
	자율신경계	고혈압/저혈압, 서맥/빈맥, 수족냉증, 발한
	혈관부종	안면 부종, 혈관충혈
증상		• 부종, 안절부절못함, 창백, 오심, 구토, 발한 • 두통이 있는 동안 '동면'하는 것처럼 소음, 빛, 냄새, 사람, 문제들로부터 회피하게 됨 • 두통은 안정되고, 맥박처럼 규칙적인 박동성을 가지고 있지만 표현은 강도에 따라 여러 가지임

치료 및 관리	병력 조사	편두통을 호소하는 대상자의 병력을 면밀히 조사하여 두통의 빈도나 지속 시간을 감소시키는 방법을 알려 줌
	두통 일지	두통 일지를 작성하게 해 스스로 두통의 유형을 파악하도록 함
	유발 음식 제거	• 두통 유발 식이(포도주, 치즈, 초콜릿)를 파악하여 피함 • 티라민이 포함된 음료는 피함
	도움식이	진한 커피를 마시게 하는 것도 도움이 됨
	월경 시	월경주기에는 염분섭취를 줄이고, 구강피임약 복용을 금함
	휴식	어두운 방에서 머리를 약간 높이고 눕도록 함
	이완요법	이완요법, 바이오피드백 또는 상담을 통해 갈등요인을 풀어보는 것도 도움이 됨
	약물요법	• 전조단계에 뇌혈관 수축제(ergotamine제제 − 평활근에 작용하여 장기간 뇌혈관수축효과)를 투여해서 예방 • 혈관수축제, 세로토닌 길항제, 베타 아드레날린 차단제, 항우울제, 항프로스타그란딘제제 등의 약제 • 카페인이나 진통제도 일시적인 효과가 있음

6 집락성(군집성) 두통

정의	• 특징적이고 치료 가능한 혈관성 두통증후군으로 짧은 기간의 통증, 발작 후 평균 1년의 통증 없는 기간이 있음 • 가장 심한 신경학적 통증증후군(뇌가 쪼개질 듯한 심한 통증)
원인	혈관이완 : 신경전달물질인 세로토닌과 연관이 있는 것으로 추정
악화요인	• 스트레스, 얼굴에 닿는 찬 바람이나 뜨거운 바람, 흥분, 수면 • 과도한 음주 • 질산염과 같은 혈관이완제
발생 부위	안와부와 측두부에서 시작하여 머리와 목으로 방사되는 통증
발생 시기	• 갑자기 발생, 5분내 점차 두통의 강도 증가 • 봄에 많이 발생
빈도/ 지속기간	• 발작이 짧고, 대개 45분 이상 더 지속되지 않음(30~90분) • 며칠 또는 수준 반복(4~8주) → 발작 후 평균 1년 동안 통증 × • 매일 1번 나타나는 통증, 매일 같은 시간에 반복 • 하루에도 여러 번씩 반복됨
발생 연령	초기 성년기 : 알코올이나 질산염 사용에 의해 악화 • 젊은이에서 가장 흔함(20~50대)

가족력/성	• 가족력 ×, 남자
통증 양상	• 일측성, 주기성(85%) • 두통의 양상은 깊고 안정적이며 찌르는 듯한 통증 • Horner's sign(환측의 안검하수, 축동)이 나타남 • 코 위쪽과 전두부 통증, 각막충혈(눈물), 비강충혈, 얼굴부종, 환측얼굴의 발한 • 앞 이마 발한, 창백, 한쪽 얼굴에만 홍조, 각막염, 결막염 • 두개골은 부드럽고, 결막은 감염되었거나 눈물이 있음
치료 및 간호	• 약물 혹은 비약물 요법으로 조절하며 편두통 약물과 동일 • 분노, 과다한 신체활동, 흥분 같은 유발요인 피함 • 규칙적 수면을 취하도록 함

| 긴장성 두통·편두통·집락성 두통의 비교 |

양상	긴장성 두통	편두통	집락성 두통
부위	양측성, 두개골이나 얼굴, 또는 양쪽에 밴드 형태의 압력	일측성(60%), 바깥쪽, 주로 안쪽	일측성이며 눈 주변으로 방사되는 통증
질	변하지 않는 통증이면서 꽉 조이는 듯한 통증	박동성 통증	뇌가 쪼개질 듯한 심한 통증
빈도	며칠간 주기적으로 나타남	전조증상이 있기도 함: 일년 중 몇 달	몇 달이나 몇 년에 걸쳐: 4~8주 동안 하루에 1~3회 지속
기간	간헐적으로	하루에 지속적으로	30~90분 동안
발병 시기	시간과 상관 없음	전조증상에 의해 발생: 아침에 일어나면 발생하고 잠 자면 호전	밤에 발생
증상	목과 어깨의 경직과 긴장	오심, 구토, 부종, 안절부절못함, 발한, 불빛공포, 음성공포, 감각 운동, 신경학적인 자극에 전조증상, 가족력(65%)	안면홍조, 창백, 콧물, 눈물흘림, 안검하수

04 요통

1 요통 요인 및 관리

요통 유발 요인	• 추간판인성 요인으로 요부 역학적 스트레스, 추간판 탈출증, 퇴행성질환 및 요추협착증 • 척추종양, 골절, 감염, 내부 장기에서 유래된 방사통 • 골다공증, 골경화증 • 신경인성, 심인성 원인
요통발작 시 관리	• 안정 : 누워있는 자세는 허리에 긴장을 제거해 주고 감염, 부종을 완화하는 기회가 됨 − 무릎 아래 베개를 고여 주거나 옆으로 누워 무릎을 구부려 줌 • 요통 예방 및 완화를 위한 운동 : 골반 들기 운동, 허리근육 뻗기 운동, 무릎앞이마 대기, 머리 들어 앉기 운동 등으로 척추 및 복부근육 강화 • 통증완화를 위한 약물요법 : 근이완제 및 소염 진통제 투여(근본 치료는 될 수 없음) • 급성 시 냉요법, 만성 시 온요법 적용 • 비만 시 체중 감량 • 부목 또는 코르셋(corset) 등으로 허리 지지

2 요통의 일반적 간호 원칙

좋은 자세	턱을 내리고 머리를 위쪽으로 치켜 올려 되도록 경추의 전만 곡선을 감소시켜 일직선상에 있도록 하는 자세이다.
책 읽을 때, 일 할 때	일의 대상의 높이가 눈의 높이와 같은 선상에 놓이도록 하고 목의 과신전이나 과굴곡은 피한다.
서 있을 때	• 서서 장기간 일할 때는 10~15cm 높이의 보조 발 받침대 위에 양발을 번갈아 놓고 일을 한다(요추전만증이 감소되어 편해진다). • 발판이 없으면 등을 벽에 기댄다.
보행	• 가볍게 걷는 것은 실제로 통증을 완화시킨다. • 높은 구두를 피하고 낮고 편한 신발을 착용한다.
앉은 자세	• 되도록 등받이가 긴 의자를 사용해 머리 받침대를 자주 활용한다. • 단단하고 등이 곧고 팔걸이 있는 의자를 선택한다. 둔부를 등받이에 바짝 대고 고관절이나 몸통과의 각도와 무릎의 구부린 각도를 모두 90°로 유지한다. • 등받이가 없는 의자에 앉을 때는 머리와 목과 흉추허리를 일직선으로 하고, 가슴을 펴고 배를 안으로 수축시킨다. • 푹신하고 부드러운 소파는 통증을 악화시킨다. • 오래 앉아 있어야 하는 경우에는 자주, 2~3분씩 일어선다. • 의자의 높이가 키와 맞아야 한다. − 다리가 바닥에 닿아야 한다. • 운전 시 의자의 높이와 거리를 조정한다.

등 굽힘	• 무릎과 고관절을 구부린 상태에서 등을 굽히면 등근육의 긴장감을 피하여 통증을 경감시킬 수 있다. • 요추부에 코르셋을 2~3주간 착용한다.
무거운 물건 들기	• 되도록 무거운 물건은 들어 올리지 않도록 한다. • 물건을 들어야 할 경우 허리를 편 상태로 고관절과 무릎은 구부린 상태에서 물건을 몸체로 가까이 하여 들어올린다(되도록 척추가 일직선이 되도록 노력한다). • 물건을 끌기보다는 밀기가 더 좋다. • 높은 선반의 물건을 꺼낼 때도 발꿈치를 들거나 팔을 뻗쳐서 꺼내지 말고 발판을 이용한다.
침대	• 침요는 단단한 것이 좋다. • 푹신한 침구는 요통을 악화시킨다.
잠 잘 때	• 엎드린 자세는 피한다. • 낮은 베개를 사용해 경추가 흉추와 일직선상에 있게 한다. • 옆으로 누운 경우엔 베개를 높게 하여 경추가 일직선상에 있게 한다.
세수할 때	엎드려 세수하는 것보다 서서 샤워하는 편이 좋다.
목 아플 때	목이 아픈 경우 물을 마실 때는 'ㄱ'자 빨대를 사용하는 것이 좋다.

3 요통 예방을 위한 근육 강화 운동

가벼운 운동 등	가볍게 걷기, 조깅, 테니스, 수영
허리굴곡 운동	• 무릎을 완전히 굽히고 대퇴를 복부까지 당긴 자세에서 시행 • 일어나 앉기, 옆으로 눕기, 하지 올리기
허리신전 운동	• 복위로 누워 어깨와 하지 들기 • 측위로 누워 골반을 2~3초간 바닥에서 뗌
윌리암스 운동	• 골반 후 경사 운동 • 윗몸일으키기 운동 • 무릎 펴고 앉아 허리 굽히기 운동 • 엎드려 한 다리 뻗치기 운동 • 쪼그리고 앉고 일어서기 운동
운동 시 주의점	• 척추신전 운동은 만성퇴행성 디스크 환자에게 좋음 • 골절 시 신전 운동은 가능하나 굴곡 운동은 금기 • 요통 급성 발작 시 운동은 금기이고 침상에서 안정 • 운동 도중 요통이 심하게 증가하면 계획된 운동은 취소

05 외상(trauma)

01 외상의 개요

정의		여러 신체 활동이나 운동 시 발생하는 타박, 염좌, 탈구, 골절, 근건 손상, 찰과상 포함
외상 시 일반적 처치	전신 점검	• 의식 상태 파악, 기도 유지, 호흡 유지, 순환 유지 • 손발 마비의 유무 • 쇼크 증상의 유무 : 안색, 식은땀, 맥박의 강도, 혈압을 체크
	국소 처치	안정 → 상처 청결 → 지혈 → 드레싱(파상풍 예방) → 고정 → 냉찜질
응급상황	의식장애	두개 내 혈종이나 뇌좌상일 가능성이 높음
	손발 마비	척추 손상일 가능성이 높음
	쇼크	흉강이나 복강 내에 대량 출혈이 있을 가능성이 높음
	사지 변형	중증 염좌, 탈골, 골절 가능성이 높음
외상 예상 시 신체검진		우선 다친 학생에 대한 건강력 수집과 신체검진을 실시. 문진, 시진, 촉진, 타진, 청진을 순서대로 진행
	문진	학생에게 다치게 된 경위와 현재 증상을 물어봄
	시진	부종의 정도, 환부의 색깔, 운동 기능 장애의 정도 등을 사정
	촉진	환부의 온도, 부종의 정도를 사정하기 위하여 환부를 촉진
	타진	외상 환자의 경우 환부를 타진할 필요는 없음
	청진	환부의 염 발음이나 마찰음 등의 유무를 청진

02 두부 손상

1 두부 손상

원인		• 가속성 : 움직이는 물체에 의해 머리가 타격을 입은 경우 • 감속성 : 고정되어 있는 물체에 머리가 부딪치는 경우 • 변형 : 두개골 골절과 같이 어떤 힘에 의해 신체 일부의 통합성이 파열되거나 변화된 상태
종류	1차 손상	• 두피 손상 : 표피의 박리, 열상, 뇌의 좌상 및 혈종 • 두개골 손상 : 뇌손상 동반 • 뇌조직 손상 : 뇌진탕, 뇌좌상, 뇌열상

	2차 손상	• 출혈(경막상 출혈, 경막하 혈종, 뇌조직내 혈종), 감염, 뇌부종, 뇌수종, 동・정맥류
		   − 뇌내 출혈 : 뇌실질 내의 혈관파열로 인하고, 부위에 따라 증상・징후가 다양함
		   − 경막하 출혈 : 직격, 반충손상으로 인한 경우가 많고 연막상부에 혈액이 고이
		     므로 뇌조직의 자극은 없고 증상이 서서히 나타남, 정맥성 출혈임, 만성인
		     경우 사소한 두부타박으로도 발생함
		   − 경막외 출혈 : 선상골절로 인한 경우가 많고 경막과 두개골 내면 사이에서
		     중뇌막동맥 손상으로 생기는 출혈, 초기부터 의식장애, 동공좌우 부동, 편
		     마비 증상이 있고, 의식회복 후 다시 소실될 수 있음, 출혈로 두개 내압이
		     상승하고 이로 인해 대뇌가 압박받으며 혈액공급이 감소됨. 결국 뇌신경의
		     산소가 결핍되어 무의식상태가 됨
		• 합병증과 후유증(간질, 정신장애)

증상	의식 상태	뇌실질의 파괴, 혈종에 의학 압박 → 기면, 혼돈, 혼수, 착란, 무의식
	두개골 골절징후	• 두피열상으로부터 뇌척수액 흐름 • 이루 • 비루 ☀ CSF 누출 : ring sign(halo sign) ❂ 거즈에 묻혀보면 가운데는 투명, 바깥으로 빨간 띠 • 유양돌기 주위의 반상출혈(귀 뒤의 멍) : battle's sign • 안와 주위의 반상출혈 : racoon sign

	V/S 변화	• 뇌간 장애 : 호흡과 맥박 불규칙 • 두개 내 혈종 : 초기 맥박 증가 → 줄어듦 • 뇌압상승 : 호흡, 맥박 느려짐, 혈압 수축기압 상승(맥압 폭 넓어짐) • 쇼크 : 혈압 저하, 맥박/호흡 증가
	두통, N/V	두부외상 직후 발생 가능, 너무 심한 구역질/잦은 구토는 뇌의 장애 의미
	동공변화	• 복시 • 두개 내 혈종 : 압박 받는 쪽의 동공 개대 → 혈종이 있는 쪽의 동안신경 압박 • 저산소증(뇌빈혈) 초래시 양안동공 확대 • 핀 크기의 동공 – 뇌교손상, 약물 과다 복용 • 양쪽 동공 확대 – ICP 상승 • 동공이 가운데로 – 중뇌손상
	편마비	마비된 쪽 반대측의 뇌장애, 두개 내 혈종 의심
	경련	위험징후 : 팔이나 다리의 꼬임, 움직임 멈추지 않을 때
	출혈	두피 노출, 두개골 외상 – 두피의 창상 및 두피 하 혈종 : 두개 내 출혈 동반 가능성
	쿠싱반사	• 뇌탈출 가능성 있는 진전된 뇌손상의 말기 증상 • 두개강 내압 항진으로 인해 뇌혈류가 감소되어 나타나는 증상 • 수축기 혈압 상승, 느린 호흡(불규칙한 호흡 양상), 푸석푸석한 얼굴, 서맥
	중증의 두부 손상을 예시하는 소견	• 양측의 동공 크기가 다른 경우 • 한쪽 동공이 점점 산동되는 경우 • 편측사지의 마비나 악화가 있는 경우 • 시간이 경과하면서 편측사지가 점점 약화되는 경우 • 쿠싱 3징후가 나타나는 경우 • 글라스고우 혼수척도가 8점 이하인 경우 • 초기의 GCS 점수보다 3점 이상 저하된 경우 • 개방성 두부 손상으로 뇌척수액이 누출되거나 뇌가 누출된 경우 • 두개골의 함몰골절이 있는 경우 • 두통이 점점 심해지거나 초기부터 매우 심한 두통이 있는 경우
응급처치	1차 사정	• 대상자의 기도 개방 확인 : 말을 분명하게 하고, 호흡시 잡음이 없으면 기도 개방 ○ • 호흡, 통증, 순환 확인 : 효율적 호흡/순환 확인, 척추의 통증이나 압통 여부를 확인
	2차 사정	• GCS & AVPU : 의식상태 확인 • 머리~발끝까지 사정 • 신경학적 손상 사정 : 의식수준, 지남력, 통각에 대한 반응, 사지의 운동/지각 기능, 동공크기/반응, 반사, 귀나 코로부터의 배액, V/S
	기도유지	기도유지(턱 밀기법), CPR 상태라면 CPR

손상 예방	의식 없는 경우 경추손상 의심하고 절대 머리를 낮추거나 옆으로 돌리지 않고 수평으로	
안정	안정 도모, NPO, 꼭 쪼이는 옷은 느슨하게	
외상 처리	• 두피에 출혈이 있으면 거즈로 직접 압박하여 지혈도모, 골절 의심 시 골절 부위 누르면 × • 코, 귀에서 출혈이나 삼출물이 있으면 그쪽을 아래로, 절대로 packing ×(감염, ICP 상승) • 다른 연조직 손상이 있으면 손상부위에 PRICE 제공	
병원후송	의식 수준 및 V/S 등을 계속 관찰하며 병원 후송	

2 뇌좌상

정의	• 뇌진탕보다 좀 더 심한 뇌조직의 손상: 연막과 거미막의 손상으로 뇌조직이 상처를 입어 뇌조직의 여러 곳에 출혈, 경색, 괴사와 부종이 오며 장기간 무의식 상태를 초래함 • 주로 골절부위에서 일어남: 두개골 내에서의 뇌의 움직임 때문에 충격 손상 – 반충 충격 손상 현상 일어남	
증상	대뇌좌상	• 손상 받은 대뇌 영역에 따라 증상과 징후가 다양하게 나타남 • 측두엽 좌상: 의식 명료, 흥분, 혼돈, 베르니케 실어증(말은 할 수 있으나 뜻 이해 ×) • 전두엽 좌상: 의식 명료, 반신부전마비, 브로카 실어증(말하는 능력의 문제 발생)

	뇌간좌상	• 혼수
		   – 심한 뇌간파괴 때문에 의식수준의 변화가 수 시간~몇 주 동안 계속
		   – 망상 활성계의 손상: 영구적 혼수상태
		 • 시상에까지 직접 손상을 주거나 부종으로 자율신경계의 기능 이상 초래
		   → 고열, 맥박과 호흡이 빨라짐, 발한 증가: 호전과 악화 반복, 증상 계속되면 예후 나쁨

합병증	발작, 뇌좌상 후 이차적으로 뇌수종, 부종, ICP상승 및 탈출 증상	
뇌진탕과 비교		뇌좌상	뇌진탕
	의식소실	• 몇 분~몇 시간, 며칠까지 계속됨 • 중증 뇌손상	• 충격이 작용함과 동시 발생 • 단시간 내 의식 회복
	뇌실질 손상	○, 연조직손상	×, 기능상의 장애
	병리적 변화	• 뇌의 병리적 변화 ○ • 신경학적 이상상태 발견	• 뇌의 병리적 변화 × • 신경학적 결손 ×

3 뇌진탕

정의	• 외상 이후에 발생 가능한 일시적인 뇌의 마비 → 갑작스럽게, 일시적이고 물리적인 힘에 의해서 신경 활동의 중단과 의식 상실이 함께 오는 가벼운 두부 손상 • 시각장애, 평형장애 같은 신경계 기능이 즉각적이며 일시적으로 나타는 임상증후군		
원인	• 보통 총상이나 낙상, 자동차 사고 • 일시적 기능 손상: 아세틸콜린 분비 이후의 신경성 자극 소실이나 일시적 허탈에 의해 발생		
증상	분류	• 혼돈, 현훈, 건망증, 의식 소실 등의 임상증상에 기초해 4단계로 구분 • 활력징후나 호흡양상, 복시, 오심, 구토, 두통 등의 증상도 변화요인이 됨	
		1단계	• 의식 소실 없음, 일시적 혼돈(수분간), 정상 상태로의 회복이 신속함 • 건망증 없음
		2단계	• 짧게 의식 소실, 약간의 혼돈 • 약간의 건망증, 대부분 전향성
		3단계	• 6시간 이하의 의식 소실, 문제성 있는 혼돈 • 전향성 건망증과 역행성 건망증
		4단계	• 6시간 이하의 의식 소실, 혼돈 • 전향성 건망증과 역행성 건망증
	건강증	전향성	손상 받은 시점 이후의 기억 상실, 새로운 내용을 학습하는 데 문제가 종종 발생
		역행성	손상 받기 전의 기억 상실
	진단소견	동공반사, 두개골 X-선 촬영, MRI 검사 등에서 병리적 변화 없이 모두 정상소견	
추후관리	귀가 후: 뇌진탕 후 증후군에 대한 지속적 관찰을 해야 함 • 뇌진탕 후 2주~2개월 내에 나타남 • 지속되는 두통, 기면, 성격과 행동의 변화, 집중력과 단기 기억력 감소, 피로, 드물게 경련 • 일상생활 활동 능력에 영향을 미칠 수 있음 → 가족에게 증상, 신경학적 상태의 변화를 정확한 기록 · 관찰하도록 설명		

03 척추 손상 [2009 · 2022 기출]

1 척추 손상 [2009 · 2022 기출]

척추 손상의 중요성		척추골 손상을 잘못 처치하면 하반신 마비 등 불구가 되거나 생명을 잃게 되기도 함. 부상자의 의식이 있으면 아픈 부위를 묻는데, 목 또는 등의 아픔이 유일한 증세일 때도 있음
척추 손상 의심		손가락 또는 발가락을 움직여 보도록 하여 움직이지 못하거나, 응급 처치원의 손을 단단히 잡지 못한다면, 경추 안의 척추가 부상당한 것. 손가락은 움직이나 발가락을 뜻대로 움직이지 못하면 요추 안의 척추가 부상당한 것
손상 분류	경추부 손상	사지마비, 호흡마비로 사망할 수도 있음
	흉추부 손상	이완성, 경련성 체간부 및 하지마비
	요추부 손상	이완성 하지마비
응급처치	부동	1차적인 간호 목적은 환자가 부동인 동안 최상의 신체 기능을 유지하고 추가적인 외상이나 합병증을 예방하고 재활을 도모하는 것
	기도 유지	• 경추보호대를 착용 • 상부 경추 손상은 호흡근의 완전마비를 유발할 수 있음. 즉, 호흡부전의 증상을 관찰
	고정	• 더 이상의 외상을 막기 위해 환자를 움직이지 못하게 함 • 척추고정판(long spine board)에 환자를 옮긴 후 이송
	최상의 기능 유지	• 방광, 장 훈련으로 최상의 기능을 유지하도록 함 • 피부의 통합성을 유지
	합병증 관찰	—
이동 방법 [2022 기출]	명명	'통나무굴리기법'
	방법	척추손상 환자를 이동시킬 때는 척추의 굴곡과 신전 및 염전(torsion)을 예방하기 위하여 적어도 2명의 이송자가 통나무를 굴리는 식(log rolling method)으로 옮기도록 한다.
	이유	• 경부손상 환자는 더 큰 손상을 예방하기 위해 조심스럽게 다루어야 함. 이송 시 목의 과굴곡(hyperflexion), 과신전(hyperextension)에 의해 그 부위의 부종, 출혈, 척추동맥의 순환장애 등으로 영구적으로 치유 불가능한 상태가 초래될 수 있기 때문 • 경추 손상 시에는 심한 통증, 주변 척수근의 경축, 상하지 마비 및 운동 불능, 호흡곤란, 저혈압 등이 초래됨

2 척추 손상 시 응급처치 [2009 · 2022 기출]

경추부 손상	• 경추의 절대안정이 중요하며, 솜 · 면붕대 등을 너무 거북하지 않게끔, 턱이 그 위에 얹힐 정도로 목에 돌돌 감아 고정시켜 안정을 취하게 한다. • 경추부에 냉찜질 등을 해 준다. • 부상 후 3일가량은 손상부위의 출혈이나 부종이 증감되므로, 경추의 안정을 유지하는 것이 긴요하다. • 인대 손상이나 염좌의 회복에는 2~3주를 요하므로, 통상 2~3주일은 코르셋이나 면붕대를 해서 고정치료를 해야 한다.
경추 골절	• 환자의 목을 신체의 선과 나란히 유지시킨다. • 환자를 전신부목에 얼굴을 위로 보게 하여 똑바로 눕힌다. • 전신을 한 단위로 움직이는 것이 중요하다(척추를 비틀거나 돌리거나 잡아당겨서는 안 된다). • 환자의 양측에 각각 베개, 벽돌, 모래주머니 등의 받침을 대어 머리를 고정시킨다. • 환자가 운반되는 동안 머리의 양측을 고여 계속적으로 고정되도록 한다. • 경추는 다른 척추에 비해 약한 외력으로 손상당하기 쉽고, 또 촉진으로 알기가 어려우며, 이를 초기에 진단 내리지 못하면 생명을 잃거나 사지마비를 당하기 쉬우므로 각별한 주의를 요한다. 그리고 하악골 골절과 동시에 경추 손상이 흔히 발생하므로, 하악골 골절 때는 경추 손상을 염두에 두고 면밀히 검사해야 한다.
흉추 · 요추 골절	경추 골절에서와 같은 처치를 하는 동시에, 부상자를 편평한 부목 위에 눕힐 때 허리의 구부러진 부분을 받쳐 주기 위하여 고임(두께 10cm, 길이 30cm의 담요)을 대어 준다.
척추 골절	• 충격을 예방(척추골 골절환자는 일반적으로 충격이 심하다)한다. • 척추에 대한 그 이상의 손상 방지 : 어떠한 경우라도, 척추골 골절의 의심이 있는 부상자는 일으켜 앉거나 세우거나 걷게 해서도 안 되고 업어서도 절대 안 된다. 음료수를 먹이기 위해 환자의 목을 높이는 것조차도 해서는 안 된다. 이러한 운동은 척추를 더욱 손상시키고 마비나 사망의 원인이 되기도 한다. 경추, 흉추, 요추가 동시에 손상이 있으면 경추의 손상과 같게 처치한다. • 튼튼한 전신부목 위에 바로 눕혀, 필요한 부분에 고임을 대고 삼각건으로 잘 고정한다. 전신부목은 넓이 35cm 이상, 길이는 머리에서 발에 이르고도 10cm 정도 여유 있는 긴 목판을 천 · 담요 등으로 잘 감아서 사용한다. 딱딱한 부목이 없을 때는 담요를 길게 접어서 사용하되, 머리가 앞으로 굽혀지지 않도록, 4명 정도의 인원이 잘 받쳐 주어야 한다. • 두부 또는 척추 골절 환자를 운반할 때는, 흔들리거나 급히 서두르는 일이 없도록 조심하여야 한다. 가능한 한 구급차를 부를 것이며 운전기사에게 천천히 그리고 조심하여 운전할 것을 지시하여야 한다.

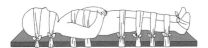

접은 삼각건 11장이 필요하며 두발을 묶어 널빤지 등에 고정시킨다.

경추 손상 환자를 이동할 때 한 사람은 환자의 머리를 고정시키도록 한다.

| 경추 골절의 응급처치 |

04 흉곽 외상(기흉)

🖉 흉부 손상의 일반적인 처치 순서
흉부 손상은 외부의 힘에 의해 흉부에 가해진 상해로, 심장과 호흡 기능에 위험한 장애를 초래하므로 잠재적으로 생명에 위험을 줄 수 있다.
• 기도를 유지한다.
• 민첩하게 신체검진을 수행한다. 흉부 손상 환자의 2/3는 다른 심한 손상을 가지고 있다.
• 환자가 쇼크 상태가 아니라면 머리와 흉부를 상승시킨다.

1 기흉(pneumothorax) [2019 기출]

<table>
<tr>
<td>정의
[2019 기출]</td>
<td colspan="3">• 정상적인 늑막강 내에는 공기가 없고 음압이며, 단지 몇 ㎖의 액체가 있을 뿐임
• 기흉이란 늑막강 내에 공기나 기체가 차 있는 것을 말함
• 흉막강에 공기나 가스가 고여 폐의 일부 또는 전체가 허탈된 상태</td>
</tr>
<tr>
<td rowspan="5">분류</td>
<td rowspan="2">자연 기흉</td>
<td>원발성</td>
<td>공기가 폐포면으로부터 늑막강 안으로 들어가 흉벽에 남아있는 것</td>
</tr>
<tr>
<td>이차성</td>
<td>－</td>
</tr>
<tr>
<td rowspan="2">외상성 기흉</td>
<td>개방성 기흉</td>
<td>외상 등으로 흉벽에 구멍이 생겨 늑막강 내압이 증가하여 폐가 허탈</td>
</tr>
<tr>
<td>폐쇄성 기흉</td>
<td>비관통 외상: 늑골 골편이 폐를 찌름</td>
</tr>
<tr>
<td colspan="2">긴장성 기흉</td>
<td>늑막강 내 압력이 대기압보다 높아 늑막강 내 공기가 들어오고 나갈 수 없이 매 호흡 시마다 늑막강압이 증가, 폐허탈, 심장·기관·식도 변위, 종격동 변위</td>
</tr>
</table>

증상		• 갑작스럽고 날카로운 흉통, 빈호흡, 호흡곤란, 심계항진, 기침, 불안, 발한 등 • 자연기흉은 알지 못하는 사이에 갑자기 일어남. 환자는 갑자기 호흡곤란, 불안, 심한 발한, 허약, 맥박 증가, 혈압 하강, 침범 된 부위의 정상흉곽운동 정지와 동시에 찌르는 듯한 예리한 흉통을 호소
	기전 [2019 기출]	• 흉강 내 압력이 증가되면서 폐와 심장, 늑막에 분포한 신경절을 자극하여 흉통 발생 • 흉강 내 공기가 들어 차 폐가 허탈되고 축적된 공기는 큰 혈관을 압박하고 심장으로 들어오는 혈액과 나가는 혈액의 흐름을 방해하면서 급격히 허혈성 증상으로 진행하면서 갑작스럽고 날카로운 흉통 발생
긴장성 기흉으로 진행		늑막강 내에 들어간 이상공기는 정상적인 음압을 변형시켜 심장이나 종격 쪽으로 쏠리게 됨. 침범된 쪽의 음압이 소실됨에 따라 종격이 이동되어 침범되지 않은 쪽의 폐를 누르게 됨. 그러므로 건강한 쪽 폐의 운동을 방해하여 심한 호흡곤란을 일으킴
신체검진	타진 [1997 기출]	환측 폐 과다 공명음(＝ hyperresonant)
	청진	손상된 쪽의 호흡음 감소 또는 소실
		비대칭적 흉곽 팽창, 손상된 쪽의 흉부 움직임 감소, 청색증, 경정맥의 팽대
진단검사 [2019 기출]	흉부 X-선 촬영	• 종격동 이동 • 긴장성 기흉이 생긴 쪽의 흉막 공간에 공기가 축적되어 압력이 증가하기 때문에 흉부 X-선 사진에서 기관(trachea)이 정상인 폐 쪽으로 밀려 보이게 됨
처치	긴장성기흉 응급상황	• 종격동이 기흉에 의해 열려서 이환되지 않은 쪽의 폐를 압박 • 큰 바늘을 늑막강 내에 삽입해서 압력을 완화 • 그 다음에 개흉수술관을 삽입
	경한 기흉	• 경한 기흉인 경우에 자연 흡수될 수 있음 • 만일 기흉이 크거나 크기가 커지면 밀폐개 흉수술관을 삽입 • 밀봉 배액법은 폐를 재팽창시키는 데 사용
	관찰	환자를 주의 깊게 관찰하고 자주 흉곽청진을 하여 소리를 들어보고 활력 증상은 모니터로 점검할 필요가 있음

2 개방성 기흉

흉벽에 개방성 창상이 있는 상태이다. 이 창상을 통해 외부의 공기가 음압상태인 늑막강으로 들어가 폐 허탈 상태에 빠지게 된다. 이런 상태를 신속히 교정하지 않으면 저산소증을 초래하고 사망할 수도 있다.

(1) 폐쇄성 기흉

분류	원발성 자연기흉	외상 없이 늑막강 내 공기 축적이나 선천적 허약으로 공기가 폐에서 늑막강으로 누출
	이차성 자연기흉	COPD, 천식, 폐렴과 같은 폐질환의 결과로 발생
	비관통	비관통 외상 시 늑골 골편이 폐를 찌름
병태생리 [국시 2001, 2013 · 2019 기출]		• 흉강에는 음압이 있어 폐의 탄력성과 균형을 이룸 • 기흉으로 흉막강 내 공기가 축적되어 음압이 유지가 되지 못해 흉강내압이 대기압과 동일해지면 폐의 탄성력과 수축력이 줄어들어 폐가 허탈됨 　－ 탄성력: 원래의 형태로 되돌아가려는 성질 　－ 허탈: 탄력이 떨어져 폐가 확장되거나 편평해짐
증상 [국시 2000 · 2003 · 2007 · 2013]	통증 [2019 기출]	• 흡기 시 급작스럽고 날카로운 통증 • 깊은 흡기 시 갑작스러운 압력으로, 공기로 차있는 허파 꽈리가 파열 • 흉막강 내 공기가 축적되어 벽측 흉막의 통증 감수체를 자극하여 통증
	호흡곤란	• 힘이 많이 드는 가쁜 숨, 얕고 빠른 호흡, 호흡곤란 • 흉부압박감
	기침	―
	창백	저산소증으로 창백 or 청색증
	교감신경계	약하고 빠른 맥박, 발한, 불안, 초조, 불안정, 기절
	호흡음 감소	병소가 있는 흉부의 움직임 손실
	과다공명음	타진 시 공기가 폐에서 늑막강으로 누출되어 병소 흉부의 과공명음
	진탕음 소실	촉각 진탕음 소실
간호	산소공급	산소를 투여하면 흉막강 내 공기가 점차 흡수
	밀봉배액	밀봉배액을 하여 공기를 제거하고 폐를 재팽창
	활동제한	자연기흉의 병력이 있는 환자는 스쿠버 다이빙을 피하고, 대기압이 낮은 높은 고도에서 비행기를 타지 않음

(2) 개방성 기흉

정의	◎ 흉벽에 개방성 창상이 있는 상태	
	이 창상을 통해 외부의 공기가 음압상태인 늑막강으로 들어가 늑막 내압이 상승하여 폐의 일부분이나 전체가 허탈 상태에 빠지게 됨. 이런 상태를 신속히 교정하지 않으면 저산소증을 초래하고 사망할 수도 있음	
위험성	◎ 긴장성 기흉으로의 진행	
	늑막강 내에 들어간 이상공기는 정상적인 음압을 변형시켜 심장이나 종격 쪽으로 쏠리게 됨. 침범된 쪽의 음압이 소실됨에 따라 종격이 이동되어 침범되지 않은 쪽의 폐를 누르게 되고, 그러므로 건강한 쪽 폐의 운동을 방해하여 심한 호흡곤란을 일으킴	
증상	흉통	–
	호흡곤란	–
	빈맥	–
	청색증	저산소혈증, 청색증
	흡인음	상처 가까이에서 흡인음이 들림
	과공명음	손상된 흉곽에서 과공명음
	기관이동 종격동변위	흡기 시 기관이 침범되지 않은 쪽으로 이동하고 호기 시 기관이 중앙으로 이동
	피하기종	• 기도, 폐 손상으로 흡입된 공기가 목과 가슴의 피하조직으로 들어가 피하기종(피부밑 공기증) • 피하기종은 자연 흡수되며 촉진하면 셀로판을 비비는 것 같은 염 발음
응급처치 [국시 2013]	즉시 압박	손쉽게 구할 수 있는 재료를 이용해 우선 흡인성 창상으로 외부의 공기가 들어가지 못하도록 막아야 함
	3면 드레싱	• 거즈의 한쪽 면은 들어간 공기가 나올 수 있도록 막지 않고 3면만 밀폐시킴(3면 드레싱) • 외부 공기가 흉강 안으로 진입하는 것을 드레싱이 막고 호기 시에는 열린 면으로 흉강 내 공기가 유출됨
	자세	환자는 손상 받은 쪽이 밑으로 가게 옆으로 눕힘
	신속히 이동	가능한 한 신속하게 병원으로 후송
	긴장성 기흉 관찰	–

(3) 긴장성 기흉 [2019 기출]

정의	• 손상된 폐조직을 통하여 흡기 시 흉막강 내로 공기가 들어가지만 호기 시 나오지 못하는 심한 기흉 • 숨 쉴 때마다 공기가 흉강 내에 계속 축적되면서 주위 장기인 종격동, 폐, 심장, 대혈관, 횡격막을 압박하여 병소 쪽 폐는 허탈되고 대혈관을 눌러서 심장으로 돌아오는 혈류의 장애를 이끎 • 종격동 변위는 건강한 폐를 압박하여 환기를 감소시킴 – 중증 분류 체계에서 긴급 환자: 긴장성 기흉	
원인	개방성 기흉, 폐쇄성 기흉의 진행	
흉부 X선 촬영 [2019 기출]	흉부 X선 촬영에서 흉막강 내 공기와 폐가 허탈되고 폐의 용적이 감소되며 손상되지 않은 쪽으로 종격동과 기관이 변위됨	
증상 [2019 기출, 국시 2010 · 2012]	심한 흉통	–
	호흡곤란	심한 호흡곤란, 무호흡, 늑간 퇴축, 비공 확장
	교감신경계	안절부절 못함, 흥분, 빈맥
	청진	손상된 쪽 호흡 상실, 폐음 감소
	타진	손상된 쪽 흉곽 타진 시 과공명음(공기가 폐에서 늑막강으로 누출)
	흉곽의 비대칭	흡기 시 손상되지 않은 폐가 움직이고 난 후 손상된 쪽이 서서히 움직이거나 전혀 움직이지 않는 비대칭적인 흉곽운동
	피하기종	–
	저혈압	심장으로 돌아오는 피가 적어 C.O 감소, 약한 심음, 저혈압
	경정맥 팽창 [2019 기출]	공기가 흉강 내 축적하여 대정맥과 심장이 압박되어 심장으로 정맥 환류를 방해하여 경정맥이 팽대됨
	폐쇄성 쇼크	–
	종격동 변위	• 종격동(심장, 식도, 기관을 포함하는 폐 사이 공간)은 건강한 쪽으로 변위 • 후두, 기관의 변위
	PMI 변위	• 중앙쇄골선과 좌측 5번째 늑간이 만나는 부위에서 최대박동이 나타나는 위치 • 촉진 시 PMI는 한 늑간 부위에서만 느껴져야 하는데, 둘 이상이 인접 늑간에서 촉진 |좌심비대| 좌심부전으로 좌심비대 시 PMI가 5번째 늑간부위 아래에 있거나 중앙 쇄골선보다 측면에 있음
응급처치 [국시 2013]	'개방기흉' 처치	

(4) 늑골 골절

정의 [국시 2014]	• 늑골 골절로 골편이 흉막이나 폐를 찔러 혈흉, 기흉의 원인 • 늑골 골절은 혈흉 · 기흉의 원인으로 흉부 X선 촬영으로 합병증 확인 • 골절이 잘 일어나는 부위는 7, 8번의 늑골. 보통 옆으로 일어남	
혈흉	탁음(둔탁음) 들림, 객혈, 폐의 반상출혈	
증상 [국시 2012]	염 발음	염 발음은 골절된 부분이 호흡할 때 나는 소리
	흡기 시 통증	숨을 들이마실 때와 기침 시 더욱 고통이 심함
	얕은 호흡	동통으로 인한 짧고 얕은 호흡
	무기폐, 폐렴	• 통증으로 숨을 얕게 쉬고 기침을 하지 않아 분비물은 정체 • 무기폐 : 폐의 일부 또는 전부가 허탈되어 공기가 없거나 줄어든 상태, 기관지 분비물에 의한 기도 폐색으로 폐 환기가 감소하여 말초 기도에 남겨진 가스가 폐모세혈관에 흡수되어 폐가 허탈됨
	선홍색 객담	• 폐가 손상되면 선홍색 객담 • 늑골의 골절단이 폐를 찌를 경우에는 기침을 할 때 피가 섞인 가래가 나오거나 조그마한 혈관이 터져 내출혈이 있을 수 있음(혈흉)
	피하기종	늑골 골절에 의해 기도 손상으로 공기가 목과 가슴 피하조직으로 들어가 피하기종 촉진으로 셀로판을 비비는 소리
	손상부위 뻣뻣	상처 부위에 기형이나 좌상이 있고 손상부위는 부목처럼 뻣뻣해짐
간호 [국시 2004]	삼각건 붕대	• 다친 부위에 푹신한 베개, 부드러운 물건을 대어 삼각건 붕대로 고정시키거나 베개 대신 팔을 이용하여 함께 묶으면 팔이 부목 역할로 갈비뼈가 움직이지 않도록 고정 • 삼각건을 세게 묶지 않도록 하여 흉벽의 운동이 방해받지 않도록 함
	탄력붕대 제한	• 내장손상이 없을 때 탄력붕대, 반창고, 흉대로 흉부를 묶지 않음 • 호흡 시 통증을 감소시켰으나 심호흡과 흉곽의 움직임을 제한하여 환기 장애 발생과 기관지 분비물이 적절하게 배출하지 않아 폐렴, 무기폐 유발
	Fowler 체위	• Fowler 체위나 semi-Fowler 체위, 호흡하기 편안한 자세 • Fowler 체위는 횡격막의 하강으로 폐가 최적으로 확장된 자세
	심호흡과 기침	• 심호흡과 기침을 자주 하고 체위를 자주 변경 • 깊게 숨을 쉬고 매 시간 한 번은 기침을 해서 폐렴, 무기폐가 생기지 않도록 함
	골절부위 지지	심호흡이나 기침을 할 때 손상 부위를 손으로 지지, 흉부 주위를 감싸주거나, 가슴을 가만히 눌러주어 편안하게 호흡

(5) 연가양 흉곽(동요가슴, flail chest)

정의 [국시 2014]	흉부가 두 물질 사이에서 붕괴될 때 잘 발생한다. 동일 늑골에 2개 이상 발생한 다발성 골절이나 복합 늑골 골절(4~5개 이상)로 인해 다른 늑골 흉곽과 뼈의 연결이 없어진 상태로 골절 부위 흉벽은 다발성 늑골 골절로 호흡 운동 시에 기이성 운동(역행성 호흡운동)을 하게 된다. • 흡기 시 이환된 흉곽 부위가 흉곽의 다른 부위와 폐로 움직여 간다. • 폐가 불충분하게 팽창되면서 이산화탄소의 정체로 호흡성 산독증이 초래된다. • 효과적인 기침을 하지 못하여 폐 내 분비물이 축적된다 : 폐렴, 무기폐 • 빠르고 시끄러운 호흡이 나타난다.	
병태생리	흉곽 손상	흉곽 외상에 따른 복합적 늑골 골절의 중증의 손상으로 기흉, 혈흉, 혈기흉을 동반한다. 흉곽의 뼈가 서로 연결되지 못하는 다발성 늑골 골절로 흉벽이 불안정하여 정상에서 흡기 시 폐가 이완되고 호기 시 폐가 수축하는 흉곽의 정상 움직임이 방해를 받는다.
	흉곽의 역리운동	역행성 호흡 운동으로 정상 호흡과 반대로 움직여 흡기 시 폐가 수축하여 안으로 들어가고, 호기 시 폐가 이완으로 흉곽이 밖으로 부풀어 나오는 역리운동은 환기를 감소시켜 저산소증, 고탄산증, 호흡부전을 초래한다.
증상 [국시 2012]	흉통	흉부의 심한 통증으로 제한된 호흡과 비효과적인 기침이 발생한다.
	역행성 호흡	흉곽의 역리운동으로 인한 역행성 호흡이 발생한다.
	감소된 호흡음	–
	호흡곤란	얕고 빠른 호흡, 호흡곤란, 호흡성 산증, 고탄산증 등이 이에 해당한다.
	빈맥, 저혈압	기흉, 혈흉으로 종격동 변위는 건강한 폐를 압박하여 환기를 감소시키고 대혈관을 눌러서 심장으로 돌아오는 혈류의 장애를 이끈다.
	청색증	–
	안절부절 못함	–
	종격동 변위	–
	흉곽의 변형	–
	피하기종	–
	쇼크	–
간호 [국시 2004]	압박 드레싱	연가양 분절을 손바닥으로 지지해주고 손상된 쪽에 모래주머니나 압박 드레싱을 대어 준다. 손상된 쪽으로 환자를 눕혀 외부 고정으로 호흡을 편하게 할 수 있다. cf) 늑골 골절 : 삼각건을 세게 묶지 않도록 하여 흉벽의 운동이 방해 받지 않도록 한다. 탄력붕대, 반창고, 흉대로 흉부를 묶지 않는다.

03

fowler 체위	• fowler 체위나 semi-fowler 체위, 호흡하기 편안한 자세 등을 취한다. • fowler 체위는 폐가 최적으로 확장된 자세이다.
심호흡과 기침	• 심호흡과 기침을 자주 하고 체위를 자주 변경한다. • 깊게 숨을 쉬도록 하고 매 시간 한 번은 기침을 해서 폐렴, 무기폐가 생기지 않도록 한다.

05 비개방성 복부 외상(복부내장 손상)

복벽 손상 (복벽진탕증)	• 상당한 외력이 작용했다고 생각될 경우는 음식물을 금한다. • 장관의 절단이나 내출혈 등을 고려하여 무리한 자세나 보행을 시켜서는 안 된다. • 복벽 좌상에 의한 원발성 쇼크의 처치는 일반 쇼크의 처치와 같게 해 준다.
비개방성 복부내장 손상	복부내장 손상 시에는, 경중의 차이는 있으나 쇼크 증상이 반드시 나타나며, 이어 수시간 이내에 손상 장기에 따라서 실혈 증상 또는 복막염 증상을 병발한다. 어느 경우이건 특징적인 복막 자극 증상인 복통과 완고하게 반복되는 오심 · 구토가 생긴다. • 쇼크의 처치를 하면서 운반한다. • 수족을 높게, 머리를 낮게 하는 자가 수혈의 체위를 유지한다. • 보행을 금하고, 복부를 압박하는 운반법은 피하며 손상복부에 냉찜질하며 운반한다. • 목이 마를 때는 입술을 축이는 정도로 그치고 금식을 유지한다. • 운반 중 오심 · 구토가 반복될 경우는 상복부나 명치를 젖은 타월 또는 빙낭으로 차게 한다. • 의식장애가 있는 경우에는 토물에 의한 질식이 일어나지 않도록 coma position을 취해준다.
하부 흉곽외상에 의한 비개방성 복부내장 손상	늑골 골절의 경우 그 골편이 간 또는 비장을 찌르는 수가 있는데 부상 직후의 심한 흉통이나 호흡곤란과 혼동되어 복부증상을 소홀히 지나칠 수 있으므로 충분히 주의하여 관찰할 필요가 있다(특히 우측 8, 9번 늑골 골절 시). • 원발성 쇼크의 처치를 한다. • 음식을 금하고, 상복부, 부상부위에 냉찜질을 하면서 앙와위로 운반한다. • 동통으로 인한 호흡곤란이 있을 때는 fowler's position을 취해준다. • 혈담이 나오는 경우는 부상측을 약간 낮게 유지하여 건강한 측 폐에 혈액이 흘러들지 않는 체위(환부측을 아래로 한 반측와위)를 취해준다.

상복부 외상에 의한 비개방성 복부내장 손상	비장 손상	• 좌상복부에 외력이 가해진 경우 비장 파열이 올 수 있다. • 비장의 손상은 자연 지혈되기 어려우며, 파열의 우려가 있으므로 곧 개 복하여 봉합지혈 또는 비장을 적출하여야 한다. • 자가 수혈의 체위를 취하여, 좌상복부를 냉찜질하면서 신속히 의료기 관으로 이송한다.
	췌장 손상	• 정면에서 명치부근에 강렬한 외상을 받은 경우에 생긴다. • 쇼크에 대한 처치 후 다른 합병증(내출혈, 복막염, 외상 후 가성 낭포 등)을 고려하여 병원에 옮긴다. • 쇼크 회복 후에도 상복부 압통의 결과를 주의 깊게 관찰한다.
배부(背部) 외상에 의한 비개방성 복부내장 손상		복부 배면, 후복막강에는 제1, 제2 요추의 좌우 양측에 신장이 있으며, 배 측에서 외력이 가해진 경우 척추와의 사이에 끼여서 파열되는 수가 많다. • 쇼크 처치와 함께 측복부, 배부의 냉찜질을 한다. • 내출혈 징후, 소변의 색조 등에 주의하면서 병원으로 이송한다. • 이송 시 급격히 몸을 움직이거나 보행은 금해야 한다.
하복부 외상에 의한 비개방성 복부내장 손상: 방광파열		• 요가 복강 내로 흐르기 때문에 심한 복막자극증상이 나타난다. • 부상 부위에 냉찜질하고, 가까운 병원으로 급송해야 한다. • 수송 체위는 fowler's position으로 보행은 절대 금해야 한다.

06 근골격계 손상

1 외상분류

타박	• 넘어지거나 충돌 등의 외력으로 피하조직이 손상된 것 • 두부, 흉부, 복부는 각각 뇌나 내장손상의 합병에 주의
염좌	• 관절에 생리적인 운동범위를 넘는 외력이 가해져서 관절막과 인대가 손상된 것 • 발목, 무릎, 손가락에 많이 발생
탈구	염좌보다 더 강한 외력이 가해져서 뼈가 정상적인 위치에서 이탈된 것
골절	외력으로 인한 골의 연속성이 끊어진 상태
좌상	건(tendon)의 손상으로 건이 과신전 되거나 근육이 심하게 신장될 때 발생 근육과 근막 손상
찰과상	넘어지거나 충돌로 인한 피부가 벗겨진 상처

2 PRICE 치료 [2012 기출]

Protection : 보호	적용	심한 염좌에 부목을 대준다.		
	효과 (근거)	목으로 손상부위를 부동 상태로 유지하여 움직이지 않는다. 환부를 많이 움직이면 손상 초래로 부목으로 통증, 출혈, 부종을 경감한다.		
Rest : 휴식(안정)	적용	상해 시 적어도 24~48시간 동안은 휴식을 취해야 한다.		
	효과 (근거)	상해 발생 상황에서 움직이면 출혈과 다친 곳의 혈액순환이 증가되어 부종을 유발하여 조직 손상이 심화된다.		
		근조직은 상해 발생 3~4일 후가 지나야 회복단계에 들어간다.		
Ice : 얼음찜질	적용	냉각시간도 24~48시간 동안 20~30분씩 폐쇄적 상처에 적용하는 것이 좋으며 상해 후 가능한 빨리 냉각하도록 한다.		
	효과 (근거)	출혈↓, 부종↓	혈관이나 임파선을 수축하게 하여 혈액이 상처 부위에 모여드는 것을 억제함으로써 상처 범위를 제한시키고 통증과 경련을 감소시키며 부종과 염증을 줄이는 데 사용된다. 따라서 회복시간을 단축시킬 수 있다.	
		통증↓	찬 기운은 얼얼함으로 통증 마비의 효과 냉각이 지각적으로 우세하여 통증을 감소시킨다. 신경전달속도 감소로 대뇌에 도달하는 통증을 감소시킨다.	
		근육경련↓	근육에 전달되는 신경말단부 활동을 감소시켜 근육경련을 감소시킨다.	
	주의	조직 손상 가능성으로 30분 이상 적용하지 않는다.		
	금기	냉각은 심하게 다친 연부 조직 상해 시에 사용되나 개방성 상처나 출혈이 멎지 않은 상해에는 처치하지 않는다.		
Compression : 압박붕대 고정	적용	냉각이 끝난 후에 탄력 있는 붕대의 사용과 함께 이루어지는데, 연조직 상처 부위를 냉각시킨 후 압박붕대를 사용한다.		
	효과 (근거)	• 상처 부위의 압박은 붓기를 억제함으로써 회복기간을 단축한다. • 부종 감소, 통증 감소, 주변 연부조직 손상을 방지, 출혈의 위험성을 감소, 손상부위의 혈류 차단 가능성을 줄인다.		
	주의	압박 기간	너무 강하게 오랫동안 압박하지 않도록, 혈액순환이 되도록 가끔 붕대를 풀어주어야 하며 24~48시간 정도 압박붕대의 감기와 풀기를 반복해야 한다.	
		압박 강도 (순환)	• 너무 느슨하면 벗겨지고, 너무 세게 감으면 혈액의 흐름이 나빠지기 때문에 약간의 압박을 가하면서 알맞은 강도로 감는다. • 혈액 공급을 차단할 만큼 강하게 감지 않도록, 탄력붕대를 너무 세게 감지 않도록 하고 동맥순환 저하로 창백한 피부, 냉감, 맥박 결손, 얼얼한 느낌, 통증, 마비 등의 증상 호소 시 바로 탄력붕대를 풀어준다.	
		압박 마비	압박 후 상처 부위의 감각이 마비되지 않도록 붕대는 부드럽고 주름 없이 감아야 한다.	

Elevation : 상승	방법	염좌가 발생한 즉시 환부를 심장보다 높은 곳에 위치시킨다.
	효과 (근거)	출혈이 줄어들고 회복 시 제거되어야 할 부수물의 생성을 억제하는 효과가 있다. → 상처 부위가 붓는 것을 줄일 수 있다.
	주의	수면 시에도 상처 부위를 계속 높인 상태로 유지하며, 특히 다리를 높일 때에는 환자가 누워 있을 때 45° 이상의 각도를 유지하도록 한다.

3 타박상

정의	둔탁한 힘에 의해 연조직이 손상을 입은 것으로 국소출혈 · 피하출혈이 있다. 손상 후 2~3일이 지나면 멍이 보이고 때로는 혈종이 나타나며 특별한 치료 없이도 저절로 흡수되는 경우가 대부분이다.
증상	압통, 부종, 혈종
간호	• 손상 부위 상승 • 냉찜질 : 출혈과 부종의 감소를 위해서 손상 후 첫 24시간 동안 20~30분 이내로 적용한다. • 부종이 줄어든 후 1회에 20분간 습열을 적용한다. • 탄력붕대로 감아 환부를 고정하고 출혈을 조정, 부종을 감소시킨다.

4 좌상

정의	근육이나 건의 손상으로 근육을 지나치게 신전시킬 때 일어나며, 보통 강타나 직접적 회상에 의해서 일어나지는 않는다. 불량한 건강 상태, 활동 전 부적절한 준비 운동, 근육의 피로, 근육의 쇠약과 힘의 부조화는 좌상의 원인이 된다.
증상	통증, 종창, 근경련과 근육 내 출혈을 야기하며, 변색과 허약감 등이다.

좌상의 정도와 치료	손상 정도	증상, 증후	치료
	1도	능동 굴곡과 수동 신전 시 종창, 압통, 부분적 통증	PRICE, NSAIDs
	2도	부분적 파괴로 약간의 근력손실이 생김	PRICE, NSAIDs, 부목
	3도	근과 건의 기능 상실과 함께 완전 파열	수술요법

5 관절 염좌 [1996 · 2006 2012 기출]

정의(염좌)	관절에 생리적인 운동 범위를 넘는 외력이 가해져서 관절막과 인대가 손상된 것이다. 발목, 무릎, 손가락에 많이 발생한다.
요인	관절이 정상 ROM에서 무리하게 벗어났을 때 인대의 손상이 초래되며, 갑작스런 관절의 강한 타격으로 염좌가 올 수 있다.

증상 (손상 정도)	관절운동 시 통증, 종창, 국소출혈, 근육경련, 손상 몇 시간 후에 더 통증 부위가 넓어진다.		

손상정도	증상, 증후	치료
1도	인대 위의 압통과 종창, 관절은 안정적임	PRICE, NSAIDs
2도	부분적인 인대의 파괴, 종창, 압통, 관절은 불안정	PRICE, 부동, NSAIDs
3도	인대가 완전히 찢어지고 파열되어 인대 부분의 관절안 정성이 상실	다른 치료 여부를 결정하기 위한 X-선 촬영

PRICE 치료	Protection (보호)	손상부위를 안전하게 유지한다.
	휴식(안정) (Rest)	• 상해 시 적어도 24~48시간 동안은 휴식을 취해야 한다. • 부상된 관절의 운동을 제한하고, 관절낭이나 관절주위 조직의 손상이 회복될 때까지는 안정유지, 다친 부위를 지지해 준다.
	냉각 (Ice)	얼음 찜질로 통증과 부종을 완화시킨다. • 손상 24시간 내에 처치한다.
	압박 (Compression)	• 꽉 싸매어 고정시킨다. • 압박붕대 등을 사용하여 붓기를 억제하고 회복기간을 단축시킨다. • 경한 염좌라도 부목이나 탄력붕대로 고정(심하면 석고붕대)시킨다.
	환부거상 (Elevation)	• 손상 부위를 심장보다 높게 유지하여 종창 및 부종을 줄인다. • 수면 시에도 계속 높인 상태를 유지하도록 한다.
치료	• 소염진통제를 투여한다. • 아주 심한 염좌나 좌상은 석고붕대를 해야 하므로 병원으로 후송한다.	

6 관절 탈구

정의	탈구는 관절이 정상 위치에서 이탈된 상태로 주변 조직의 손상을 동반할 수 있다. 아탈구는 관절이 불완전하게 탈구된 경우이다.
증상	통증과 부종, 제한된 동작 또는 변형, 심하면 관절낭과 인대가 파열, 관절 분열, 관절면 골 절이 동반된다.
간호	탈구는 24시간 내에 정복(원래 위치로 되돌리는 것)하는 것을 원칙으로 하고 3주일간 고정 하여야 한다.

학교에서의
관리
	• 손상받은 부위를 안정 · 고정시킨다.
	• 탈구된 부위를 지지하기 위해 부목을 댄다.
	• 병원으로 후송 시 탈구나 아탈구된 부위가 흔들리지 않게 조심하여 옮긴다.
	• 손으로 임의로 탈구나 아탈구를 교정하지 않는다.
	  − 골절을 합병하는 수가 있으므로 함부로 정복을 시도하는 일은 피해야 한다. 반드시
	    X-ray 진단을 받아서 마취하에 정복하는 것이 원칙이다. 견관절 · 주관절에서 생기기
	    쉽고 정복한 후에 치료는 염좌에 준한다.

07 **골절** [2001 · 2009 기출]

1 **골절**

정의		골절이란 외력에 의하여 골조직의 연속성이 파괴된 상태
국소증상 (4대 증상)	통증	심한 통증이 있고 움직이면 악화됨
	발적 종창 열감	• 손상된 뼈와 연조직의 체액, 혈액이 손상 부위에 모임 • 부종은 골절 후 출혈에 의해 초래됨
	기능장애 변형	• 절룩거리거나 비정상적으로 걸음 • 움직임이 현저하게 감소 • 해부학적 변형이 되기도 함
	마찰음	안정되지 않은 골편이 부딪히는 소리, 삐걱거리는 소리가 있음
전신증상	쇼크(속) 증상	골절 직후에 쇼크 증상을 일으키기도 함
	발열	골절 후 얼마 지나서 발열, 오한 등이 보일 때가 있음
임상증상		• 통증: 골절부위의 종창, 근육경련, 골막손상 등으로 인함 − 즉각적이고 심한 통증 − 손상부위의 압박 시 악화 − 움직일 때 악화 • 정상 기능의 상실: 손상된 부위의 수의운동 불능 • 골절로 인한 기형 • 비정상적인 움직임, 가성 움직임 • 골절단 부위의 마찰음 • 손상부위의 연조직 부종: 체액과 혈액이 손상부위로 스며듦 • 손상부위의 반상출혈 • 감각 손상, 근육경련, 손상 하부의 마비 • 심한 손상, 혈액 상실, 격심한 통증으로 인한 쇼크 증상
손상범위 사정(5PS)		• 통증과 압통점(Pain and point of tenderness) • 맥박 없음(Pulselessness): 골절된 부위로부터 원위부위(지연 혹은 위급한 증상) • 창백(Pallor) • 지각이상(Paresthesia): 골절부위로부터 원위부위의 감각이상 • 마비(Paralysis): 고절부위로부터 원위부위의 운동
골절분류	폐쇄성 단순골절	내부에 골절이 발생하여 혈관과 조직 손상으로 내부 출혈을 일으킴. 뼈 자체만 금이 가고 피부를 찢거나 골절 부위의 뼈가 조작나지 아니한 상태
	개방성 복합골절	골절로 주위 근육과 피부에 상처가 생겨 감염 우려와 출혈이 심한 상태
	전위골절	골절면이 움직여서 뼈가 이동한 경우(displaced fracture)
	견열골절	인대가 파열되면서 인대에 붙어 있는 작은 뼈조각이 같이 떨어지는 골절

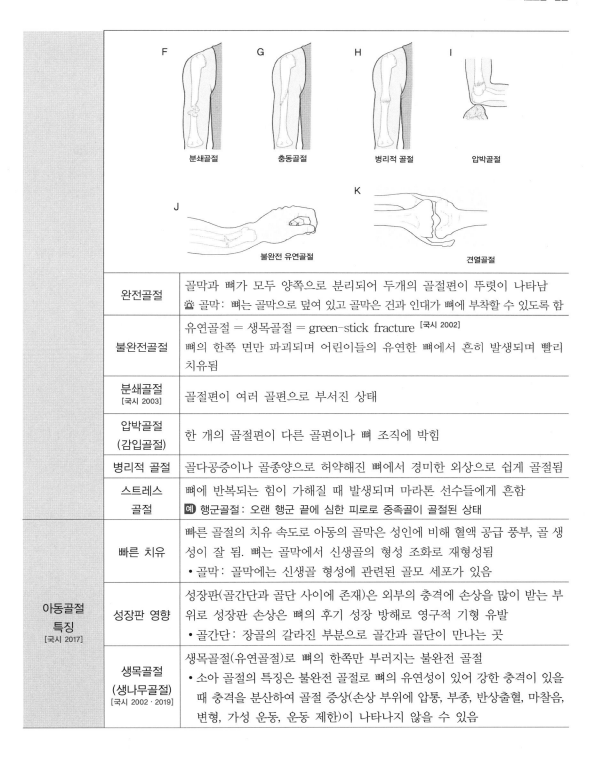

완전골절	골막과 뼈가 모두 양쪽으로 분리되어 두개의 골절편이 뚜렷이 나타남 ☀ 골막: 뼈는 골막으로 덮여 있고 골막은 건과 인대가 뼈에 부착할 수 있도록 함
불완전골절	유연골절 = 생목골절 = green-stick fracture [국시 2002] 뼈의 한쪽 면만 파괴되며 어린이들의 유연한 뼈에서 흔히 발생되며 빨리 치유됨
분쇄골절 [국시 2003]	골절편이 여러 골편으로 부서진 상태
압박골절 (감입골절)	한 개의 골절편이 다른 골편이나 뼈 조직에 박힘
병리적 골절	골다공증이나 골종양으로 허약해진 뼈에서 경미한 외상으로 쉽게 골절됨
스트레스 골절	뼈에 반복되는 힘이 가해질 때 발생되며 마라톤 선수들에게 흔함 예 행군골절: 오랜 행군 끝에 심한 피로로 중족골이 골절된 상태
아동골절 특징 [국시 2017]	
빠른 치유	빠른 골절의 치유 속도로 아동의 골막은 성인에 비해 혈액 공급 풍부, 골 생성이 잘 됨. 뼈는 골막에서 신생골의 형성 조화로 재형성됨 • 골막: 골막에는 신생골 형성에 관련된 골모 세포가 있음
성장판 영향	성장판(골간단과 골단 사이에 존재)은 외부의 충격에 손상을 많이 받는 부위로 성장판 손상은 뼈의 후기 성장 방해로 영구적 기형 유발 • 골간단: 장골의 갈라진 부분으로 골간과 골단이 만나는 곳
생목골절 (생나무골절) [국시 2002 · 2019]	생목골절(유연골절)로 뼈의 한쪽만 부러지는 불완전 골절 • 소아 골절의 특징은 불완전 골절로 뼈의 유연성이 있어 강한 충격이 있을 때 충격을 분산하여 골절 증상(손상 부위에 압통, 부종, 반상출혈, 마찰음, 변형, 가성 운동, 운동 제한)이 나타나지 않을 수 있음

② 골절의 치유과정

혈종 및 육아조직형성 : 골절즉시 삼출물	• 골절 후 즉시 그 부위에 출혈이 생기고 삼출물이 생기는 것 • 골막과 근접조직의 파괴 및 혈관의 파열로 혈종이 형성 • 24시간 이내에 울혈이 생김 • 혈종내 혈액이 엉겨붙어 섬유소 그물망 형성 • 2~3일 내로 혈종은 과립조직으로 대치(육아조직으로 성장, 유골 : osteoid)
가골형성 : 손상 6~10일 과립조직변화	• 각종 무기질과 새로운 골기질(bone matrix)이 유골(osteoid)내 축적되면서 정상의 뼈보다 크고 느슨한 가골이 됨 • 가골은 연골, 골아세포, 칼슘, 인 등으로 구성 • 가골은 골절선을 넘어 더 넓게 뻗쳐 있으므로 일시적인 부목 역할 • 손상후 2~3주가 경과되면 가골은 최대의 크기에 도달하고 가골은 계속 재형성됨 • 가골은 뼛조각을 결합시킬 수 있으나 체중을 견디거나 긴장을 견딜 만큼 충분히 강하지 못함
골화과정 : 무기염류축적	• 골절 후 3주부터 나타나고 골절이 회복될 때까지 지속 • 칼슘과 광물질이 침착하여 단단한 진성 가골로 변화함에 따라 골절부위의 움직임을 고정해 줄 수 있음 • 이 시기에 석고붕대를 제거하고 제한적 움직임이 가능 • 가골은 점차로 진성뼈가 되면서 강해짐
골강화와 재형성	• 골화과정을 거치면서 골조각 간의 거리가 좁혀지고 점차 메워지는 골강화단계에 이름 • 골절 치유의 마지막 단계로, 과잉된 골조직이 점진적으로 재흡수되고 골 결합이 완성됨에 따라 골절이전과 같은 골구조와 강도로 회복됨 • 골절 부위에 따라 치유기간은 다르고, 다양한 요인들이 치유에 영향을 미침

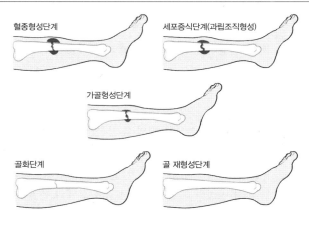

뼈의 치유과정

3 골절의 일반적인 응급처치

고정	우선 환자를 안정시키고 기구가 준비되지 않은 상태이므로 즉제부목의 사용 또는 골절이 없는 다른 쪽 다리를 부목으로 이용하여 고정한다.	
	취한 자세로 정복 제한	• 절대 골절부위를 움직이거나 피려고 하지 말고 환자가 취한 자세로 고정한다. • 골절부위의 과도한 움직임이나 조작은 피한다. • 변형된 사지는 정복하려 시도하지 않는다. • 튀어나온 뼈를 제자리로 밀어 넣지 않는다. • 골절부위를 잡아당기지 않는다. • 골편을 제거하지 않는다. • 절대로 골절부위를 정복하거나 움직이거나 잡아당기지 말고 골절을 제거하려고 애쓰지 않는다. → 무리하게 정복을 시도하다 인대나 근육의 손상을 심각하게 하고 통증을 준다.
	넓고 긴 부목	단단하고 평평하며 가벼운 것으로 골절부위보다 넓고 긴 것을 사용한다.
	체간과 함께 가까운관절포함	• 골절이 없는 다른 쪽 다리를 부목으로 이용하여 고정한다. • 부목의 사용 시 체간(몸의 중추 부분)과 함께 골절부위의 위, 아래 관절을 함께 고정하여 움직이지 않도록 한다.
거상	부목으로 고정 후 환부를 심장 높이보다 상승하도록 위치한다.	
	효과(근거)	중력의 작용으로 혈액을 아래쪽으로 가게 하여 출혈, 부종을 억제한다.
냉적용	동통과 부종의 경감을 위하여 환부는 냉찜질하고 환자는 적당히 보온시킨다.	
쇼 예방	출혈이 없고 의식이 뚜렷하므로 쇼을 예방하는 차원에서 음료수 공급도 가능하다.	
복합골절 시	지혈 후 고정	복합골절 시 감염에 유의하여 상처를 처치하고, 출혈 시 지혈한 후 멸균 드레싱하여 부목으로 고정한다.
	개방시 뼈는 그대로 두고 고정	개방성 골절인 경우 외부로 드러난 뼈는 그대로 두고 무균거즈나 깨끗한 헝겊으로 가볍게 덮는다.
	감염예방	–
활력증후 관찰하며 이송	운송 시 손상부위가 움직이지 않게 하고 손상 후 6시간 내에는 깨끗하게 봉합되나 24시간 이상 지연되면 개방치료 해야 하므로 유의한다.	

4 골절의 응급처치 시 일반적 주의사항

고정 후 이동		가능한 한 다친 곳을 건드리거나 부상자를 함부로 옮기지 말고, 부목을 대어준 다음에 옮기도록 한다.
	근거	부러진 뼈끝이 신경·혈관·근육을 손상케 하거나, 피부를 뚫어 복합골절이 되는 일이 없도록 한다.
충격처치		일반적으로 골절에는 충격(shock)이 동반되는 경우가 많다.
출혈처치		복합골절로 출혈이 있으면 직접 압박으로 출혈을 방지하고, 심한 출혈 시엔 지혈대를 사용한다.
골편 노출 시		피부 밖으로 골절편이 노출된 경우에는 골절치료보다 먼저 세균감염에 의한 화농예방에 역점을 두어야 한다.
부목 고정 시		부목은 골절부의 아래·위 관절을 충분히 고정할 수 있도록 길게 대어 주어야 한다.

5 부목

부목 사용의 목적 [2006 기출]	• 골편 고정 및 기형 예방 : 폐쇄성 골절이 개방성 골절로 진행되지 않도록 함 • 통증 감소 • 쇼크 예방 및 더 이상의 손상 방지 • 근육, 신경, 혈관 손상 예방 • 출혈과 부종 감소 • 상처 부위의 혈액순환 장애 방지
부목 고정 시 유의사항	• 환자가 취한 자세로 고정 후 거상 • 체간과 함께 또는 가까운 관절 포함 • 골절부위보다 넓고 긴 것 사용 • 천으로 부목을 감싸서 피부 보호 • 부목이 없으면 즉제 부목 : 단단하고 평평하며 가벼운 것으로 넓이와 길이가 충분한 것

6 상지골절

상박골절	증상	골절의 일반증세가 나타나며, 특별한 증세로는 견관절의 운동(팔을 앞 또는 옆으로부터 위로 올리거나 뒤로 돌리는 운동)을 할 수 없고, 또 주관절(elbow joint)의 운동도 할 수 없게 된다.
	처치	• 주관절을 90° 각도로 구부리고, 어깨로부터 주관절에 이르는 부목을 잘 싸서 팔 바깥쪽에 대고, 삼각건을 골절부위 쪽, 아래쪽에 대고 부목을 고정한다. • 삼각건으로 팔걸이를 만들어 목에 걸어주고, 팔 전체를 가슴에 처매어 고정시킨다. • 겨드랑이를 고여 주고, 만약 부목을 구할 수 없으면 삼각건으로 전박을 끌어올려 팔 전체를 가슴에 붙이고, 붕대를 감아 움직이지 않도록 고정시켜 병원으로 보낸다.

주관절골절	증상	• 팔꿈치의 변형이 생겨서 심하게 붓고 아플 때는 상박의 골절이나 주관절의 탈구를 의심할 수 있다. 탈구 시는 팔꿈치를 타동적으로 굽혀 가면, 팔꿈치에서 탄발성 저항을 느낀다. • 대개 주관절을 구부리고 넘어질 때 생기며, 관절부위가 붓고 아프므로 팔을 구부렸다 폈다 하지 못한다.
	처치	• 환자가 팔을 편 자세로 있으면 겨드랑이를 많이 고인 다음, 겨드랑이에서 손가락까지 이르는 부목을 손바닥 쪽에 대어 준다. • 만약 주관절을 구부린 상태로 환자가 발견되면, 팔 넓이의 붕대로 무리없이 끌어올리고, 쇄골 · 상박 골절의 경우와 같이 그 팔을 동체에 대고 붕대를 감아 고정시킨다. 절대 구부러진 주관절을 무리하여 펴려고 해서는 안 된다.
전박 (요골, 척골) 골절	증상	손을 짚고 넘어졌을 때 생기기 쉬우며, 손목 바로 윗부분의 엄지손가락 쪽이 붓고, 때로는 포크(fork)와 같은 형태로 되어, 그 부위를 누르거나 손목을 움직일 때 아프면 요골 하단골절을 의심한다.
	처치	• 부목을 준비할 동안, 환자는 바로 눕히고 부상 전박은 그의 가슴 위에 걸쳐 놓은 자세가 제일 좋다. • 주관절로부터 손가락 끝에 이를 만큼 긴 부목 두 개를 잘 싸서, 한 개는 손바닥 쪽에, 다른 한 개는 손등 쪽에 대고, 두 개 이상의 삼각건으로 처매어 고정시킨 다음, 손을 주관절보다 약 10cm 정도 높이고, 손바닥이 가슴 쪽을 향하는 위치에서 넓은 붕대로 팔을 끌어 올려 어깨에 달아맨다. • 이때 대용 부목으로는 잡지 · 신문지 · 두꺼운 종이 등 그 자리에서 얻을 수 있는 것을 사용한다.
수근골 · 중수골의 골절 혹은 좌상	증상	기계나 재목, 그 밖의 무거운 물체에 눌리어 피부가 파괴되고 손뼈가 골절되는 수가 있다. 통증과 마비가 중요한 증세이다.
	처치	• 헝겊으로 싼 부목을 손바닥 쪽에 전박의 중간으로부터 손가락 끝까지 닿게 대어준다. • 붕대를 너무 단단히 감지 말고, 손이 주관절보다 약 10cm 정도 높고 손바닥이 밑으로 향하도록 맨다.
지골골절	증상	기계 · 재목을 다루다가, 또는 전차나 자동차의 문을 닫을 때에 흔히 있을 수 있으며, 그 외에도 야구나 배구 등 운동 시에도 발생한다. 보통 골절의 일반증세가 나타난다.
	처치	생명에 위험을 줄 정도의 골절은 아니나, 잘 낫지 않으며, 나아도 모양이 흉해지기 쉽고, 손가락으로 하는 일에 지장을 가져오는 일이 있으므로, 곧 병원에 보내어 치료받게 한다. 응급처치를 한 다음 부상된 손은 붕대로 끌어올려 어깨에 처매어 주는 것이 좋다.

쇄골골절	증상	• 쇄골의 바깥쪽에 가까운 부분이 돌출되어 그 부위를 누르거나 견관절을 움직였을 때 아프면 쇄골 골절이 의심된다. • 골절의 일반 증세가 나타나며, 쇄골을 손끝으로 촉진해 보면, 대부분의 경우 골절부위가 만져지며 부상당한 쪽의 팔을 어깨 위로 쳐들지 못한다. 부상당한 쪽 어깨가 다른 쪽 어깨보다 낮아진다.
	처치	부상당한 쪽의 팔은 손이 팔꿈치보다 약간 높게 하여 반대쪽 어깨에 대어 삼각건으로 매고, 다시 팔 전체가 몸에 착 붙게 삼각건으로 묶어 준다.

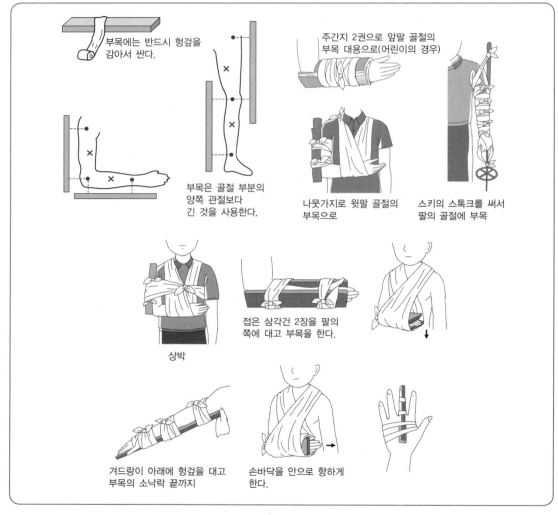

| 전박 · 수근골 · 중수골 · 지골 골절 시 응급처치 |

7 **하지골절**

고관절골절	증상	고관절 부위가 아파서 일어서지 못할 때는, 거의 대퇴골 경부골절을 의심할 수 있다. • 환측의 발은 대개 외선(발끝이 바깥쪽으로 향한 상태)되어, 발바닥이 안쪽을 향하고 발끝은 밖으로 벌리고 걷는 위치를 취한다. • 다리를 움직이거나 하지의 부착부위를 누르면 심한 통증을 느끼고, 서 있거나 걷는 것은 거의 불가능하다.
	처치	• 액와에서 발목까지 부목을 대거나 두 다리를 함께 묶는다. • 가능하면 Thomas Splint를 사용하며, 들것에 운반한다(하지 응급부목법으로 대퇴 골절이나 하퇴골 골절, 슬관절 손상 시에 반견인의 목적으로 사용된다).
대퇴골골절	증상	• 대퇴부의 손상을 입은 후, 부상자가 바로 누워서 바닥으로부터 발뒤꿈치를 들지 못하면, 대퇴골의 골절을 의심한다. • 흔히 발은 바깥쪽으로 삐어져 놓이고, 그 발을 혼자 힘으로는 바로 세우지 못하는 때가 많다. • 가관절이 생기든가, 다리가 짧아졌다든가, 혹은 기형이 되고, 부러진 곳에서 말단부는 마비되는 수가 있다. • 이 골절에서는 상지나 하지의 어떠한 다른 골절보다도 한층 더 심한 충격이 일어난다.
	처치	• 환자의 겨드랑이에서 발에 닿고도 남는 부목과 적어도 7개의 삼각건을 준비한다. • 한 사람으로 하여금 한 손은 발뒤꿈치 밑을, 또 한 손으로는 발을 잡고 천천히 하지를 바른 자세로 돌려, 조금 끌어당겨서 그대로 붙잡고 있게 한 후에, 응급처치원은 7개의 삼각건을 부상자의 허리, 무릎, 발목 밑에 넣고 붕대를 일정한 간격으로 벌려 놓는다. • 붕대 3개로 부목의 윗부분과 허리를 단단히 잡아매고, 나머지로 부목과 부상당한 하지를 잡아맨다(이때 부상당한 하지를 정상인 다리에 붙여 매어서 더 튼튼하게 할 수도 있다). • 목판 부목을 발견하지 못한 경우에는 양다리 사이를 잘 고인 뒤에 양쪽 다리를 합쳐서 붕대로 감는다. • 부목의 겨드랑이 부분에 수건을 대어 준다. • 충격에 대한 처치를 한다. • 환자를 절대 일으켜 세워서는 안 되며, 들것으로 운반한다.
		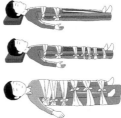

대퇴골은 골절되었을 때는 눕히면 골절한 쪽의 발끝이 바깥을 향하고 있으므로 알 수 있다. 그림은 오른발이 골절되었다.

겨드랑이 밑에서 발끝까지 부목을 대고 두발 사이에 담요 따위를 넣어 이상이 없는 발도 함께 묶는다.

슬개골의 골절	증상	• 구르든가 굳은 곳에 무릎을 부딪쳤을 때 생기기 쉬우며, 무릎을 구부리면 아프고 무릎 전체가 현저하게 부어서 슬개골부의 압통이 심하고, 때로는 골절 부분이 만져지기도 한다. • 그 밖의 골절의 일반증세가 있으며 4~5주가량의 안정·고정을 요한다.
	처치	• 하지를 곧게 펴고, 적어도 넓이 10cm이며, 허리에서 발 뒤꿈치까지 닿게 충분히 긴 부목을 잘 싸서 하지의 뒤쪽에 댄다. • 무릎과 발꿈치 아래 고임을 대고, 붕대 하나는 슬개골 바로 위쪽에, 다른 하나는 슬개골 바로 아래쪽에 부목과 함께 돌려매고, 다른 두 개의 붕대로 대퇴부와 하지를 단단히 잡아맨다. • 무릎이 부어오르기 쉬우므로 둘러 싸매지 말고 남겨둔다. • 만약 부목이 없으면 베개나 담요를 대용할 수 있다.
하퇴골의 골절 [2001 기출]	증상	경골과 비골이 동시에 골절됐을 때엔 대개 골절의 일반증세가 나타나나, 한 개만 골절 시는 기형이 별로 나타나지 않으며, 또 발목 바로 위의 골절은 염좌로 잘못 알게 되는 수도 있다.
	처치	• 발끝을 힘 있게 잡아 땅에서 위로 끌어올리고, 그 밑에 베개나 담요를 집어넣고, 무릎 위로부터 발끝까지 미치는 부목을 담요나 베개 위에 대고 붕대를 감는다. 만약 담요나 베개가 없으면 양다리 사이에 부드러운 물건을 고이고 양측 다리를 한데 매어 고정시킨다. • 들것으로 운반한다.
발목골절	처치	• 발 전체를 베개나 방석 위에 올려 놓고 붕대를 감는다. • 만약 베개가 없으면, 발뒤축으로부터 무릎 바로 아래까지 닿은 두 개의 부목을 양쪽에 하나씩 대고 묶어 준다. • 들것에 운반한다.
	처치	 방석 및 마닐라보드, 라면상자 등을 그림처럼 잘라 부목대용으로 사용한다.

8 석고붕대 후 간호

목적	• 치유 기간동안 환부를 고정하거나 지지하며 외부 자극으로부터 환부를 보호한다. • 만성질환 시 치료 목적으로 침상 안정 할 때 나타날 수 있는 관절의 굴곡구축을 예방한다. • 척추측만증이나 만곡족, 선천성 고관절탈구의 경우 기형을 교정하기 위함이다.
간호	• 석고붕대를 한 부분은 상승시키고 잘 건조하도록 보호한다. • 석고붕대 표면을 깨끗이 보존한다. 특히 어린아이의 경우 낙서하거나 칼로 파지 않도록 주의한다. • 석고붕대는 어떤 상황에서도 변형시키지 않는다. • 여러 가지 합병증에 대한 증상을 관찰하도록 지도한다. 　– 발가락의 감각, 움직임, 온도, 색깔 등을 관찰한다. • 사지를 상승시킨다. • 석고붕대한 아래와 윗부분에 매일 손가락이나 발가락 운동 등 모든 관절의 운동을 계획하여 시행하도록 지도한다. • 아래의 증상 시 병원을 방문한다. 　– 열이 난다. 　– 석고붕대가 느슨해지고, 깨지거나 부드러워진다. 　– 석고붕대에서 악취가 난다. 　– 석고붕대부위를 상승시켜도 부종이 경감되지 않는다. 　– 정상부위에 비해 손가락, 발가락이 변화(무감각, 저림, 창백, 움직일 수 없음)된다. 　– 석고붕대 안에서 작열감과 통증이 수반된다. 　– 석고붕대 가장자리의 피부가 파괴되고 욕창이 형성된다.
합병증	석고붕대가 너무 꽉 조여지거나 이물질이 들어가면 국소의 혈관이나 신경을 압박하여 동통, 부종, 조직괴사, 신경손상 등의 합병증을 유발하게 된다. ① 동통 ② 창백이나 청색증 ③ 감각이상 ④ 맥박소실 ⑤ 마비

9 골절의 합병증

골절 직후	혈관 손상		순환장애로 부종, 동통, 국소조직괴사 등 초래
	지방색전증 [국시 2001 · 2006]		골절부위에서 지방조직이 유리되어 혈관으로 유입
		뇌색전증	어지러움, 혼돈, 섬망, 혼수
		폐색전증	빈호흡, 호흡곤란, 흉통, 천명음, 기침, 객담, 객혈, 청색증
		신장색전	옆구리통증, 소변에서 유리지방산 검출
		예방 [국시 2004]	부목으로 골절부의 부동화로 자세를 고정시키는 동안 골절된 뼈를 적절하게 지지
	말초혈관 신경 손상	순환계	• 색깔: 석고붕대주위의 사지나 손가락의 색깔은 순환상태를 나타냄 　– "Blanching test": 발과 손가락의 순환상태를 알아보기 위해 손톱이 하얗게 될 때까지 압력을 가한 후 재빨리 손을 떼었을 때 3~5초 이내 정상적인 분홍색으로 돌아오는 것을 확인 • 체온: 양쪽 사지의 느낌을 비교하면서 측정 • 부종: 부적절한 정맥귀환을 나타냄 • 맥박이 뛰지 않으면 그 부위를 표시하고 계속 관찰
		신경계	• 감각: 둔감, 저린감, 작열감, 둔한 통증, 무감각 등을 확인 • 움직임(motion): 굴곡, 신전, 내전, 외전을 관찰 • 무감각(numness) • 얼얼한 느낌(tingling) • 통증 • 마비
	감염		개방골절일 경우 더욱 유의
	기타		shock, 심장마비, 비뇨기계 손상 등
속발성 합병증			• 유합지연 • 비유합 • 무혈관성 골괴저 　– 대퇴의 두부와 경부가 분리되면서 부골 형성 후 관절염 유발 　– 예방 불가능 　– 특히 고관절의 골절 및 탈구로 혈류 차단 시 발생 • 구획증후군

08 상처 관리

1 상처 관리의 기본원칙

지혈 및 쇼크 방지	–
감염 관리	–
일반적 상처 관리	감염 예방 및 일반적인 상처 관리에 임해야 함

2 상처 관리의 중요성

중요성	출혈	출혈로 인해 환자가 사망할 수 있음
	손상	몸의 상처에 대한 서투른 치료가 중요한 몸의 부분을 손상시킴
	기능상실(불구)	손상된 부분의 기능상실로 불구가 될 수 있음
	감염발생	감염발생의 주요경로가 됨
목적	창상유지	적절히 창상을 유지
	반흔	반흔을 최소화
	정상기능	환자가 정상기능을 회복하도록 함

3 상처 취급의 8원칙

응급처치	상처의 전신적인 상태에 따라 기도유지, 심폐기능의 유지 등 우선순위에 따른 처치
진단	❍ 2차 사정 : 눈에 보이지 않는 상처까지 진단 • 상처 부위의 해부학적 구조 사정 • 다른 조직의 손상 여부도 확인 및 기능조사(신경 및 운동기능 점검) • 신경의 손상 시 상처 하부 부위의 감각기능을 사정 • 더 이상의 손상이 진행될 수 있다고 간주

상처의 치료	• 청결(cleaning)
	  – 상처 부위를 물 또는 생리적 식염수로 깨끗이 씻음
	  – 손상범위나 부위를 확인하기 위해 건이나 신경의 손상여부를 시험해 봄
	  – 손상이 발견되면 병원에 의뢰
	• 지혈 : 국소거양법, 직접압박법, 지압법, 지혈대법으로 지혈
	• 소독 및 상처 처치
	  – 과산화수소나 포타딘액으로 상처주위를 멸균 소독
	  – 상처 이외의 부위를 멸균시트로 가린 후 상처에 이물질이나 절단된 것, 죽은 조직의 유무를 확인하여 있으면 제거
	  – 필요시 1차, 2차 봉합술 실시위해 병원 호송
	• 감염치료 : 드레싱, 이물 및 과사조직, 혈종제거, 항생제 투여

감염 예방 (항생제)	–
파상풍 예방	–
상처 부위의 고정 및 안정	–
고통경감	–
물리요법	–

4 상처 치유 과정(단계) [2001 기출]

상처 치유 단계	설명
염증기 (잠정기, inflammatory phase)	• 손상 후 3~5일, 염증 진행, 이화작용이 활발하게 이루어지는 시기이다. • 모세혈관 투과성의 증가와 주위조직의 혈장 누출로 혈관이 확장된다. • 백혈구가 상처로 이동한다. • 국소적인 부종, 통증, 홍반, 온감 등이 증상이 나타난다.
증식기 (섬유아세포형성기, fibroblastic phase)	과립조직이 증식되는 시기이다. 상처는 자주빛, 불규칙적으로 올라온 반흔이 형성된다. • 상처 후 4일째에서 시작하여 2~4주간 지속된다. • 섬유소는 틀을 형성하기 시작한다. • 유사 분열한 섬유아세포는 상처 안으로 이동하여 틀 안에서 분열하고 콜라겐 분비를 자극한다. • 콜라겐은 위의 기초물질과 함께 상처조직에 강한 반흔조직을 만든다. • 상처 주위의 혈관이 자라기 시작하고 새로운 혈관이 생성되기 시작한다. • 신생혈관과 콜라겐 침전물로 인해 상처 내에 과립조직이 형성되며 상처가 수축된다. • 상피조직이 과립조직 위에 생겨난다.
성숙기 (적응기/재건기, maturation phase)	상흔 조직이며 교원질 섬유가 손상되기 이전의 형태로 변하나, 이전만큼 강하지 않다. • 상처발생 3주 후에 시작되며 1년간 계속된다. • 콜라겐은 재조직되어 장력이 커진다. • 상처조직은 점차적으로 얇게 되고 색깔이 옅어진다. • 흉터는 고정되고 만져보면 탄력성이 떨어진다.
상처 치유과정에서 나타날 수 있는 합병증	세균성 감염, 감각의 손상, 근육 및 신경의 손상에 의한 기능장애, 출혈, 괴사조직, 흉터 및 켈로이드, 상처가 유합되지 않는 열개, 누공 등

5 상처 치유에 영향을 주는 요소

내적 요소	• 혈관 분포 : 혈액은 상처치유에 필요한 산소와 영양을 공급하여 치유 촉진 • 환자 상태 : 당뇨, 감염, 합병된 질환, 출혈성질환 및 혈액질환, 면역능력 저하 • 비만 : 지방조직은 상처의 봉합을 방해 • 약물 : 면역억제제나 부신피질호르몬제 복용 시 • 흡연 : 산화 헤모글로빈 부족, 혈소판 응집 • 스트레스 • 영양 상태 • 연령 : 노인은 상처치유 지연(동맥경화나 모세혈관 감소, 면역계 기능 저하, 세포 성장과 　분화 속도가 느리고 교원조직의 유연성 저하)
외적 요소	• 상처 범위 • 상처 부위 • 조직 손상의 위치나 정도 • 상처 감염 　→ 상처 감염의 요소 : 병원체의 수·번식력 및 독성, 신체의 저항력

6 상처 관리의 원칙

상처 원인 제거/ 조절	건강 상태, 기동성, 감각 정도, 영양 상태 등
전신 상태 향상	상처 치유 요인을 감소시키기 위해 전신 상태 향상(수분 공급, 부종 부위 상승)
생리적 국소환경 유지	• 너무 축축하거나 건조하지 않고 적당한 습한 상태 • 세포의 기능은 온도의 영향을 받으므로 정상 온도 • 저체온증 시 식균작용 저하, 세포이주 능력 저하 • 상처의 산도는 약산성에서 중성 상태 유지

7 국소 상처 관리

감염의 예방 관리	• 감염은 염증과정과 교원질합성을 지연시킴 • 미생물 통과가 어렵도록 드레싱, 괴사조직 제거, 항생제
상처 세척	• 생리식염수를 19게이지 바늘로 35ml 주사기에 끼워 사용 • 소독은 세균에 대한 독성뿐 아니라, 백혈구와 섬유아세포에도 독성이 있으니 주의
괴사조직 제거	• 염증과정을 지연시키고 세균증식의 배지가 되므로 제거 • 제거 후 상처가 건조하지 않도록 습윤드레싱

적절한 습윤 상태 유지	• 습윤은 새로운 세포이동과 분열을 가속화시켜 신생혈관과 결합조직 합성을 촉진 • 가피형성과 흉터가 깊어지는 것을 예방 • 백혈구의 상처표면으로의 이동을 도와 괴사조직의 자가분해 촉진
공동 제거	공동(cavity)은 세균증식의 배지가 되는 삼출물이나 수분이 고여 농양을 형성하므로 패킹 등으로 공동 제거
냄새 조절	• 상처 세척이나 금기 아닌 괴사조직 제거 • 냄새 심하면 감염 의심
통증 조절	• 통증의 원인을 제거 또는 교정하여 안위 도모 • 습윤드레싱이 통증완화에 도움
상처와 상처 주위 피부 보호	• 상처의 삼출물로 상처 주위 피부가 짓무르지 않게 적절한 시기에 드레싱 교환 • 피부보호 크림 등 사용

8 상처의 합병증 최소화 및 치유과정 촉진 방안

청결	상처를 청결히 유지한다.
드레싱	상처 부위의 습기를 유지하고 더러운 물질과 세균으로 보호하기 위해 거즈 및 붕대로 도포한다.
상처 보호	상처를 건드리거나, 비비거나, 화상을 입거나 화학물질이 닿으면 상처가 치유되지 않으므로 주의를 요한다.
열 적용	더운 찜질을 통해 직접적으로 열을 적용시켜 상처 부위로의 혈류를 촉진시킨다.
치유 식이	특정 비타민, 미네랄 및 다른 영양소들은 치유과정에 도움이 되고 특히 비타민 C, A 및 E와 아연, 마그네슘, 망간 단백질이 주요하므로 섭취를 권장한다.
항생제	상처에서 고름이 나오면 감염된 것이므로 경구용 항생제를 복용한다.
금연	담배를 피면 상처 부위로 가는 산소의 공급량이 줄어드니 금한다.
소독액 주의	• 풀장에서 수영을 하면 물 안에 들어있는 염소가 새로운 피부조직을 파괴하므로 민물 또는 바다에서 수영을 하지 않는다. • 과산화수소나 요오드 같은 소독제를 반복적으로 사용하면 세균뿐만이 아니라 새로 생긴 조직도 사멸시키게 되므로 주의한다. 처음 상처 부위를 세척할 때만 사용하도록 한다.
진통제	상처가 쓰라려도 마취제를 사용하지 않는다. 이는 오히려 상처를 악화시키므로 대신 아스피린이나 다른 진통제를 복용하도록 한다.

9 드레싱 [2015 기출]

목적	• 기계적 손상, 미생물의 오염으로부터 상처 보호 • 상처 부위의 체열방출을 차단: 치유 촉진 • 상처 부위의 삼출물 흡수와 괴사조직 제거 • 상처 치유를 위한 습기 유지 • 압박붕대와 탄력붕대의 적용으로 출혈 예방 • 상처 부위를 고정함으로 손상으로부터 보호

종류	특징	목적, 장점, 활용
투명필름	• 한 면이 접착력을 가진 반침투성 드레싱 • 수분은 빠져나가지 못하지만 산소를 통과하는 얇고 투명한 막	• 삼출액이 작은 상처의 1차 드레싱으로 사용 • 상처 주위의 깨끗한 부위 마찰과 오염 예방 (드레싱 제거 시 주위조직의 손상 없음) • 상피세포가 재생하도록 적절한 습도 유지, 상처사정 용이
거즈	• 침투성 드레싱으로 상처에 거의 자극 × • 모양, 크기, 길이 다양	• 보통 정도의 배액 흡수 • 깊은 상처, 침식과 터널이 있는 상처 팩킹
포화 비접착성 드레싱	• 샐라인, 아연-샐라인, 향균 물질 등이 포함된 솜이나 합성물질형태의 제제로 상처 보호와 습윤 환경 제공 • 상처를 보호하는 2차 드레싱 필요	삼출물이 없는 상처를 보호하고, 진정시키고 덮는 데 사용
하이드로 콜로이드 [2015 기출]	• 접착력이 있는 제성분으로 흡수성 폐쇄 드레싱 • 상처 부위에 7일간 부착해 두면 삼출물이 겔 형태로 변화되면서 육아조직과 상피 조직이 재생됨	• 상처를 덮는 데 사용 • 삼출물 흡수 • 오염원으로부터 상처 보호 • 겔은 치유를 돕기 위한 습한 환경을 유지 • 쿠션으로 상처 보호
청결흡수 아크릴	• 상처 부위에 5~7일간 부착: 투명한 흡수성 웨이퍼 • 아크릴면은 삼출물 흡수, 투명막은 과다한 증발 방지	• 상처사정이 용이, 감염으로부터 상처 보호 • 치유를 위한 습한 환경 유지 • 깊은 상처의 팩킹 시 알지네이트제제와 함께 사용
하이드로겔	• 겔이나 시트로 이용 • 과다사용: 피부 연화 • 물과 폴리에틸렌 옥사이드를 혼합 → 상처 진정 효과, 2차 드레싱 필요	• 삼출물 흡수 • 괴사조직이나 부유물 용해: 상처의 기저부에 수분 제공하고 사강 채움 • 신경말단을 촉촉하게 하여 통증 완화

폴리우레탄폼
(메디폼)
	• 압축된 포말패드/2차 드레싱 필요
	• 외부 : 반투과성 필름
	  내부 : 폴리우레탄폼/비접착성
	• 상처 건조 예방 : 공기 통과는 가능하나,
	  물은 통과하지 못함
		• 상처 표면에 수분 제공
		• 딱지 형성 방지, 상처 손상 최소화
		• 기포재가 완충 효과, 편안함 제공

알지네이트	• 갈색 해조류의 세포벽에 있는 다당류로 만든
	  제품
	• 삼출물 흡수가 탁월/2차 드레싱 필요
	• 건조한 상처/괴사조직이 덮인 상처는 부
	  적합
		• 삼출물 흡수
		• 겔 형성으로 상처 표면의 습기 유지
		• 상처의 사강을 줄이기 위해 팩킹 재료로 사용
		• 지혈성분함유로 출혈 시 상처지혈 촉진

10 외상(상처)종류

절상 (incision)	정의	날카로운 물체(칼, 면도칼, 종이 끝, 유리조각)에 의한 절개이다.
	치료	• 비눗물로 절개 부위를 세척한다(깊은 상처는 세척하지 않는다). • 멸균드레싱으로 덮는다(작은 상처시에는 반창고를 붙이기도 한다). • 심부 상처로부터 다량 출혈 시 지혈, 멸균 드레싱으로 상처 덮고 의사에게 보인다.
열상 (lacerations)	정의	둔한 물체(나무조각, 둔한 칼, 금속조각)에 의한 절개이다.
	치료	• 직접 압박법을 실시한다. • 비눗물로 닦아낸다(깊은 상처는 세척하지 않는다). • 나비모양의 테이프로 열상 가장자리를 붙인다. • 멸균드레싱으로 덮는다. • 상처가 깊고 하부조직의 손상이 심하면 의사에게 보인다.
자상 (punctures)	정의	바늘, 손톱, 철사, 총알, 생선가시 등 뾰족한 물체가 신체조직을 뚫고 들어간 경우가 이에 해당한다.
	치료	• 생선가시 등 작은 물체가 들어간 경우에는 피부를 깨끗이 닦고 이물질을 뺀다. • 이물질이 깊이 박힌 경우에는 빼지 말고 즉시 의사에게 보인다.
결출 (avulsions)	정의	봉합이 불가능할 정도로 피부의 전층을 상실한 상태이다.
	치료	• 두터운 압박 붕대로 지혈한다. 이때 지혈대는 가능한 사용하지 않는다. • 결출된 조직을 떼지 말고 잘 보존한다. • 붕대를 감기 전에 결출된 피부를 본래 위치로 돌려놓는다. • 돌출된 장기(안구, 내장 등은 제자리에 넣지 말고 생리식염수에 적신 멸균방포로 덮어준다) • 절단된 신체는 얼음에 잘 채운 뒤 병원으로 후송한다.

11 절단상 처치 [2011 기출]

지혈	방법	• 절단된 면은 연고를 바르지 않고 멸균거즈를 대고 압박하여 지혈한다. • 출혈부위를 심장보다 높게 상승한다.
	효과	지혈을 도모한다.
고정 및 거상	방법	상처 부위에 멸균거즈나 청결한 천을 대고, 그 위에 붕대를 감는다. • 환행대 : 동일 부분을 여러 번 감는 방법이다.
	효과	추가 손상 방지 및 지혈 도모, 통증 완화 등의 효과가 있다.

절단부분	조치	• 절단 부위
		  - 가능하면 물로 세척하여 이물질을 제거하거나 문지르지 않는다.
		  - 멸균거즈나 청결한 천을 대고 압박붕대로 고정한다.
		    → 출혈 감소, 통증 완화, 손상 방지
		• 절단된 신체 부위
		  - 씻을 필요가 없으며, 마른거즈나 깨끗한 천으로 감싼다.
		  - 비닐봉지나 방수 용기에 담아 물이 들어가지 않도록 한다.
		  - 절단 부위를 담은 비닐봉지나 용기는 얼음 위에 놓는다.
		  - 아동의 이름, 날짜, 시간이 적힌 라벨을 붙이고 아동과 함께 즉시 병원으로 가져간다.

	주의	• 이때 절단 부위가 얼음에 잠기면 안 된다. • 절대 얼음이나 물에 닿지 않도록 주의한다. • 젖은 드레싱을 이용하는 것도 금기가 된다. • 얼음 속에 넣으면 조직이 얼어서 괴사하므로 얼음 위에 보관한다. • 절단된 부위가 얼게 되면 접합할 수 없다.
	이송	119 또는 1339에 도움을 요청하여 접합전문병원에서 빨리 수술을 받을 수 있도록 조치하면서 이송한다.

09 비출혈 [1992 · 1996 · 2007 · 2010 기출]

정의	• 코 안(고유 비강과 부비강)이나 윗 인두에 출혈부위가 있어서 바깥 콧구멍으로 출혈되는 경우, 혈액이 뒷 콧구멍으로부터 인두로 흘러내릴 경우를 포함하여 비출혈이라고 한다. • 가장 흔한 부위 : 비전정부의 Little's 혹은 Kisselbach's Area라 알려진 비중격 앞부분 혈관에 많이 분포된다.

원인	• 외상
	  – 코를 심하게 후빌 때, 코를 심하게 푸는 습관, 충격, 이물
	• 질환
	  – 국소질환 : 비중격만곡, 비디프테리아, 비중격천공, 비용종, 국소종양, 비인강 혈관종
	  – 전신질환
	    ① 출혈성 : 혈우병, 자반증 괴혈병, 백혈병 등의 혈액질환, 혈소판감소증, 비타민 K, C 부족
	    ② 순환기계질환 : 심장, 간장, 신장질환, 특히 상기도 감염, 알레르기성 비염 등
	    ③ 감염성 : 급성부비동염, 급성류마티스염, 상기도 감염, 알레르기성 비염
	    ④ 급성전염병 : 매독, 백일해, 홍역
	    ⑤ 기타 : 연탄가스 중독, 여자의 대사성 비출혈

응급처치	• 머리를 약간 숙인 자세에서 반좌위나 좌위를 취한다. 혈액이 목 뒤로 넘어가지 않도록 한다. • 양손가락으로 비익을 10분 정도 압박한다. • 코에 찬 찜질 또는 국소 얼음주머니를 댄다. • 출혈량이 많을 때는 Bosmine 용액(1 : 1000 epinephrine액)을 적신 솜을 출혈부위에 5~10분 정도 압박한다. • 모두 실패하면 비강심지를 넣어두는데, 비강심지는 24시간 넣어두는 것을 원칙으로 한다. • 30분 정도 경과해도 출혈상태가 여전하면 의료기관으로 보낸다. • 매일 반복될 경우에는 원인질환을 확인하고 치료하도록 한다. • 비출혈이 금방 멈췄다고 해도 당일은 심한 운동을 삼가하도록 지도하고 코를 풀지 않도록 한다.

10 고막 열상

원인	• 급성 감염이나 화농성 중이염, 외상 등 • 고막의 천공을 방치하거나 적절한 처치를 받지 못하면 귀 감염, 전도성 난청 등의 합병증이 초래됨
증상	• 손상받은 귀가 잘 안 들리고 멍멍하고 청력이 일시적으로 저하됨 • 반대측 귀도 청력이 저하된 느낌이 들며, 때로 이명이 들리는 경우도 있음 • 고막 소견상 천공이 있으며, 천공 주위에 혈액이 있으나 염증이 없으면 분비물은 없음

일반적인
응급처치
	• 중이강에 물이나 이물이 들어가 위험을 초래할 수 있으므로 수영, 다이빙, 샤워 등을 금하도록 함
	• 2차 감염 예방
	  − 귀 세척이나 점이액 등의 사용을 금할 것
	  − 심하게 코를 푼다든가 귓속으로 물이 들어가는 일이 없도록 할 것

03

Chapter 06 야외 활동 중 발생하는 응급상황

01 야외 활동 중 발생하는 상황별 응급처치

- 뱀에 물렸을 때 : 뱀의 종류를 확인하여 물린 부위에 독이 투입되었는지를 판단
  - 환자를 누이고 안정시키며 상지를 물린 경우 반지 등을 제거
  - 가능하면 물린 부위를 부목으로 고정하고 상처를 심장보다 낮게 하여 독이 전신으로 퍼져나가는 것을 방지
  - 비누와 물로 부드럽게 물린 부위를 닦아냄

- 벌에 쏘였을 때 : 카드 등 뾰족한 물건으로 벌침을 제거
  - 얼음찜질
  - 호흡곤란의 유무 등 알레르기 반응이 있을 시는 병원으로 이송

1 동물에 물린 상처

동물	증상	물린 자국, 출혈, 통증, 부종이나 발적 발생
	응급처치	• 대상자를 안정시키고 활동을 최소화하도록 함 • 기도유지 후 호흡과 순환 확인 • 손상과 관련된 사정 　- 동물 종류, 소유주, 상처 형태, 동물의 건강상태나 면역상태 등 파악 　- 상처의 크기와 심각성, 형태 파악 • 상처 세척, 지혈, 깨끗한 드레싱 • 상처 부위를 심장보다 낮게 위치시키고 상처 부위 위쪽을 넓은 천으로 가볍게 묶어주기 • 부목으로 고정 후 병원 후송 • 광견병 예방접종, 파상풍 예방접종
해양생물	증상	물린 자국, 통증과 부어오름, 알레르기 반응
	처치	• 바닷물로 10분 이상 세척 : 수돗물은 삼투압의 차이로 자포가 터져 독이 더 많이 침투 • 해파리에 쏘인 상처는 심장보다 낮게 함 • 카드로 살살 긁어 자포를 떼어냄 : 세척 후에도 남아 있는 것 손으로 절대 만지면 안 됨 • 함부로 식초나 알코올 사용 금지 : 해파리 종류에 따라 효과가 다름 • 병원 후송

뱀	증상	• 물린 상처: 위쪽, 아래쪽에 2개의 이빨 자국 • 국소증상: 물린 즉시 강한 작열통, 종창, 심한 출혈 − 1시간 이내 피부에 수포 발생, 피부색이 암적색으로 변색됨 • 전신증상: 근육경련, 근섬유속 연축, 쇠맛, N/V, 위장관 출혈 • 빈맥, 저혈압, 실신, 혼수상태, 호흡정지

	응급
	처치
		• 안전한 장소 이동 및 안정 도모: 안전한 장소로 옮기고 독이 순환되지 않도록 안정, 부동유지
		• 지혈대 적용: 정맥혈이나 림프액의 심장환류 최소화
		  − 상처 부위 상부를 넓은 끈(혁대, 넥타이, 붕대) 등을 이용하여 묶음
		    cf) 벌: 상단 & 하단
		  − 동맥혈류는 유지되면서 정맥혈류는 정지될 정도의 압박, 원위부 순환 상태 자주 관찰
		• 환부처치
		  − 부목으로 고정, 심장 수준 이하로 낮춤
		  − 보석, 의복 제거: 국소 종창이 악화되기 전 제거하여 조직 손상 예방
		  − 상처 세척: 비누와 물로 부드럽게 교상부위를 닦아냄
		  − 흡습성이 크고 얇은 멸균 드레싱으로 상처를 덮음
		  − 상처 절개 금지: 혈관과 신경을 손상시켜 2차 감염 위험
		  − 얼음 금지: 물린 자리에 얼음 대지 않음
		    → 사독에 의해 조직괴사가 있는 상태에서 얼음 적용 시 동상이 되어 괴사 악화
		    cf) 주사, 벌: 얼음주머니 ○ / 화상: 얼음 × / 절단된 부위: 직접 얼음 적용 ×
		• 금식: 음식은 독의 흡수 촉진시킴
		• 병원이송: 항독소 치료 − 4시간 이내 투여해야 함
		  − 중독 증상, 징후 여부와 상관없이 의료기관으로 즉각 이송
		    (뱀 교상의 증상과 징후는 지연되어 나타날 수 있음)
		  − 파상풍 예방조치
		  − 스테로이드 ×: 독소의 흡수 촉진 및 항사독소 작용 차단. 단, 과민 반응 시에는 사용 가능함

	추후 관리	• 회복기 동안 뱀에 물린 부위 규칙적으로 운동: 가능한 기능과 근력 유지 • 외래 추적 관찰: 감염과 혈청병에 대한 검사 필요 • 병원 진료: 동통, 종창, 출혈이 발생할 경우 다시 내원

🚑 PLUS

뱀에게 물렸을 때의 관리 방법

1. 뱀에게 물렸을 때에는 뱀에 물린 상처를 빨아 내지 않고 독이 전신에 퍼지는 것을 줄이기 위해 움직임을 제한함

2. 독사에게 물렸을 때 관리 흐름도
   ① 물린 팔이나 다리를 심장 높이보다 아래로 내림
   ② 물린 곳을 비누와 물로 깨끗이 씻음
   ③ 상처를 베거나 독을 빨아내지 않음
   ④ 통증을 줄이고 물린 부위를 움직이지 못하도록 부목을 댐
   ⑤ 병원 치료

3. 독사가 아닌 꽃뱀이 물었을 때 관리 흐름도
   ① 비누와 물로 물린 부위를 깨끗이 씻음
   ② 물린 곳을 베거나 독을 빨아내지 않음
   ③ 물린 곳과 전체 팔, 다리에 탄력붕대 적용

2 벌에 쏘였을 때 [2011 기출]

증상과 징후	국소반응		자상과 동시에 국소에 동통, 소양, 발적, 종창, 출혈이 생긴다.
	전신반응		전신성 두드러기, 소양, 전신 권태감, 복통, 오심, 구토, 흉부압박감, 천명, 불안, 전신부종이 생길 가능성이 있으며, 더욱이 중증이 되면 호흡곤란, 연하곤란, 착란이 생기고 충격 상태(청색증, 혈압저하, 실금, 의식소실)가 되면 생명이 위험하다.
	자발반응		자상된 다음 얼마간의 시간이 경과하고 나서 생기는 증상으로서 쏘인 국소가 홍반, 소수포, 피부괴사, 전신성 아나필락시스 반응이 생긴다.
환부관리	독침 제거	적용	칼의 가장자리나 바늘, 수술용 메스, 신용카드로 조심스럽게 벌에 쏘인 환자의 손상부위를 긁어 병변에서 남아있는 벌의 침(독침)을 제거한다.
		금기	• 침을 제거할 때 족집게, 핀셋, 손톱으로 침을 집어내지 않는다. • 족집게, 핀셋, 손톱은 침(독액낭)을 짜는 결과를 가져와 많은 독물이 침투되고 조직 깊숙이 박힌다.
	상처 세척		벌에 쏘인 즉시 먼저 흐르는 물에 물린 부위를 소독제, 비누와 물로 세척한다.
	약물 적용		• 물린 부위 암모니아수나 항히스타민제, 칼라민 연고를 적용한다. • 통증이 심할 경우 소염진통제 복용한다.
	냉습포 및 고정		• 병변 부위를 시원한 압박 붕대 드레싱으로 고정시킨다. • 20분간 얼음찜질을 한다. 　→ 병변 부위의 얼음찜질은 독소의 흡수 속도를 느리게 한다. 　→ 얼음찜질은 혈관 수축으로 주사부위의 부종과 통증을 감소시킨다.

상처 부위는 낮게	쏘인 부분을 심장보다 더 낮게 유지한다.	
의사진찰	국소 반응이 심할 경우나 전신반응이 보이면 의사의 진찰을 받게 한다.	
관찰	30분간 아나필락시스 반응을 관찰한다. → 국소반응이 심하거나 전신 반응시 즉시 응급실로 향한다. • 증상 : 물린 부위에 국한 되지 않고 두드러기, 전신의 소양증, 호흡곤란, 어지럼증 • ABC 사정, 기도유지 등을 시행한다. • 에피네프린을 주사하고, 흡수 위해 주사부위를 마사지한다.	

추후관리	• 보건교육
	  − 곤충에 물리지 않는 방법을 교육한다.
	  − 환부관리법을 교육한다.
	  ① 국소증상이 며칠 간 지속 가능 : 하루에 4번 정도 따뜻한 물에 담근다.
	  ② 발진 치료는 찬물로 해야 하며 긁으면 안 된다.
	  ③ 항히스타민제제 : 졸음 유발 → 위험한 기계조작은 금지한다.
	• 위급 상태 : 심한 부종 또는 천명음 같은 비정상적 증상이 나타나면 병원에 방문한다.	

예방	• 쏘는 벌레가 많은 지역에 가지 않는다.
	• 맨발로 집 밖을 다니지 않는다.
	• 향수는 사용하지 않고, 밝은 색깔 의복을 입지 않는다.
	• 반드시 보호의복을 착용한다.
	• 차의 창문을 닫아둔다.
	• 쓰레기장을 소독한다.
	• 벌집 제거 시 전문가를 부른다.
	• 벌이 주위를 윙윙거리면 움직이지 않는다.
	• 과민반응이 있다면 에피네프린 주사법을 미리 익히고 과민반응 증명표를 휴대한다.
	
	  − 꿀벌에 쏘였을 때 침이 박혀 있을 경우에는 카드 등 뾰족한 것으로 침을 제거해 주고, 독의 붓기를 완화하기 위해 얼음주머니를 대준다.
	  − 집게, 핀셋 또는 손가락을 이용하여 침의 끝부분을 집어서 제거할 경우 독주머니를 짜는 행위가 되어 오히려 벌침 안에 남아 있는 독이 더 몸 안으로 들어갈 수 있다.
	  − 전신성 과민반응이 나타나는 사람에게는 병원으로 이송하는 동안에 질식할 가능성이 있으므로 아무것도 먹이지 않도록 한다.
	  − 야외에서는 음료수의 뚜껑을 열어둔 상태로 보관하지 않도록 한다.	

02 화상 [1992 · 1993 · 1994 · 1998, 1998 지방, 2009 · 2011 · 2013 기출]

1 화상 시 사정

화상	화상이란 열, 증기, 방사선, 전기와 화학물질 등에 의한 열 반응으로 신체의 조직이 손상을 입은 것으로 체액 손실로 인한 순환 허탈, 조직 손상과 감염의 위험이 매우 큼. 화상 환자의 응급처치를 신속하고 적절하게 하면 합병증과 사망률을 크게 줄일 수 있음
1차 사정	의식여부, 기도유지, 호흡유무, 순환상태 사정
2차 사정	화상 부위, 심도, 정도(범위), 발생시간 및 경과, 동반증상 등

2 화상의 심도, 범위 [2011 · 2013 기출]

1도	● 1st Degree : 상피층에만 국한된 손상, 표재성 화상 홍반(erythema)과 부종 · 동통이 있으며, 대부분의 sun burn이 이에 속함. 일주일이 지나면 흉터 없이 치유됨 • 표피층에만 국한 • 태양광선과 낮은 강도의 열에 오랫동안 노출 시, 또는 높은 강도의 열에 짧은 시간 동안 노출 시 발생 • 가벼운 부종, 통증, 열에 대한 민감성 증가, 홍반 • 1주일 이내 완전 치유됨 • 냉각, 바셀린 도포
2도	● 2nd Degree : 상피층과 진피층의 일부까지 손상을 받은 경우 진피의 손상 정도에 따라 천도(superficial)와 심도(deep second degree)로 구분. 수포 · 화상상처가 습하고 통증. 상처는 2~3주일에 걸쳐 치유되나, 세균감염에 의한 염증이 발생할 경우 제3도 화상으로 이행되어 피부이식술이 필요하게 되는 수도 있음 • 표피와 진피의 손상 • 끓는 물, 불꽃 • 강한 통증, 감각과민, 냉감에 민감, 수포형성, 붉고 얼룩덜룩함, 표면에 수분이 스며나옴, 부종 • 2~3주 이내에 회복, 약간의 반흔 형성 및 변색, 감염 시 3도 화상으로 전환 • 냉각, 수포는 터뜨리지 않음, 염증 우려 시 항생제 연고 도포, 멸균바셀린 도포
3도	● 3rd Degree : 피부전층이 손상을 받은 경우 상처는 창백하거나 희며, 화염에 의한 경우는 검거나 가죽 같은 모습을 나타냄. 동통은 없으며 자연치유는 될 수 없어 피부이식술이 필요한 경우가 대부분이며, 반드시 비후성 반흔 혹은 구축성 반흔을 남기게 됨 • 표피, 진피, 피하조직, 신경, 혈관, 근육, 뼈의 파괴 • 불꽃, 뜨거운 용액에 장시간 노출, 전류에 노출

	• 무통, 쇼크증상, 혈뇨, 용혈, 건조, 부종, 조직괴사, 화상의 색은 흰색, 갈색, 검은색, 붉은색, 피부층 파괴로 지방층이 노출됨
	• 가피, 반흔형성, 피부이식 필요, 외형 및 기능 상실
	• 냉각함, 윤활유를 바르지 않음(아무것도 바르지 않음), 병원 후송
4도	◐ 4th Degree : 지방 및 근육이나 뼈까지 손상을 받은 경우

화상의 심도	깊이	통증	부종(수포)	기타
1도 화상: 표재성 (superficial)	표피	통증(+), 감각과민	가벼운 종창	발적
2도 화상: 중간층 (partial-thickness) [국시 2004]	표피(+) 진피일부	신경손상으로 심한 통증(+++)	수액이 찬 수포	발적, 분홍색, 붉고 얼룩덜룩, 흰색
3도 화상: 전층 (full thickness) [국시 2006]	표피, 진피, 피하, 신경, 혈관, 지방, 근육, 뼈	• 신경파괴로 통증 (-) • 만졌을 때 감각 장애	부종(수포) 없음, 건조, 단단하며 가죽 같아짐	그을린 검은색

3 화상의 범위(9의 법칙 : rule of nines) [2011 · 2013 기출]

신체 부위	비율	전체의 체표면적(총 100%)
머리와 목	9%	
양팔 앞면	9%	
양팔 뒷면	9%	
몸통 앞면	18%	
몸통 뒷면	18%	
양쪽 다리 앞	18%	
양쪽 다리 뒤	18%	
회음부	1%	
계	100%	

4 화상의 열, 화학물질, 전기 등의 원인별 응급처치

열	• 환자를 화재현장에서 발견했을 때 우선 안전한 곳으로 옮기고 활력증후와 의식상태를 점검한다. • 기도를 유지하고 필요시 산소를 공급한다. • 화상 부위를 싸 주고 찬 물이나 얼음물에 담가 동통을 경감시키고, 열에 의한 조직손상의 확대를 막고 부종을 경감시킨다. • 뜨거운 물에 젖은 의복은 식기 시작하면 주의 깊게 벗긴다. • 상처 부위가 부어오르기 전에 시계, 반지 등의 부착물을 제거한다. • 수포는 절대 터뜨리지 말고, 너덜너덜한 피부도 제거하지 않는다. 상처 부위에는 절대 손을 대지 않는다. • 화상 부위에는 아무것도 바르지 않는다. • 의식이 있으면 차가운 소금물을 조금씩 먹인다.
화학물질	• 상처 부위를 10분 이상 흐르는 물에 세척한다. • 오염된 옷은 제거하는데, 그동안에도 물을 계속해서 뿌려 원인 물질을 제거한다.
전기	• 전원을 차단하고 환자에게 접근한다. • 화상을 입은 위치를 사정한다. • 호흡 기능과 심장 기능을 정확히 사정한다. • 일반적인 화상에 대한 응급처치를 하고 심장 기능과 호흡 기능 이상에 대비한다.

5 눈 화상 시 응급처치 [2010 기출]

눈 화상	응급조치
흐르는 물로 세척	• 사고 즉시 생리 식염수나 흐르는 물로 눈을 충분히 세척한다. • 눈을 벌리고 적어도 20분 이상 눈 속에 있는 화학물이 제거되도록 계속 씻어낸다.
세척 자세	화상 받은 쪽의 얼굴을 아래로 가게 한다.
양안대	한 쪽 눈을 다쳤더라도 양 눈에 안대를 하여 눈의 움직임을 억제한다.
예방적 항생제	예방적인 항생제를 사용한다.
안과이송	신속히 응급 센터로 이송한다. 이 때 절대로 눈에 손을 대지 않도록 하고 압력을 가하지 않도록 한다.

6 국소 화상 시 응급처치

냉적용	• 부상 부위에 냉찜질(20~30분간) 후 가볍게 포대하는 것이 좋다. • 세면기에 물이 넘쳐흐르게 하여 그 속에 화상 부위를 담그게 하고 이때 얼음도 넣으면 효과적이다(수포가 벗겨져 표피가 손상되지 않도록 유의). • 물을 직접 끼얹지 못할 부위는 타월을 냉수에 적셔 여러 차례 교환하여 식힌다.	
	통증 경감	통증과 고통을 덜어 준다.
	상처심도진행 억제	냉기는 화상이 세포 깊숙이 진행되는 상처의 깊이를 막아 준다.
	수포 방지	수포 발생을 방지한다.
젖은 의복	• 젖은 의복은 식기 시작하면 주의 깊게 벗긴다. 단 무리하게 하지는 않는다. • 탄 옷가지들은 그을음과 녹아내린 합성물질로 인해 손상을 가중시킬 수 있으므로 벗겨내야 한다.	
시계, 반지 제거	• 부어오르기 전에 시계, 반지 등을 제거해야 한다. • 보석 액세서리도 금속을 통한 열의 전도현상과 부종형성으로 인한 조임을 막기 위해 몸에서 떼어내야 한다.	
	순환감소	부종으로 보석류의 화상주변 조직을 압박하여 조임으로써 말초 조직에 혈류 순환을 감소시킨다.
	열전도	보석은 금속을 통해 열을 전도시킨다.
수포 관리	• 수포가 벗겨져 표피가 손상되지 않도록 유의한다. • 수포가 터지지 않도록 잘 보호하고, 작은 물집은 냉찜질만으로도 잘 치유되나, 심한 경우에는 냉찜질 후 병원치료를 받는다. 이때 물집을 바늘로 터트리거나 붕대를 너무 졸라매어 터지게 해서는 안 된다.	
멸균거즈 보호	화상 부위를 깨끗한 천(멸균거즈)로 덮어 공기와의 접촉을 막음으로써 감염을 방지하고 고통을 완화할 수 있다.	
사지 상승	**방법**	팔다리에 화상을 입은 경우 심장보다 높게 상처를 올린다.
	효과 / 부종	화상 부위는 부종이 있으므로 중력에 의해 부종을 막는다.
	쇼크	상승으로 정맥 순환의 귀환으로 혈류를 증가시켜 쇼크를 막는다.
병원 후송	병원에 보내야 하는 화상인 경우 멸균거즈로 화상 부위를 싸고 다시 마른 거즈를 덧대어 병원으로 후송한다. 이때 화상 부위에는 냉찜질 이외에 어떠한 약도 도포하지 않는다. 화상면적을 확인하여 10% 이상이거나 얼굴·목·눈·귀·회음부·손의 화상일 때, 뜨거운 연기를 마셨을 때, 14세 미만일 때라면 지체 없이 병원으로 가야 한다. • 진통제 투여: 초기에는 통증 경감을 위해 정맥주사로 투여한다. • 화상연고(실마딘) 도포: 상처를 세척한 후 국소 항생제를 도포한다. 국소적으로 도포한 약들이 가피에 스며들어 상처에 세균들이 침입하는 것을 막는다. • 파상풍 예방: 화상 상처의 혐기성균 감염 가능성 때문에 모든 화상 환자에게 파상풍 예방주사를 접종한다. 화상을 입기 10년 전 동안 능동면역이 없었다면 파상풍 면역글로불린 항체를 주입해야 한다. • 손과 팔은 부종을 최소화하기 위해 베개 위에 놓거나 팔걸이를 사용한다. 화상 입은 손을 편안하게 고정시키기 위해서 부목이 필요할 수도 있다.	

7 전신 화상의 응급처치

기도유지	기도를 확보한다.
화상사정	화상의 부위와 범위, 정도를 사정한다.
쇼크방지	자주 활력 증후를 측정하여 쇼크를 방지한다.
체중측정	체액의 축적과 손실 상태를 평가하기 위해 체중을 측정한다.
I & O 관찰	유치도뇨관을 삽입해서 소변 배출량을 관찰한다.
무균관리	철저한 무균적 관리를 한다.
보온	저체온증에 대비해 환자의 보온에 유의한다.
차갑게 제한	• 3도 화상이나 화상 부위가 넓을 때는 차게 할 필요가 없어서 화상 부위를 찬물에 담그지 않는다. 그러나 3도 화상(통증없음)인데도 고통을 호소하면 1도 · 2도 화상을 동반한 경우이므로 이 부위는 차갑게 한다. • 3도 화상은 감염 위험이 있으므로 찬 물에 담그지 않는다. • 화상 부위에서 급속하고 과도하게 열이 소실되어 냉각시키면 화상 부위의 체온 저하와 중심 체온이 저하된다.

8 광범위한 화상 시 수분전해질의 균형 전략(처치)

저혈량성 쇼크 증상 관찰	• 체온 저하, 빠르고 얕은 호흡, 빠르고 약한 맥박, 혈압 감소 • 발한, 창백, 차가운 축축한 피부, 건조한 점막 • 손톱 부위 모세혈관 충만 시간 지연 • 갈증 호소 오심, 구토 • 장음 감소 • 소변량 감소	
I & O 관찰	• 섭취량과 배설량을 모니터링 • 소변 배설량이 1~2mL/kg/hr(30cc 미만/hr) 이하일 때 기록 • 소변의 비중을 측정	
전해질 관찰	K^+ 증가	화상의 응급기에 과도한 세포 손상으로 K^+은 세포 내에서 세포외액으로 이동으로 K^+ 증가
	Na^+ 감소	화상의 응급기에 Na^+은 비정상적으로 세포내로 들어오고, 간질공간으로 이동하여 Na^+ 감소
수분 공급	의식이 있고 구강섭취가 가능하면 구강으로 수분 공급	
금식 필요한 경우	• 상기도 부종(흡인 위험) • 저혈량 쇼크(위장관의 혈액순환 감소로 위장운동 저하) • 마비성 장폐색(심한 충격으로 교감 신경계 반응결과 마비성 장폐색 → 위장운동 저하)	

9 수액환원 위한 Parkland formula ^[2013 기출]

방법	• 링거 락테이트 수액(Ringer's lactate) 4cc/kg/% 총 체표면적(TBSA)을 화상을 입은 후부터 처음 24시간 동안 공급하는 방법이다. • 전체 중 1/2는 화상 후 처음 8시간 내에 공급한다. • 전체 중 1/4는 화상 후 두 번째 8시간 내에 공급한다. • 전체 중 1/4는 화상 후 세 번째 8시간 내에 공급한다.
공식	• 4mL Lactated Ringer's solution × 체중(kg) × 화상을 입은 총 체표면적(TBSA%) • 젖산은 간에서 중탄산염이 된다.
공식 적용 : 50kg, 화상 신체 비율 27%	• 몸무게는 50kg, 화상 신체 비율 27%이므로, $4 × 50 × 27 = 5400$cc/kg/24hr이다. • 따라서, 화상을 입은 후부터 처음 24시간 동안 보충해야 할 수액의 총량은 5,400mL이다.
주의	시간은 화상을 당한 시간으로 계산되며, 병원에 들어온 시간이 아니다.

10 광범위한 화상 시 피부통합성을 상실관련 감염 위험성예방 전략

수포 보호	수포가 터지지 않도록 잘 보호 → 표피가 손상되지 않도록 하는 좋은 보호막 • 냉적용 • 수포는 절대로 터뜨리지 않는다. • 물집을 바늘로 터트리거나 붕대를 너무 졸라매어 터지게 하지 않는다.	
	효과	• 무균상태로 상처의 잠재적 감염을 예방한다. • 과도한 수분 손실을 막는다.
멸균드레싱	건조하고 깨끗한 멸균 시트로 상처를 덮는다.	
	효과	• 감염예방 • 수분 손실 방지(쇽 예방) • 저체온 예방(열 손실로 인한 체온 손실을 예방하여 따뜻하게 하여 보온력 제공) • 통증 감소(신경 말단에 공기가 닿는 것을 막아 통증 감소)
제한할 것	젖은 드레싱	• 부위가 넓을 경우 저체온증을 유발한다. • 젖은 드레싱은 냉각으로 혈관수축을 촉진시켜 화상 부위 순환 감소로 조직 손상이 가중된다.
	비닐	비닐은 피부에 붙지는 않지만 공기가 통하지 않아 감염의 우려가 있다.

화상연고		• 2도 화상 부위는 열을 식힌 후 화상 연고를 얇게 바른다. • 화상연고는 병균의 침입을 막아준다.
	주의	• 2도 화상 부위는 열을 식힌 후 화상 연고를 얇게 바른다. 화상 부위 열기가 식기 전 항생연고를 바르지 않는다. • 열기를 내보내지 못해 상처를 악화시킨다.
	금기	중증 화상일 경우 상처 위에 바른 것을 긁어내야 하므로 통증 및 손상의 깊이를 악화시킨다.
참기름, 오일 등 바르기 금지		• 병원으로 옮길 때는 아무것도 바르지 않는다. • 탈지면을 화상 부위에 직접 대거나 국소적 투약, 참기름, zinc oil, 오일, 연고, 크림, 민간약제, 다른 가정용 치료제를 발라서는 안 된다.
	감염위험	살균이 되지 않아 감염의 위험이 있다.
	제거 어려움	바르면 미란면에 부착되고, 이물질이 되어 제거하기 어렵다.
	치유 어려움	치유가 어렵다.
	피부이식	피부이식을 못 한다.
파상풍 예방주사		화상 상처에 혐기성균 감염 가능성이 있으므로 모든 화상 환자에게 파상풍 예방주사를 한다.

11 학교 내 화상환자 처치

교내에서 화상 환자 발생 시 병원 이송 [1998 · 1999 기출]	• 중증 이상의 화상: 3도 이상, 20% 이상 정도의 넓은 범위의 화상 • 혈압저하 • 의식혼탁 • 청색증 • 쇼크를 일으킬 수 있는 광범한 화상 • 기도부종을 일으킬 수 있는 입과 인후부의 화상 • 안구의 화상 • 감염위험이 큰 화상 • 전기에 의한 화상
호흡 장애를 초래할 수 있는 화상 판별	• 얼굴의 화상 • 뜨거운 공기나 연기 또는 부식성 화학물질을 흡입하였을 때 • 화상 환자에게서 호흡곤란이 있을 때 • 화상으로 인하여 무의식상태에 있을 때 • 쉰 목소리, 거친 호흡 및 기침을 할 경우

03

	🖊 **화상과 관련된 호흡기 손상 증상** • 상기도 손상 : 부종, 쉰 목소리, 연하장애, 많은 양의 분비물, 천명, 흉골하와 늑간의 　수축, 기도폐쇄 • 흡입 손상 : 초기에는 가능한 증상이 없기도 함. 환자가 불 속에 갇혀 안면부 화상이 　의심된다면, 코와 얼굴의 털이 타고 탄소가 포함된 가래, 호흡곤란, 쉰 목소리, 정신상태 　변화 등이 나타날 수 있음
화상의 응급처치 시 주의할 사항	• 환자처치를 시도하기 전에 먼저 자신의 안전을 확인 • 불타는 것을 끄고 빨리 식혀줌 : 조직이 더 손상되는 것을 막고 이를 감소하며 쇼크를 　완화하고 통증을 가라앉힘 • 상처를 덮음 : 화상은 감염에 매우 약하므로 세균 침범을 막아야 함 • 아주 경미한 화상을 제외하고는 모두 의료 처치를 받아야 함

12 화상에 의한 심리사회적 반응

충격기	화상 직후 쇽, 불신, 당혹감을 보인다. 환자와 가족이 어떤 상황이 벌어지는가를 미리 알아둔다면 모든 상황에 잘 대처할 것이다. 위기에 처한 환자 가족에게 확신, 손상을 입은 환자에 대한 친밀감 및 정보가 필요한 시기이다.
은둔기, 위축기	억압, 위축, 부정 및 억제가 특징적이다. 다소 파괴적으로 보일지라도 이러한 대처 전략은 환자 본연의 정신을 유지시키는 방어역할이 될 수도 있다.
자인기	환자가 손상과 변화된 신체상의 결과를 받아들일 때 시작된다. 이 시기 동안 환자는 다른 화상 환자와의 일대일 만남이나 집단적 지지모임 등을 통해 도움을 받을 수 있다.
재건기	환자가 손상으로 인한 한계점을 받아들이고 미래에 대한 현실적인 계획을 세우기 시작할 때 이루어진다. 환자와 가족은 직업 재활동과정을 통해 도움을 받을 수 있다.

13 화상 합병증 [1993 기출]

마비성 장폐색		중증 화상 시 심한 스트레스로 교감신경계 반응에 의한 마비성 장폐색이 발생
컬링씨 궤양 (Curling's ulcer) [국시 2012, 1993 기출]	정의	스트레스 궤양, 50% 심한 중증 화상에서 나타남
	기전	화상을 입은 지 수 시간 이내에 스트레스 반응으로 교감신경항진으로 위와 십이지장에 혈관을 수축시켜 국소 빈혈과 부교감 신경 항진으로 위산 분비 증가로 위벽의 표재성 미란이 됨
	증상	• 급성기 동안 대변에 잠혈 • 위의 팽만과 위출혈 안색의 변화로 창백, 발한
	간호	제산제, H2-histamine 차단제(ranitidine[Zantac], cimetidine[Tagament])의 예방적 사용으로 히스타민과 염산 분비 촉진을 억제
	VS 뇌압상승 시	• cushing 궤양 • 시상하부 자극 → 미주 신경 활성화 → gastrin↑ → 염산↑ → cushing 궤양
구획증후군		화상으로 형성된 두꺼운 가피와 부종이 주위의 혈관과 신경을 압박하여 신경과 혈관의 장애 증상을 나타냄
기타		• 이차감염 및 패혈증 • 신부전 : 다량의 혈장 소실은 사구체 여과율을 급격히 떨어뜨림 • 상처 부위 경축성 반흔 • 저혈량성 쇼크

03 한랭 손상(cold injury)

1 한랭 손상의 분류

저온 반응	일차 반응	피부혈관의 수축, 근육긴장의 증가와 떨림, 화학적 대사의 증가, 체표면적의 감소
	이차 반응	말초혈관의 수축으로 표면조직의 냉각, 근육활동과 조직대사 증가로 식욕 항진, 피부혈관 수축으로 순환능력이 감소되어 상대적으로 혈류량 증가로 인한 일시적인 혈압 상승
	저온 건강 장애	저온 물체 취급 업무나 한랭한 장소(10℃ 이하)에서의 작업으로 국소의 발적, 빈혈, 전신세포의 기능 저하, 습도가 높으면 류마티즘, 신경염, 체표의 신경 마비, 여성의 생리 이상
	저온 대책	• 의복에 의한 보온으로 겉옷은 통기성이 적고 함기성이 큰 것을 택함 • 신이나 구두는 발을 압박해서 혈액순환 장애를 일으키지 않도록 하고 습기가 없어야 함 • 고혈압, 심혈관장애, 간장장애, 위장장애, 신장장애가 있는 사람은 되도록 한랭작업장에 배치하지 않도록 함
전신 체온 강하		• 시간의 한랭 노출과 체열 상실에 따라 발생하는 급성 중증장애 • 육체 작업 중 피로가 겹치면 체열이 방산되기 쉬우며 피로가 극에 달하면 혈관 수축, 기구에 대한 과잉 부담으로 급격한 혈관 확장이 일어나고 체열 상실도 급속하게 일어나 중증 전신 냉각상태가 됨
동상		실제로 조직이 동결되어 세포구조에 기계적 파탄이 일어나기 때문에 발생

동상 진행 정도	상태
1도 동상	발적, 종창이 일어난 상태
2도 동상	수포형성에 의한 삼출성 염증 상태
3도 동상	국소조직의 괴사 상태

참호족, 침수족		지속적인 국소의 산소결핍과 한랭으로 모세혈관이 손상되는 것
	원인	직접 동결에 이르지 않더라도 한랭에 계속적으로 장기간 폭로되고, 동시에 습기나 물에 잠기며 발생
	증상	부종, 작열통, 소양감, 심한통증, 수포, 표층피부의 괴사 및 궤양 형성

2 동상

동상에 잘 걸리는 부위는 손가락, 발가락, 코, 귀, 뺨 등의 말초 부위이며, 증상으로는 동상을 입은 부위의 저림, 감각마비, 창백, 통증, 부종, 발적 및 수포(2도 화상과 유사)가 생기고 심하면 괴저를 일으키는 것이 있다.

정의		인체의 조직이 얼어서 생기는 한랭 손상 → 온도가 0℃ 이하일 때 한랭에 의해 혈관이 수축하여 조직 산화가 부적절해져 세포가 질식 상태로 조직이 손상
원인		추운 날씨, 젖은 의복, 피로와 영양실조, 흡연자, 음주자, 말초혈액 순환 손상이 있는 사람
부위		주로 얼굴, 손, 발, 코, 귀 등
증상		• 1도: 동상 입은 부위의 저림, 감각 마비(따끔 따끔), 창백, 통증, 종창 • 2도: 수포, 발적, 부종, 삼출성 염증 상태 • 3도: −15~−20℃ → 심부조직 동결: 조직의 괴사·괴저, 단단 • 탈수, 저혈량증, 특히 사지 부분에 잘 발생
응급처치	보온	• 부상자를 추운 곳으로부터 빨리 따뜻한 장소로 옮김 • 40℃ 정도의 미온수에 동상 부위를 20~30분 정도 지속적으로 부드러워질 때까지 담금: 뜨거운 물, 천천히 녹이거나 온기를 중간에 단절하면 세포 손상 증가, 난로 쬐는 일은 없도록 할 것 • 젖은 옷 제거 → 마른 의복, 장갑, 신발류 등 제공: 열 소모 줄임
	손상 예방	• 마사지 금기: 세포 손상 촉진 → 부드럽고 조심스럽게 다루어야 함 • 조이는 옷, 반지, 시계 제거: 동상 부위의 혈액순환 방해 • 손상 부위 상승: 부종완화 • 크래들 제공: 발의 동상 − 침구에 닿는 것을 예방
	환부 관리	• 넓은 드레싱으로 유출액 흡수시킴 • 억지로 수포를 터트리지 말 것: 물집은 표피가 손상되지 않도록 좋은 보호막이 되어 상처의 잠재적 감염을 예방함 • 상처가 있으면 파상풍 예방접종
	이동	• 하지 동상은 걸으면 안 됨: 대상자를 옮길 때는 복와위 또는 앙와위 유지 • 대상자가 걸어야만 이송이 가능한 경우에는 치료소에 도달할 때까지 동결된 족부를 가온시키면 안 됨 → 일단 재가온한 손상부는, 하부에 위치하게 하거나(dependent position) 다시 한랭에 노출시켜서는 절대 안 되기 때문
예방법		• 기후에 적합한 의복(다소 여유로운 의복) 착용 • 열량원으로서의 함수탄소와 지방 섭취 • 카페인이 함유된 음료나 알코올을 마시지 말고, 금연하도록 함 − 흡연은 니코틴(nicotine)의 혈관 수축 때문에 절대 금해야 하며, 음주는 혈관의 확장이 오히려 열손실을 조장하므로, 소량의 음주도 허용해서는 안 됨 • 벗은 피부로 금속물체와 접촉하지 말 것 • 건조상태 유지 • 이전에 걸린 동상부위가 노출되지 않도록 보호 • 파상풍을 예방하도록 함

3 저체온증

정의	체온이 34.4℃ 이하로 떨어지는 상태로 잠수부나 물에 빠진 사람, 찬 공기에 오랫동안 노출되어 있는 사람에게 호발 → 저체온: 중추신경계 손상
증상	• 환자는 거의 사망한 것 같으나 맥박은 촉지되고, 동공은 고정·확대되어 있는 것을 볼 수 있으며 체온의 정도에 따라 증상은 다르게 나타난다. • 체온이 34.4℃에서는 기억상실과 행동이 둔해지고 32.2℃에서는 심부정맥, 특히 심실성 조기 수축을 초래하며 30℃가 되면 무력증, 무의식 상태에 빠지고 25℃에서는 심정지가 온다.
처치	• 따뜻한 곳으로 이동, 젖은 의복 제거, 몸을 보온(담요나 미온수 사용) • 알콜이나 카페인이 안 섞인 더운 음료 제공, 피부마사지 • 국소적 열 제공 ×: 혈관 확장, 심맥관계 허탈 • 필요시 심폐소생술 실시, 병원 후송 치료
노인	❶ 노인의 저체온증 원인 • 노화로 인한 심박출량 감소 → 몸에 혈액이 감소되어 저체온 • 진피의 혈관 수 감소: 추위에 혈관 수축으로 체온 보존하는 반응 감소 • 단열작용하는 피하조직의 감소 • 근육부족으로 떨림 감소 • 온도에 대한 감각인지 감소

4 동상의 예방

몸에 밀착되는 의복, 꼭 끼는 구두 등은 될수록 피하고 젖은 의복, 장갑, 신발은 즉시 갈아입(신)는다.

> ✎ **한랭으로 인한 신체 장애의 예방 대책**
> • 적당한 난방
> • 휴식, 운동
> • 방한복
> • 작업시간 제한
> • 영양(고지방 식이)
> • 수족이 습윤치 않도록 할 것

04 열 손상(heat injury)

1 열 손상 분류

열 중증	고온 환경에 노출되면 체온조절 기능의 장애로 인해 자각적으로나 임상적으로 증상을 나타내는 장애					
질환	주증상	이학적 소견				치료의 착안점
		피부	체온	혈중 Cl 농도	혈액농축	
열경련	경련, 발작	습, 온	정상~약간 상승	현저히 감소	현저	수분 및 NaCl 보충
열피로	실신, 허탈	습, 온 또는 냉	정상 범위	정상	정상	휴식, 수분 및 염분 공급, 5% 포도당
열사병	혼수, 섬망	습 또는 건, 온	현저히 상승 (41~43℃)	정상	정상	체온의 급속한 냉각

2 열경련

(I) 개요

원인	고온 환경에서 심한 육체적 노동을 할 때
발생기전	• 지나친 발한에 의한 수분 및 염분 소실 • 고온에 노출되면 체온 조절중추에 의한 교감 신경계 작용으로 심한 발한으로 수분과 나트륨이 과다하게 소실되고 수분만을 보충하여 생기는 염분 부족 • 근육 내 Na^+의 상대적 결핍으로 팔, 다리, 복부 근육이 강직 cf) 열성 경련: 열성 경련은 열과 관련하여 발생하는 아동의 일시적 장애 ☀ 나트륨의 생리적 역할: 골격근육 수축, 신경 충격 전달
증상	맥박 상승, 이명, 현기증, 수의근의 통증성 경련
관리	• 활동을 중단하고, 바람이 잘 통하는 곳에 대상자를 누이고 옷(작업복)을 벗겨 전도와 복사에 의한 체열 방출을 촉진시킴으로써 더 이상의 지나친 발한이 없도록 함 • 염분제제나 염분농도가 높은 수분을 섭취하도록 함 생리식염수 1~2L 정맥 주사하거나, 0.1%의 식염수를 마시게 함

(2) 응급처치

응급간호 [서울 2004]	휴식	방법	경련이 진정될 때까지 환자를 앉히거나 눕힌다.
		근거	앉히거나 눕혀 경련 중인 근육을 쉬게 한다.
	시원한 환경	방법	고온으로부터 그늘지고, 시원하고 공기와 바람이 잘 통하는 곳에 눕힌다.
		근거	대류·복사에 의한 열 소실을 최대화한다.
			복사 / 직접 접촉 없이 물체와 물체 사이에 열이 이동하는 것이다. 몸의 온도가 주위 온도보다 높을 때 몸에서부터 방출되는 복사열이 몸으로 들어오는 복사열보다 커지므로 열 손실이 초래된다.
			대류 / 공기의 움직임에 의해 열이 이동되는데 부채, 선풍기, 환기는 대류를 통한 열 손실을 촉진시킨다.
	이온음료	방법	• 의식이 명료하고 오심이 없을 때 이온음료(포카리스웨트, 게토레이), 스포츠 음료 염분을 함유한 시원한 음료수를 준다. • 알코올, 카페인 음료는 이뇨 작용으로 금지한다.
		근거	고온 노출로 발한에 의한 수분, 나트륨이 과다 소실된다.
	맹물 제한	방법	식염을 타지 않은 맹물 섭취를 제한한다.
		근거	발한에 의한 나트륨이 과다 소실된 상태에서 맹물 섭취는 저소듐 상태를 악화시키고 저삼투압으로 세포 내로 액체가 이동되어 세포가 부풀어 오른다.
	소금 제한	방법	소금은 충분히 이온음료를 섭취하기 전까지 투여하지 않는다.
		근거	충분한 이온음료를 섭취하기 전 소듐 정제는 위장을 자극하고 오심과 구토를 일으킨다.

3 열성 피로, 열실신, 열성 쇼크, 일사병, 열성 허탈(heat exhaustion) [2004 · 2012 기출]

(1) 개요

원인	• 고온 환경에 오랫동안 노출되어 말초혈관 운동신경의 조절장애와 심박출량의 부족으로 인한 순환부전, 특히 대뇌피질의 혈류량 부족 • 고열 환경에 노출되면 표재성 혈관이 확장하여 말초혈관에 저류되기 때문에 저혈압증이나 대뇌혈류가 감소하게 되는데, 이때 뇌로 공급되는 산소가 부족해져 발생
기전	• 열손상 중 가장 흔한 유형으로 고온 노출에 의한 교감신경계 작용의 심한 발한으로 땀을 심하게 흘림 • 수분, 염분의 심한 소실에 의한 체액 손실로 혈류량 감소와 염분과 수분의 보충이 불충분했을 때 탈수로 심박출량이 감소되어 순환 부족의 순환계 이상인 쇼크를 일으킴
전구증상	전신 권태감, 탈력감, 두통, 현기증, 귀 울림, 구역질 호소, 의식소실, 이완기혈압의 현저한 하강
관리	• 시원하고 쾌적한 환경에서 휴식 • 탈수가 심하면 5% 포도당 용액을 정맥주사 • 더운 커피를 마시게 하거나 강심제를 써야 할 경우도 있음

(2) 열성 피로 응급간호 [2004 기출]

변형된 trendelenburg 자세	방법	두부 외상이나 척추 손상 외에는 앙와위로 눕히고 다리를 20~30cm로 상승
		• 무릎을 곧게 뻗고 상체는 수평 유지 • 흉부는 수평, 경부는 편안하게, 머리는 가슴과 같은 수준이나 가벼운 베개 하나를 대어줌
		cf) 머리를 아래로 위치시키는 자세는 뇌의 충혈과 복강 내 장기가 횡격막을 눌러서 호흡장애 유발하니 금기
	효과	사지로부터 혈류 귀환을 돕고 심장 혈류량 증가로 심박출량을 증진시켜 생명 유지 장기에 관류를 유지하도록 도움
시원한 환경	방법	고온으로부터 그늘지고, 시원하고 공기와 바람이 잘 통하는 곳에 눕힘
	효과	대류, 복사에 의한 열 소실을 최대화
		복사 : 직접 접촉 없이 물체와 물체 사이에 매체인 공기에 의해 열이 이동하는 것. 몸의 온도가 주위 온도보다 높을 때 몸에서부터 방출되는 복사열이 몸으로 들어오는 복사열보다 커지므로 열 손실이 초래됨
		대류 : 공기의 움직임에 의해 열이 이동되는데 부채, 선풍기, 환기는 대류를 통한 열 손실을 촉진

옷 제거	방법		• 꼭 끼는 의복은 느슨하게 함 • 땀으로 젖은 옷은 벗김 • 옷을 얇게 입히거나 벗김
	기전	방출	• 옷을 얇게 입거나 벗김으로 피부를 통해 열을 방출시켜 체온 조절 • 두꺼운 옷은 체온조절기전을 방해
찬 수건	방법		• 피부에 차갑고 젖은 수건을 대어줌 • 스펀지를 찬물에 담갔다가 닦아줌
	기전	전도	차가운 수건으로 서로 다른 온도를 지닌 두 물체가 접촉하고 있을 때 운동에너지의 형태로 열이 이동하는 것으로 열 이동률은 두 물체 사이의 온도 경사도에 비례
		증발	피부에 차갑고 젖은 수건은 신체 표면에서 수분이 기체로 되어 날아갈 때 물이 열에너지를 잃게 되는 현상
선풍기 바람	방법		선풍기 바람을 쐬게 하거나 부채질
	기전		대류 : 선풍기 바람은 공기의 이동에 의한 열의 이동으로 선풍기의 차가운 공기가 환자에 오게 되는 교체 현상으로 체열이 손실 예 바람이 불면 시원하게 느끼는 것은 공기의 대류가 커지기 때문
이온음료	방법		• 의식이 명료하고 오심이 없을 때 이온음료(포카리스웨트, 게토레이), 스포츠 음료, 염분을 함유한 시원한 음료수를 줌 • 알코올, 카페인 음료는 이뇨 작용으로 금지
	근거		고온 노출로 발한에 의한 수분, 나트륨 과다 소실
맹물 제한	방법		식염을 타지 않은 맹물 섭취를 제한
	효과		발한에 의해 나트륨이 과다 소실된 상태에서 맹물 섭취는 저소듐 상태를 악화시키고 저삼투압으로 세포 내로 액체가 이동되어 세포가 부풀어 오름
후송			물을 거부하고 토하거나 의식장애 시에는 병원에 후송

4 열사병(heat stroke) [2012 기출]

(1) 개요

원인		• 고온다습한 작업환경에서 격심한 육체적 노동을 하거나 옥외에서 태양의 복사열을 머리에 직접 받는 경우 발생 • 체온조절 중추 기능장애로 땀의 증발에 의한 체온방출에 장애가 와서 체내에 열이 축적되고 뇌막혈관의 충혈과 뇌의 온도가 상승하여 생김
기전	체온조절	체온조절 기능장애로 전신의 발한이 정지되어 땀의 증발에 의한 과도한 열을 방출시킬 능력을 잃어서 체온이 심각하게 상승
	기능장애	체내에 열이 축적되고 과열에 의한 세포 손상으로 심장, 신장(신부전), 간, DIC(혈액 응고 기전에 손상), 뇌사와 사망 초래
증상 [기출 2011, 국시 1999 · 2006]	중추신경계	이명, 두통, 현기증, 이상한 행동, 환각, 의식의 변화, 혼돈, 지남력 감소, 섬망, 경련
	생체 징후	중심체온 41t 이상, 빈맥, 저혈압, 빈호흡 등
	심혈관계	맥압 증가, 심박출량 감소, 말초혈관저항 감소, 중심정맥압 증가
	피부	땀을 흘리지 않음, 피부가 건조한 뜨겁고 붉은 피부 📌 DKA : 홍조를 띤 뜨거운 건조한 피부
	비뇨기계	혈뇨, 핍뇨, 무뇨
	응고장애	자반, 결막출혈, 흑변, 혈변, 각혈, 혈뇨, 뇌출혈 등
관리		• 체온하강이 중요 : 몸을 냉각시키지 않으면 중요기관에 비가역적 손상을 일으키고 사망할 수 있음 • 시원한 환경으로 옮기고, 옷을 벗기고, 시원한 물(얼음)을 적용하고(젖은 수건), 찬물로 닦으면서 선풍기를 사용하여 증발 냉각을 시도하여야 함 • 아동은 집중적인 치료를 위해 병원으로 이송되어야 함. 병원에서는 급속한 냉각, 체온의 신중한 모니터링과 활력징후 측정, 지지적 간호(수액과 전해질 대치, 추가적 산소), 그리고 합병증 관리를 시행 • 해열제는 의미가 없음. 예방이 가장 좋고 만일 온도가 상승하면 태양에 노출되는 시간을 줄여야 함

(2) 응급 간호 [2012 기출]

시원한 환경	방법	고열에 노출된 기간이 사망률과 관계가 깊으므로 빨리 시원한 환경으로 옮겨 환아의 머리와 어깨를 약간 높게 반좌위를 하고 체온을 빨리 떨어뜨림
	효과	• 복사 · 대류에 의해 체열 방출을 도움 • 1분만 늦게 체온을 떨어뜨려도 열에 의한 세포손상으로 뇌, 심장, 신장, 간, 혈액 응고기전에 손상으로 심각한 후유증, 사망할 위험이 커짐

03

	복사		직접 접촉 없이 물체와 물체 사이에 매체인 공기에 의해 열이 이동 몸의 온도가 주위 온도보다 높을 때 몸에서부터 방출되는 복사열이 몸으로 들어오는 복사열보다 더 커지므로 열 손실이 초래됨	
	대류		공기의 움직임에 의해 열이 이동되는데 부채, 선풍기, 환기는 대류를 통한 열 손실을 촉진시킴	
옷 제거	방법		환자의 내의까지 의복을 벗김	
	효과		• 옷을 벗김으로 피부를 통해 열을 방출시켜 체온 조절 • 두꺼운 옷은 체온 조절기전을 방해	
찬 수건	방법		• 환자를 시원하고 젖은 천으로 덮고 천에 상온의 미지근한 물을 뿌려주어 계속 물로 적심 • 천을 찾을 수 없으면 찬 물수건, 타월, 냉수에 적신 스펀지로 몸을 닦거나 계속 이마, 목, 가슴, 겨드랑이, 서혜부, 손, 발목 같이 커다란 정맥 부위에 얼음 주머니를 대어서 가능한 빨리 체온을 감소시킴	
	효과		전도와 증발에 의한 열 소실 증가로 심부 체온을 빨리 39℃ 이하로 낮춤	
		전도	서로 다른 온도를 지닌 두 물체가 접촉하고 있을 때 운동 에너지의 형태로 열이 이동하는 것으로 열이동율은 두 물체 사이의 온도 경사도 비례	
		증발	피부에 차갑고 젖은 수건은 신체 표면에서 수분이 기체로 되어 날아갈 때 열에 에너지를 잃게 되는 현상을 도움	
얼음물	방법		• 얼음이 있는 큰 욕조에 환자를 담금 • 얼음물에 담가서 체온을 39℃까지 내려주어야 함 • 냉수욕은 10~40분 이내에 중심체온을 39℃ 이하로도 급격히 내릴 수 있으나, 증발기법보다 합병증이 많고, 환자를 얼음물에 담그면 말초혈관의 수축으로 열의 발산에 장애가 발생하여 주의	
	효과		전도에 의한 열 소실 증가	
선풍기 바람	방법		선풍기를 사용하거나 부채질을 하여 증발	
	효과		선풍기 바람이나 부채질에 의한 대류에 의한 열 소실을 증가	
마사지	방법		사지를 격렬하게 마찰	
	근거		체온을 낮추는 동안 마사지를 하여 피부의 혈관을 확장시키고 혈액순환을 증진시키고 체열 이동	
마른 천	방법		체온이 안정되고 환아의 의식 상태가 좋아지면 젖은 천을 마른 천으로 바꾸고 식히는 작업을 그만둠	
	효과		필요 없이 몸을 식히면 저체온에 빠질 수 있음	
해열제 제한	방법		아스피린, 아세트아미노펜을 투여하지 않음	
	효과		질병으로 발생한 프로스타글란딘 상승에 의한 발열에 시상하부의 set point 상승과 관계가 없어 체온을 떨어뜨리는 데 비효과적	
후송	방법		열사병은 신속한 병원 후송과 입원 처치가 필요. 즉시 의료기관에 연락	

05 출혈(bleeding · hemorrhage)

1 출혈

정의	혈액이 혈관 밖으로 벗어나 체조직 내, 신체 외부 또는 체강으로 흘러나오는 것			
원인	• 혈관자체의 직접손상: 수술, 상처 • 혈관벽 이상: 감염, 악성 종양 • 혈액 자체의 질환: 혈우병, 혈소판 감소성 자반증			
증상	• 피부: 창백, 차고 습함 • 체온하강: 순환 혈량 감소와 대사량 감소 • 빠른 맥박, 두려움, 불안, 안절부절 • 갈증 호소 • 중추신경에 영향: 시력장애, 현기증, 이명, 동공산대, 정신착란, 무의식			
종류	외출혈			내출혈
	모세혈관	정맥성	동맥성 출혈	신체 내부에서 발생되는 출혈
	• 피부표면 스며 나옴 • 소량	약간 어두운 적색, 분출 양상이 없이 일정히 흘러나옴	• 선홍색 • 박동성 • 다량의 출혈(분출)	• 외부에서 육안 관찰 불가능 • 코, 입, 귀, 직장을 통해 일부 흘러나오기도 함

2 외부출혈 시 응급처치 [1998 · 2013 기출]

상처의 청결유지 (세척)	오염방지	의학 검사용 장갑을 착용하거나 장갑을 사용할 수 없는 경우라면 거즈, 깨끗한 옷, 비닐랩을 사용한다.	
	의복제거	상처를 덮고 있는 의복은 잘라내고 상처 부위를 노출시킨다.	
	상처세척	상처 부위를 물이나 식염수를 부어 깨끗이 한다. 상처주위의 지저분한 조직, 이물질이 있다면 제거한 후 다시 생리식염수를 부어 세척한다.	
지혈도모	직접 압박법	방법	상처 부위를 손가락, 손바닥 등으로 직접 압박하는 방법으로 소독 거즈나 깨끗한 천 또는 손수건 등으로 접어서 대고 압박한다. 천이 피를 빨아들이면 그 위에 다른 천을 덮는다.

		효과	직접 압박으로 응괴 형성을 촉진하여 지혈을 도모한다.
지혈도모		주의	이미 형성된 응괴를 떨어지게 하므로 절대로 처음에 덮었던 천을 떼어내지 않는다.
	국소거양법		출혈 부위를 심장의 높이보다 높게 들어주어 중력의 영향으로 출혈을 최소화시킨다.
	간접 압박법 (지혈점 압박)		• 출혈 부위로 가는 가장 가까운 동맥 혈관을 지압한다. • 지혈점은 맥박점으로 사용되며 피부에 가까이 지나가거나 골격 위로 지나가는 동맥의 맥박을 감지하는 동맥점이다. • 출혈부위로 흘러나오는 동맥 근위부를 손가락이나 손으로 누른다. • 예를 들어 상지 출혈은 상완동맥 [국시 2005]을 압박하고 하지 출혈은 대퇴동맥을 압박한다. 동맥압박점 위치 요골, 상완동맥 압박점 상완동맥 압박 모습
	지혈대 사용법		지혈대를 이용하여 상처 부위보다 심장에서 가까운 동맥을 완전히 차단시킬 수 있도록 졸라맨다. 지혈대는 신경과 근육을 손상시킬 위험이 있고 단단히 감지 못하면 정맥 혈류만을 차단시키고 동맥혈은 그대로 흘러 더 많은 출혈이 일어날 수 있다.
		적응증	• 팔과 다리에만 사용한다. • 사지의 부분적 혹은 완전한 절단에 의한 대량 출혈 환자나 직접 압박으로도 지혈되지 않는 출혈에서 환자의 생명이 위협받는 상황에서 유용하다. • 지혈대 사용은 합병증 초래로 지혈의 마지막 수단(최후 수단)으로 상처에서 가까운 동맥을 완전히 차단한다.
		합병증	지혈대로 주위 조직을 압박하면, 원위부의 정상적 조직으로 혈액 순환이 되지 않아 산소 및 영양물을 공급받지 못하여 신경 손상, 근육 손상, 조직괴사를 유발한다.

상처 소독	－
감염예방 및 관찰	상처에 생길 수 있는 감염을 예방할 목적으로 항생제 연고를 도포하고 드레싱한다.
고정	편안한 자세를 취하고 상처 부위는 움직이지 않도록 한다.
필요시 이송	상처 부위가 크고 관절면에 깊게 생긴 경우 병원으로 후송하여 봉합(상처를 입은 후 12시간 경과 후에는 감염의 위험이 있으므로 봉합하지 않는다)한다.

3 지혈대 사용

정의	상지나 하지의 동맥혈을 차단할 정도의 압력으로 묶는 방법
적응증	대량 출혈, 직접 압박으로도 지혈되지 않는 출혈에서 환자 생명이 위협받는 상황
합병증	압박 → 산소 및 영양 공급 × : 신경 손상, 조직 괴사, 근육 손상
방법	• 출혈되고 있는 위쪽 상단부분을 지혈대로 두 번 감고 한 번 묶음 • 매듭에 지혈봉을 끼고, 돌려서 수축기압보다 약간 높게 감아주어 압을 줌 － 단단히 감지 않으면 정맥혈류만 차단, 동맥혈은 많이 흐르게 하여 더 많은 출혈 야기 • 지혈대의 양쪽 끝을 지혈봉에 감아쥔 것이 풀리지 않도록 고정
주의할점	• 지혈대는 직접 상처에 닿지 않도록 함, 상처 위에 헝겊을 대고 사용 • 면적이 넓은 것으로 사용 － 5cm 이상 : 끈이나 철사 같은 재료는 조직의 괴사 촉진 • 최후의 수단 － 일단 지혈대를 하면 의사에게 가서 풀어야 함 • 지혈된 부위 노출, 관절 부위 × • 지혈대를 묶은 시간 정확히 명시 : 20분 이상 사용 시 신경·근육 손상 － 15~20분 간격으로 1분마다 풀어주고 다시 매 줌. 단, 학교에서는 병원 도착 전까지는 제거하지 않음
	 출혈부위를 닦는다.　　충분히 죈다.　　지혈대가 풀리지 않도록 마감처리한다.　　지혈시간을 표시한다.

4 외출혈 처치 시 주의점

외출혈 처치 시 주의점	• 다른 방법이 없는 경우를 제외하고는 맨손으로 상처 부위를 만지지 않는다. • 출혈이 멈추고 처치가 끝나면 반드시 손을 비누로 깨끗이 씻는다. • 눈 상처, 이물이 박혀있는 상처, 두개골 골절의 경우엔 직접 압박을 하지 않는다. • 피에 젖은 드레싱은 제거하지 말고 그 위에 새 드레싱을 덧붙여 압박한다. • 피가 순환되지 않을 정도로 압박 붕대를 단단하게 감지 않도록 한다. 팔목에 붕대를 감았을 때는 요골맥박을 확인한다. 다리에 감았을 때는 발목뼈 안쪽 융기부와 아킬레스건 사이에서 순환을 확인한다.
외출혈 처치 시 의사에게 보내야 하는 경우	• 절상(cut)이나 다른 손상을 입은 경우 출혈량이 많고 지속되는 경우이다. • 피가 뿜어 나오면 (동맥성 출혈) 응급실을 방문한다. • 10분 이상 압박 시에도 출혈이 지속되는 경우이다. • 비위생적인 상처도 병원으로 호송한다.

5 내출혈

내출혈 징후	• 여러 날이 지난 후에 나타나기도 한다. • 피부에 멍이나 타박상이 있을 수 있다(반상출혈). • 배가 아프거나 만지면 통증을 느끼고 단단하며 멍이 나타날 수 있다. • 늑골 골절 혹은 가슴에 멍이 나타난다. • 피를 토하거나(토혈) 기침을 할 때 피가 나온다(각혈). • 대변이 검거나 선홍색 피가 섞여 있을 수 있다(대소변 내 잠혈, 선혈).
내출혈 처치	• 환자를 안정시키고 조용히 하고 충분히 안심시킨다. • 자세는 가능하면 하지를 올려주고 상체를 수평으로 한다(뇌출혈, 뇌부종 시 금기). • 환자의 신체에 조이는 부위를 느슨하게 해준다. • 환자의 체온하강을 방지하기 위해 보온한다. • 활력증상과 의식 상태를 확인하면서 신속히 병원으로 호송한다.

6 토혈(hematemesis)

(1) 토혈(hematemesis)시의 일반적인 응급처치

토혈	상부소화관, 주로 위에서의 출혈이며, 구토와 함께 혈액이 나온다. 거품이 없고 암적색 또는 커피 찌꺼기 같은 모양의 흑갈색이며, 가끔 음식물이 함께 섞여 있다.
Shock position	우선 대량의 출혈이 있으면, shock position을 취해 주고 조용히 눕혀서 심신의 안정을 꾀한다. 불필요한 움직임은 shock을 촉진시킬 수 있다.
흡인 예방	토하는 양이 많을 때는, 머리를 모로 돌려 호흡 시에 토물을 흡입하지 않도록 주의한다.
위부 빙낭	위 부분에 얼음주머니를 대주어 차게 하여 출혈을 억제하고, 환자에게 안정감을 줄 수도 있다.
재출혈 예방	반복되는 구토는 재출혈을 일으키게 되고, 입 안의 혈액 냄새로 인해 구토를 일으키기 쉬우므로, 입 안을 잘 양치질 시켜준다.
금식	의사의 지시가 있을 때까지는 절식시켜야 한다. 단, 소량의 물이나 얼음 조각을 물려주는 정도만 허용한다.
원인질환 치료	일시적으로 토혈이 멈추더라도 토혈을 일으키는 질환은 중요한 것이 많으므로, 반드시 전문의의 정밀한 진찰을 받아서 치료를 받도록 하는 것이 좋다.
토혈내용 확인	토혈 혈액의 성질과 상태 및 토혈량, 횟수, 전날 또는 2~3일 전에 먹은 음식물과의 관계나, 혈변·흑변 등의 여부를 의사에 알리면 진단에 도움이 될 수 있다.

(2) 토혈과 객혈의 감별진단

양상	객혈	토혈
전구증상	기침, 인후자극통	구역, 복부 불쾌감
증상 시작	기침 시 출혈	구토 시 출혈
출혈의 성상	부분적으로 거품 동반	거품 없음
색깔	선홍색	검붉은색
출혈의 산도	알칼리성	산성
함유물	• 백혈구, 세균 • 혈색소를 함유한 대식세포	음식물
과거력	폐질환	알코올중독, 궤양, 간장질환
빈혈	드묾	흔함
대변잠혈반응	음성	양성

7 객혈(hemoptysis)의 일반적인 응급처치

객혈	객혈은 성대 이하의 하기도와 폐실질의 병변으로 인한 출혈을 말하며, 대개 갑자기 발생하므로 환자의 심리적 동요가 크며, 객혈로 인한 기도폐색으로 질식하는 경우도 있다. 객혈은 기침과 함께 나오는 수가 많으며, 선홍색으로 거품이나 가래가 섞이는 수도 있으며, 가끔 가슴의 중앙부에 근질근질한 느낌이 있거나 혹은 청량감을 수반하는 수도 있다.
자세	• 객혈에 의한 기도 폐쇄 예방 → 객혈에 의한 최대 위험은 질식사이다. • 환자가 기침과 함께 객혈을 하면 곧 환자를 엎드리게 하고, 방바닥이나 침대 위에 누워 있는 환자이면, 머리와 출혈부위를 낮게 하여, 출혈한 혈액이 다시 흡입되거나, 정상폐로 흡인되지 않도록 흘러내리게 해 준다.
절대안정	폐의 안정은 곧 신체의 안정이니 필요 이외의 담화도 금한다. 대개 객혈이 멎은 후에도 4~5일 정도는 주의해야 한다.
정신적 안식감	객혈을 하는 환자는 특히 공포와 불안을 느끼므로 정신적인 안식감을 주는 것이 필요하며 결코 질식사의 위험이 없다고 환자를 안심시키면서, 빨리 의사에게 연락을 취해야 한다. 경우에 따라서는 진정제를 투여하기도 한다.
재출혈예방 진해제	객혈 시 또는 객혈 후에 잦은 기침을 하는 수가 많은데, 기침으로 인한 재출혈을 막기 위해 진해제를 투여하기도 한다.
재출혈예방 변비 예방	변비가 있으면 배변 시 힘을 주게 되어 폐내압을 높이므로 경한 하제 등을 투여하여 통변을 조정하기도 한다.
금식	객혈 직후에는 금식시킨다. 목이 마를 때는 얼음조각을 입에 물리는 정도로 하고, 경과에 따라 점차 유동식으로 하되 저작운동은 제한한다.

03

지혈점	출혈부위
측두 동맥지압	머리 출혈
안면 동맥지압	상완 출혈
요골 동맥지압	팔 출혈
대퇴 동맥지압	다리 출혈
쇄골 동맥지압	어깨, 팔 출혈
총결 동맥지압	머리, 경부 출혈
비골 압박	비출혈

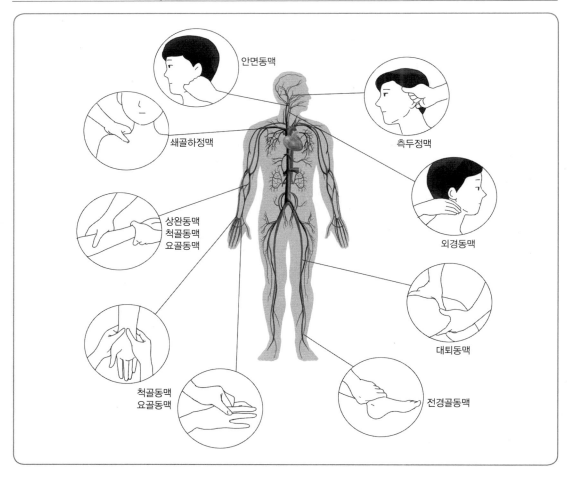

| 출혈부위에 따른 지혈점 |

06 중독(poisoning) [2009 기출]

1 약물 중독의 개요

원인	• 투여 방법이 잘못된 경우 • 사용량이 잘못된 경우 • 적응이 잘못된 경우 • 환자의 체질적 조건 등에 의한 경우 • 고의로 독물 또는 의약품을 대량 사용한 경우	
중독처치 간호지침 (SIRES)	S : Stabilize the patient condition	환자의 상태를 안정, 기도 개방
	I : Identify the toxic substance	독물질 규명(중독 시간, 중독량 파악)
	R : Reverse its effect	독물질 해독
	E : Eliminate the substance from the pt's body	체외로 독물질 제거(구토, 배설)
	S : Support the pt	육체적 · 심리적으로 환자 지지
경구중독 환자 3가지 기본 원칙	• 기도 개방 • 가능한 중독 원인을 확인하고 중독 시간, 중독량을 파악 • 금기 사항이 아니면 구토시킴	

2 약물 중독 환자 발견 시 보건교사의 조치사항

약물 중독	중독이란 어떤 물질을 섭취했거나 흡입 또는 흡수했을 때, 피부에 발랐을 때 몸 안에서 작은 양으로 화학적 작용을 일으켜 손상이 생기는 것을 말한다. 대부분 약물 복용으로 발생하는데 1~4세, 13~19세에서 많이 발생한다. 어려서는 남아, 사춘기에는 여아에게 많다.
독물질 규명	• 약물의 종류, 섭취 시간, 섭취량, 발견 당시의 주위 환경 등을 살핀다. • 학생 주변에 약 봉투나 남아 있는 약, 유서 등이 있는지 확인한다. • 주위의 토물이 있다면 버리지 말고 의사에게 보낸다. • 주위의 친구나 가족에게 최근 그 학생의 행동 특성 및 자살 동기가 있었는지 알아본다.
독물질 해독 및 배출	• 위 내 약물을 희석시키기 위하여 다량의 물이나 우유를 마시게 한다. • 마신 물이나 우유로 하여금 목젖 등을 자극하여 토하게 한다. 이는 나오는 물이 깨끗할 때까지 해야 한다. • 손으로 인두를 자극하여 토하게 한다. 단, 부식성 물질이나 유류제제를 먹은 경우, 의식이 없거나 경련이 있는 사람은 구토를 시키지 않는다. • 복약 후 4~6시간 이내에 구토시킨다. 이는 대부분 4시간 이내에 약물이 흡수되나 아직 위에 남아 있다고 가정하고 실시한다.

환자지지	환자 지지간호를 실시한다.
병원후송	• 활력증상과 의식상태를 수시로 확인하면서 병원 후송한다. • 만약 복약 후 6시간 이상 경과하였다면 독물질 해독과 배출을 생략하고 곧바로 병원 후송한다.

3 독물질 해독 및 배출 : '구토' 적용 시 처치

적응증		• 의식 있음 • 섭취 1~2시간 이내(2~4시간 이후는 위를 통과하므로 구토효과가 없음)
목적		위 내 약물 제거
방법		구토반사 자극(인후에 손가락을 넣고 구토 반사 자극)
금기	부식제	부식성 물질(강산, 강알칼리) 섭취는 점막조직 파괴
	탄화수소	탄화수소(유류제제)가 흡인 위험으로 폐렴
	의식저하	의식이 혼미, 혼수 상태는 구토 반사가 없다.
	경련 시	-
흡인 예방		구토 시 고개를 모로 돌려주어 구토물이 폐로 흡인되지 않도록 한다.
좌측위 자세		• 소장으로 들어간 독극물은 혈액으로 흡수되어 온몸으로 퍼진다. • 왼쪽으로 눕히면 소장과 연결되는 위의 끝부분(유문)이 똑바로 서서 중력의 영향으로 위 안에 있는 독극물이 유문 통과를 지연시켜 소장으로 가는 시간을 최대 2시간까지 늦추어 흡수를 지연한다. • 구토물이 폐로 들어가는 것을 막아준다.
구토물 확인, 독극물 분석		• 대상자 주위에 빈 약상자, 빈 병, 독극물 용기, 독성 식물, 약표지, 약물의 일부가 남아 있는지 살핀다. 자살 목적 시 유서를 남기기도 한다. • 토물이 있으면 버리지 말고 보관하여 의사에게 보인다. • 독극물의 성분을 분석하여 신속하고, 적절한 치료를 한다.

4 약물 중독 독물질 해독 및 배출전략 : '위세척' 적용 시 응급처치방법 및 주의점

적응증	의식저하	• 구토를 하지 못하는 사람 • 중추신경계 억압을 받는 사람 • 혼수상태, 경련 • 구개반사가 소실된 사람
	맹독성물질	맹독성 물질을 다량 섭취한 경우
	섭취 2시간 이내	• 독극물을 섭취한 지 2시간이 경과되지 않은 경우 • 위장관 흡수를 지연시키는 약물을 섭취한 경우에는 4~6시간 후에도 위세척 효과가 있다.
목적		위 내 약물을 제거한다.
방법		튜브를 코나 입에 삽입하여 미지근한 생리식염수로 세척액을 위에 유입하고 배출하여 위 내용물을 씻어낸다.
금기	부식제	위장관 세척 시 식도 천공의 위험으로 금한다.
	탄화수소	유류제제 흡인으로 기관지염, 화학성 폐렴이 유발될 수 있다.
	늦게 발견	중독 후 너무 늦게 발견되면 위 속에 독극물이 남아 있지 않은 것으로 추정한다.
	출혈소인	–

5 약물 중독 독물질 해독 및 배출전략 : '흡착제' 적용 시 응급처치방법 및 주의점

방법		• 독물질을 흡착시키기 위해 활성화된 charcoal powder(숯가루)을 물에 타서 ewald tube나 경구로 직접 투여한다. 위세척과 함께 하기도 한다. • 약물중독 1~2시간 이내여야 효과적이며 4시간 경과 후에는 효과가 없다. • 활성탄은 1g/kg을 미온수에 섞어서 복용한다. – 물 : 활성탄 = 4 : 1~8 : 1
기전		• 활성탄이 위장에서 독물질을 흡착시켜, 독물질이 장에서 혈액으로 흡수됨을 예방한다. • 위장관 투석효과로 약물의 농도가 높은 혈장에서 농도가 낮은 위장관 내로 확산한다.
금기	부식제	활성탄과 잘 결합되지 않는 부식제(강산, 강알칼리)는 활성탄의 흡착제로서 효과가 없다.
	탄화수소	석유화학 제품인 석유, 휘발유는 활성탄에 잘 흡수되지 않고 활성탄 투여로 구토 유발이 호흡 기도로 흡인되어 폐렴을 유발한다.
	철, 리튬	철, 리튬은 흡수되지 않는 물질이다.
	알코올	에탄올(알코올), 메탄올(메틸알코올)

6 약물 중독

(I) 중독 종류

중추신경계 증상	부식제	불안, 흥분
	탄화수소	• 흥분, 안절부절 못함, 혼미, 혼수 • 무기력 같은 감각의 변화, 쇠약
	아세트아미노펜	혼돈, 혼미
	아스피린	• 불안, 흥분, 초조, 혼돈, 경련, 기면, 혼수 • 지남력 장애, 발작
체온 증가	탄화수소	37.8~40℃
	아스피린	고열
간기능 손상	아세트아미노펜	–
	아스피린	–
비정상적 혈액응고	아세트아미노펜	–
	아스피린	혈소판 응집을 억제하여 출혈을 일으킴

(2) 부식제 [국시 2007]

종류	• 배수, 변기, 오븐 세척제, 전기 식기세척기 세정제, 곰팡이 제거제, 의치 세정제, 표백제 (가정 표백제는 심각한 손상은 드묾) • 액체 부식제는 가루보다 손상이 더 심하게 된다.
증상	• 입, 인후, 위에 심한 작열통 • 희고 부어 오른 점막 : 입술, 혀, 인두의 부종(호흡기 협착) 침을 흘리며 분비물을 삼키지 못한다. • 심한 구토(토혈) • 쇼크의 징후, 불안, 흥분
응급조치	희석 [국시 2018]	• 찬물이나 우유로 부식제를 희석시킨다. • 1~2컵의 찬물이나 우유는 실온이나 따뜻한 물보다 열을 잘 흡수한다. • 너무 많은 물이나 우유를 마시면 구토 유발로 식도나 위 손상을 악화시킨다. • 희석의 금기 : 급성 기도 부종으로 기도 폐쇄, 식도, 위, 장 천공 시 시도하지 않는다.

(주: 응급조치 행에서 기도유지/금식 항목)

응급조치	기도유지	인두의 부종(호흡기 협착)으로 호흡기 기능을 원활하기 위해 기관 내 삽관이나 기계적 환기가 요구된다.
	금식	희석 이후 구강 섭취를 하지 않는다.

03

	구토 ✕	점막이 재손상될 우려가 있다.
금기	위세척 ✕	식도 천공 위험이 있다.
	중화제 ✕	중화는 발열 반응으로 열을 생산하여 화상이 발생한다.
	활성탄 ✕	활성탄은 부식제에 잘 결합하지 않는다.
외과적 관리	식도협착 시 수술이 필요하다.	

(3) 유기물 중독(탄화수소용품)

종류	휘발유, 등유, 램프 기름, 광물질 기름, 라이터 액, 테레빈유(유화용 물감을 녹이는 기름), 페인트 희석제	
기전	폐 조직에 흡인되어 화학성 폐렴으로 염증, 부종, 출혈을 일으킴	
증상	호흡계	• 기침, 질식, 청색증, 호흡근퇴축, 코를 벌렁거림, 타진시 탁음 증가 • 기관지염, 화학성 폐렴 중 지질성 폐렴
	심혈관계	빈맥
	소화계	구역질, N/V
	중추신경계	흥분, 안절부절, 혼미, 혼수, 무기력, 감각 변화
응급조치 (금기조치)	구토 ✕	흡인 위험
	위 세척 ✕	흡인으로 기관지염, 화학성 폐렴
	활성탄 ✕	석유 화학 제품은 활성탄에 잘 흡수되지 않고 활성탄 투여로 구토 유발이 호흡기도로 흡인되어 폐렴 유발됨
내과적 치료	화학성 폐렴에 대한 치료(항생제투여)	

(4) 아세트아미노펜

증상	소화계	N/V
	간	• 우상복부 통증, 황달 • AST, ALT↑, 비정상적 혈액응고
	피부	발한, 창백
	신경계	혼돈, 혼미
응급조치	아세틸시스테인 (N-acetylcysteine)	• 해독제인 N-acetylcysteine(NAC, Mucomyst)을 구강으로 준다. • 해독제의 역한 냄새 때문에 주스, 소다수에 희석시켜 준다. 환자가 구역, 구토로 복용할 수 없을 경우 정맥 주사용 제제가 있다. 예 희석 : 철분제, 요오드 요법, N-acetylcysteine(NAC, Mucomyst)
내과적 치료	화학성 폐렴에 대한 치료(항생제 투여)	

(5) 아스피린

중독 증상 [국시 2001, 1993 기출]	위장관	• 오심, 구토, 복통 • 아스피린을 과량 섭취하면 위장관 점막을 자극하여 염증과 궤양을 일으켜 위장관 증상이 나타난다. • COX1이 매개하는 위벽에서 프로스타글란딘을 억제시킨다. • 위벽을 보호하는 프로스타글란딘 감소로 위궤양을 일으킨다. • 프로스타글란딘 : 점액 생성, HCO_3^- 분비 자극, 위산 억제
	간독성	저혈당이나 고혈당, 케톤산증
	신장독성	핍뇨
	중추신경계	• 불안, 흥분, 초조, 혼돈, 경련, 기면, 혼수 • 지남력 장애, 발작
	출혈	• 항혈소판 제제로 위장 출혈, 토혈, 혈뇨, 출혈 시간이 연장된다. • 혈소판 기능에 장애를 주어 혈액 응고에 장애를 가져온다.
	호흡성 알칼리증	초기에 호흡중추를 자극하여 과호흡을 유발하여 호흡성 알칼리혈증을 일으킨다.
	대사성 산증	후기에 아스피린(Acetylsalicylic acid)는 살리실산을 생성하여 대사성 산증을 유발한다.
응급조치	구토, 위세척	복용 후 2시간 전에 구토, 위세척을 한다.
	활성탄, 하제	• 복용 후 2시간 내 활성탄, 하제를 한다. • 흡수를 줄이기 위해 활성탄 투여로 아스피린으로 인한 독작용 치료에 중요하다.
	중탄산소다 (Sodium Bicarbonate)	$NaHCO_3$를 투여하여 대사성 산혈증을 교정한다.
VS NSAID 부작용		• 간 독성 • 신장 독성 • 상복부 불편감, 식욕부진, 설사, 오심 • 이명, 청력 상실 • 혈소판 감소증 • 기면, 두통, 어지럼증

(6) 약물 중독 치료 시 해독제

benzodiazepines	flumazenil(플루마제닐) : GABA 수용체의 길항제
acetaminophen	아세틸시스테인(N-acetylcysteine) : 아세트아미노펜의 과다복용을 치료하고 낭포성 섬유증이나 만성 폐쇄성 폐질환 환자의 고농도의 점액을 완화시키기 위해 사용되는 의약품
Co gas	산소
opioid(morphine)	naloxone(날록손)
atropine, TCA (유뇨증, 긴박성 요실금에 사용, 항콜린성, 항아드레너직, 항히스타민 부작용)	physostigmine : 콜린 분해효소 억제제로 아세틸콜린 증가 • 중증근무력증, 치매에 사용
INH	pyridoxine(Vit B6) : levodopa의 효과 감소 • 수산결석, cystine결석 치료제
메탄올 (알코올 램프 연료, 화공약품)	ethanol • 메탄올의 독성 대사물질 생성을 방해 • 메탄올은 중추신경억제, 시각장애, 오심, 구토, 복통, 동공 확장
철(iron)	데페록사인(deferoxamine)
납	calcium EDTA

(7) 일산화탄소 흡입중독 시 응급조치

CO 특징		무색, 무취, 무자극성 기체로 유기 연료의 불완전 연소
기전 [국시 2019]		일산화탄소는 혈중 Hb과 결합하여 일산화탄소 Hb이 됨. 혈액의 산소운반능력을 감소시킴
사정	중추신경계	중추신경계는 산소 요구도가 높아 뇌의 저산소증으로 독성 증상 두통, 근육 허약, 심계항진, 현기증, 정신혼돈, 혼수로 진전
	피부색	피부 색깔은 분홍색, 선홍색, 청색증, 창백증을 보임
치료		• 대기압이나 고압 산소요법으로 100% 산소 투여 • 저산소증을 치료하고 CO 배출
간호 [국시 2003]	신선한 공기	대상자를 신선한 공기가 있는 곳으로 즉시 옮김. 호흡, 순환 관리
	옷 느슨	• 꽉 조이는 의복을 느슨하게 해 줌 • 호흡하기 쉽게 함
	측위	• 옆으로 눕힘 • 오심, 구토가 흡입되지 않도록 함

CPR	필요시 CPR을 시작
원인 조사	• 사고로 일산화탄소 중독이 되었다면 건물 구조를 철저히 조사해서 수리 • 자살을 시도했을 경우 정신과 상담

07 안구 손상

1 비천공성 외상(non-perferating injury)

찰과상 (abrasion)	• 안검, 각막, 결막의 찰과상은 수술이 필요하지 않으며, 상처 부위를 깨끗이 세척한 후, 병원균의 감염예방을 위해 항생제 연고의 투약이 필요하다. • 동통 시는 0.5% Tetracaine 점안을 할 수도 있으나 다른 합병증의 진단 지연·상처 부위의 악화 등에 주의하여 사용해야 한다. • 모든 안외상 직후에는 스테로이드 점안은 하지 않는다. • 응급처치 후 눈을 약간 압박하여 안대를 고정해 두면, 합병증이 없는 한 하루 정도에 완치된다.		
눈이물 [2010 기출]	원인	흙, 모래, 금속편, 유리조각, 화약가루, 먼지, 티 등	
	증상	이물감, 유루, 동통, 결막 충혈 등의 자극증상으로 눈을 뜨지 못할 때가 많다.	
	처치	• 씻어낸다. • 안 이물 제거 방법을 활용한다. • 그래도 이물감 호소 시 확대경으로 검사하여 제거한다. • 쇳가루인 경우 안과에서 제거하고, 당일 제거해야 한다. → 녹이 나서 염증을 일으키기 때문이다.	
약품에 의한 안화상	원칙적으로는 산성약품이면 2% 중조수, 알칼리성 약품이면 2% 붕산수가 좋다고 되어 있으나, 신속히 제거하지 않으면 눈에 미치는 손상이 커지므로 지체하지 말고 가능한 한 신속하게 많은 양의 수돗물이나 생리식염수(saline)로 씻어내도록 한다.		
좌상(타박상, contusion)	안검이나 결막의 출혈은 겉보기에는 심해도 출혈이 자연히 흡수되어 아무 장애도 남기지 않지만, 다른 안증상은 표면으로 보아서는 발견되지 않으나, 오히려 큰 시력장애를 남기는 수가 있다. 그러므로 일단 학교에서 냉찜질 후 눈의 손상이 있는가를 알아보기 위해 안과 의사의 진찰을 받게 하는 것이 좋다.		
처치주의	안과적 외상 시 다음의 간단한 응급처치 원칙을 앎으로써 외상으로 인한 후유증 및 실명을 예방할 수 있다. 틀린 응급처치는 오히려 실명의 원인이 될 수도 있다.		

(I) 안 이물 제거

눈 비비지 않기	• 대개 누도를 통하여 저절로 배출되는 수도 있으므로, 절대 눈을 비비지 않도록 한다. • 상안검을 비비면, 각막 표면에 상처를 낼 수 있으므로 주의시킨다.
눈물	눈을 감아 눈물과 함께 먼지가 흘러나오게 한다.
생리식염수 세척	• 미지근한 생리식염수로 눈을 씻어내어 이물질을 제거한다. • 생리식염수로 지속적인 세척을 하면 작은 입자도 씻어낼 수 있다. 하지만 마찰을 만들 경우 결막이나 각막에 미세한 상처를 줄 수 있기에 무리한 세척은 하지 않는다.
안 이물 제거	생리식염수로 씻어낸다. 그래도 이물감을 호소하면 다음과 같이 조치한다. • 환자가 위를 볼 때 하안검을 까뒤집어 결막낭을 노출시킨다. • 식염수에 담갔던 면봉으로 조각을 조심스럽게 제거한다. • 문제의 조각이 발견되지 않는다면 상안검을 조사한다. • 환자의 앞쪽에 서서 그에게 밑쪽을 보도록 한다. • 상안검의 외부 위에 면봉을 수평상으로 놓는다. • 다른 손가락으로 눈꺼풀을 잡고 상안검을 면봉 위 바깥 편 위쪽으로 잡아당긴다. • 식염수에 적신 면봉으로 조각을 조심스럽게 제거한다. • 환자가 위를 볼 때 하안검을 까뒤집어 결막낭을 노출시킨다. • 식염수에 담갔던 면봉으로 조각을 조심스럽게 제거한다. • 문제의 조각이 발견되지 않는다면 상안검을 조사한다. • 환자의 앞쪽에 서서 그에게 밑쪽을 보도록 한다. • 상안검의 외부 위에 면봉을 수평상으로 놓는다. • 다른 손가락으로 눈꺼풀을 잡고 상안검을 면봉 위 바깥 편 위쪽으로 잡아당긴다. • 식염수에 적신 면봉으로 조각을 조심스럽게 제거한다. |안 이물의 제거 방법|
안과 방문	• 이물이 제거되지 않으면 무리해서 제거하지 않고 양안대 후 병원으로 보낸다. • 각막의 이물은 중요하며, 특히 쇳가루인 경우에는 그날 중 안과에서 제거해 주어야 한다. 날짜 경과 시 제거가 어려우며 이물 주위에 녹이 나서 염증을 일으키기 때문이다. • 작은 이물은 육안으로 판정이 어려우므로, 확대경, 세극등 현미경으로 검사하여 확인한다.

(2) 약품에 의한 안 화상

약품화상	알칼리, 산, 유기용제, 튀김기름 등 약품에 의한 부식상은 화학실험 시 일어나기 쉬운데, 산보다 알칼리가 더 시력에 나쁘다.
약품화상 시 처치	원칙적으로는 산성약품이면 2% 중조수, 알칼리성 약품이면 2% 붕산수가 좋다고 되어 있으나, 신속히 제거하지 않으면 눈에 미치는 손상이 커지므로, 지체하지 말고 가능한 한 신속하게 많은 양의 수도물이나 생리식염수(saline)로 씻어내도록 한다. → 이때 눈 세척으로 인한 통증제거 위해 국소마취제 사용 가능하다.
흐르는 물로 세척	• 사고 즉시 생리 식염수나 흐르는 물로 눈을 충분히 세척한다. • 눈을 벌리고 적어도 20분 이상 눈 속에 있는 화학물이 제거되도록 계속 씻어낸다.
세척자세	화상 받은 쪽의 얼굴을 아래로 가게 한다.
양 안대	한 쪽 눈을 다쳤더라도 양 눈에 안대를 하여 눈의 움직임을 억제한다.
예방적 항생제	예방적인 항생제를 사용한다.
안과이송	신속히 응급 센터로 이송한다. • 이 때 절대로 눈에 손을 대지 않도록 하고 압력을 가하지 않도록 한다.

(3) 좌상(타박상, contusion)

원인		강타, 공, 충돌 등으로 안구부에 강한 힘이 가해지면, 안검 및 결막의 출혈, 전방출혈, 안저 출혈 등과 망막 황반부의 부종 등의 안 증상을 보인다.
주의		안검이나 결막의 출혈은 겉보기에는 심해도 출혈이 자연히 흡수되어 아무 장애도 남기지 않는다. 다른 안증상은 표면으로 보아서는 발견되지 않으나, 오히려 큰 시력장애를 남기는 수가 있으므로, 일단 학교에서 냉찜질 후 눈의 손상이 있는가를 알아보기 위해 안과 의사의 진찰을 받게 하는 것이 좋다.
종류	결막하 출혈	외상·각종 수술·급성 결막염·기침·천식·고혈압 등으로 소혈관이 파열되어 나타나며, 단순한 안구결막하 출혈은 지혈제 투여로 며칠만에 흡수된다.
	안검 혈종	상안와연을 지나는 큰 혈관이 상하면 혈종이 생기며, 두개저 골절 시의 출혈이 유주되어 안검에 생길 수도 있으나, 이때는 이(耳)출혈·비출혈이 따른다. 냉찜질과 지혈제의 투여가 필요하다.
	안와 혈종	안와 내 출혈로 안구가 돌출되며, 출혈이 결합조직에 싸여 혈종을 만드는 수가 있으므로, 안구돌출이 시간이 지나도 낫지 않는 경우에는 혈종제거 수술이 필요하다.
	안검 기종	강타로 인해 안와 골격의 일부가 터져 부비강과 통하여 코를 풀면 눈꺼풀이 부어오르고 비출혈이 따른다. 안정과 압박붕대, 코안에 탈지면(tampon)을 삽입하여 두면 수일 내 없어진다.

	망막박리 (retinal detachment)	안구 강타 시(야구공 · 권투 등) 망막에 열공이 생겨, 갑자기 물체가 굽어져 보이고 박리된 곳과 대응되는 시야의 결손을 보인다. 망막박리는 수술요법으로 치료될 수 있는데, 이 수술은 정밀한 안저검사로 열공을 발견하여, 공막 쪽에서 소작기(diathermy) 응고침을 찔러 열공을 태워서 막은 뒤, 안정을 취하면 망막하액은 자연히 흡수된다.

(4) 망막박리 [2013 기출]

망막박리 [2013 기출]	정의	망막이 열공(찢어짐 발생)된 곳으로 액화된 유리체가 흘러들어가 망막이 박리된다.	
	병태생리	망막박리 시, 초자체(유리체)에서 나온 액체가 망막 밑으로 스며들어 맥락막과 분리되어 분리된 망막은 맥락막으로부터 혈액의 영양공급이 차단된다. 망막의 시세포가 죽게 되어 영구적인 시력상실이 일어난다.	
유발요인		노화, 백내장 적출, 망막의 퇴화, 외상, 고도의 근시, 가족적 소인	
증상	섬광	눈앞의 번쩍임(초자체가 망막을 끌어당겨 생기는 현상, 광시 : photopsia)	
	눈앞의 부유물	• 시야 내 불규칙적인 검은색 선이나 점이 보인다(망막파열 시에 초자체 내로 혈구가 유출되기 때문). • 어두운 점이 떠다니는 것을 경험한다(비문증, 날파리증). • 눈 안에 많은 부유물(floating Spots)이 갑자기 발생한다.	
	시야결손	• 커튼을 드리운 것 같은 증상이다. • 박리 초기 또는 부분적 박리라면 눈앞에 커튼을 친 것처럼 느껴진다.	
	통증(−)	통증이나 출혈은 없다. 서서히 또는 급격히 발병하며 치료를 하지 않는 경우 1~6개월 이내 실명될 수 있다.	
	시력감퇴	시야장애 및 시력감퇴가 진행되며 실명할 수 있다.	
검안경검사		박리된 망막은 망막에 작은 구멍이나 찢어지고 안구 내로 들떠 있고 청회색이다.	
응급자세		망막박리가 있는 부위를 신체에서 가장 낮게 유지한다. 오른 눈의 박리가 상측두부(시야상실은 하측내측)이면 머리를 우측으로 하여 똑바로 눕힌다. • 적절한 체위는 망막과 맥락막이 보다 가까이 접근하도록 눈 후방의 박리된 부위에 압력이 놓이도록 한다. • 망막박리가 의심되면 중력에 의해 망막과 맥락막의 박리를 예방할 수 있는 체위로 환자의 머리를 놓고 의사의 치료를 받도록 한다. 예 망막상부박리는 상부가 아래로 향할 수 있도록 엎드린 자세	
응급처치		• 손상의 진행을 막기 위해 절대 안정을 취하게 하고 양 눈에 안대를 제공한다. • 눈의 긴장을 피하고 필요시 정온제나 진정제를 투여한다. • 갑작스럽게 머리를 움직이는 것과 같은 안압을 상승시키는 행위는 피하고, 배변완화제를 투여한다.	

2 천공성 외상(perforating injury)

안구의 천공상 시	안구자상 등 천공성 외상은, 비록 창구가 작더라도 그 첨단이 수정체를 건드리면 외상성 백내장이 될 수 있고, 쉽게 세균 감염을 일으킨다. 안구자상이 일어나면 학교에서는 안구에 압박이 가지 않도록 하고, 감염의 방지를 위하여 깨끗한 거즈 등으로 덮어 안과의의 진찰을 받게 한다. • 절대로 눈을 만지거나 누르지 않는다. • 눈을 외부로부터 보호하기 위하여 금속제로 된 안 보호대(eye shield)를 대주는 것이 좋다. • 일반 안대 사용 시 안구 내용물이 돌출될 우려가 있으므로 안대 자체가 안구를 압박해서는 안 된다. • 안연고나 스테로이드성 안약류는 절대 점안하지 말고 즉시 안과로 보낸다. 천공부위를 통해 약액이 전방 속으로 들어가기 때문이다. • 이때 안압을 상승시킬 수 있는 허리 굽히기, 물건 들어올리기, 기침 등은 시키지 말아야 한다.
눈 또는 눈꺼풀에서 출혈이 될 때	• 함부로 누르거나, 지혈시키려고 애쓰지 않는다. • 눈을 누르지 말고 양안대 후 병원으로 이송한다.
안구의 외상에 의해 안구 전방 출혈된 학생의 치료법	• 양쪽 눈에 양안대를 착용한다. • 산동제나 축동제는 금기(출혈을 더욱 악화시킴)한다. • 환자의 활동을 극소화시키고 필요시 진정제를 투여(출혈을 막기 위해)한다. • 상체를 30도 정도로 올리고 안정을 취해 준다. • 안구 내 출혈 상태가 지혈되거나 흡수될 때까지 4~5일간은 활동을 제한한다. • 안압을 하강시키기 위해 diamox를 투여한다.
이물이 눈 (각막 등)에 박힌 경우	• 눈을 비비거나, 섣불리 이물은 제거하지 않는다. • 생리식염수에 적신 거즈로 덮어 공기가 통하지 않게 보호하고 상처를 줄이도록 한다. • 안구에 압박이 가해지지 않게 하고 머리를 움직이지 못하게 한다. • 소독된 기계를 사용하고 세균감염을 방지하기 위해 항생제를 사용하여야 하므로 양안대를 하고 신속히 후송한다.

08 치아 손상 [2008·2009 기출]

치아 사고 응급처치	• 환아를 안정시키고 출혈이 있다면 생리식염수로 세척 후 지혈시킨다. • 치아 적출 부위에 부종·동통이 있을 수 있으므로 냉을 적용한다(지혈, 부종, 동통 감소). • 부러지거나 빠진 이는 치료 시 다시 붙이거나 심을 수 있으므로 적출 치아를 가지고 있는지 확인하고 사고 장소에서 찾아내서 치과로 가지고 간다. • 빠진 이는 입 안(혀 밑)이나 우유 등과 같은 생리적 환경에 보관해야 치아 뿌리에 있는 인대가 마르지 않아 치아 재식에 성공할 수 있다. • 치아가 빠진 경우 30분 내에 치아를 다시 심어 주면 성공률이 90% 정도, 건조한 상태에서 한 시간이 지나면 성공률이 10% 정도, 두 시간이 지나면 5% 정도로 급격히 떨어진다.
치아 탈구의 처치	• 치관부를 손가락으로 잡고 식염수를 흐르게 하여 치근부의 이물을 가볍게 씻어낸다. • 빠진 치아를 식염수에 담그거나 젖은 거즈에 싸거나 우유에 담근 상태로 30분 이내에 치과에 간다. • 파묻힌 치아는 치과의사가 끌어내는 치료를 하면 1개월 이내 정상 위치로 환원된다.
발치 후 출혈	• 일차적 발생: 발치 후 1~2시간 이내에 혈액응고 덩어리를 제거하면서 생긴다. • 이차적 발생: 치조 안의 감염이나 치아가 빠지면서 생긴다. • 국소적으로 출혈부위를 압박하여 지혈한다. • 얼음주머니를 적용한다. • 출혈이 계속되면 치과의의 진찰을 받도록 한다.

신희원

보건교사 길라잡이

❷ 학교보건·응급

● **초판 인쇄** 2023. 3. 15. ● **초판 발행** 2023. 3. 20.

●**편저자** 신희원 ● **표지디자인** 박문각 디자인팀

● **발행인** 박 용 ● **발행처** (주)박문각출판 ●**등록** 2015. 4. 29. 제2015-000104호

● **주소** 06654 서울시 서초구 효령로 283 서경 B/D ● **팩스** (02)584-2927

● **전화** 교재주문 (02)6466-7202, 동영상 문의 (02)6466-7201

저자와의
협의하에
인지생략

정가 27,000원
ISBN 979-11-6987-019-1 | 세트 979-11-6987-016-0